保险学

解说保险那些事儿

李俊丽 王 娜 张秀芳 ◎ 主 编
崔光海 韩晓翠 李俊霞 郝向荣 ◎ 副主编

中国财经出版传媒集团
经济科学出版社
Economic Science Press
·北 京·

图书在版编目（CIP）数据

保险学：解说保险那些事儿／李俊丽，王娜，张秀芳主编；崔光海等副主编. -- 北京：经济科学出版社，2024. 11. -- ISBN 978-7-5218-6489-2

Ⅰ. F840

中国国家版本馆 CIP 数据核字第2024B775C4号

责任编辑：卢玥丞　赵　岩

责任校对：齐　杰

责任印制：范　艳

保险学

——解说保险那些事儿

BAOXIANXUE

——JIESHUO BAOXIAN NAXIESHIER

李俊丽　王　娜　张秀芳　主编

崔光海　韩晓翠　李俊霞　郝向荣　副主编

经济科学出版社出版、发行　新华书店经销

社址：北京市海淀区阜成路甲 28 号　邮编：100142

总编部电话：010-88191217　发行部电话：010-88191522

网址：www. esp. com. cn

电子邮箱：esp@ esp. com. cn

天猫网店：经济科学出版社旗舰店

网址：http://jjkxcbs. tmall. com

北京季蜂印刷有限公司印装

710×1000　16 开　25. 25 印张　390000 字

2024 年 11 月第 1 版　2024 年 11 月第 1 次印刷

ISBN 978-7-5218-6489-2　定价：75. 00 元

（图书出现印装问题，本社负责调换。电话：010-88191545）

前言 PREFACE

一、撰写本书的初心

保险是现代经济的重要产业和风险管理的基本手段，是社会文明水平、经济发达程度、社会治理能力的重要标志。《国务院关于加快发展现代保险服务业的若干意见》从国家发展战略的高度确定了保险业在社会经济发展中的新定位，从完善现代金融体系、促进经济提质增效升级、创新社会治理方式、保障社会稳定运行等方面明确了加快发展现代保险服务业的重要意义，并提出要在全社会形成学保险、懂保险、用保险的氛围，提升全社会保险意识。

“保险学”是阐述保险基本理论、保险业务以及保险经营管理的入门课程，如何以引人入胜、通俗易懂的方式利用保险学向读者普及保险知识，传授保险技能，提升其保险意识和金融素养是撰写本书的初心。

我们从2006年开设“保险学”课程，时刻紧跟教改前沿，2018年为了促进现代信息技术与教学的深度融合，筹建在线开放课程；2019年“保险学”MOOC在智慧树平台实现全国共享，同时，建设并运行面向校内的SPOC，采用深度混合式教学模式；2021年“保险学”被认定为山东省线上线下混合式一流课程。

我在与同行交流的过程中了解到，很多老师都想在“保险学”的教学中尝试线上线下混合式教学方式，但因为纠结于如何处理线上与线下教学之间的关系，保证学生学习效果以及如何在混合式教学中融入课程思政的问题而踌躇不前。此时，我就想：如果能将近几年线上线下教学的浅薄经验凝练出来，形成文字出版，抛砖引玉，是否能助“保险学”混合式教学一臂之力呢？

二、本书的内容体系架构

本书包括两大模块：保险学基础知识模块和项目实操模块，两大模块相互融合，组成《保险学——解说保险那些事儿》的整体架构，具体如下图所示。基础知识模块以提供保险服务过程中常见的八个问题为导向，将保险理论、保险业务、保险经营管理等内容融入其中，侧重于知识传递。基础知识模块有配套的在线教学视频及章节测试题，读者可以教材为基础，配合在线教学视频完成基础知识的记忆、理解。实操模块依托基础知识模块设计保险市场分析、保险合同解读、保险方案定制、保险案例分析等不同的保险服务项目主题，穿插在基础知识模块的不同章节之间，是对基础知识模块内容的拓展深化和应用，注重读者应用、分析、评价、创新创意能力的培养。整个教材内容体系呈现为以保险服务项目为桥梁，前后贯通的基础知识和实操模块交替模式，形成一体化的思维框架。在两大模块交替推进的过程中，将和谐、法治、爱国、敬业、诚信、友善等思政元素融入其中，以实现读者优秀职业素养的全面塑造。

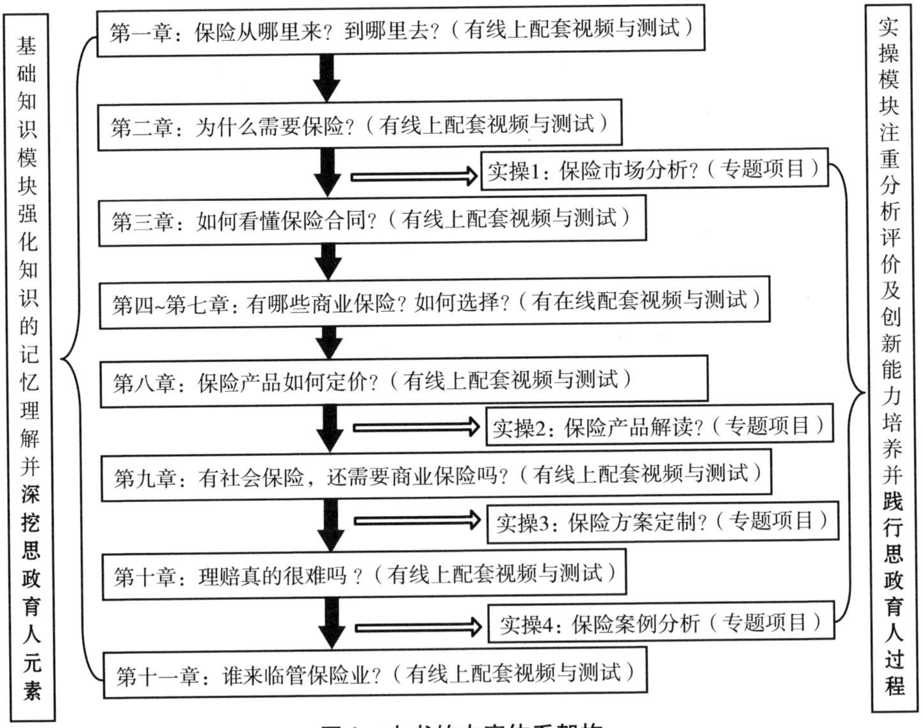

图1　本书的内容体系架构

三、本书的特色与创新

第一，打破了传统的“原理、实务、经营管理”《保险学》教材体系架构，重构问题导向型内容体系，用问题串联知识点，引人入胜，通俗易懂，激发读者兴趣。

第二，基础知识模块有配套的在线教学视频和在线章节测试，可作为混合式教学的线上配套教学资源。

第三，在专题项目实操模块有可直接利用的项目具体操作流程，可作为线下翻转课的设计指南。

第四，利用不同的保险服务项目去实践保险理论和方法，实现理论与实践的融合。

第五，本书融入现代教育信息技术，内容体系设计特别适合于采用混合式教学、翻转课堂、TBL（基于团队的教学方法）、PBL（基于问题的教学方法）等灵活先进的教学方法。

第六，在基础知识模块深挖“爱国、敬业、诚信、法治”等元素，在专题项目实操模块践行社会主义核心价值观。

四、适合读者对象

本书适合本专科院校用于“保险学”课程教学的教材，特别是适合于线上线下混合式教学改革的配套指导教材。同时，也适合希望提升自身职业素养的保险从业者以及重视家庭保险规划的保险消费者阅读。

“保险学”是一门涵盖内容广泛的交叉学科，涉及金融、法律、数学、医学等领域，因此，除了课程团队成员，我还邀请了山东农业大学的张秀芳教授、山东财经大学的韩晓翠老师、新西兰林肯大学商学院的郝向荣老师以及烟台山医院的李俊霞医师等专家学者为本书的撰写提供相关领域专业知识支持。

本书的撰写一方面源于我们多年教学经验的总结和教学资源的积累；另一方面也参考了大量的文献资料，有些已在脚注中说明，有的已经列入参考文献，可能还存在一些疏漏，我尊重各位学者的学术成果，这些参考资料在思想上给予我启迪，有助于本书的完成，在此表示感谢。

由于作者水平有限，书中难免有疏漏之处，敬请读者批评指正。

李俊丽

2024 年 5 月于山东烟台

目　录

CONTENTS

第五章
有哪些商业保险？如何选择？
——财产保险

第六章
有哪些商业保险？如何选择？
——信用和保证保险

第七章
有哪些商业保险？如何选择？
——责任保险

第八章

保险产品如何定价？

专题项目二

保险产品分析

第九章

有社会保险，还需要商业保险吗？

1

第一章 保险从哪里来？到哪里去？

思维导图

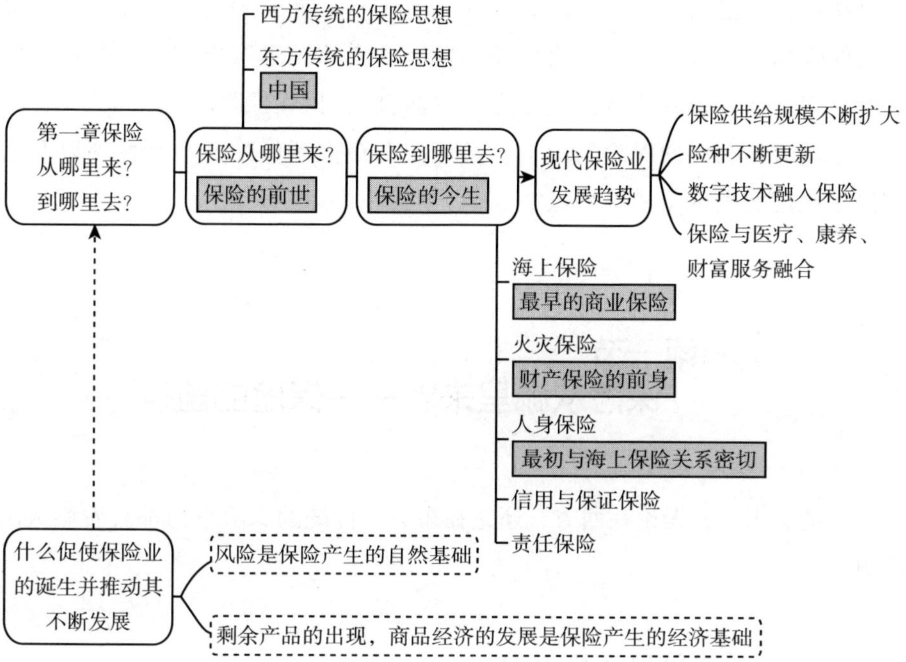

章节目标

★ **知识目标**：掌握传统保险思想发展的时间脉络，理解近现代保险业产生与发展的自然基础和经济条件。

能力目标：能够以时间为轴线，构建保险业产生与发展的思维导图；能够根据保险业产生与发展的自然基础和经济条件分析我国保险业的产生与发展。

素养目标：通过理解保险制度产生与发展的经济基础，形成正确的唯物史观。

人类自诞生起就面临着各种天灾人祸，也一直在寻求防灾避祸的方法，以谋求生活的安定和经济的发展。因此，救济后备以及互助保险的思想早在古代就已出现，时间大约可以追溯到公元前3000年。但是真正意义上的保险却形成于近代，是商品经济发展的产物。本章内容将按照保险发展的时间脉络，带领读者回顾保险的“前世”，探索保险的“今生”，在此过程中理解什么促使保险的诞生，又是什么在推动保险的不断发展以及当前保险业发展呈现出哪些特点？

保险的前世

第一节 保险从哪里来？——保险的前世

从地域来看，无论在西方，还是在东方，传统的保险思想都有着悠久的历史。

一、西方传统的保险思想

在西方，早期传统的保险思想发源于东西方贸易要道上的文明古国，如古巴比伦、古埃及、古希腊、古罗马等。在古巴比伦法典中的冒险借贷，古埃及修建金字塔的石匠为支付会员死亡后的丧葬费用而建立的互助基金组织，古罗马的士兵丧葬互助会，古希腊一些宗教组织建立的公共基金等都蕴含着古老的保险思想。公元前2000年出现于地中海沿岸的“共同海损分摊制度”规定：“当海上风险发生时，为了全体利益减轻船只载重而抛弃船上货物，其损失由全体收益方来分摊。”这是现代海上保险的萌芽。而在约公元前9世纪盛行于古希腊的船货抵押借款则使得海上保险渐成雏形。所谓船货抵押借款是指船主或货主为取得航海资金，以船货作抵押向债主借款。如果船货安全抵达目的地，船主或货主就必须将借款本金及高额利息归还债主。如果船货在中途失事受损，则不必归还部分或全部借款。在船货抵押借款中，债主相当于保险人，船主或货主相当于被保险人，高出普通利息的那部分利息相当于保费，而船主或货主以支付保费为代价，将海上风险通过船货抵押借款契约转嫁给了债主。这是海上保险的雏形。

二、东方传统的保险思想

在东方，古老的中国也是传统保险思想的发源地之一。荒政思想与仓储制度是中国传统保险思想的起源。在中国数千年的奴隶社会和封建社会历史中，就贯穿着积粮备荒的传统保险思想。早在春秋时期，孔子就提出了“耕三余一”的避灾方案，主张每年将收获粮食的1/3储存起来，通过连续三年的积累，便可存下足够一年所需的粮食，以此来防备灾荒和意外事故。这一做法体现了古代中国人对风险的预防意识和对粮食安全的重视，是古代社会应对自然灾害和不稳定因素的一种保险机制。此外，汉代的“常平仓制度”也是古代中国保险思想的体现。据《汉书》当中记载称：“令边郡皆筑仓，以谷贱时增其贾而籴，以利农，谷贵时减贾而粜，名曰常平仓。民便之。”① 这一制度通过国家层面的粮食储备，旨在稳定粮食市场，防止因灾荒导致的粮价波动，进一步保障社会稳定和人们生活安全。在隋朝，由官府设立的义仓，按人头和土地抽取粮食，储存起来，专门用于赈灾。在清朝，由于川江险滩易发生倾覆，官府便从官盐税收中提

---

①（汉）班固．汉书（卷二十四上：食货志第四上）［M］．北京：中华书局，2012.

取费用，对货物损失的商人给予补偿。中国古代的保险思想对现代保险业的发展仍有启发意义，特别是在推动社会保险制度建设、灾害应急管理和粮食安全保障等方面。

可见，无论是西方还是东方，传统保险思想都有着悠久的历史，但都还不能称之为真正意义上的保险，只是保险的“前世”。

保险的今生

第二节 保险到哪里去？——保险的今生

真正意义上的保险形成于近代，是商品经济发展的产物。其最显著的标志就是出现了专门格式的保险单和专门从事保险的机构、人员。可以说，近代保险业的发展是从海上保险开始的。海上保险也是最早的真正意义上的商业保险形式。

一、海上保险：最早的商业保险

据考证，海上保险最早出现在14世纪中期的意大利。当时意大利作为国际贸易中心，经济十分繁荣，许多意大利城市由于地理位置是海上交通的要道，而成为海上保险中心，如伦巴第、热那亚、威尼斯等。

现存世界上最古老的一张保险单是1347年由热那亚商人乔治·勒克维伦出立的一张船舶航程保险单①，承保的是从热那亚到马乔卡的船舶航程；第一家海上保险公司于1424年在热那亚出现。美洲大陆发现以后，英国的对外贸易获得空前发展，海上保险中心开始向英国转移。1568年，第一家皇家交易所在伦敦成立；1601年，英王颁布了第一部有关海上保险的法律。1688年，英国人爱德华·劳埃德在伦敦泰晤士河畔开设的“劳埃德咖

① 保单规定，如果船舶安全到达目的地，合同无效；如果中途发生损失，合同成立，由资本所有人支付一定的款项作为赔偿。保险费是以定金形式支付给资本所有人的。该合同还规定，如果船舶无故改变航线，则合同无效。但是，保单没有说明承担的风险，因此，还不具有现代保险单的基本形式。

啡馆”，逐渐成了海上保险交易的中心。当今世界上最大的保险组织之一劳合社就是从“劳埃德咖啡馆”演变而来的。总之，英国在近代海上保险的发展中起了重要的作用。

在英国海上保险发展的同时，西班牙、法国、荷兰、德国等的海上保险都有了快速的发展，各国政府也不断颁布法令对海上保险加以规范。目前，海上保险成为国际保险的主要内容，也是涉及国际法律和公约最多的一个独立险种。

二、火灾保险：财产保险的前身

火灾保险是继海上保险之后出现的一种主要的传统保险业务，它将保险业务范围由海上扩展到陆地，最初主要是为了应对火灾风险。真正的商业火灾保险制度起源于英国。英国火灾保险源于1666年的伦敦大火。在这场大火中，繁华的伦敦城80%被焚毁，直接经济损失达1000多万英镑，火灾促使人们思考如何解决火灾损失问题。1667年，尼古拉·巴蓬（Nicholas Barbon）开办房屋火灾保险，成为世界上最早的私营火灾保险。1680年巴蓬扩资成立火灾保险公司，其经营中采用的差别费率法沿袭至今，巴蓬也因此获得了“近代保险之父”的美誉①。

三、人身保险：最初与海上保险关系密切

最早的人身保险与海上保险关系密切，15世纪，奴隶贩子从非洲贩卖黑奴，在海上运输过程中，为减少因奴隶死亡而导致的损失，把奴隶当作货物投保海上保险。后来又发展到为航海旅客投保被海盗绑架而须支付的赎金，以及为船长、船员投保人身安全保险。这就是最初的人身意外伤害保险。17~18世纪，人身保险迎来了飞速发展，保险的依据也越来越科学，还诞生了专门的人身保险组织。1656年，年金保险产生。1762年，英国成立了世界上第一家人寿保险公司—伦敦公平保险公司，首次将死亡表

① 张洪涛，张俊岩．保险学（第四版）［M］．北京：中国人民大学出版社，2014：41．

运用到计算人寿保险的费率上，标志着现代人寿保险制度的形成。

四、信用和保证保险

近代信用和保证保险是随着资本主义商业信用发展和道德风险频繁发生而兴起的，产生于18世纪初。目前信用和保证保险已成为经济生活中不可或缺的一个险种。

信用保证保险是现代保险中的一类新兴业务，相对于一般财产保险和人寿保险来说历史不长。保证保险约比信用保险出现得早一点。大约在18世纪末19世纪初，在欧洲就出现了忠诚保证保险，它最初是由一些个人、商行或银行办理的。稍后出现了合同担保。1919年，第一次世界大战结束后，鉴于东方和中欧诸国政治局势的变化，英国政府为保护本国与东方和中欧诸国的出口贸易的顺利进行，专门成立了出口信用担保局，逐步创立了一套完整的信用保险制度，以后各国纷纷效仿。1934年，英国、法国、意大利和西班牙的私营和国营信用保险机构成立了“国际信用和投资保险人联合会”，简称“伯尔尼联盟”，旨在便于相互交流出口信用保险承保技术、支付情况和信息，并在追偿方面开展国际合作。

我国信用保证保险的发展始于20世纪80年代初期。1983年初，中国人民保险公司上海分公司与中国银行上海分行达成协议，对一笔出口船舶的买方信贷提供中、长期信用保险；1986年中国人民保险公司开始试办短期出口信用保险；1988年，国务院正式决定由中国人民保险公司试办出口信用保险业务，并在该公司设立了信用保险部。1994年以后，中国进出口银行也经办各种出口信用保险业务。2001年12月，在原中国人民保险公司信用保险部和中国进出口银行信用保险部的基础上，组建产生了我国第一家专门经营信用保险的国有独资的中国出口信用保险公司。我国目前有多家保险公司开办保证保险业务，具体险种主要有国内工程履约保险、对外承包工程的投标、履约和供货保证保险、产品质量保证保险、住房贷款保证保险、汽车贷款保证保险、雇员忠诚保证保险等。

五、责任保险

责任保险的产生是社会文明进步，尤其是法制完善的结果。责任保险作为一类独立体系的保险业务，开始于19世纪中叶，发展于20世纪70年代。责任保险的产生与发展壮大，被称为保险业发展的第三阶段，使保险业由承保物质利益风险和人身风险后，扩展到承保各种法律风险。

责任保险起源于19世纪的欧美国家，特别是英国。1880年，英国颁布《雇主责任法》，当年即有专门的雇主责任保险公司成立；1889年，美国也出现了雇主责任保险公司。在责任保险发展的最初几十年，并没有得到足够的重视。直至20世纪70年代，随着社会发展，各种民事活动急剧增加，法律制度不断健全，人们的索赔意识不断增强，使得承保法律风险的责任保险全面迅速发展。目前责任保险已渗透到社会各个领域，成为重要的业务种类。有关资料显示，美国的责任险业务是非寿险公司的支柱性险种，20世纪后期，其责任保险市场份额占整个非寿险业务的45%~50%；在欧洲国家则占30%左右，有的国家高达40%；日本也达25%~30%。

我国责任保险起步于20世纪50年代初期。1950年，中国人民保险公司推出国内最早的责任保险业务——车险中的第三者责任保险，这是国内责任保险发展的起点。20世纪70年代后期，为满足商品出口需求，中国人民保险公司开始探索产品责任保险业务，国内第二种责任保险进入实操阶段。1981年，中国人民保险公司陆续推出公众责任保险、雇主责任保险等近10种责任保险，此时，责任保险依旧以附加险形式存在，大多出现于海外经济领域。20世纪80年代末期，伴随改革开放及社会主义市场经济发展，我国法制体系日渐完善，这为我国责任保险发展提供了契机。《中华人民共和国消费者权益保护法》《医疗事故处罚条款》等民事法律法规进一步完善，促进公众法律观念、维权意识增强，这为责任保险市场发展提供法律基础，责任保险开始走进大众生活。2003年，我国最高人民法院颁布《关于审理人身损害赔偿案件适用法律若干问题的解释》，阐述责任保险制度在合理分担企业经营风险、救济受害人方面发挥双重作用，可依法保护当事人合法权益；2006年，国务院发布《关于保险业改革发展的若干意见》，提出大力发展责任保险的要求，以发挥责任保险在安全保障、突发事件应急等方面的作用。两项政策发布后，责任保险市场逐步活跃，保险公司加速开发责任保险产品，并拓展责任保险市场；2014年，国务院发布《关于加快发展现代保险服务业的若干意见》，明确提出发展养老机构综合责任保险要求，发挥责任保险化解矛盾纠纷功能；2018年，国家税务总局发布《关于责任保险费企业所得税税前扣除有关问题的公告》，准许企业购买雇主责任险、公众责任险等责任保险所缴纳的保费在企业所得税税前扣除，在政策利好趋势下，我国责任保险快速发展，市场前景广阔。[①]

六、现代保险业发展特点与趋势

（一）保险供给规模不断扩大

随着国民经济的增长，人们的收入水平不断提高，对保险的购买能力增强，同时，经济的发展也拓展了人们从事经济活动的领域，面临的风险越来越多样化，这些都增加了人们对保险的需求，保险需求驱动保险供给，保险供给规模不断扩大。虽然近年来全球经济面临严峻挑战，保险业供给规模仍然整体呈现增长态势，2021 年全球保费收费为 6.9 万亿美元，同比增长 13.1%。中国作为全球第二大保险市场，2021 年保费总额为 4.49 万亿元，约占全球保费总额的 10.1%。2023 年保费收入总额 5.12 万亿元，同比增长 9.13%（见图 1－1）。

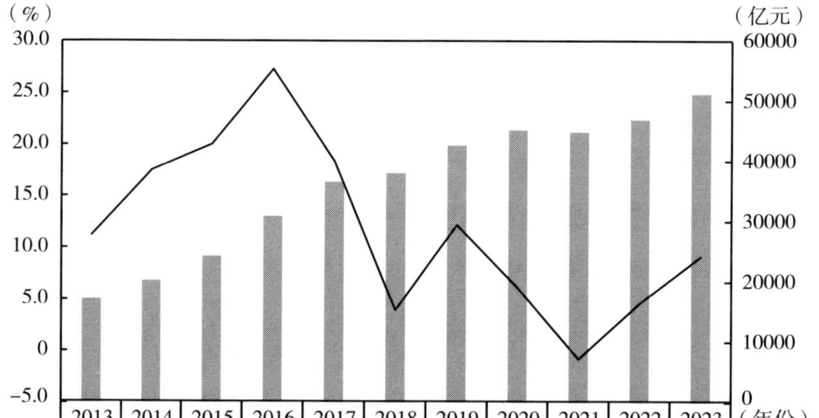

	2013	2014	2015	2016	2017	2018	2019	2020	2021	2022	2023
（年份）											
原保费收入	17222	20234	24282	30904	36581	38017	42645	45257	44900	46957	51200
—增速	11.2	17.5	20.0	27.3	18.4	3.9	12.2	6.1	−0.8	4.6	9.13

图 1－1　中国历年的原保费收入

资料来源：国家统计局。

① 2021 年中国责任保险行业市场规模、竞争格局及发展前景分析 政策＋需求推动行业发展［EB/OL］. 前瞻产业研究院，2021－06－17.

（二）数字技术日益融入保险行业的各个环节

大数据、人工智能、区块链、5G 技术是支撑保险行业数字化转型的底层技术。保险公司基于对大数据技术的应用，可以全面挖掘所承保客户的需求偏好，制定个性化产品；人工智能技术是互联网时代飞速发展的产物，在保险产业革命和技术革新方面起到了重要作用；区块链技术为保险行业的发展提供了新的思路和契机，其去中心化、不可篡改性等特点使其与其他数字技术融合后，在数据共享、信息保密等方面展现出卓越特性；5G 技术则是上述技术的辅助技术，对于推进其他数字技术与保险行业的深度融合发挥出催化剂的效果。数字经济技术的研发和输出能够为保险公司数字化运营、生态圈建设、场景化定制发挥重要助力。

（三）随着风险种类的变化，保险险种不断更新

风险是保险存在的自然基础，随着现代社会经济的不断发展，风险的种类不断变化，保险作为管理风险的有效手段，保险的险种也在不断更新迭代。大数据、云计算、物联网、人工智能、区块链等科技发展的过程中会产生数据信息泄露、技术缺陷、责任等风险，为应对现代科技发展中出现的系列风险，保险险种需要不断更新。随着未来智慧交通的普及，无人驾驶、UBI 技术和车联网技术在机动车辆中的应用，酒驾、开车看手机、疲劳驾驶等驾驶人行为风险因素将极大降低，随之而来的是由于边缘计算机设备故障、智能软件缺陷、信息识别错误、信息决策失误、黑客攻击和泄露等原因而带来的新型风险因素。比如，近几年屡次发生的黑客入侵自动驾驶汽车摄像头数据库、自动驾驶汽车刹车突然失灵等，因此，保险公司开始针对自动驾驶车辆系统及硬件设施风险，探索开发自动驾驶系统设计缺陷险、系统故障责任险和视觉识别设备失灵险等产品；针对车联网网络开放共享的风险，探索开发因黑客攻击导致设备失控险、隐私泄露责任险和智能交通网络安全责任险等产品；针对车辆与外界环境交互产生的风险，探索开发交通数据泄露责任险、信号控制责任险等产品。

（四）保险与医疗、健康、养老、财富等服务的日益深度融合

基于大健康的概念，客户对医疗、康养、财富管理等整合性需求日益增长，单纯的保险产品无法匹配客户的一体化需求，而保险本身的属性使其天然与上游的健康管理、下游的医养服务、财富服务有着强连接。保险开始走向康养、保险、财富一体化运作，提供保险服务的同时，还提供健康咨询、协助、就医陪伴、养老规划、财富管理等服务，实现融合整个大健康养老价值链的闭环服务，真正做到“一个客户、一站式服务”。

【第一章　内容梳理、思维拓展】

本章按照时间的脉络，回顾了东西方早期传统的保险思想萌芽以及近现代保险业的发展。在这个过程中，引导读者思考：什么促使了保险业的诞生并推动其不断发展？

（一）风险是保险产生和发展的自然基础

人们在生产生活的过程中，可能会遇到各种自然灾害或意外事故等风险，风险一旦发生会给人们带来损失，人们在处理风险损失的长期实践中，总结出了多种方法，而保险就是其中的一类有效的处理风险的方法。比如，为了应对海上风险，产生了海上保险，火灾风险的发生促使了火灾保险的产生等。而且，风险是不断变化的，这也促使了保险的不断创新和发展，可以说，无风险，无保险，风险的存在是保险产生必不可少的条件，同时，风险的变化又推动保险种类的不断更新。

但是，人类从诞生开始，就面临各种风险，包括自然灾害、意外、疾病等，而在当时并没有保险，最早的商业保险形式——海上保险出现在14世纪中期的意大利。可见，风险只是保险产生的条件之一，风险的存在使得人们产生了对保险的潜在需求，这种需求要变为有效需求还需要具备一定的经济基础。

（二）剩余产品的出现，商品经济的发展是保险产生的经济基础

首先，只有当社会生产出的产品不仅能满足人们的基本生活需要，而且还有一部分剩余时，才有可能将剩余集中起来形成风险补偿基金，用于

补偿可能发生的风险损失。

其次，随着商品经济的发展，社会分工不断细化，生产的社会化程度越来越高，商品生产者之间在广大的地域，甚至突破国界，形成了普遍的社会经济联系。这使得保险有可能在社会范围内集合起大批被保险人，以众多被保险人交纳的保费所形成的保险基金来补偿其中少数被保险人的经济损失。而在分散、封闭、自给自足的自然经济条件下，是没有这种可能的。比如，最早的海上保险产生在商品经济发达的意大利。而我国虽然也有着数千年的传统保险思想，但因中央集权的封建制度和重农抑商的传统观念，商品经济发展缓慢，真正意义上的保险业在我国迟迟没有产生，直到19世纪西方列强入侵，外商保险公司作为保障其资本输出和经济侵略的工具进入我国。

拓展阅读

中国保险业发展历程大事记

1805年，英商在中国建立第一家保险公司——广东保险会社。

1865年，最早的华商保险公司——义和公司保险行在上海成立。

1949年，新中国第一家全国性大型综合国有保险公司——中国人民保险公司在北京成立。

1958年，全国财政会议正式决定全面停办国内保险业务，只保留少量的涉外保险业务。

1979年，中国人民银行在北京召开全国保险工作会议，停办20多年的国内保险业务开始复业。同年，中国保险学会成立。

1983年，新中国成立后第一部财产保险合同方面的法规——《中华人民共和国财产保险合同条例》由国务院颁布实施。

1985年，新中国成立后第一部保险业的法律文件——《保险企业管理暂行条例》由国务院颁布实施。

1988年，我国第一家地方性股份制保险企业——平安保险公司成立。1992年更名为中国平安保险公司。

1991年，交通银行组建中国太平洋保险公司。至此，中国人民保险公司、太平洋保险公司和平安保险公司三足鼎立的局面基本形成。

1992 年，第一家经批准进入中国保险市场的外国保险公司——美国国际集团所属美国友邦保险公司在上海设立分公司。

1994 年，中国平安保险公司成功吸纳美国摩根士丹利和高盛两大世界财团参股，成为中国第一家引进外资入股的保险公司。

1995 年 10 月 1 日，《中华人民共和国保险法》颁布实施。

1996 年，中国人民保险公司完成体制改革，改为中国人民保险（集团）公司（以下简称人保集团），并在大陆设立 3 家保险子公司：中保财产保险有限公司、中保人寿保险有限公司、中保再保险有限公司。

1996 年，第一家批准设立的合资保险公司——中宏人寿保险有限公司由加拿大宏利人寿保险公司与外经贸信托在上海合资成立。

1996 年 8 月 22 日，泰康人寿保险股份有限公司在北京成立。

1996 年 9 月，新华人寿保险股份有限公司在北京成立。

1998 年，撤销人保集团，旗下 3 家子公司分别更名为独立运作的中国人民保险公司、中国人寿保险公司和中国再保险公司。

1998 年，中国保险监督管理委员会成立。

1999 年，中国平安保险公司首家在上海推出投资连结保险，与此类险种相类似的分红保险和万能型寿险相继推出。

1999 年，中国保监会下发《保险公司投资证券投资基金管理暂行办法》。

2000 年，国内首家全国性的综合保险经纪人——江泰保险经纪有限公司在北京揭牌。

2000 年，第一家在境外上市的中资保险企业——中保国际控股有限公司在香港联交所挂牌上市（2009 年中保国际控股有限公司更名为中国太平保险控股有限公司）。

2000 年，中国保险行业协会在北京宣告成立。

2001 年 12 月 11 日，我国正式加入世贸组织，对保险业做出“高水平、宽领域、分阶段开放”承诺。

2002 年 2 月 1 日，中国第一部外资保险法规——《外资保险公司管理条例》由国务院颁布实施。

2002 年，第九届全国人大常委会第 30 次会议通过《关于修改（中华人民共和国保险法）的决定》，2003 年 1 月 1 日正式实施。

2003 年，发布并实施《保险公司偿付能力额度及监管指标管理规定》，构筑起对保险公司偿付能力状况监测的防线，意味着中国保险业监管方式已经开始从以市场监管为主向以偿付能力监管为核心进行过渡，开启市场监管和偿付能力监管“两条腿”走路的模式。

2003 年，国内第一家保险资产管理公司——中国人保资产管理股份有限公司成立，并于 2016 年更名为中国人保资产管理有限公司。

2003 年底开始，外国非寿险公司在华设立公司取消限制，同时，除有关法定保险业务外，向外资非寿险公司放开所有业务限制。

2004 年 12 月，中国保险业入世过渡期完成，保险业进入全面对外开放的新时期，呈现出以我为主、优势互补、合作共赢、和谐发展的对外开放新局面。

2004 年 9 月 17 日，我国第一家专业性股份制农业保险公司——上海安信农业保险股份有限公司在上海正式成立，这标志着我国在探索建立农业保障长效机制方面迈出坚实一步。

2004 年 11 月 11 日，中国首家相互制保险公司——阳光农业相互保险公司获准筹建，填补了我国相互制保险公司的空白。

2004 年 11 月 18 日，国内第一家专业健康保险公司——中国人民健康保险股份有限公司宣告成立。

2005 年 1 月 17 日，中国保监会联合中国银监会下发《保险公司股票资产托管指引（试行）》和《关于保险资金股票投资有关问题的通知》，成为保险资金直接投资股票市场的起始日。

2006 年 3 月 28 日，第一个强制性险种——交强险出台。

2006 年，国务院发布《关于保险业改革发展的若干意见》（简称“国十条”）。

2007 年，政策性农业保险全面启动。

2007 年 8 月 14 日，中国保险业偿付能力监管标准委员会成立，这意味着中国保险业以市场行为监管、偿付能力监管和保险公司治理结构监管为“三支柱”的保险监管框架成形。

2008 年，中国人寿率先推出国内第一款商业灾害意外伤害保险，建立政府主导、商业保险公司参与的巨灾保险体系迫在眉睫。

2008年9月1日，《保险公司偿付能力监管规定》正式施行，首次引入资本充足率指标，出现“分类后的统一监管”。

2011年，保险消费者权益保护局正式成立。

2012年，我国开始建立第二代偿付能力监管制度（即“偿二代”），并于2016年正式实施，与“偿一代”相比，“偿二代”的显著特点是以风险为基础，将系统性风险纳入监管框架，实现了从规模导向到风险导向的蜕变与升华，“偿二代”已在全球与美国RBC标准和欧盟偿付能力Ⅱ形成了三足鼎立的局面。

2012年8月30日，六部委发布《关于开展城乡居民大病保险工作的指导意见》，由商业保险经办。

2012年11月，《农业保险条例》发布，自2013年3月1日起施行，《农业保险条例》规范农业保险活动，保护农业保险活动当事人的合法权益，提高农业生产抗风险能力，促进农业保险事业健康发展。

2013年3月，中国保监会印发《保险公司城乡居民大病保险业务管理暂行办法》，明确大病保险市场准入与退出条件。

2013年7月8日，中国保监会决定将每年7月8日确定为“全国保险公众宣传日”，以加强保险公众宣传工作，不断提高全社会保险意识。

2013年11月6日，国内首家互联网保险公司——众安在线财产保险有限公司正式开业。

2014年8月13日，国务院印发《关于加快发展现代保险服务业的若干意见》（简称“新国十条”），把发展保险事业从行业意愿上升到国家意志，以“顶层设计”形式明确保险业在经济社会中的地位。

2014年，深圳市民政局与中国人民财产保险股份有限公司深圳分公司签订《深圳市巨灾保险协议》，并于当年6月1日起正式生效，标志全国首单巨灾保险合同生效。

2014年，以房养老保险试点。

2015年，金融领域第一部关于互联网金融的制度文件——《互联网保险业务监管暂行办法》出台。

2015年，中国保监会印发《相互保险组织监管试行办法》。

2015 年，全国首家专业性航运保险公司——东海航运保险股份有限公司在宁波创立。

2015 年，中国保险投资基金成立，支持“一带一路”倡议和实体经济。

2015 年，上海保险航运协会加入 IUMI（国际海上保险联盟）。

2016 年，个人健康税优保险开始销售。

2016 年，中国保监会和财政部联合印发《建立城乡居民住宅地震巨灾保险制度实施方案》，城乡住宅地震保险制度和首个地震巨灾保险产品落地。

2016 年，宁波成为首个国家保险创新综合试验区。

2017 年，“1 +4”[①] 系列文件出台，强调“保险业姓保，保监会姓监”的原则，明确“严监管、防风险、补短板、治乱象、服务实体经济”的工作主基调。

2018 年，中国银行保险监督管理委员会（简称“中国银保监会”）成立。

2018 年，税延养老保险试点政策落地实施。

2018 年，全国首家科技保险公司太平科技开业。

2019 年，首家外资养老保险公司——恒安标准养老保险有限责任公司批准筹建。

2020 年 8 月，中国农业再保险股份有限公司成立，注册资本 161 亿元。

2020 年 9 月，车险改革，交强险保障提升。

2020 年 11 月，重疾险新定义正式发布。

2021 年 1 月，独立个人保险代理人制度实施。

2021 年 2 月，重疾险新规实施，新产品上市。

2022 年 1 月，中国银保监会印发《关于银行业保险业数字化转型的指导意见》，重点提出数字化转型方向。

2022 年 8 月，中国银保监会印发《保险资产管理公司管理规定》，为

① 《中国保监会关于进一步加强保险监管 维护保险业稳定健康发展的通知》（保监发〔2017〕34 号）、《中国保监会关于进一步加强保险业风险防控工作的通知》（保监发〔2017〕35 号）、《中国保监会关于强化保险监管 打击违法违规行为 整治市场乱象的通知》（保监发〔2017〕40 号）、《中国保监会关于保险业支持实体经济发展的指导意见》（保监发〔2017〕42 号）、《中国保监会关于弥补监管短板 构建严密有效保险监管体系的通知》（保监发〔2017〕44 号）等系列文件（简称“‘1 +4’系列文件”）。

保险资产管理公司市场化运作和差异化发展提供了空间，有利于引导和促进保险资产管理公司规范化运作，更好满足保险资金等长期资金的保值增值需求，为资本市场平稳健康运行和实体经济高质量发展培育更多稳健型的机构投资者。

2022 年 11 月，中国银保监会发布《关于保险公司开展个人养老金业务有关事项的通知》，首批个人养老金保险产品顺利上线，多家保险机构实现出单。

2022 年 11 月，中国银保监会印发《绿色保险业务统计制度的通知》，首次对绿色保险进行了定义，主要从保险产品和保险客户两个维度出发，统计绿色保险业务承保和理赔情况。

2023 年 5 月 18 日，国家金融监督管理总局正式挂牌，中国银保监会摘牌，这意味着历时 5 年的中国银保监会正式退出历史舞台，由中国人民银行、国家金融监督管理总局和证监会组成的“一行一总局一会”金融监管体系正式确立。

2023 年 9 月 26 日，中国保险行业协会发布《绿色保险分类指引》(2023 年版)，这是保险业首次发布绿色保险分类指引，也是全球首个全面覆盖绿色保险产品、保险资金绿色投资，以及保险公司绿色运营的行业自律规范。

2023 年 12 月 15 日，国家金融监督管理总局发布《养老保险公司监督管理暂行办法》，弥补了养老保险公司缺乏专门监管规定的制度短板。

【第一章课后习题】

第二章 2

为什么需要保险?

思维导图

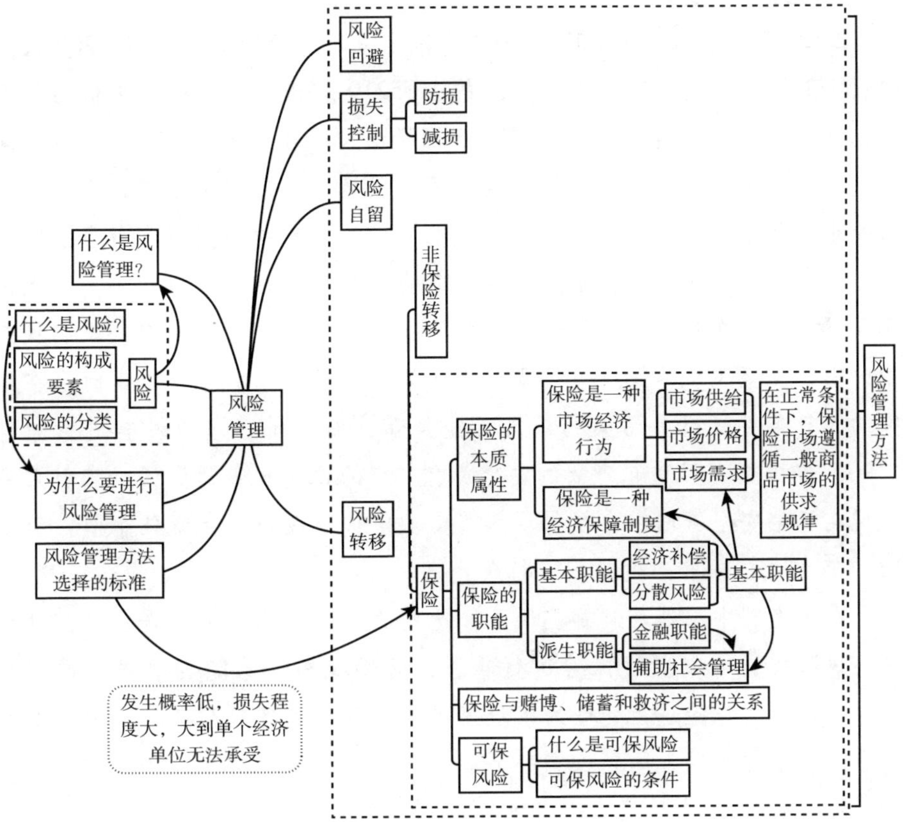

章节目标

★ **知识目标**：掌握风险、风险管理、保险以及相关的知识点，理解风险、风险管理以及保险之间的逻辑关系。

能力目标：能够应用风险、风险管理以及保险等相关知识点针对特定主体进行风险分析，风险归类，并选择合适的风险管理方法。

素养目标：形成正确的风险和保险意识，理性规划风险；践行互助共济的保险精神；增强保险从业者的社会责任感；形成问题导向的思维模式。

引导案例

2004 年 11 月 21 日 8 时 21 分，中国东方航空云南公司 CRJ－200 机型 B－3072 号飞机执行包头飞往上海的 MU5210 航班任务，在包头机场附近的南海公园坠毁，造成 47 名乘客、6 名机组人员和 2 名地面人员遇难，同时，这次空难还给本地造成严重的水污染问题，导致该地旅游、渔业、餐饮处于全面停顿状态，直接经济损失 1.1 亿元。事故调查组公布事故的原因是，飞机起飞过程中，由于机翼污染使机翼失速临界迎角减小。当飞机刚刚离地后，在没有出现警告的情况下飞机失速，飞行员未能从失速状态中改出，直至飞机坠毁。事故调查组认为，飞机在包头机场过夜时存在结霜的天气条件，机翼污染物最大可能是霜，而飞机起飞前没有进行除霜（冰）。东航公司对这起事故的发生负有一定的领导和管理责任，东航云南公司在日常安全管理中存在薄弱环节。认定该事故是一起责任事故。给予 12 名事故责任人相应的党纪、行政处分。

在本案例中，涉及到哪些风险，这些的风险的构成要素是什么？其中哪些风险损失可以通过保险进行转移，而哪些损失不能利用保险进行转移？可以利用保险进行处理的风险需要具备什么条件呢？通过学习本章的内容，相信你对以上问题将有一个清晰的答案。

第一节 风　险

何为风险？

本章内容将围绕为什么需要保险这个问题展开。风险是保险存在的自然基础，没有风险，就无所谓保险。实际上，保险运行的整个过程就是集中风险和分散风险的过程。因此，要弄清楚为什么需要保险这个问题，首先要从风险这个概念来切入。

一、风险及其特性

关于什么是风险，目前有很多解释，但并没有公认的定义，本章将风险定义为“损失的不确定性状态”。这个定义强调了风险的三大特征：即风险的客观性、损失性和不确定性。

风险的客观性，即风险是一种客观存在的状态，它不以人的主观意志为转移。比如，天灾，人力不可控制；而人祸，虽然人可以发挥主观能动性来降低其发生的概率和损失程度，却不能将其消灭。而且，对于风险，不论人们是否意识到，它都是客观存在的。比如，吸烟存在罹患肺癌的风险，这种风险从世界上第一支香烟产生就已经存在了，虽然人们在很多年后才认识到这种危害。

风险的损失性是指风险只要发生必然要给人们带来某种损失，比如，人身伤亡或财产损失，即损失是风险发生的必然结果，如果一个事件发生了，没有给人们带来任何损失，那它不属于本章中界定的风险。比如，在某海域发生地震，如果给人们带来了人身伤亡或财产损失，它属于风险；如果没有给人们带来任何形式的损失，那它不属于风险，仅仅是一种自然现象。

风险的不确定性是风险本身固有的属性，因为风险就是一种损失的不确定性状态，确定发生和确定不发生的状态都不是风险。

风险的构成要素

二、风险的构成要素

风险由各种要素构成，这些要素共同作用决定了风险的存在、发生和发展，一般认为风险由三大要素构成：即风险因素、风险事故、风险损失。

（一）风险因素

风险因素（hazard）是指增加风险损失发生的可能性或严重程度的任何事件，是引发风险事故的潜在原因。如对易燃易爆品管理不当、消防设施不健全。风险因素可以分为两大类：有形风险因素和无形风险因素。

有形风险因素是指引发风险事故的物质因素或客观条件，是看得见的，又称实质风险因素。例如，刹车系统失灵增加了车祸风险发生的可能性或严重程度，属于车祸风险的有形风险因素；一块农田地势低洼增加了农田发生涝灾的可能性，是洪涝灾害风险的有形风险因素。

无形风险因素，是指引发风险事故的非物质形态的因素，属于观念、态度等看不见的，又称人为风险因素或主观风险因素。无形风险因素根据是否存在主观故意，又可以分为道德风险因素和心理风险因素。

道德风险因素是指增加风险发生的可能性和严重程度的恶意或故意行为，属于一种主观故意行为。比如，投保后，受益人故意杀害被保险人以骗取保险金；投保人为自己投保后自杀，为自己家人谋取保险金等。而针对以上道德风险因素引发的风险损失，保险公司都可以拒赔。

心理风险因素是指由于主观上的疏忽和过失，增加了风险发生的可能性和严重程度，属于一种主观无意行为。比如，停车后忘记关车门增加了车上财物被盗的可能性；坐车不系安全带，增加了发生车祸后伤亡的可能性。

（二）风险事故

风险事故（perils），又称风险事件，是引起损失的直接原因，如火灾、车祸、飞机失事、疾病等。

（三）风险损失

风险损失①是指非故意的、非计划的和非预期的经济价值的减少或灭失。关于风险损失，需要注意以下几点。

1. 故意的、计划的和预期的经济价值的减少或灭失不属于风险损失

比如，因受益人的故意或恶意行为造成被保险人的伤亡损失；固定资产折旧造成计划的经济价值的减少或灭失；面对正在受损的物质可以抢救而不抢救造成可以预期的经济价值的减少或灭失，以上情况都不属于风险损失。

2. 损失必须能用经济价值（货币）来衡量

灾难中失去亲人造成的情感上的损失无法用货币进行衡量，不属于风险损失。而车祸使受害人丧失一条腿是风险损失，虽然受害人丧失的一条腿无法用货币衡量，但因此而产生的医疗费用可以用货币衡量。

风险损失分为直接损失和间接损失。直接损失是指风险事故导致的直接的有形损失。间接损失是指由于直接损失进一步引发或带来的无形损失。例如，某工厂的厂房发生火灾，厂房被焚毁，属于工厂的直接损失；在火灾中，为抢救出更多的机器设备而产生的关联费用是间接损失；由于厂房被焚毁导致工厂停产而造成的收入损失属于间接损失。另如，锅炉爆炸，锅炉被毁属于直接损失，而锅炉爆炸造成第三方的人身伤亡，锅炉爆炸的责任方对受害的第三方承担民事损害赔偿责任，这种责任损失属于间接损失。

风险因素是引发风险事故的潜在原因或者隐患，但并不必然导致风险事故的发生；而风险事故是导致风险损失的直接原因，风险事故必然导致风险损失。例如，张三违规飙车引发车祸，造成无辜的李四惨死其车下。其中，张三违规飙车是风险因素，车祸是风险事故，李四惨死是风险损失。三者之间的关系如图 2－1 所示。

① 此处讨论的风险损失仅限于保险承保的风险损失。

有哪些风险（一）

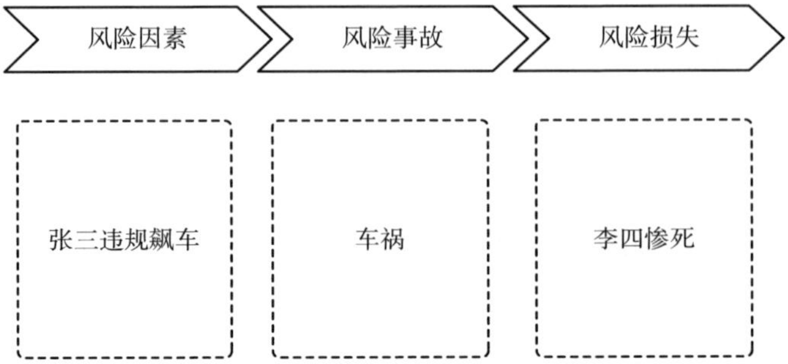

图 2－1　风险的构成要素

三、风险的分类

（一）按风险所导致的后果进行分类——投机风险与纯粹风险

1. 投机风险

投机风险导致的后果有三种：损失、无变化和获利。因此，投机风险是一种既有损失可能，又有获利机会的不确定性状态。比如，张三购买股票后，面临三种可能的后果：股票价格上涨，张三获利；股票价格下跌，张三损失；股票价格不变，张三无损失也无获利。

2. 纯粹风险

纯粹风险导致的后果只有两种：损失和无损失。因此，纯粹风险是一种只有损失可能，而无获利机会的不确定性状态。比如，张三面临的意外风险，意外发生，张三有损失；意外风险没有发生，张三无损失，但张三不会因意外风险而获利。

传统意义上，保险的对象为纯粹风险。纯粹风险也解释了人们为什么需要保险。人们面临着纯粹风险，而纯粹风险只要发生，必然给人们带来某种损失，为了转移这种风险损失，有人愿意购买保险，以使自身获得安全保障，这种安全表现为两个方面。一方面是获得心理方面的安全。比如，年轻时购买养老保险以免除对养老的后顾之忧，健康时购买医疗保险以免除没钱看病的后顾之忧等，从而在心理上获得一种安全感。另一方面表现为获得物质上的安全保障。比如，张三买了火灾险，结果火灾真发生了，自己损失 1 万元，因为他买了火灾保险，所以保险公司补偿他 1 万元，结果是张三没有损失，其物质利益得到保障。可以说保险能够转移纯粹风险，满足人们的安全需要，所以有人需要保险。

按风险所导致的后果进行分类如图 2－2 所示。

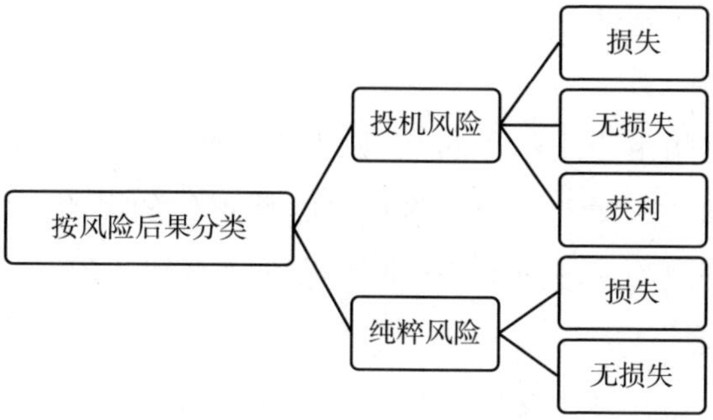

图 2－2　按风险后果分类

（二）按风险的损害对象分类——财产风险、人身风险、责任风险和信用风险

有哪些风险（二）

1. 财产风险

财产风险是指因财产毁损、灭失或贬值而使财产的所有人、使用人或保管人遭受损失的不确定性。例如，火灾造成建筑物损失风险、盗窃造成家庭财产损失风险、汽车碰撞造成车身损坏的风险。

2. 人身风险

人身风险是指人们因早逝、年老、疾病、意外等原因而给本人及其亲属带来经济损失的不确定性。具体可以分为生命风险、意外伤害风险和健康风险。

生命风险，即生命损失的不确定性，生命损失即死亡，也就是死亡的不确定性。每个人最终都会死亡，所以人的死亡应该是必然的，而这里所说的死亡的不确定性是指死亡时间是不确定的。由于死亡时间的不确定，会给人们带来损失。比如，过早死亡的风险一旦发生会给一个家庭带来收入的损失。过晚死亡，即长寿①也会给人们带来损失，因为年老会造成收入减少、医疗费用的增加。

① 长寿是人类追求的目标，但在没有生活保障的情况下，长寿，特别是超长生存可能更是一种巨大的风险。

意外伤害风险是指人们因发生意外事故而造成伤残或死亡的不确定性。

健康风险是指疾病是否发生、何时发生、健康损失程度的不确定性。可以进一步解释为由于疾病造成医疗费用支出、收入损失和由于疾病造成伤残、死亡的不确定性。

3. 责任风险

责任风险是指由于人们的过失或侵权行为所造成的他人的财产损失、人身伤亡，从而在法律上承担民事损害赔偿责任的风险。例如，产品责任风险、职业责任风险、场所责任风险、雇主责任风险等。

4. 信用风险

信用风险是指在经济交往过程中，权利人和义务人之间由于一方违约或违法行为给对方造成经济损失的风险。例如，货物交易过程中，若卖方以赊销方式发货后，不知买方是否一定会按期付款，此时，卖方面临买方的信用风险；若买方以预付方式订货，预付货款后，不知卖方是否一定会按期发货，此时，买方面临卖方的信用风险。

（三）按风险的起源和影响范围分类——基本风险和特定风险

有哪些风险（三）

1. 基本风险

基本风险是指特定的社会个体所不能控制或预防的风险，它是由非个人的或是个人不能阻止的因素引起的风险，涉及范围通常很大。例如，失业、通胀、战争、洪水等风险都属于基本风险。

2. 特定风险

特定风险与特定的社会个体有因果关系的风险，它通常由特定的因素引起，是由个人或家庭、企业来承担损失的风险。例如，火灾、盗窃等风险属于特定风险。商业保险承保的通常为特定风险。

（四）按风险产生的环境分类——静态风险和动态风险

1. 静态风险

静态风险是指在社会经济政治环境正常的情形下，由于自然力的不规则运动和人们行为错误或失当所导致的风险。通常在任何社会形态下都不可避免。例如，自然灾害、疾病、盗窃以及火灾、车祸等都属于静态风险。商业保险承担的一般都是静态风险。

2. 动态风险

动态风险是指以社会经济政治的变动为直接原因的风险。例如，国民经济的萧条与繁荣、政权更替带来的混乱等。

第二节 风险管理

如何管理风险

在风险的分类中讲到，有些风险可以利用商业保险来进行处理，而有些风险则无法通过商业保险进行转移，那么这些无法利用商业保险进行处理的风险应该如何管理呢？针对这一问题，20 世纪 30 年代在保险管理的基础上，出现了全面的风险管理理论。本节主要学习什么是风险管理，以及主要的风险管理方法，在这个过程中，分析保险与风险管理之间的联系与区别。

一、什么是风险管理

风险管理是指各经济单位通过对风险进行识别和度量，采用合理的经济和技术手段，主动地、有目的地、有计划地对风险加以处理，以最小的成本去争取最大的安全保障的行为。在风险管理的过程中，风险的识别和度量是基础，而风险管理方法的选择及实施是关键。

二、风险管理的方法

（一）风险回避

风险回避通过放弃风险活动以消除某一特定风险带来的损失。风险回避是最简单、最彻底，但也是最消极的一种风险管理方法。很多风险无法回避，因为不能因噎废食；而且回避一种风险，往往产生另一种风险。例如，乘坐火车有火车脱轨的风险，放弃火车选择坐飞机，但飞机也有坠毁的风险；另外，回避一种风险的同时，也意味着失去该风险活动可能带来的收益。例如，核技术的开发给人类提供了一种新的能源，但同时也带来了核泄漏核污染的风险。风险回避的方法主要适用于损失可能性和严重性极高的风险活动。例如，醉酒驾车这种风险行为必须采用风险回避的方法来处理。

（二）损失控制

损失控制是指降低风险损失可能性和缩小损失程度的技术性措施。损失控制包括防损和减损两种方法。

防损是指在损失发生前，采取技术性措施消除或减少可能引起损失的各项风险因素，以降低风险损失的可能性。例如，在车上安装防盗装置，一栋建筑物采用防火结构设计，在农田兴修水利以及加油站的禁烟规定等都属于防损措施。防损能够降低某项风险损失发生的概率，但并不能降低为零，而风险回避可以将某种风险损失概率降低为零。

减损是指预先采取技术措施，以便在损失发生时或发生后缩小损失程度。例如，在某建筑物内安装自动喷淋系统和火灾报警器。

（三）风险自留

风险自留是指由经济单位自己承担风险事故所造成的风险损失，并做好相应的资金安排。即由经济单位通过内部融资来弥补风险损失。风险自留的方式有多种，例如，将风险损失摊入本单位的经营成本；在单位内部建立意外风险损失基金；大型集团公司可以自己组建自保公司①等。

（四）风险转移

风险转移是指通过一定的方式，将风险从一个经济单位转移给另一经济单位。保险是一种有效的风险转移方式，经济单位可以通过购买保险将

① 我国目前有8家自保公司，4家在中国内地，4家在中国香港地区，中国内地的4家自保公司分别为：中石油专属财产保险股份有限公司、中国铁路财产保险自保有限公司、中远海运财产保险自保有限公司和广东粤电财产保险自保有限公司。香港地区注册的4家自保公司分别为：中海石油保险有限公司、中广核保险有限公司、中石化保险有限公司以及上海电气保险有限公司。

自身可能发生的风险损失转移给保险公司。除了保险，还有一些“非保险”转移方式，例如，一个经济单位将易着火的建筑物出售给另外一个经济单位；外科医生在给病人动手术之前，要求病人（或家属）签字同意，即签订开脱责任合同等都属于“非保险”风险转移方式。

风险管理的方式如图 2－3 所示。

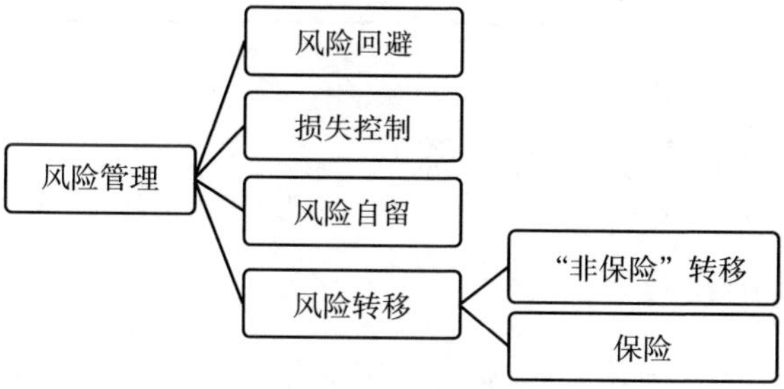

图 2－3　风险管理的方式

三、风险管理方法选择的标准

不同的风险适合用不同的风险管理方法来进行处理。一般可以根据风险损失的概率和风险损失程度来选择恰当的风险管理方法。

风险损失发生的概率低，而且风险损失程度小的风险适合选择风险自留的方法，当然，风险损失程度的大小是相对于经济单位自身的风险承受能力而言的。风险发生概率高，但风险损失程度小的风险适用损失控制，通过防损的技术措施，来降低风险发生的概率；对于风险发生概率高，并且一旦发生，损失程度大，这种损失严重到单个经济单位无法承受，通常需要采用风险回避，例如，醉酒驾车必须采用风险回避的方式处理。针对风险发生概率低，但风险损失程度大，以至于单个经济单位无法承受的风险，例如，航空意外风险可以利用保险来进行处理。

当然，在现实生活中，各种风险管理方法往往是配合使用的。例如，风险自留与损失控制，即在自留风险的情况下，采用损失控制措施，降低风险发生的可能性和严重性。另外，保险与损失控制也往往是配合使用，即保险公司承保某种风险后，会采用损失控制的措施，降低风险发生的可能性和严重性。各种风险管理方法的选择具体如表 2－1 所示。

表 2－1　　风险管理方法选择的标准

损失概率	损失程度	风险管理方法
低	小	风险自留
高	小	损失控制
低	大	保险
高	大	风险回避

四、风险管理与保险的关系

（一）二者的联系

风险管理和保险都以风险的存在为前提。风险是保险产生的自然基础，无风险无保险，当然，没有风险更无所谓风险管理。保险是一种风险管理方法，属于风险转移的方式，适合处理风险损失概率低，但一旦发生损失程度大的风险。

（二）二者的区别

首先，风险管理的外延要大于保险。因为除了保险，还有很多其他的风险管理方法，如风险回避、损失控制、风险自留以及“非保险”风险转移等。其次，保险只适用于转移可保风险①，而风险管理则处理所有的风险。

保险如何转移风险

第三节 保　　险

一、什么是保险？

在日常生活中，大家对保险这个词并不陌生，比如，金条放在保险柜

① 关于可保风险的详细阐述请参见本章第四节内容。

里很保险；再如，把钱存在银行比投入股市更保险。在这两句话中，保险是稳妥、有把握的意思。本书中所讲到的保险并非此意，而有其特定的经济含义。

关于什么是保险，国内外学者基于不同的研究角度，对保险有不同的表述。归纳起来有如下几种：保险是一种经济保障制度；保险是市场经济中的一种经营方式；保险是一种社会互助机制；保险是一种风险转移机制等。

（一）保险是一种经济保障制度

保险作为一种经济保障制度，从保险如何通过转移风险来实现经济保障这个角度对其进行界定，保险是指保险人把大量面临同质风险的风险单位集合起来，通过对风险的数理预测和收取保险费的方法，建立保险基金，并以合同的形式，将被保险人的风险转移给保险人，最终实现风险损失在所有投保者中分摊的一种经济保障制度。保险作为一种经济保障制度的具体运行机制如图 2-4 所示。保险人集合大量的面临同质风险的风险单位，根据对风险的数理预测厘定保险费率，投保人按照厘定的保险费率分散地缴纳保费，保险人将分散的保费聚集起来形成保险基金，当个别被保险人发生风险损失时，保险人用保险基金对其进行经济补偿，个别被保险人的损失转移给了保险人，但由于保险基金是所有投保人缴纳的保费聚集形成的，所以相当于个别被保险人的损失由所有投保人共同分摊。由此可见，所有投保人之间形成了一种共担风险、互助共济的关系。

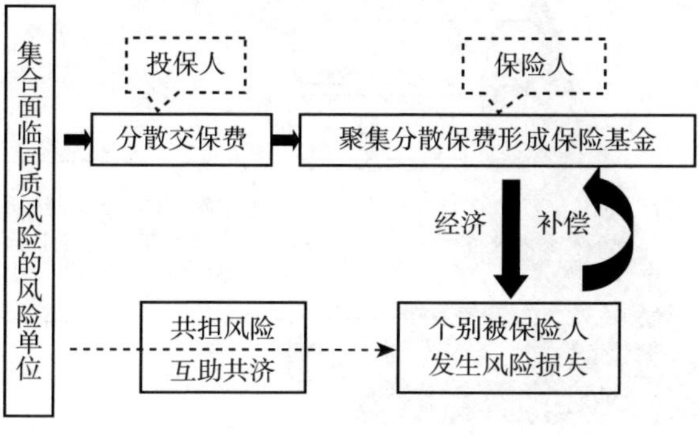

图 2-4　保险制度的运行机制

基于以上对保险的认识，可以归纳出保险的四个构成要素。

第一，保险是以风险为经营对象，保险机制运行的过程本身就是先集中风险，再分散风险的过程。但保险并不经营所有的风险，仅以可保风险作为经营对象。

第二，保险是以多数人的互助共济为基础。通过互助共济，个别被保险人的风险损失在所有投保人中分散。

第三，保险是以对特定风险事故所致损失进行补偿为目的。

第四，保险是以合理的保费为保证。通过对风险的数理预测，厘定科学合理的保险费率是保证保险正常运作的经济基础。

（二）保险是一种市场经济行为

1. 保险作为一种商品有市场需求

如图2－5所示，根据马斯洛的需要层次理论，人的需要可以分为五个层次，分别为：生理需要、安全需要、社会需要、尊重需要以及自我实现的需要。而保险能够从物质和精神两个方面满足人们的安全需要。从物质方面来看，人们一旦遭受风险损失，可以通过保险获得经济补偿，自身的物质利益得到安全保障；从精神方面来看，人们购买保险之后，就可以将未来保险期限内不确定性的风险损失转移给保险人，而自身在心理上获得一种安全保障，例如，人们购买养老保险可以在一定程度上消除养老的后顾之忧；购买医疗保险可以消除没钱治病的后顾之忧。正是因为保险能够满足人们的安全需要，所以人们会产生对保险的市场需求。

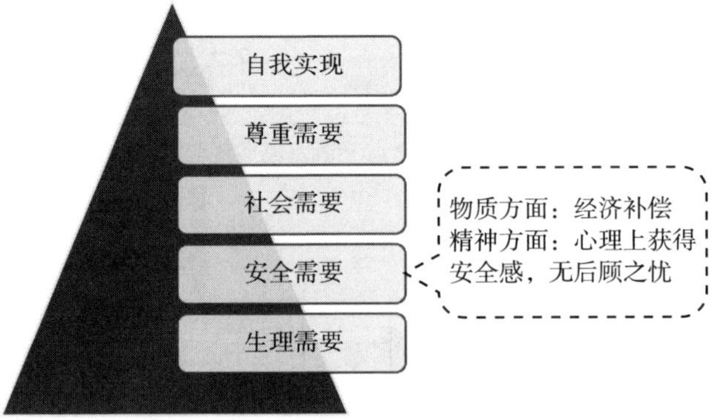

图2－5　马斯洛的需要层次理论

2. 保险作为一种商品有市场供给

人们愿意向市场供给保险产品，因为经营保险可以获利。投保人购买保险需要支付保险费，而保险费是由纯保费和附加保费构成（见图 2 –6），纯保费聚集形成风险补偿基金，用于保险金的赔偿和给付；附加保费主要由保险人的经营管理费用和利润构成。由此可见，保险人正常经营保险，就可以获利。另外，由于保险经营的特殊性，保险人可以运用保险资金进行投资，获取利润。正是因为保险是能够获利的经营性事业，所以保险有市场供给。

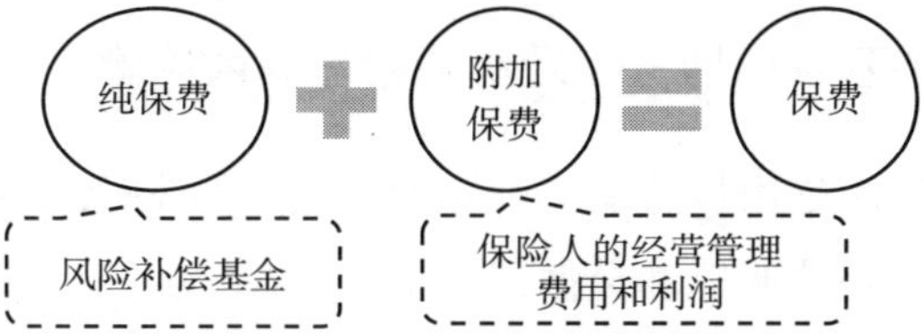

图 2 –6 保费的构成

3. 保险有市场价格，即保费

保险作为一种商品有市场价格，并且在正常的市场中，在其他条件一定的情况下，保险的价格与保险需求成反比，与保险供给成正比。所以正常情况下，保险这种经济行为遵循一般商品市场中的供求规律。

二、保险的职能

从经济的角度来看，保险是一种通过转移风险来实现经济保障的制度安排，那么保险这种制度安排要实现经济保障的目的，必须具备特定的内在社会功能，保险的这种内在社会功能即保险的职能。保险的职能可分为基本职能和派生职能。保险的基本职能是由保险的本质属性决定，不随社会形态的改变而改变，具体包括经济补偿职能和分散风险职能。保险的派生职能是在保险基本职能的基础上，随着保险业的不断发展，而衍生出的职能，具体包括资金融通职能和辅助社会管理职能（见图 2 –7）。

保险的职能

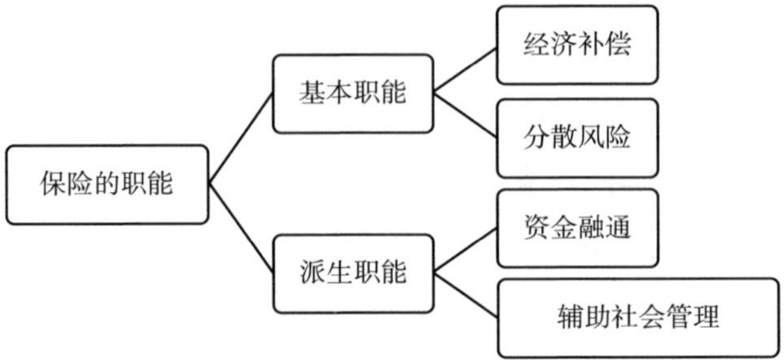

图 2－7　保险的职能

（一）保险的基本职能——经济补偿与分散风险

保险的基本职能是由保险的本质属性决定，不随社会形态的改变而改变，具体包括经济补偿职能和分散风险职能。

保险的基本职能可以通过图 2－8 的演示来理解。保险机制运行首先需要集合众多面临同质风险的投保人，投保人分散的缴纳保费，保险人将分散的保费聚集起来，形成保险基金，当众多的投保人中，有少数被保险人遭受风险损失时，保险人利用保险基金对少数被保险人的风险损失进行经济补偿，在此，保险发挥着经济补偿的职能，经济补偿是保险制度本质的根本所在，也是人们购买保险的目的。由于针对被保险人的损失进行经济补偿的保险基金主要来自于所有投保人缴纳的保费，因此，保险人利用保险基金对被保险人损失进行经济补偿的过程，同时也是被保险人的损失在所有投保者中进行分散的过程，在此，保险发挥分散风险的职能，分散风险是保险制度本质的外在形式或手段。

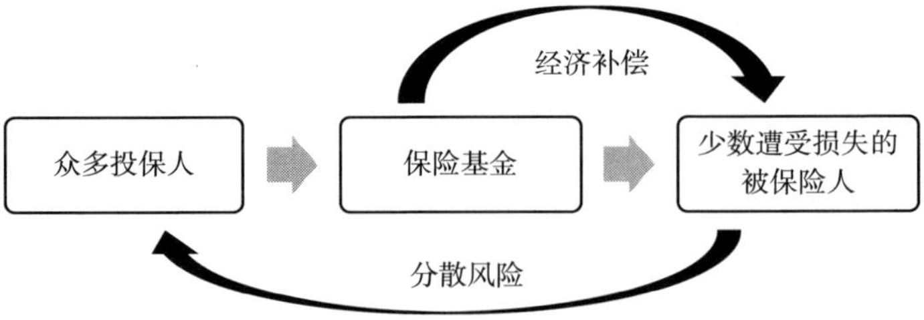

图 2－8 保险的基本职能

综上可见，保险的经济补偿和分散风险的职能实际上是同一过程从手段和目的两个不同视角的观察。保险两大基本职能的发挥体现了“千家万家帮一家，人人为我，我为人人”的理念，蕴含着“互助共济”的保险精神。经济补偿和分散风险也是“保险姓保”的落脚点，无论保险业如何发展变化，都应不忘初心，坚持“保险姓保”的属性。

（二）保险的派生——资金融通职能和辅助社会管理职能

1. 资金融通职能

资金融通职能即金融职能，保险具有了金融职能使得保险成为金融业的四大支柱之一。资金融通包括资金融入和资金融出两个环节，也可以理解为资金的积聚和资金的运用。那么保险如何实现资金的积聚和资金的运用呢?

（1）资金的积聚。

资金的积聚具体表现为保险人将分散的保费聚集起来，形成保险基金。保险通过积聚资金，为储蓄向资本的转化创造了条件。当保费成为保费之前，属于分散在潜在投保人手中的个人储蓄，由于金额小，投保人没有投资意愿或者投资能力等原因都有可能导致储蓄无法转化为资本，而相对于资本，储蓄是一种低效率的资源，储蓄不能转化为资本，从而无法实现资金的融通，实现金融资源的优化配置。

（2）资金的运用。

资金的运用具体表现为保险人运用保险资金对外进行投资，最终实现储蓄向资本的转化，优化了金融资源的配置。保险经营的对象是风险，而风险损失的不确定性、风险发生的非同期性以及保险经营的长期性保证了保险人可以利用保险资金进行投资，以保证保险人未来偿付能力的充足性、经营的稳定性和盈利性。

保险的金融职能如图 2 –9 所示。

2. 辅助社会管理

（1）充当社会稳定器和减震器。

一家企业可能因为发生财产风险或责任风险而使生产经营停滞甚至破产，一个家庭可能因为发生意外风险、健康风险、生命风险等而陷入困境，这些都会影响社会稳定，而保险通过经济补偿和分散风险，帮助企业

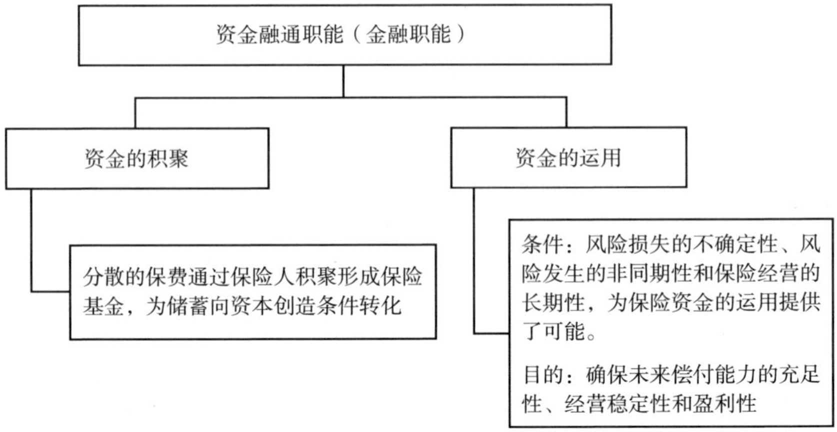

图 2－9　保险的金融职能

和家庭尽快恢复再生产和正常生活，充当着社会稳定器和减震器的作用。

（2）参与社会风险管理。

保险本身就是一种风险管理方法，适用于处理发生概率低，一旦发生损失大的纯粹风险。同时，保险人针对特定的保险标的承保之后，也会采取防损、减损等风险管理措施，从而降低了社会风险发生的可能性和严重性。

（3）保障交易，启动消费。

在市场交易过程中，交易双方都可能面临着对方的信用风险，如果双方都不愿承担信用风险可能带来的不确定性损失，那么交易将无法达成。而信用保险和保证保险可以有效地处理信用风险，保障交易的损失进行。例如，消费者为了购买心仪而价格昂贵的大额耐用消费品，如电脑、手机等电子产品而向金融机构申请贷款，金融机构可能会因为申请者的信用风险而拒绝贷款，消费者就无法提前消费心仪的产品，而个人贷款保证保险可以将金融机构面临的这种信用风险进行转移和分散，金融机构发放贷款，消费者实现提前消费。

（4）优化金融资源配置。

保险通过资金融通，将社会低效率的闲散资金配置到更有效率的用途，实现了金融资源的优化配置。

（5）减少社会成员之间的经济纠纷。

利用责任保险来处理责任风险，可以减少社会成员之间的经济纠纷。例如，张三驾车行驶过程中与李四的车碰撞，张三负全责，张三依法对李四的财产损失和人身伤亡承担民事损害赔偿责任，金额 50000 元，张三可能因无力承担赔偿而让双方产生纠纷。而如果张三购买了责任保险，这种责任风险就可以通过转移给保险人进行处理，从而避免社会成员之间的经济纠纷。

三、保险与赌博、储蓄和救济之间的关系

保险与储蓄、赌博及救济一样吗？

在日常生活中，很多人会把保险与赌博、储蓄、救济混淆在一起，虽然四种经济活动有一定的相似之处，但却有着本质的区别。

（一）保险与赌博

1. 联系

案例演示：假如张三向保险公司支付 10 元保费，购买一份人身意外伤害保险，保额 1 万元。如果约定的事故发生，最多可得到 1 万元赔付；如果约定事故不发生，不能得到任何赔付。张三无论最终能否得到赔付，都必须先支付 10 元保费。假设在赌博的场合，张三下 10 元赌注，可能赢回 1 万元，也可能输得精光，但无论最终输赢，张三都必须先下 10 元赌注。这样来看，两者确实有相似之处，即二者都需要先付出 10 元，但能不能得到回报，都不确定。

2. 区别

保险与赌博有相似点，但并非完全相同的经济行为。

（1）二者的目的不同：避险与逐利。

保险作为一种风险管理方法，旨在通过转移风险实现对被保险人的经济保障，即保险消费者购买保险的目的是规避自身风险。而赌徒参与赌博的目的是逐利。

（2）二者面对的风险不同：纯粹风险与投机风险。

保险承保的一般都是纯粹风险，只有损失的可能性，没有获利的机会。而赌博面对的风险属于投机风险，既有损失的可能性，也有获利的机会。

（3）二者与标的物的关系不同：保险利益。

保险要求投保人对保险标的要具有保险利益；而在赌博活动中，并不

要求赌徒与所赌标的之间具有经济利益。

（4）二者面对的风险产生机制不同。

保险经营的风险是客观存在的，一种风险一般不会因为保险而产生，或者因为保险而消失；而对赌徒来讲，赌博中的风险是由赌博本身引起的，不去赌就没有损失的风险。

（二）保险与储蓄存款

1. 联系

案例演示：如果张三愿意每年支付 1 万元保费，购买一份保额 50 万元的重疾险，那么，如果张三保险期限内罹患重疾，则他可以拿到 50 万元的保险金来弥补因患病而给家里带来的损失。相当于张三每年拿出 1 万元，为未来可能发生的疾病做准备。如果张三愿意每年存 1 万元在银行，当张三想买房的时候，就可以将储蓄存款取出，用来支付房款。相当于每年拿出 1 万元，为未来的消费需求做准备。可见，二者有相似之处。

2. 区别

（1）二者体现的经济关系不同。

储蓄属于个体经济行为，自己留出一部分财产做准备，应付将来需要，无须求助他人，是自助行为。

保险属于互助性的共同经济行为，大家共同留出一部分财产做准备，应付将来共同需要，是自力与他力的结合。

（2）二者遵循的原则不同。

储蓄存款遵循“存款自愿、取款自由”的原则。本人对自己的储蓄存款始终拥有所有权，可自由支配。即使中途取款也能保证本利和大于本金。

保险遵循“投保自愿、退保自由”的原则。但中途退保所领回的退保金在扣除保险公司管理费、手续费之后一般小于所交保费之和。如果不退保，投保人对所交保费的主张权会受到保险合同的约束。

（3）二者付出与得到的差额不同。

投保人付出一定的保费之后，若保险期限内约定的风险损失发生，被保险人得到的保险金一般远远大于所付出的保费，若约定的风险损失不发生，被保险人得不到任何保险金，付出的保险费亦不退还。因此保险活动付出与得到的差额可能很大，并且不确定。而储蓄存款付出本金之后，约定的期限内得到的本利和是确定的。

（三）保险与救济

1. 相似点

保险与救济都是对经济生活不安定的一种补救措施。

2. 区别

（1）保险当事人地位平等，双方授受是基于保险契约的权利义务；救济是单方施舍行为。

（2）保险金的给付金额有一定计算方式，救济金额则不定。

第四节 可保风险

保险转移哪些风险？

引导案例：2022 年初，保险代理人张三多次向李四推荐重大疾病保险，并承诺在合同期间若患重大疾病或因病身故、全残将获得保险金赔付。但在李四尚未答应投保时，就因为心肌病住院治疗。此时，李四想起之前张三推荐给他的保险，提出投保，但却遭到保险公司拒保。李四为什么遭到拒保呢？这里就涉及到可保风险的问题，并不是所有的风险都是可保风险。那么什么是可保风险，可保风险需要具备哪些条件呢？

可保风险可以理解为保险市场可以接受的风险。那么一种风险需要具备哪些条件才能成为保险市场理想的可保风险呢？

一、纯粹风险

保险人一般仅承保只有损失的可能而没有获利机会的风险，因此，可保风险属于纯粹风险的范畴，但并非所有的纯粹风险都是可保风险。只有符合保险人承保条件的纯粹风险才是可保风险。

二、经济上具有可行性

所谓经济上的可行性是针对投保人和保险人双方而言的。对投保人来讲，只有可能发生的风险损失严重到自身无法承受时，购买保险才是经济的。比如，针对5毛钱一支的铅笔丢失的风险去购买保险就是不经济的。而对于保险人来讲，只有风险损失发生的可能性很低，这种风险才能借助保险机制进行分散，保险经营才具有可行性，针对其承保才是经济的。

因此，只有潜在损失的严重性很大，但损失发生的可能性又很小的风险，才同时对保险双方都具有经济上的可行性，才能成为理想的可保风险。比如，车祸、坠机、沉船、火灾等风险符合上述条件。

三、存在独立、同分布的大量风险标的，且风险损失概率是可测的

独立、同分布的大量风险标的存在是利用大数法则，根据以往历史资料准确预测风险损失概率的前提条件，而只有准确预测出风险损失概率，才能够据此制定科学合理的保费，保险才能正常运行。

独立性是指对于不同的风险单位，发生不同风险事故的概率和后果是互不影响的，它保证了保险人能够分散保险标的的非系统性风险①。同分布是指不同风险单位发生潜在风险事件的概率分布是相同的，它决定了保险人可以对相似的潜在风险标的厘定相同的保费率。“大量风险标的”中的“大量”并没有具体数量规定，数量的大小取决于保险人愿意承担的、偏离期望值的风险的大小②。保险人愿意承担的风险越大，保险标的的数

① 非系统性风险是指由于某种特定原因对某特定资产收益率造成影响的可能性，它是可以通过有效的资产组合来消除的风险；系统风险是影响所有资产的，不能通过资产组合来消除的风险。非系统风险是当组合中资产的个数足够大时这部分风险可以被完全消除，即通过多样化投资可以分散；系统风险是不能随着组合中资产数目的增加而消失，它是始终存在的，通过多样化投资不可分散。非系统性风险包括财务风险、信用风险、经营风险与偶然事件风险等；系统性风险包括经济周期性波动风险、政策风险、购买力风险、利率风险及汇率风险等。

② 实际结果与预期结果之间的差额。

量可以越小，反之，标的的数量应该越大。

四、风险是意外的、人为无法控制的

风险不能是意料之中的，不能是必定会发生的，如确诊为绝症病人的死亡风险不是可保风险；已经发病的病人不能投保健康保险。另外，风险损失的发生不能被人为控制，比如，故意纵火导致的财产损失是不可保的。

五、风险损失是可以确定和计量的

风险损失发生的时间和地点是可以确定的，损失的大小是可以用货币计量的。只有满足上述条件，保险人才能确定该风险损失是否在保险合同约定的赔偿范围内。

需要注意的是，在现实中，有些风险标的可能并不符合上述理想可保风险的条件，例如，《神探俏娃》中的华科拉茜为自己的鼻子投保；好莱坞明星伊丽莎白·泰勒为自己的紫蓝色眼睛购买保险；某好莱坞女星为自己的头发投保；“肚皮舞之后”逊娅·斑嘉敏为自己的肚脐投保；钢琴家李察·克莱曼为自己的双手投保；著名的小号手密利斯·戴维斯为双唇投保等。这些保险标的并不符合可保风险中关于“大量同质风险标的”特征的要求。而且，随着科学技术手段的发达和资本市场的成熟，一些不属于纯粹风险范畴的风险将可能成为可保风险。因此，应当辩证地看待可保风险，上述条件为理想可保风险的条件。

【第二章　内容梳理、思维拓展】

第一～二章
内容梳理

一、内容梳理

本章围绕“为什么需要保险”这个话题展开，从“风险”的概念切入，即损失的不确定性状态，损失是否发生不确定，但只要发生，必然会给人们带来损失，因此，需要进行风险管理，常用的风险管理方法有风险

回避、防损、减损、风险自留、风险转移等。而保险属于一种风险转移的方法，保险通过一种复杂和精巧的机制，先将少数被保险人的风险损失转移给保险人，保险人再将这些损失在所有投保人中进行分散。在保险机制运行的过程中，少数被保险人的损失最终由所有投保人共同分担，被保险人的经济利益获得安全保障。可见，保险是一种通过转移风险来实现经济保障的制度安排。保险机制运行的过程实际上是保险发挥经济补偿和分散风险的内在社会功能的过程。经济补偿和分散风险是保险的两大基本职能，由保险的本质属性决定，不随社会形态的变化而变化。而随着保险业的不断发展，现代保险除了具有经济补偿和分散风险的基本职能，还衍生出了辅助社会管理以及资金融通的职能，因此，现代保险不仅是一种有效的风险管理方式，而且已经成为现代金融业的支柱产业之一。

同时，保险也是一种市场经济行为。因为保险具有经济补偿与分散风险的内在功能，从而产生有效的市场需求；因为保险是一种能够盈利的经营性事业，从而产生有效的市场供给。另外，保险具有市场价格，即保费率。在正常的条件下，保险市场遵循一般商品市场的供求规律。

保险的运行机制与赌博、储蓄、救济虽然有一定的相似之处，但也有着本质的区别。

保险虽然可以转移风险，但并不能转移所有风险，而仅仅转移可保风险。所谓可保风险，是保险人愿意承保的风险，这种风险需要具备一系列的条件才能成为理想的可保风险，比如，可保风险一般为纯粹风险、要具有经济上的可行性、风险标的必须是大量的、独立的和同分布的。风险损失须是意外的、人无法控制的；风险损失须是确定的和可计量的等。

二、思维拓展

第二章思维拓展——保险资金运用

随着保险业的不断发展，逐步衍生出了保险的金融职能，保险的金融职能通过资金的集聚和资金的运用促进资金的融通，实现金融资源的优化配置。其中保险资金的运用是保险发挥金融职能的关键环节。那么保险资金由哪几个部分构成？为什么能运用保险资金进行投资？为什么要运用保险资金进行投资？运用保险资金进行投资的工具有哪些呢？

从严格意义讲，保险资金的运用涵盖保险投资。由于保险投资是保险资金运用的主要形式，很多情况下，两者被相互混用。

（一）保险资金由哪几个部分构成？

《保险资金运用管理办法》（保监会令〔2018〕号）第三条规定："本办法所称保险资金，是指保险集团（控股）公司、保险公司以本外币计价的资本金、公积金、未分配利润、各项准备金以及其他资金。"具体如图2－10所示。

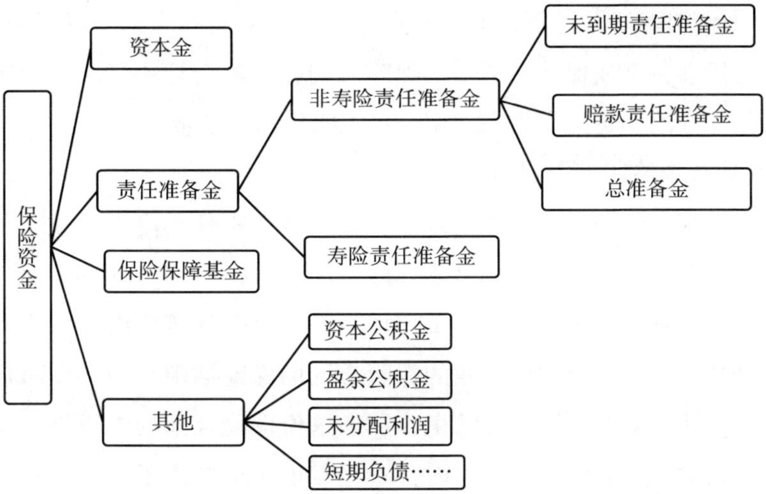

图2－10　保险资金的构成

1. 资本金

资本金是保险公司开业时须具备的注册资本。《中华人民共和国保险法》第六十九条规定："设立保险公司，其注册资本的最低限额为人民币二亿元。国务院保险监督管理机构根据保险公司的业务范围、经营规模，可以调整其注册资本的最低限额，但不得低于本条第一款规定的限额。保险公司的注册资本必须为实缴货币资本。"

【所有的资本金都可进行保险投资吗？】

《中华人民共和国保险法》第九十七条规定："保险公司应当按照其注册资本总额的20%提取保证金，存入国务院保险监督管理机构指定的银行，除公司清算时用于清偿债务外，不得动用。"即其余80%为保险公司的自有资金，可用于长期投资。

2. 责任准备金

责任准备金可分为非寿险责任准备金和寿险责任准备金。二者的区别主要是期限不同。非寿险的保险期限一般是在一年或一年以下，而寿险的保险期限一般都是大于一年的。

（1）非寿险责任准备金。

非寿险责任准备金包括未到期责任准备金、赔款责任准备金和总准备金。

① 未到期责任准备金。未到期责任准备金，又称为未了责任准备金、未满期责任准备金或保费准备金。保险公司在年终会计决算时，把属于未到期责任部分的保费提存出来，用于将来赔偿的准备金。

【为什么年终还有未到期责任?】

年终还有未到期责任主要是因为会计年度与责任年度不一致。我国实行的会计年度是从每年的 1 月 1 日到 12 月 31 日。一个会计年度结束时，要进行年终结算。在 1 月 1 日到 12 月 31 日这个会计年度内，可能有保险合同签订并生效，如果这份生效的保险合同的保险期限是一年，而且也是从 1 月 1 日开始至 12 月 31 日结束，那么这份保险合同的责任年度与会计年度是一致的。在会计年度结束时，责任年度也就结束了，那么就不存在未到期责任。但保险合同的保险期限并非都是从 1 月 1 日开始，假设从 6 月 1 日 0 时开始，保险期限一年，到次年的 5 月 31 日 24 时结束，那么保险合同的责任年度就是从今年的 6 月 1 日到次年的 5 月 31 日，在本年的会计年度结束时，即 12 月 31 日，这份保险合同的责任年度还没有结束，这份保险合同履行了 7 个月的保险责任，还剩 5 个月的未到期责任，即保险人仍然承担着当保险事故发生时赔付保险金的责任。因此，这 5 个月对应的保费不能作为本年度的收入，而要提取出来，结转到下一年度，以应对下一年度可能发生的赔付，这就是未到期责任准备金。

【以案说险 2 -1】

2019 年 6 月 1 日，保险公司承保一份保险期限为一年的财产保险，保险金额 10 万元，保险费为 1500 元。问：2019 年 12 月 31 日本会计年度结束时，1500 元保费是否都属于保险公司本年度赚取的收入呢?

答案：否！因为本合同仍未到期，2020 年还有 5 个月的保险责任未了，因此，这 1500 元的保费收入中，实际上只履行了 7 个月的保险责任，那么从理论上说，该1500元的保费只有7/12是保险公司已赚取的，另外5/12需要提取出来，作为2020年的未到期责任准备金。

因此，在一个会计年度入账的保费分为两个部分：已赚保费和未赚保费。已赚保费为本年度已了责任对应的保费，计入本年度营业收入；未赚保费为年终会计决算时，未了责任对应的保费，即未到期责任准备金。理论上讲，严格按照会计年度计算每张保单的未赚保费，并提取未到期责任准备金，无疑是最准确的，但因工作量太大，在我国，针对非寿险业务，一般以当年自留保费的50%提取未到期责任准备金，这种方法称为年均法，也称50%估算法。

② 赔款准备金。赔款准备金包括已发生未报告赔款准备金、未决赔款准备金和已决未付赔款准备金。已发生未报告赔款准备金是指本年度已发生，但还未提出索赔的赔款准备金；未决赔款准备金是指已发生，已提出索赔，但还未结案的赔款准备金；已决未付赔款准备金是指已发生，已索赔，已结案，但尚未赔付或尚未支付全部赔款的赔款准备金。因为这些赔案发生在本年度，仍属于本年度的支出，因此，在本年度的已赚保费中，应依法提取赔款准备金，用于应对下年度的赔款。

③ 总准备金。总准备金是保险公司用于满足超常赔付和巨灾损失赔付的需要而提取的准备金。一般按本年净利润的一定比例提取，逐年积累而成，不用于平时赔付，只有在承保业务亏损且当年利润不足以弥补时才动用，在此之前，长期处于闲置状态，是长期投资的资金来源。

需要注意的是，由于非寿险业务的保险期限短，保险事故具有随机性，其暂时闲置的未到期责任准备金和赔款准备金一般不适合进行长期投资，更重视短期投资。

（2）寿险责任准备金。

寿险责任准备金是经营人寿保险业务的保险公司为保障未来时期履行人寿保险合同的给付责任，从寿险保费中提取的责任准备金。它的性质相当于未到期责任准备金。与非寿险相比，寿险合同的保险期限比较长，其责任年度可以跨越数个会计年度。假设一份寿险合同，其保险期限从2020年1月1日零时开始到2025年12月31日24时结束，即这份寿险合同的责任年度为6年，责任年度中包括6个会计年度，在前5个会计年度的年终结算时，都需要提取未到期责任准备金。而保险期限在1年以内的非寿险的责任年度最多跨越两个会计年度。由于寿险保费的缴费方式有趸交和分期缴费，不同的缴费方式，提取责任准备金的方式也不同。但原则上讲，寿险责任准备金等于投保人缴纳的纯保费及其所产生的利息减去当年应分摊的成本后的余额。寿险合同的保险期限较长，每年度提取的寿险责任准备金长期积累，可作长期投资的资金来源。

3. 保险保障基金

保险保障基金是用于救助保单持有人、保单受让公司或者处置保险业风险的非政府性行业风险救助基金。它是为了保证保险公司的偿付能力而构筑的又一道防线①。是从保费中按照一定比例提取。只有在当年业务收入和其他准备金不足以赔付时才能运用。

【保险保障基金如何筹集、管理和使用？】

《中华人民共和国保险法》第一百条规定："保险公司应当缴纳保险保障基金。保险保障基金应当集中管理，并在下列情形下统筹使用②：（一）在保险公司被撤销或者被宣告破产时，向投保人、被保险人或者受益人提供救济；（二）在保险公司被撤销或者被宣告破产时，向依法接受其人寿保险合同的保险公司提供救济；（三）国务院规定的其他情形。保险保障基金筹集、管理和使用的具体办法，由国务院制定。"

我国《保险保障基金管理办法》（保监会令〔2018〕号）第六条规定："设立国有独资的中国保险保障基金有限责任公司（以下简称保险保障基金公司），依法负责保险保障基金的筹集、管理和使用。"第二十九条规定："保险保障基金的资金运用应当遵循安全性、流动性和收益性原则，在确保资产安全的前提下实现保值增值。保险保障基金的资金运用限于银行存款，买卖政府债券、中央银行票据、中央企业债券、中央级金融机构发行的金融债券，以及国务院批准的其他资金运用形式。"

---

① 防线：各类责任准备金、资本金、保证金、保险保障基金。

② 《保险法释义》第一百条规定：（1）保险公司破产时，代破产保险公司向被保险人支付该破产公司无力支付的保险单现金价值的返还以及赔款或给付。（2）在保险公司的经营出现困难时，保险监管机关动用保险保障基金进行挽救，防止公司破产。

总之，保险保障基金是从保费中提取，存入保险保障基金公司的专门账户，在确保安全的前提下，保险保障基金公司可以运用基金进行投资，实现保值增值。投资收益及产生的费用会增减保险公司的保险保障基金账户余额。保险公司不能直接利用保险保障基金进行投资。

4. 其他资金

其他的保险资金还有资本公积金、盈余公积金、未分配利润以及短期负债等。资本公积金是由资本溢价而形成，又称准资本金，其性质类似于资本金，可以进行投资；盈余公积金是从税后利润中提取，用来弥补亏损或转增资本，可以进行投资；未分配利润是在提取各种公积金，分配利润之后，剩下的未分配的部分积累在保险公司，也可以进行投资；另外短期负债，比如，应付未付款、应付未付的税金等，数额一般比较少，但在需要的情况下也可以进行灵活使用，但不适合长期投资。

（二）为什么能运用保险资金进行保险投资？（可能性）

保险的经营对象是风险，而风险是一种损失的不确定性。从某一时点看，保费收取与赔付之间存在时间差和数量差，因此，一部分保险资金会沉淀下来，变成暂时闲置资金，可以运用这部分保险资金进行投资。

（三）为什么要进行保险投资？（必要性）

（1）保险资金保值和增值的内在要求。保险资金在收取和赔付之间的时间差内可能因通货膨胀而贬值，导致原有资金不足以赔付保险金。

（2）保险投资是保险公司重要的盈利手段。保险市场竞争日趋激烈，承保利润不断下降，运用保险资金进行投资成为保险公司盈利的重要手段。保险公司通过投资所获得的收益可以进一步增加公司的盈利能力，确保收益的稳定性和可持续性，保证足够的偿付能力，提高公司业务发展能力以及分配给投保人等。

（四）保险投资工具有哪些？

《中华人民共和国保险法》第一百零六条规定：“保险公司的资金运用必须稳健，遵循安全性原则。保险公司的资金运用限于下列形式：（一）银行存款；（二）买卖债券、股票、证券投资基金份额等有价证券；（三）投资不动产；（四）国务院规定的其他资金运用形式。”2018 年，原保监会颁发的《保险资金运用管理办法》针对保险资金的运用做了进一步的规范。

在保险资金运用的各种形式中，银行存款是最传统的一种方式，它的流动性和安全性强，但收益性最差；债券与股票相比有更强的流动性和安全性，它与银行存款相比，其收益性要更高。债券又分为政府债券、金融债券和企业债券，一般来讲，政府债券的安全性较高，企业债券安全性较差，金融债券的安全性介于政府债券和企业债券之间，收益性也介于两者之间。

股票价格波动受到来自国内外多种因素的影响，风险较高，比如，马宇（2023）在《新兴经济体跨境资本流量合意区间测算研究》一书中测算跨境资本流出对股票价格的影响，提出："跨境资本净流出会使股票价格下跌，而且相对于发达国家，包括我国在内的新兴市场国家的股票价格对跨境资本流出的敏感程度更高。因为新兴市场国家股票市场的抵御能力较差，金融体系较为脆弱，股票价格跌幅较大。而发达国家股票市场的反应更灵敏，能有效缓冲跨境资本的冲击，股价跌幅较小。"可见，股票是一种高风险的投资手段，但其收益也相对较高，在将保险资金投资于股票市场时，保险公司及保险监管部门要做好风险管控，以保证保险资金的安全性。

证券投资基金具有专家经营、组合投资、分散风险、流动性高、品种多等优点，其收益一般高于债券，而风险一般低于股票。不动产的单项投资占用资金大、资金周转期长，流动性差，如决策失误，会带来较大风险。其他的投资形式还有贷款、股权等。

拓展阅读

保险资金运用大事记

1985 年 3 月，国务院颁布《保险企业管理暂行条例》，从法规的角度明确了保险企业可以自主运用保险资金。

1995 年，《中华人民共和国保险法》颁布，并对保险资金运用的范围和形式等作了严格的规定：即资金运用的形式限于银行存款、买卖政府债券、金融债券和国务院规定的其他资金运用模式，保险企业的资金不得用于设立证券经营机构和向企业投资。此后，保险资金陆续退出证券市场。

1996 年 9 月，央行发布《保险管理暂行规定》，明确指出保险资金的运用仅限于银行存款、买卖政府债券、买卖金融债券以及国务院规定的其他资金运用方式。

1999 年 10 月，保监会批准保险资金间接入市，根据证券投资基金市场的规模，确定保险资金间接进入证券市场的规模为保险公司资产的 5%。

2000 年，原保监会先后批复泰康人寿、华泰财产保险等多家保险公司投资于证券投资基金的比例提高至不超过上年末总资产的 10%。

2001 年 3 月，原保监会将平安、新华、中宏等 3 家保险公司的投资连结保险在证券投资基金上的投资比例从 30% 放宽至 100%。

2001~2002 年，中国人寿、中国人保、中国再保险、平安、太平洋、华泰等国内大型保险公司都建立了人、财、物相对独立的保险投资管理机构。

2002 年 10 月，《中华人民共和国保险法》修改案获得通过。原法第一百零四条第三款“保险公司的资金不得用于设立证券经营机构和向企业投资”，修改为第一百零五条第三款“保险公司的资金不得用于设立证券经营机构，不得用于设立保险公司以外的企业”。

2002 年 12 月，原保监会宣布取消包括“保险公司投资基金比例核定”在内的 58 项行政审批项目。

2003 年 6 月，经国务院批准，原保监会公布了新的《保险公司投资企业债券管理暂行办法》。我国保险业投资企业债券的范围，由只允许投资三峡、铁路、电力、移动通信等中央企业债券，扩大到自主选择购买经国家主管部门批准发行，且经监管部门认可的信用评级在 AA 级以上的企业债券；保险公司投资企业债券的比例由不得超过总资产的 10%，提高到 20%。

2004 年 4 月，经国务院批准，原保监会制定并出台了《保险资产管理公司管理暂行规定》，中国人保、中国人寿分别发起设立了保险资产管理公司。

2005 年 2 月，经原保监会批准，中再资产管理公司成为中国第一家有外资参股的股份制保险资产管理公司。

2006 年 1 月，原保监会宣布，国务院已经相继批准保险资金间接投资基础设施项目和渤海产业投资基金。

2009 年 3 月，原保监会出台系列保险投资新政策，其中包括敞开保险资金投资基础设施大门，中小保险公司可直接投资股市。

2010 年 7 月 30 日，原保监会发布《保险资金运用管理暂行办法》，规范保险资金运用，保障保险资金运用安全，防范保险业风险。

2010 年 9 月 3 日，原保监会出台《保险资金投资股权暂行办法》和《保险资金投资不动产暂行办法》，办法包括：明确投资主体，界定投资标的，规定投资方式，健全风控机制，同时明确了股权投资和不动产投资的投资比例、退出机制、信息披露等事项。

2012 年 7 月，原保监会印发《保险资金投资债券暂行办法》及《关于保险资金投资股权和不动产有关问题的通知》。

2014 年 1 月，原保监会印发《关于加强和改进保险资金运用比例监管的通知》。

2018 年 1 月，原保监会印发《保险资金运用管理办法》。

【第二章课后习题】

保险市场分析

专题项目一　保险市场分析

【项目目标】

知识目标：通过前两章内容的学习，掌握风险、保险等专业知识的基础上，进一步理解保险是一种市场经济行为，并掌握影响保险市场需求、供给以及保险市场运作效率的因素。

能力目标：能够运用保险市场相关专业知识对一定区域特定时期的各类保险市场进行分析。

素养目标：在进行保险市场分析中，提升评价和创新能力，领悟保险消费者的金融素养以及保险从业者的职业素养对于保险市场健康发展的重要性。

【重点难点】

保险市场供求分析；保险市场中的逆向选择问题和道德风险问题。

【教学方式】话题讨论

本书第二章内容阐述了保险作为一种市场经济行为，有市场需求、市场供给和市场价格，在正常情况下，一般商品市场中的供求规律在保险市场中也是适用的。本专题将在此基础上进一步分析保险市场，深入剖析影响保险市场供给与需求的因素以及保险市场上的供求规律。

一、保险市场需求

保险市场需求是指在一定时期内，在不同的费率水平上，保险消费者愿意并有能力购买的保险商品的数量。那么，

讨论话题1：有哪些因素影响保险市场需求，如何影响保险市场需求？

（一）风险

风险是保险产生的自然基础，也是产生保险需求的触发条件。一般情况下，风险越大，保险需求越大；风险越小，需求越小。

（二）保险费率

保险费率即保险的价格，一般情况下，保险需求与保险费率呈反向关系。费率上升，保险需求量减少；费率下降，保险需求量增加。

（三）保险消费者的货币收入

一般情况下，保险消费者的收入与保险需求量呈正向关系。保险消费者收入增多，会有更强的缴费能力，保险需求量增加；收入减少，保险需求量减少。但是，并非所有类型的保险产品需求量都与消费者收入同方向变化。例如，收入特别高的家庭，风险承受能力强，因此，对于一些基本保障型的保险产品需求量可能反而比较低，比如高收入家庭对小额的门诊医疗保险的需求量低。

（四）互补品的价格

一般情况下，保险互补品的价格与保险需求量呈反向变化，比如，汽车与汽车保险为互补品，汽车价格上升，汽车的需求量降低，汽车保险的需求量也会降低；汽车价格下降，汽车保险的需求量会上升。

（五）替代品的回报率

一般情况下，替代品的回报率与保险需求量呈反向变化。例如，银行存款是一些具有理财功能的保险产品的替代品，当存款利率上升时，具有理财功能的保险产品的需求量会减少，反之则会增加。

（六）文化传统

人们的风险意识与保险意识会受到文化传统的影响，例如，受封建文化传统的影响，有人宁愿求神拜佛祈求平安，也不接受保险的保障，保险需求量会降低。

（七）保险消费者的风险偏好

保险消费者的风险偏好与保险需求量呈反向变化，风险偏好越强，愿意自己承担更大的风险，则保险需求量越小，反之则越大。风险偏好者、风险中性者以及风险规避者对于保险产品会显示出不同的态度。一般来讲，风险规避者有最大的保险需求，风险中性者次之，风险偏好者最小。

除了以上因素之外，影响保险需求的因素还有很多，比如社会保障水平、社会经济制度、人们的金融素养以及保险从业者的职业素养和专业服务水平等。

讨论话题2：你认为保险公司可以采取哪些措施来扩大保险产品的销售和影响？

二、保险市场供给

保险市场供给是指在一定时期内，在不同的费率水平上，保险人愿意并有能力提供的保险商品的数量。那么，有哪些因素会影响保险市场供给，又是如何影响保险市场供给的呢？

讨论话题3：有哪些因素影响保险市场供给，如何影响保险市场供给？

（一）社会可用于经营保险业的资本量

一般情况下，保险业的经营资本量与保险供给能力呈正相关关系。资本量越多，保险供给量越大，反之则越小。

（二）保险费率

一般情况下，保险供给与保险费率呈同方向变动，保险费率越高，保险供给者的利润越大，保险供给量越大，反之则越小。

（三）保险人的经营技术和管理水平

因为保险的专业性、技术性很强，一般情况下，保险人的经营技术和管理能力越高，保险的供给能力越强，反之则越弱。

（四）制度、政策环境

保险相关的制度、政策环境会影响保险市场供给。例如，政府对保险行业给予税收优惠政策，保险业利润增加，保险供给量会增加；反之则减少。如果政府对保险行业采取严格的监管措施，提高最低偿付能力标准，保险供给量会降低，反之则提高。

（五）保险人才的数量和质量

一般情况下，保险人才的数量和质量与保险供给量呈同方向变动，保险经营所需的专门人才素质越高，数量越充足，保险供给量越大，反之则越小。

三、保险市场上的供求规律

商品市场供求规律反映了商品供求与价格之间的互动关系。当市场上商品的供给与需求不相等时，价格就会因此发生变化，价格的变化反过来影响商品的供求数量，使二者逐渐互相趋近，最终达到市场均衡。比如，当供给大于需求时，价格下降价，而价格下降又会刺激需求增加，供给减少，供求逐渐互相趋近，最终达到市场均衡；当供给小于需求时，价格上升，而价格上升又反过来刺激供给增加，需求减少，供求逐渐相互趋近，最终达到市场均衡。

正常情况下，一般商品市场中的供求规律在保险市场中也是适用的。但在供求规律作用的过程中，当消费者出现逆向选择和道德风险问题时，保险市场供求曲线会发生变异，进而导致不同的市场反应，使得保险市场最终无法达到均衡状态。那么逆向选择和道德风险问题在保险市场是如何表现的呢？逆向选择和道德风险又是如何影响保险市场运作效率？如何防范保险市场的逆向选择和道德风险问题呢？

四、保险市场中的逆向选择

（一）逆向选择在保险市场中的表现

逆向选择是指在交易发生之前，由于交易双方信息不对称而产生的劣品驱逐良品，进而出现市场交易产品平均质量下降的现象。在正常的条件下，市场选择的结果是优胜劣汰，而当市场中出现逆向选择问题时，就会产生优汰劣胜现象。逆向选择在保险市场上的表现如图专 1 –1 所示。保险市场上存在保险交易的双方当事人，即投保人和保险人。一般情况下，针对投保人投保的保险标的，投保人拥有的信息多，保险人拥有的信息相对少，此时，双方存在信息不对称，投保人为保险市场中的信息优势方，保险人为信息劣势方。在此，将保险市场中的保险标的按照风险程度分为两大类：高风险标的和低风险标的。高风险标的权且称为保险市场上的劣品，低风险标的称为保险市场上的良品。如果保险人对保险标的拥有充分的信息，就可以准确区别出高风险和低风险的保险标的，并按照风险程度高低分别收取不同的保费，即对高风险标的收取高保费，低风险标的收取低保费，整个保险市场不会出现逆向选择问题。但是由于保险市场存在信息不对称，当保险人无法正确区别出高风险和低风险的保险标的时，只能按照所有保险标的的平均风险程度，厘定出平均费率，对所有保险标的收取相等的保费。此时，高风险的保险标的会投保，而低风险的保险标的会退出保险市场，保险市场上的劣品驱逐了良品，发生了逆向选择问题。逆向选择问题会导致保险人承保风险发生的实际概率高于预期概率，实际赔付率高于预期赔付率，严重情况下会导致破产。

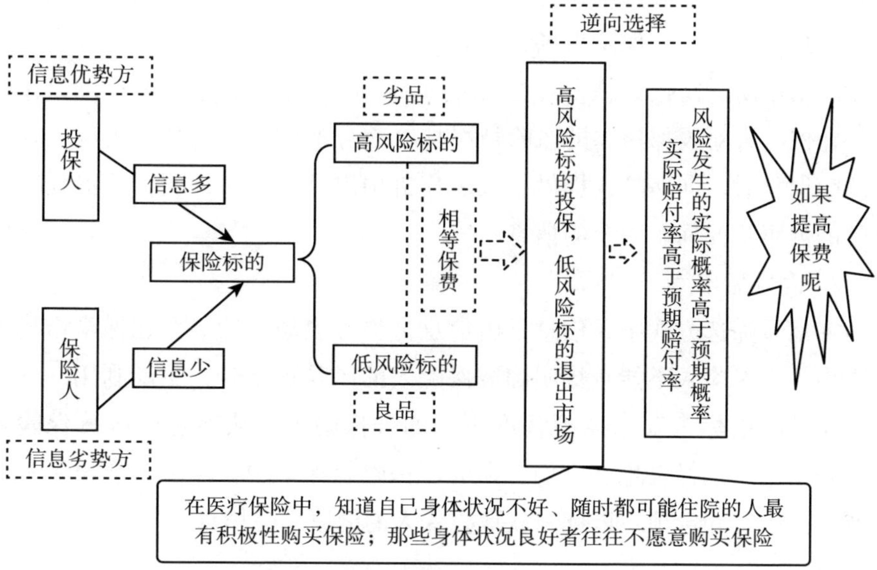

图专1－1　逆向选择在保险市场中的表现

讨论话题4："提高保险费率"可以解决这个问题吗？

试想如果在不区分保险标的风险程度的情况下，单纯的提高"相等保费"会导致什么样的结果？如果单纯提高平均费率，必然导致保险市场现有保险标的中风险相对较低的保险标的（相对于"相等保费"而言）将继续退出保险市场，最后留在保险市场中的是更高风险的保险标的。逆向选择问题仍然没有解决，后果反而可能会更加严重。

讨论话题5：如何解决逆向选择问题呢？

（二）解决保险市场逆向选择问题的办法

逆向选择是由于交易之前双方信息不对称而导致的，因此，解决逆向选择问题关键在于如何减少交易前的信息不对称，使信息劣势方能够获得充分的信息，将良品和劣品区分开。根据信号（信息）由哪一方主动发出，可以分为信号传递和信号筛选两种方法。

1. 信号传递

信号传递方式中，信号是由信息优势方发出。在保险市场上表现为：低风险投保人采取措施或者提供证据，向保险人表明自己的真实情况。使保险人对投保的保险标的拥有充分信息，相信自己的风险小，从而将自己和高风险投保人区分开来，这样保险人就可以区别对待不同风险程度的投保人，从而正确区分保险市场，防止逆向选择发生。比如，投保人为投保的房屋增添防灾防损设施，并将防灾防损设施的布置安排情况提供给保险人，让保险人对投保房屋的风险情况拥有充分的信息；比如，投保人在投保医疗保险时，向保险人提供权威医疗机构出具的健康证明，让保险人对自己的健康状况拥有充分的信息。

2. 信号筛选

在信号筛选方式中，信息是由信息劣势方主动去搜寻。在保险市场上表现为：当保险人不能直接明确被保险人的风险程度时，主动利用一些与风险相关的指标来筛选风险程度不同的被保险人。从而正确区分保险市场，防止逆向选择发生。比如，在医疗保险投保单中，保险人会设置一些重要的健康告知选项，以此来获取投保人的健康风险信息。

五、保险市场中的道德风险

(一) 道德风险在保险市场中的表现

道德风险是指在交易发生之后，由于双方信息不对称，当交易一方不完全承担或完全不承担风险后果时，所采取的自身效用最大化的自私行为。下面通过一个经典的案例，具体了解保险市场上的道德风险。

【以案说险 2 -2】

美国经济学家斯蒂格里茨在研究保险市场时，发现了一个经典的案例。在美国一所大学，学生自行车被盗比率约为10%，有几个学生发起了一个对自行车的保险，保费为保险标的15%。按常理，这几个学生应获得5%左右的利润。但该保险运作一段时间后，这几个学生发现自行车被盗比率迅速提高到15%以上。因为自行车投保后学生们对自行车安全防范措施明显减少。

讨论话题6：学生在投保后为什么对自行车安全防范措施明显减少？

原因分析：首先，保险交易发生之后，由于投保人和承保人双方针对投保自行车的安全风险存在信息不对称，比如，投保人是否将自行车存放在有人看管的固定场所，自行车停放后是否上锁等。其次，由于投保人不完全承担自行车被盗的风险后果，因为自行车被盗后，可以从承保人那里获得赔偿，因而采取了对自行车安全防范的不作为行为，即道德风险。

上述案例中的道德风险是在风险事故发生之前，投保人在防损方面的不作为行为，属于保险市场中的事前道德风险。例如，投保足额车险的人开车时，在保障自己人身安全的前提下，会比投保前更莽撞。而事后道德风险是指事故发生后，投保人在减损方面的不作为行为。例如，投保足额财产保险的投保人，在发生火灾时，可能不会积极采取措施抢救财产，但如果没有投保足额保险，则会试图抢救出尽可能多的财产，以减少自己承担的经济损失。

讨论话题7：如何解决保险市场的道德风险问题？

（二）解决保险市场道德风险问题的办法

1. 减少交易之后的信息不对称

道德风险是由于交易之后双方存在信息不对称而造成的，因此，要解决道德风险问题，首先要减少或消除交易之后的信息不对称。例如，保险人承保后，加强对被保险人的监督，以获取被保险人在防损和减损方面的行为信息，从而减少双方的信息不对称。

2. 让投保人和保险人共担风险损失

由于投保人不承担风险损失的后果，从而造成道德风险的发生。因此，风险损失发生后，让投保人承担一部分风险损失，可以减少道德风险问题的发生，例如，在保险合同中设立免赔额；签订不足额保险合同等。

3. 增加被保险人发生道德风险的成本以及避免道德风险的收益

例如，保险人可以根据投保人前一期申请理赔的情况来确定本期的保险费率，如果前期风险事故发生少，赔付少，下浮保费率，反之则反。通过费率的上下浮动，来增加被保险人发生道德风险的成本以及避免道德风险的收益。鼓励被保险人做好防损减损，减少道德风险问题的发生。

【以案说险2-3】

第一环节：随着我国居民收入水平的提高，家庭汽车数量增多，车险业务增长很快。一些购买车险的人开车莽撞，因为车坏了，有保险公司负责修理；还有些人开车精力不集中，甚至打瞌睡。结果交通事故频繁发生，致使保险公司收取的保费不够赔付汽车修理费。

第二环节：两年下来，某保险公司已经在车险项目上赔了几百万元。为此，公司召开董事会，讨论车险业务的问题。通过分析，一致认为，车险业务亏损的主要原因是保费收取低，造成收不抵支，要解决这一问题，唯一的办法是提高保费，否则会一直亏损下去，最后决议是提高保险费。但公司的这一决策不仅没有收到预期的效果，反而使车险的利润进一步下降，这是决策者们所始料不及的。

讨论话题8：本案例中，车险业务在运作中的第一环节和第二环节分别出现了什么问题？如何解决这些问题？

讨论提示：第一环节在车险市场出现了道德风险问题；第二环节在车险市场出现了逆向选择问题。

【实训任务】

选择某一区域任一类型保险市场进行分析，题目自拟。例：×××保险市场分析——以×××区域为例

【专题项目一课后习题】

3

第三章

如何看懂保险合同？

思维导图

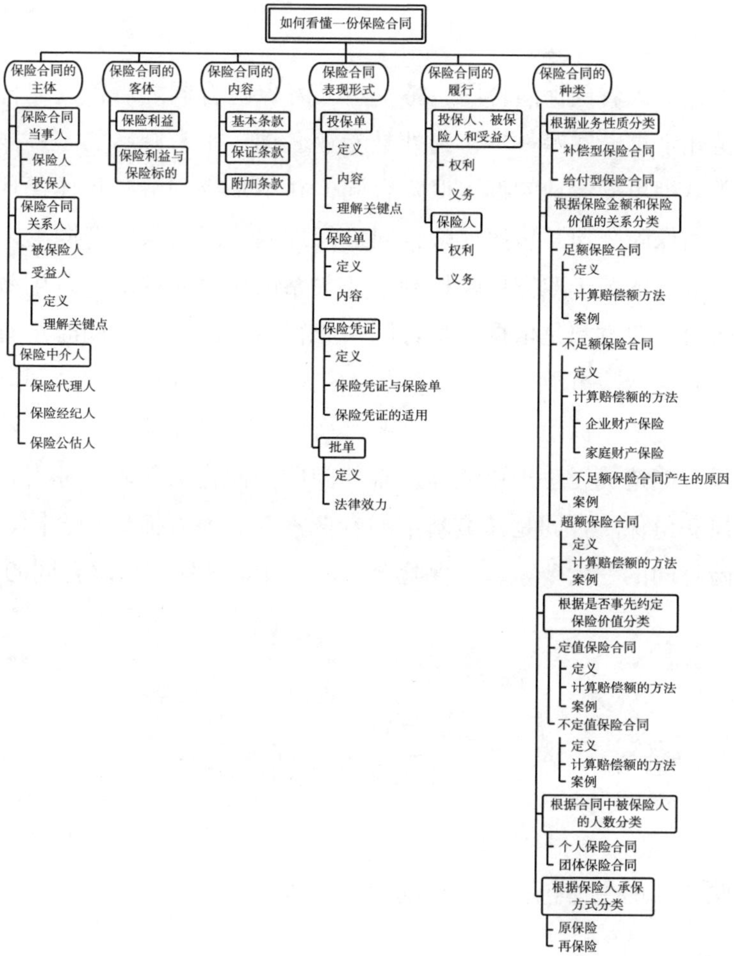

章节目标

★ **知识目标：**从保险合同的主体、客体、内容、形式、种类以及合同履行等六个维度掌握与保险合同相关的知识体系；能够构建以“保险合同”为核心词和出发点的思维导图；掌握解读一份保险合同的基本方法。

能力目标：针对一份真实的保险合同（条款），能够利用保险合同相关的知识和方法，获取保险合同中的关键信息，高效解读保险合同。

素养目标：在深入理解保险合同的基础上，提升保险意识，强化保险消费者的金融素养和保险从业者的职业素养。

有些投保人看到保险合同，特别是人寿保险合同之后，发现合同长达十几甚至几十页，厚厚一本，到处是专业名词，密密麻麻的字，很难耐心读完。最后糊里糊涂地签订了保险合同，并不是特别清楚具体保什么，不保什么。而保险公司是按照保险合同进行理赔。因为保险合同本来就是双方当事人订立的关于双方保险权利义务关系的法律协议。一旦生效，将具有法律效力，双方都是依据保险合同来履行各自的义务，同时享有各自的权利。因此，保险事故发生后，投保人依据保险合同向保险公司索赔，而保险公司也是依据保险合同进行理赔。所以，如果保险消费者看不懂保险合同，很可能造成无法理赔或理赔难的问题。而作为保险从业者，能够高效地看懂一份保险合同是其最基本的专业素养。要看懂保险合同，首先要清楚保险合同的三大要素，即保险合同的主体、客体和保险合同的内容。

第一节 保险合同的主体

保险合同的主体包括保险合同的当事人、保险合同的关系人和保险中介人。

一、保险合同的当事人

保险合同当事人是指直接参与建立保险法律关系，确定合同权利和义务的行为人，即直接参与订立保险合同的主体，包括保险人和投保人。那么什么是保险人？是不是任何人都可以做保险人呢？什么是投保人？是不是任何人都可以做投保人呢？

（一）保险人

保险合同当事人——保险人

保险人又称承保人，是指与投保人订立保险合同，并按照合同约定承担赔偿或给付保险金责任的人。保险人作为保险合同的当事人，要求具备如下条件。

（1）作为保险人，要具备法定资格。

绝大多数国家都规定保险人必须为法人，并且是依法定程序申请批准，取得经营资格，并在规定经营范围内开展业务的法人。但也有个别国家和地区存在个人保险人，比如，英国及个别英联邦国家和地区仍允许个人经营保险业务。但必须加入劳合社组织，成为劳合社会员①。

（2）保险人须以自己的名义与投保人订立保险合同。

（3）保险人须在保险事故发生或者约定的保险期限届满时，履行赔偿或给付保险金的义务。

（二）投保人

保险合同当事人——投保人

投保人又称要保人，是与保险人订立保险合同，并按照合同约定负有支付保险费义务的自然人或法人。关于投保人，需要注意以下三点：第一，投保人是与保险人签订保险合同的人；第二，投保人是负有支付保险

① 劳合社是由 1688 年在伦敦开设的“劳埃德咖啡馆”演变而来的。劳合社就其组织的性质而言，它不是一个保险公司，而是一个社团组织，他不直接接受保险业务或出具保险单，所有的保险业务都通过劳合社的会员单独进行交易。劳合社只是为其成员提供交易场所，并对其进行管理和控制，包括监督其财务状况等。在 1994 年以前，劳合社的会员都是自然人，或称个人会员，1994 年以后出现了公司会员，此后，个人会员的数量连年递减，而公司会员的数量逐年递增。

费义务的人；第三，投保人可以是自然人，也可以是法人。比如，张三给自己投保健康保险，张三是投保人，张三是自然人；某企业为企业厂房投保火灾险，企业为火灾险的投保人，企业为法人。

投保人作为保险合同当事人，要求具备的如下条件。

（1）投保人必须是具有完全民事行为能力的自然人或法人。

无法人资格的组织及无民事行为能力和限制民事行为能力的自然人均不能为投保人①。

（2）投保人必须与保险人订立保险合同，并按约定缴付保险费。

（3）人身保险的投保人在保险合同订立时，对被保险人应当具有保险利益，否则，合同无效②。

那么，投保人对哪些人具有保险利益呢？我国《保险法》第三十一条规定投保人对下列人员具有保险利益：

（1）本人；

（2）配偶、子女、父母；

（3）前项以外与投保人有抚养、赡养或者扶养关系的家庭其他成员、近亲属。除了本人、配偶、子女、父母以外的，可能与投保人形成抚养、赡养或者扶养关系的家庭其他成员、近亲属主要包括：兄弟姐妹、祖父母、外祖父母、孙子女、外孙子女。

---

① 《中华人民共和国民法典》（以下简称《民法典》）第十七~二十二条规定如下：

第十七条　十八周岁以上的自然人为成年人。不满十八周岁的自然人为未成年人。

第十八条　成年人为完全民事行为能力人，可以独立实施民事法律行为。

十六周岁以上的未成年人，以自己的劳动收入为主要生活来源的，视为完全民事行为能力人。

第十九条　八周岁以上的未成年人为限制民事行为能力人，实施民事法律行为由其法定代理人代理或者经其法定代理人同意、追认；但是，可以独立实施纯获利益的民事法律行为或者与其年龄、智力相适应的民事法律行为。

第二十条　不满八周岁的未成年人为无民事行为能力人，由其法定代理人代理实施民事法律行为。

第二十一条　不能辨认自己行为的成年人为无民事行为能力人，由其法定代理人代理实施民事法律行为。

八周岁以上的未成年人不能辨认自己行为的，适用前款规定。

第二十二条　不能完全辨认自己行为的成年人为限制民事行为能力人，实施民事法律行为由其法定代理人代理或者经其法定代理人同意、追认；但是，可以独立实施纯获利益的民事法律行为或者与其智力、精神健康状况相适应的民事法律行为。

② 《中华人民共和国保险法》第十二条。

那么，投保人对以上列举的家庭其他成员、近亲属是否一定具有保险利益呢？答案是否定的。因为投保人仅对与其有抚养、赡养或者扶养关系的家庭其他成员、近亲属具有保险利益。但投保人与家庭其他成员、近亲属之间并不必然具有抚养、赡养或者扶养关系，只有在具备一定条件的情况下，投保人才对家庭其他成员、近亲属具有抚养、赡养或者扶养关系。①（请思考：如果爷爷为投保人，他对其孙子是否一定具有保险利益呢？）

（4）与投保人有劳动关系的劳动者。

（5）除前款规定外，被保险人同意投保人为其订立合同的，视为投保人对被保险人具有保险利益。（思考：爷爷如果想作为投保人给予自己没有抚养关系的孙子购买人身保险，为了保证合同有效，一个必不可少的动作是什么？）

订立合同时，投保人对被保险人不具有保险利益的，合同无效。那么，是否可以认为：只要投保人对被保险人具有保险利益，就可以为其购买任何类型的人身保险呢？答案是否定的！

根据《中华人民共和国保险法》第三十三条规定："投保人不得为无民事行为能力人投保以死亡为给付保险金条件的人身保险，保险人也不得承保。父母为其未成年子女投保的人身保险，不受前款规定限制。但是，因被保险人死亡给付的保险金总和不得超过国务院保险监督管理机构规定的限额②。"

---

① 《中华人民共和国民法典》第一千零七十四～第一千零七十五条规定如下：

第一千零七十四条　有负担能力的祖父母、外祖父母，对于父母已经死亡或者父母无力抚养的未成年孙子女、外孙子女，有抚养的义务。有负担能力的孙子女、外孙子女，对于子女已经死亡或者子女无力赡养的祖父母、外祖父母，有赡养的义务。

第一千零七十五条　有负担能力的兄、姐，对于父母已经死亡或者父母无力抚养的未成年弟、妹，有扶养的义务。

由兄、姐扶养长大的有负担能力的弟、妹，对于缺乏劳动能力又缺乏生活来源的兄、姐，有扶养的义务。

② 《关于父母为其未成年子女投保以死亡为给付保险金条件人身保险有关问题的通知》保监发〔2015〕90号（2016.1.1起执行）

一、对于父母为其未成年子女投保的人身保险，在被保险人成年之前，各保险合同约定的被保险人死亡给付的保险金额总和、被保险人死亡时各保险公司实际给付的保险金总和按以下限额执行：

（一）对于被保险人不满10周岁的，不得超过人民币20万元。

（二）对于被保险人已满10周岁但未满18周岁的，不得超过人民币50万元。（航空意外身故和重大自然灾害意外身故死亡保险金额不计算在死亡保障限额中）

前面解释的是如果被保险人为无民事行为能力的人，投保人不能为其投保以死亡作为给付保险金条件的保险，但这里又有一个问题：

如果被保险人为完全民事行为能力的人，投保人是否可以为其投保以死亡作为给付保险金条件的保险呢？针对这个问题的答案是：可以投保，但有限制条件。

《中华人民共和国保险法》第三十四条规定："以死亡为给付保险金条件的合同，未经被保险人同意并认可保险金额的，合同无效。父母为其未成年子女投保的人身保险，不受该规定限制。"

例如，张三给妻子李四投保以死亡为给付保险金条件的保险，必须经李四的同意并认可保险金额，否则合同无效；而张三给自己三岁的儿子投保以死亡为给付保险金条件的保险，在保额不超过规定限额的情况下，无须得到三岁儿子的同意，合同有效。

二、保险合同的关系人

【以案说险 3－1】

2010 年张三以其妻子李四为被保险人投保了一份意外伤害保险，保险金额为 10 万元，保险期限为 5 年，经李四指定张三为受益人，每年按期交付应缴保险费。2011 年 3 月夫妻双方离婚，此后，张三提出继续交付保险费，李四也表示同意。

问题一：2011 年 5 月李四因交通事故致轻度残疾，张三和李四同时向保险公司提出索赔。保险公司应如何处理？

问题二：2011 年 7 月李四因交通事故死亡，张三以受益人的身份、李四的父母以继承人身份向保险公司同时提出给付保险金申请。保险公司应如何处理？

在本案例中，涉及到了投保人，还涉及到了被保险人和受益人以及被保险人的继承人。那么投保人和被保险人、受益人之间存在怎样的关系？被保险人和受益人之间存在何种关系？受益人何时可以拿到保险金？被保险人的继承人什么情况下可以拿到保险金？受益人拿到的保险金与继承人继承的遗产有何区别呢？带着上述问题，本节针对保险合同关系人展开讨论。

保险合同的关系人是指与保险合同有经济利益关系，而不一定直接参与保险合同订立的人。在我国目前的《中华人民共和国保险法》中主要涉及到的关系人包括被保险人和受益人。

保险合同关系人之一：被保险人

（一）被保险人

被保险人是指其财产或者人身受保险合同保障，享有保险金请求权的自然人或法人。关于被保险人，需要注意两点：

第一，被保险人是受保险合同保障，享有保险金请求权的人；

第二，财产保险的被保险人可以是自然人，也可以是法人；而人身保险的被保险人只能是自然人，因为人身保险是以人的身体和生命作为保险标的，只有自然人才有身体和生命。

投保人以被保险人的财产、生命、身体等作为保险标的投保，投保人与被保险人之间形成两种关系。

1. 投保人与被保险人是同一人

当投保人以自己的财产、生命、身体投保时，被保险人就是投保人自己。

2. 投保人与被保险人不是同一人

投保人与被保险人不是同一人，主要存在如下情境下：

第一，投保人与被保险人之间存在劳动关系。例如，雇主给雇员投保人身保险，雇主是投保人，雇员是被保险人。

第二，投保人与被保险人之间存在法律承认的继承、赡养或监护关系。例如，张三给其儿子购买医疗保险，张三为投保人，儿子为被保险人。

第三，投保人与被保险人之间存在债权债务关系。例如，债权人可以为债务人投保人身保险，债权人为投保人和受益人，债务人为被保险人[①]。

第四，在被保险人同意并接受的情况下，投保人与被保险人之间形成的赠与关系。

保险合同关系人之二：受益人

（二）受益人

受益人是指在人身保险合同中，由投保人或被保险人指定的享有保险

① 债权人可以为债务人投保人身保险，因为债权人对债务人具有保险利益，但债务人不能为债权人投保人身保险。

金请求权的自然人或法人[①]。关于受益人，有以下几个问题需要注意。

1. 被保险人和受益人都是享有保险金请求权的人，那么，被保险人和受益人的保险金请求权有何不同呢？

受益人的保险金请求权只有在被保险人死亡时才能发生，即只有在被保险人死亡时，保险金才归受益人享有。在被保险人生存期间，受益人的保险金请求权仅为期待权，保险金归被保险人所有。因此，在本节的【以案说险3－1】中，2011年5月李四因交通事故致轻度残疾，张三和李四同时向保险公司提出索赔。保险公司应该根据保险合同向被保险人李四支付残疾保险金。

2. 谁可以指定受益人？

被保险人和投保人都可以指定受益人，但投保人指定受益人时须经被保险人同意。具体分以下两种情况。

（1）如果投保人以自己的生命作为保险标的，自己为被保险人，可由投保人自己指定受益人，例如，张三作为投保人，给自己投保定期寿险，张三自己可以指定受益人。

（2）如果投保人以他人的生命作为保险标的，投保人与被保险人不为同一人，投保人指定受益人时，须经被保险人同意，才能确定。例如，张三以妻子李四的生命作为保险标的，为其投保定期寿险，指定自己或他人作为受益人，必须经被保险人李四同意才有效。

（3）被保险人为无民事行为能力人或者限制民事行为能力人的，可以由其监护人指定受益人。例如，张三给2岁的儿子购买意外险，2岁的儿子为无民事行为能力的被保险人，张三作为儿子的监护人，可以代替儿子指定受益人。

（4）在团体人身保险中，受益人的指定权仅归被保险人所有。例如，公司为员工投保团体意外险，由员工本人指定各自的受益人。

3. 可以指定谁为受益人？

（1）受益人可以是投保人、被保险人或者投保人和被保险人之外的第

---

① 受益人一般为自然人，但也存在法人作为受益人的情况，比如，大型企业为其主要领导人购买的寿险保单就是以法人作为受益人。

三人。指定的受益人不受民事行为能力和保险利益的限制，即受益人可以是无民事行为能力或限制民事行为能力的人；不要求受益人与投保人或被保险人具有保险利益[①]。例如，张三为自己投保人寿保险，可以指定自己2岁的儿子作为受益人。

（2）投保人为与其有劳动关系的劳动者投保人身保险，不得指定被保险人及其近亲属以外的人为受益人。比如，张三所在单位为张三投保个人意外险，在张三同意的情况下，只能指定张三本人或者张三的近亲属作为受益人。

4. 可以指定几个受益人？

可以指定一人或者数人为受益人[②]。

（1）受益人为数人的，被保险人或者投保人可以确定受益顺序和受益份额；比如，张三为自己投保人寿保险，指定儿子、母亲为第一顺序受益人，受益份额分别为60%和40%；指定妻子为第二顺序受益人，受益份额为100%。

（2）未确定受益份额的，受益人按照相等份额享有受益权。比如，张三为自己投保人寿保险，指定儿子、母亲为第一顺序受益人，但未确定受益份额，那么，儿子和母亲都按照50%的份额享有受益权。

5. 指定的受益人可以变更吗？

被保险人或者投保人可以变更受益人并书面通知保险人。保险人收到变更受益人的书面通知后，应当在保险单上批注。投保人变更受益人时须经被保险人同意[③]。

根据变更受益人时，是否需要受益人同意，可以分为可撤销受益人和不可撤销受益人。可撤销的受益人是指变更受益人时，不需要经过当前受益人同意；不可撤销受益人是指当前受益人虽然可以被更改，但变更时需要得到当前受益人本人的同意。无论是可撤销还是不可撤销的受益人，在

---

① 根据《中华人民共和国保险法》的相关规定，被保险人是可以指定任何人作为受益人的，包括与自己没有保险利益关系的人。但在实际操作中，保险公司可能会要求提供与受益人之间的关系证明，以避免道德风险，如防止受益人故意伤害被保险人以获取保险金等行为。

② 《中华人民共和国保险法》第四十条。

③ 《中华人民共和国保险法》第六十二条。

变更受益人时，都需要通知保险人，否则变更无效。

6. 受益人有缴纳保费的义务吗？

受益人是享有保险金请求权的人，但不承担缴纳保费的义务。投保人如未按期交保费，受益人可以代付，但保险人不得向其追索。

7. 受益人的哪些行为会导致其受益权丧失？

受益人故意造成被保险人死亡、伤残、疾病的，或者故意杀害被保险人未遂的，该受益人丧失受益权①。

受益人的保险金能安全传承资产，规避遗产税吗？

8. 受益人取得的保险金与继承人继承的遗产有何区别？

在被保险人死亡后，其留下的财产有两大类，一类是保险人依据以被保险人死亡作为给付保险金条件的保险合同向受益人给付的保险金，另一类是遗产。受益人依据保险合同取得保险金，而继承人依据《中华人民共和国民法典》继承篇的规定继承遗产。二者有什么区别，又会产生怎样的联系呢？

① 受益人依据保险合同取得的保险金，不属于被保险人的遗产，不得纳入遗产分配，不缴纳遗产税，也不用于清偿被保险人生前的债务。

在【以案说险 3－1】中，针对问题二：2011 年 7 月李四因交通事故死亡，张三以受益人的身份、李四的父母以继承人身份向保险公司同时提出给付保险金申请。保险公司应如何处理？

分析如下：保险公司应该依据保险合同向受益人张三给付死亡保险金。理由为：受益人张三是被保险人李四指定的，两人离婚后，李四同意张三继续交付保险费，没有提出变更受益人的申请，而且指定受益人不受保险利益的限制，因此，张三作为受益人是合法的。被保险人李四死亡，张三作为受益人依据保险合同领取死亡保险金，保险金不属于遗产，不纳入遗产分配，因此，李四的父母不能领取保险金。

② 继承人继承取得的遗产，要缴纳遗产税②，并且要在其继承遗产的范围内为被继承人偿还生前的债务。

可见，保险是安全传承资产的一种有效途径。例如，张三可以在生前

---

① 《中华人民共和国保险法》第四十三条。

② 目前全球有超过 100 个国家开征遗产税，我国目前暂未开征遗产税。

给自己购买高额寿险，指定儿子作为受益人，张三死亡后，儿子可以以受益人身份取得保险金，保险金不属于遗产，不用缴纳遗产税，也不用于清偿张三生前的债务。通过这种方式，张三将其财产安全传承给了他的儿子。

9. 在什么情形下，保险金会重新变为遗产，由被保险人的继承人继承呢？

被保险人死亡后，有下列情形之一的，保险金作为被保险人的遗产，由保险人依照《中华人民共和国民法典》继承篇关于继承遗产的规定履行给付保险金的义务①：

（1）没有指定受益人，或者受益人指定不明无法确定的；②

（2）受益人先于被保险人死亡，没有其他受益人的。对于受益人与被保险人在同一事件中死亡，且不能确定死亡先后顺序的，推定受益人死亡在先。

相关保险案例分析

【以案说险 3 –2】

张三于 2020 年 3 月向甲保险公司为自己购买了一份终身寿险，保险金额为 50 万元，张三指定其母为受益人，同年 6 月张三与李四结婚，10 月张三母亲病故。2021 年 4 月张三因患心肌梗死身亡，张三父亲和李四同时向保险公司申请领取保险金，保险公司应该如何理赔？

案例分析：张三死亡后，保险金应该作为张三的遗产，由其继承人继承。张三父亲和李四都是张三的第一顺序继承人，应由张三父亲和李四依据《中华人民共和国民法典》继承篇关于继承遗产的规定继承。因为本案例中，张三指定的受益人张三母亲先于被保险人张三死亡，又没有其他受

① 《中华人民共和国保险法》第四十二条。

② 《最高人民法院关于适用〈中华人民共和国保险法〉若干问题的解释（三）》规定：当事人对保险合同约定的受益人存在争议，除另有约定外，按照以下情形分别处理：

A. 受益人约定为“法定”或者“法定继承人”的，以《中华人民共和国民法典》规定的“法定继承人”为受益人；

B. 受益人仅约定为身份关系，投保人与被保险人为同一主体的，根据保险事故发生时与被保险人的身份关系确定受益人；投保人与被保险人为不同主体的，根据保险合同成立时与被保险人的身份关系确定受益人；

C. 受益人的约定包括姓名和身份关系，保险事故发生时身份关系发生变化的，认定为未指定受益人。例如，张三给自己投保定期寿险，指定受益人为“配偶李四”，保险期限内，张三与李四离婚，后张三又与刘二结婚，张三没有变更受益人，后张三死亡，保险人认定这份保单没有指定受益人，保险金变为张三的遗产，由张三的继承人继承。

益人，因此，保险金变为张三的遗产，由其继承人继承。

【以案说险 3 –3】

2020 年张三向某保险公司为自己投保一份终身寿险，指定其妻子李四为受益人，2021 年 10 月 28 日晚张三与李四开车回家的路上，发生车祸，二人双双死在车中，法医无法断定谁先死亡，保险金应如何处理？

案例分析：保险金应该作为张三的遗产，由其继承人继承。因为受益人与被保险人在同一事件中死亡，且不能确定死亡先后顺序的，推定受益人死亡在先。受益人先于被保险人死亡，又没有其他的受益人，因此，保险金变为被保险人的遗产，由其继承人继承。

（3）受益人依法丧失受益权或者放弃受益权，没有其他受益人的。

【以案说险 3 –4】

2021 年 7 月 5 日，某市公安局警察张三被其妻子李四用张三本人所配手枪枪杀，李四亦自杀身亡。经调查核实，张三发生婚外情，夫妻矛盾激化，导致这起刑事案件。此前，张三所在单位为其投保终身寿险，保险金额 10 万元。保单上列明受益人为其妻李四。保险事故发生在保险期间，此后，张三的父亲和张三的儿子向保险公司申请给付保险金。保险公司应该如何理赔？

案例分析：保险金应该变为张三的遗产，由张三父亲和儿子继承。因为本案中，受益人李四故意造成被保险人张三死亡，因此，李四丧失受益权，又没有其他的受益人，因此，保险金变为被保险人的遗产，由其继承人父亲和儿子继承。

【受益人指定小贴士】

第一，投保人指定受益人时，一定要经过被保险人同意；

第二，当变更受益人时，一定要取得被保险人同意，同时及时通知保险公司；

第三，指定受益人一定要明确；

第四，如果指定数人为受益人，最好明确收益顺序和收益份额。

三、保险中介人

相关数据显示，在英国、美国等发达国家，约有 80% 以上的保险业务是通过保险中介招揽的，市场推广等工作也往往都是由保险中介公司代劳。目前，我国保险中介行业也正在快速发展，数据显示，截至 2022 年 9 月末，全国共有保险专业中介机构 2609 家，其中，保险中介集团 5 家，保险专业代理公司 1733 家，保险经纪公司 494 家，保险公估公司 377 家。保险中介渠道实现保费收入 3.56 万亿元，占全国总保费收入的 87.46%。[①] 在这段话中涉及到了保险合同的主体之一——保险中介人。那么什么是保险中介人？有哪些类型的保险中介人？他们在保险市场中都扮演着怎样的角色呢？

保险中介人是指协助保险合同的当事人签订保险合同或履行保险合同，并办理有关保险事项的人。主要的保险中介人有三种：保险代理人、保险经纪人和保险公估人，又称为保险中介市场的“三驾马车”。此外，保险精算师事务所、事故调查机构和律师也可以提供某些特定的保险中介服务。

保险中介人——保险代理人

（一）保险代理人

保险代理人是指根据保险人的委托，向保险人收取佣金，在保险人授权的范围内代为办理保险业务的机构或者个人，包括保险专业代理机构、保险兼业代理机构及个人保险代理人。保险代理人又被称为保险人延长的手。保险代理人应当遵守法律、行政法规和保险监管机构有关规定，遵循自愿、诚实信用和公平竞争的原则。

1. 保险专业代理机构

保险专业代理机构是指依法设立的专门从事保险代理业务的保险代理公司及其分支机构，其业务范围主要为：代理销售保险产品，代理收取保险费，代理相关保险业务的损失勘查和理赔。

2. 保险兼业代理机构

保险兼业代理机构是指利用自身主业与保险的相关便利性，依法兼营保险代理业务的企业，包括保险兼业代理法人机构及其分支机构。保险兼

① 保险中介行业现状调查分析 保险中介行业未来发展策略［N］. 上海证券报、北京商报，2023-09-04.

业代理机构应当委派本机构分管保险业务的负责人担任保险代理业务责任人。保险代理业务责任人应当品行良好，熟悉保险法律、行政法规，具有履行职责所需的经营管理能力。主要业务为代销与自身业务相关的保险产品，代理收取相关保险费。例如，旅行社代销旅游意外险，航空公司代理航意险，4S 店代理车险，金融机构代销具有投资理财功能的保险产品等。

3. 个人保险代理人

个人保险代理人是指与保险人签订委托代理合同，并在其授权范围内从事保险代理业务的人员。个人保险代理人开展保险代理活动有违法违规行为的，其所属保险人依法承担法律责任。

2020 年 11 月原中国银保监会颁发的《保险代理人监管规定》第三十九条规定："国务院保险监督管理机构对个人保险代理人实施分类管理，加快建立独立个人保险代理人制度。"独立个人保险代理人是指与保险公司直接签订委托代理合同，自主独立开展保险销售的保险销售从业人员。他们直接按照代理销售的保险费计提佣金，不得发展保险营销团队。2020 年 12 月《保险代理人监管规定》的配套性文件《中国银保监会办公厅关于发展独立个人保险代理人有关事项的通知》发布，针对独立个人保险代理人的市场定位、基本条件、业务规范、甄选机制、管理责任以及监督管理等做出了具体规定。该通知的发布旨在推动保险市场发展壮大，形成一支更加专业化、职业化和稳定化的销售人员队伍，同时也为保险人和保险代理人提供了更为明确的发展方向和规范要求。

（二）保险经纪人

保险经纪人、保险公估人

保险经纪人是基于投保人的利益，为投保人与保险人订立保险合同提供中介服务，并依法向保险人收取佣金的企业或个人。与保险代理人相比，保险经纪人代表的是投保人的利益，其业务主要是为投保人与保险人订立合同提供中介服务，其收入主要是依法向保险人收取的佣金。目前，我国的保险经纪人只能是企业法人。那么，为什么需要保险经纪人呢？

在图 3－1 中，天平的一边是投保人，另一边是保险人，很明显天平向保险人一方倾斜，表示在投保人与保险人的关系中，保险人处于优势。具体表现为大多数保险合同属于附加性合同，即保险合同条款是由保险人事先拟定好，通常涉及复杂的条款和细节，对于普通保险消费者来说可能难以完全理解，使得投保人在与保险人的谈判中处于弱势地位。如果投保人在投保时对保险合同条款理解不到位，将会影响其后续所获取的保险服务质量，甚至面临理赔难的问题。而保险经纪人具备专业的保险知识和行业经验，由其代表保险消费者与保险人进行谈判，可以争取更优惠的保险条款和价格。同时保险经纪人能够利用自身的专业知识和市场信息，为消费者争取到更好的保障条件和理赔服务，保护保险消费者的权益。如图 3－2 所示，保险经纪人的加盟增加了投保人一方的砝码，能够平衡投保人和保险人之间的利益关系。因此，保险经纪人也称为被保险人的同盟者。保险经纪人能够提供的中介服务主要包括以下几种。

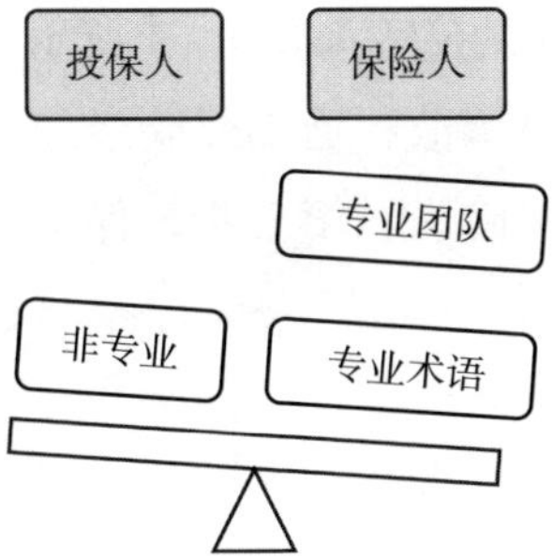

图 3－1　投保人与保险人

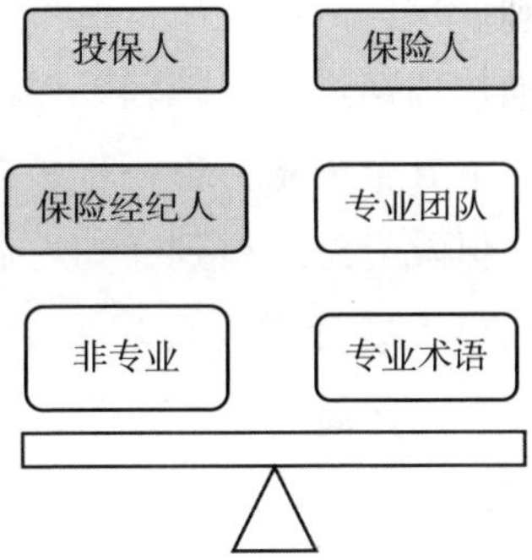

图 3－2　投保人、保险经纪人与保险人

1. 为投保人设计保险方案并办理投保手续

保险经纪人能够根据投保人的具体需求和风险偏好，提供个性化的保险咨询和建议，同时为投保人提供更广泛的保险产品选择，并帮助其选择最合适的保险产品。具体业务流程如图 3－3 所示。第一步，投保人委托保险经纪人为其办理投保手续；第二步，保险经纪人对投保人或被保险人进行风险评估；第三步，保险经纪人根据风险评估结果设计一套或多套保险方案；第四步，保险经纪人就设计的保险方案向保险公司进行询价；第五步，根据询价评估，保险经纪人向投保人提出投保建议；第六步，投保人确认最终的保险方案；第七步，保险经纪人协助投保人填写投保单，向选定的保险人投保。

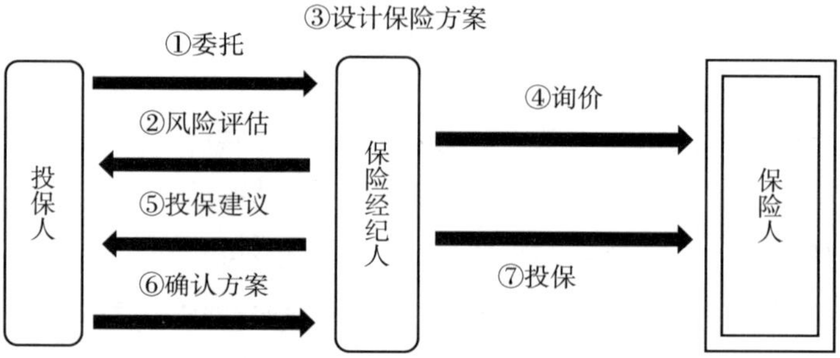

图 3－3　协助投保流程

2. 保险经纪人代理索赔

在保险理赔过程中，保险经纪人可以协助投保人处理复杂的理赔手续，确保投保人的合法权益得到有效维护，可以代表投保人与保险公司沟通，加快理赔进程，减轻投保人的负担。具体的流程如图 3－4 所示，一般包括以下五个步骤：第一步，投保人发生保险事故，通知保险经纪人；第二步，保险经纪人得到通知之后，迅速通知保险人；第三步，保险经纪人协助保险人进行事故现场的查勘；第四步，保险经纪人代理索赔；第五步，保险人赔款。

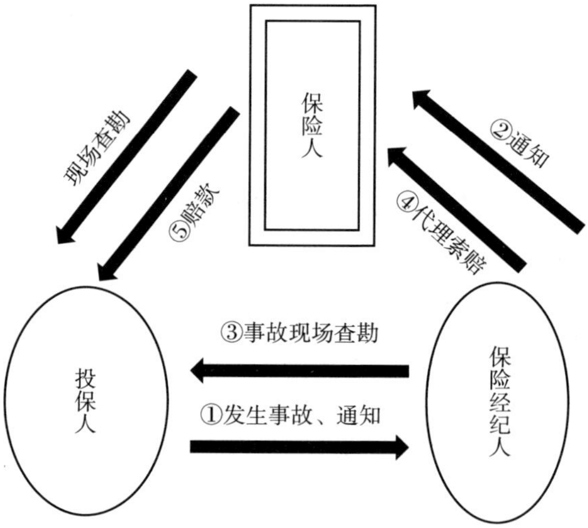

图 3－4　代理索赔流程

3. 保险经纪人能为投保人提供的其他业务

保险经纪人可以为投保人提供的其他业务包括：调查分析投保人面临的

风险，为投保人提出防损防灾建议，向投保人提出风险转移和化解的建议等。

从保险人乃至整个保险行业来看，保险经纪人凭借庞大的客户群，能够更高效地了解保险消费者偏好和保险市场需求的变化，来自保险经纪人的反馈能够促进保险人根据市场需求创新和改进保险产品，满足保险消费者的多元化需求。保险经纪人通过提供专业的服务，有助于提升整个保险行业的服务质量和标准，从而推动保险人更加注重保险消费者体验，提升整个保险行业的竞争力和声誉。总之，保险经纪人在保险市场中扮演着桥梁和催化剂的角色，对于推动保险行业的发展和提升保险消费者体验具有重要作用。随着保险市场的不断成熟和保险消费者需求的日益多样化，保险经纪人的作用将变得更加重要。

（三）保险公估人

保险公估人是指受保险公司、投保人或被保险人委托办理保险标的的查勘、鉴定、估损以及赔款的理算，出具保险公估报告，并向委托人收取酬金的企业或个人。由于不代表任何一方利益，其地位超然，使保险赔付趋于公平、合理，有利于调停保险当事人之间关于保险理赔方面的矛盾。

保险公估人在处理保险事故时，通常遵循以下流程和标准：

（1）接受委托。保险公估人首先需要接受保险人或被保险人的委托，明确评估鉴定的任务和要求。

（2）收集资料。保险公估人收集与保险事故相关的所有资料，包括保险合同、事故报告、现场照片、视频、证人证言等，以确保评估的全面性和准确性。

（3）现场勘查。保险公估人需要到事故现场进行勘查，了解事故发生的具体情况，收集现场证据，并对损失情况进行初步评估。

（4）鉴定分析。根据收集的资料和现场勘查结果，保险公估人会运用专业知识和技能，对事故原因、责任归属、损失程度等进行详细的分析和鉴定。

（5）制定评估报告。保险公估人会根据鉴定分析的结果，制定一份详细的评估报告。报告中应包括事故的基本情况、鉴定过程、损失评估结果以及赔偿建议等内容。

（6）沟通协商。保险公估人会与保险人、被保险人以及其他相关方进行沟通协商，解释评估报告的内容，并根据各方意见对报告进行调整和完善。

（7）确定赔偿金额。在充分沟通协商的基础上，保险公估人会协助保险人和被保险人确定合理的赔偿金额。

（8）监督执行。在赔偿协议达成后，保险公估人还需监督赔偿款项的支付和执行情况，确保赔偿工作顺利进行。

（9）后续跟踪。对于某些复杂的保险事故，保险公估人还需要进行后续跟踪，确保赔偿结果的公正性和合理性。

在整个处理过程中，保险公估人需要遵循国家的法律法规和行业标准，确保评估鉴定的客观性、公正性和科学性。同时，保险公估人还需要注重保护被保险人的合法权益，维护保险市场的稳定和健康发展。

保险利益

第二节 保险合同的客体

客体是指权利和义务指向的对象，而保险合同的客体则是保险合同中权利和义务共同指向的对象。那么保险合同中权利和义务共同指向的对象是什么呢？关于这点，容易产生争议。有人认为保险合同中权利和义务指向的对象是保险利益，而有人则认为是保险标的。那么到底是保险利益呢，还是保险标的呢？这需要先弄清楚什么是保险利益？什么是保险标的？然后还要弄清楚保险合同中的权利是什么？义务是什么？

一、保险标的与保险利益存在怎样的关系？

保险标的是指保险合同中明确规定的投保对象。例如，张三为自己的房子投保火灾险，那么，房子就是保险标的；又如，李四为丈夫张三的身体投保健康保险，那么，张三的身体就是保险标的。

保险利益是指投保人或被保险人对保险标的所具有的法律上承认的经

济利益。这种经济利益因保险标的完好、健在而存在，因保险标的损毁、伤害而受损。例如，张三有一套房子，如果房子安全存在，他可居住，出租或出售以获得利益；但若损毁，不仅无法居住，更谈不上出租或出售，经济上显然遭受损失。那么，张三以这套房子作为保险标的进行投保，他对这套房子所拥有的合法的经济利益，就是保险利益。例如，张三是家里的经济支柱，如果他身体健康、能正常工作，就能为家庭带来经济收入；但若不幸遭遇意外而伤残或死亡，则不仅使其家庭经济收入减少，而且还因治疗而增加其家庭的经济支出。那么，张三的家人以张三的身体或生命（在张三同意的情况下）作为保险标的进行投保，张三的家人对张三的身体或生命具有的法律上承认的经济利益，即保险利益。

可见，保险利益体现的是投保人或被保险人与保险标的之间的经济利益关系。保险标的是保险利益的载体，保险利益是附着在保险标的之上的经济利益。

二、保险合同中的权利是什么？义务是什么？

（一）被保险人（或受益人）的权利

当因保险事故发生而致使保险标的损毁时，对因保险标的损毁造成的经济损失，被保险人或受益人拥有获得保险金补偿或给付的权利。例如，张三以自己的一个古董花瓶作为保险标的投保财产保险，在保险期限内，如果花瓶损毁，张三有权要求保险公司针对花瓶损毁而给自己带来的经济利益损失进行经济补偿。但没有权利要求保险公司赔给自己一个完全一样的古董花瓶。可见，被保险人权利指向的是附着在保险标的（花瓶）之上的保险利益，而非保险标的（花瓶）本身。

（二）保险人的义务

当因保险事故发生而致使保险标的损毁时，保险人承担对因保险标的损毁而给被保险人造成的经济损失进行经济补偿的义务。例如，张三以自己的一个古董花瓶作为保险标的向甲保险公司投保财产保险，在保险期限内，如果花瓶损毁，甲保险公司承担因花瓶损毁而给张三造成的经济利益损失进行经济补偿的义务，但没有义务补偿给张三一个完全一样的花瓶。可见，保险保障的是附着在保险标的之上的经济利益，而非保险标的本身，即保险人义务指向的对象是保险利益，而非保险标的。

三、保险合同的客体是保险利益，不是保险标的

保险合同保证的不是保险标的本身的安全，而是保险标的受损后被保险人或受益人的经济利益。因为风险是客观存在的，保险合同的订立并不能保证保险标的不发生风险事故，当保险事故发生后，保险人依据合同，只能对保险标的的损失进行赔偿，而不可能赔偿原有的保险标的（如古董）。因此，保险合同中权利和义务指向的对象为投保人或被保险人对保险标的所具有的保险利益，而非保险标的，即保险合同的客体是保险利益。

保险条款（1）

第三节 保险合同的内容

具体到一份可能长达几十页的保险合同，里面都涉及到哪些内容呢？为什么列出这些内容？其中的哪些内容是在看一份合同时需要特别关注的呢？弄清楚这些问题是看懂一份保险合同的关键。本节主要阐述保险合同的内容，即保险条款。

保险合同的内容是指关于投保人和保险人的权利和义务及其他保险事项的条文，通称为保险条款。主要包括：基本条款、附加条款和保证条款（见图 3－5）。

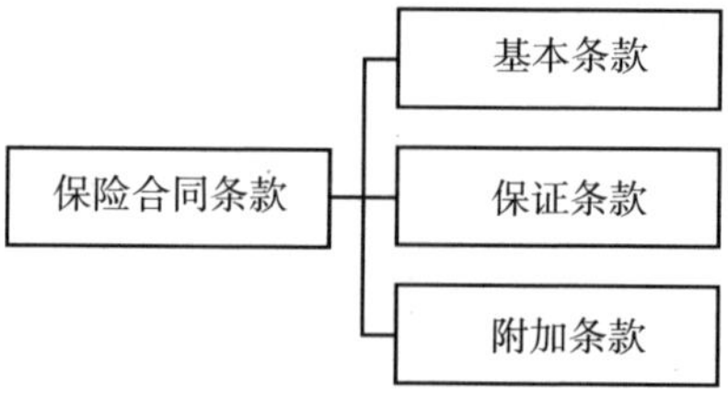

图 3－5　保险合同条款

一、基本条款

（一）有关保险当事人、关系人的条款

主要包括保险人的名称和住所；投保人、被保险人的姓名或者名称、住所等信息；人身保险的受益人的姓名或者名称、住所等信息。列举以上条款是为了确定保险合同权利与义务的享有者和承担者，明确合同的履行地点，并确定合同纠纷的诉讼管辖[①]。

（二）有关保险标的的条款

在财产保险中，明确记载保险标的的数量、质量、坐落地点、运输方式、运输工具、航程等；在人身保险中，保险标的为被保险人的生命和身体，应明确记载被保险人的健康状况、性别、年龄、职业、居住地及其与投保人之间的亲属或利益关系等。列明以上条款的目的是确定保险合同的种类、保险价值、风险程度以及判断投保人对被保险人是否具有保险利益。

（三）保险责任和责任免除条款

保险责任和责任免除条款属于基本条款中的重点条款。

1. 保险责任

保险责任是指保险人所承担的风险项目，或者保险合同中约定的由保险人承担责任的保险事故范围。一般包括保险事故的原因和后果。例如，人身意外伤害保险合同中规定：只有被保险人因遭受意外伤害而导致死亡或残疾时才承担给付保险金责任。当具体到某款人身意外伤害保险合同时，它的保险责任条款会规定的更加具体，比如，因意外死亡承担多少责任，因意外残疾承担多少责任，因一般意外、自驾车意外、客运交通工具意外等死亡或残疾分别承担多大责任。列出保险责任条款的目的是明确保

① 《中华人民共和国民事诉讼法》第二十五条规定："因保险合同纠纷提起的诉讼，由被告住所地或者保险标的物所在地人民法院管辖。"

险人承担保险责任的范围。

2. 责任免除

责任免除是合同中列明的保险人不予承担的风险项目。具体规定：哪些原因或哪种状态下引起的事故不属于保险责任，以及造成的哪些后果不属于保险责任。例如，人身意外伤害保险中规定：在被保险人因遭受意外伤害而导致死亡或残疾时承担给付保险金责任，但如果在战争中发生意外导致死亡或残疾，在犯罪过程中因意外死亡或残疾则不承担责任。可见，责任免除是在保险责任的基础上进一步限制保险人承担责任的范围。保险责任和责任免除条款的关系可以用图3－6演示。保险责任条款规定的责任范围是大圆形A的面积，责任免除的范围是小圆形B的面积，在保险责任的基础上，规定责任免除之后，保险人最终承担责任的范围是涂黑部分的面积（A－B）。

图3－6　保险责任与责任免除

针对责任免除条款，《中华人民共和国保险法》第十七条中规定："对保险合同中免除保险人责任的条款，保险人在订立合同时应当在投保单、保险单或者其他保险凭证上作出足以引起投保人注意的提示，并对该条款的内容以书面或者口头形式向投保人作出明确说明；未作提示或者明确说明的，该条款不产生效力。"

启示：在保险实践中，投保人拿到一份保险合同，要重点关注责任免除。当然，作为专业代理人，也应按照规定向客户重点讲解责任免除，以避免后期可能产生的理赔纠纷。

保险条款
(2)

（四）保险金额

保险金额是保险合同中确定的保险保障的货币额度。它是计算保费的依据，也是保险人履行赔付责任的最高限额。不同类型的保险合同确定保险金额的方式往往不同。

如何确定保险金额？

财产保险合同的保险金额一般是根据保险标的的实际价值确定；而人身保险合同的保险金额则是根据被保险人的经济保障需要和经济能力，由当事人双方协商确定。无论是财产保险还是人身保险合同的保险金额都是保险人给付保险金的最高限额。

（五）保险费及其支付办法

保险费是投保人为取得保险保障，而按合同约定向保险人支付的费用①。保险费的缴纳是合同生效的条件之一。保险费的支付一般有趸缴和分期缴费两种方式。

趸缴是指投保人在订立保险合同时一次交清全部保险费。例如，财产保险合同以及保险期限在 1 年及 1 年期以下的人身保险合同一般采用趸缴方式。

分期缴费是指将保险费均分为若干期，按约定的时间间隔如年、季、月缴纳保险费。例如，保险期限在 1 年期以上的人身保险合同一般采用分期缴费方式，当然也可以选择趸缴。分期缴费又分为满期缴费和限期缴费。如果缴费期限和保险期限一致，称为满期缴费；如果缴费期限短于保险期限则称为限期缴费。

启示：选择缴费期限时，建议将缴费期限尽可能拉长。例如，某款保险产品缴费期限有 10 年、20 年、30 年缴费三种选择，那就选择 30 年。因为某些长期人身保险合同中有保费豁免的规定。例如，张三投保一款终身重疾险，保额 30 万元，每年交保费 3000 元，缴费期限 30 年，如果张三交了 2 年保费，共计 6000 元，不幸罹患重疾，保险公司向张三赔付 30 万元，

① 保险费 = 保险金额 × 保险费率（保险价格）

保险条款
(3)

之后剩余的8.4万元保费就不用交了。

（六）保险金的赔付方式

保险金赔付方式是保险人履行保险合同的具体方式。当合同约定的保险事故发生时，保险人按照约定的方式、标准或数额向被保险人或受益人赔付保险金。

在核算保险赔付金额时，有些保险合同会涉及到免赔。免赔条款一般规定：投保人自行承担损失的一定比例、金额，损失额在规定数额之内，保险人不负责赔偿。具体可以分为绝对免赔和相对免赔两种规定。

1. 绝对免赔

绝对免赔又包括绝对免赔额和绝对免赔率两种方式。

绝对免赔额是指保险标的的损失必须超过合同约定的“金额”时，保险人才负责赔付其超过部分。这个约定的“金额”即为绝对免赔额。在健康保险合同中，一般都有绝对免赔额的规定。普通的门诊医疗保险一般约定每次免赔100～200元，住院医疗保险一般每次300～800元，一些大额的百万医疗保险，一般实行年度累计免赔1万元。例如，某款医疗保险规定绝对免赔额为100元，则被保险人花费的医疗费在100元及以下的，保险人不予赔。若医疗费超过100元，保险人对超过的部分按照合同约定的比例给予赔偿。

绝对免赔率①是指保险人对每次事故的赔偿金额免赔一定比例的损失金额。例如，张三在购买机动车损失保险的同时，附加绝对免赔率特约条款，与保险人约定10%的绝对免赔率②。那么，被保险机动车若发生合同约定的保险事故，保险人按照机动车损失保险的约定计算赔款后，要扣减特约条款约定的绝对免赔率10%。即：实际赔款＝按动车损失保险约定计算的赔款×(1－10%)。

2. 相对免赔

相对免赔额（率）是指保险标的的损失只有达到保险单规定的金额或

---

① 绝对免赔率也被界定为：保险标的的损失必须超过合同约定的“比率”时，保险人才负责赔付其超过部分，这个“比率”即绝对免赔率。例如，投保货物总金额为600万元，因保险事故导致货物损失5%，合同约定免赔率2%，那么，赔偿金额＝600×(5%－2%)＝18(万元)。

② 这里的绝对免赔率10%指的是赔偿金额的10%。

百分比时，保险人才不做任何扣除而全部予以赔付。如果损失低于规定的比例或金额，保险人不承担赔偿责任，常见于海上运输保险。例如，合同中规定相对免赔额为 200 元，则损失在 200 元及以下的，保险人不予赔。若损失超过 200 元，保险人全部给予赔偿；再如，合同中若规定相对免赔率 2%，损失 5%，共损失 30 万元，则赔付 30 万元；若损失 1%，共损失 6 万元，则不予赔付。

3. 免赔条款在保险实践中的意义

第一，免赔能消除许多小额索赔，损失理赔费用就大为减少，从而可以降低保费；第二，免赔的规定意味着保险人和被保险人共担风险，因此，可以增强被保险人防灾防损的意识，减少道德风险的发生。

（七）保险期间和保险责任开始时间

保险条款（4）

保险期间是指保险人和投保人在保险合同中约定的一定期间，一般情况下，保险人仅对保险期间内发生的保险事故承担保险责任。

1. 确定保险期间的方法

第一，按时间，即用日历年、月、日确定保险期间。在实务中，一般规定在保险人同意承保、收取首期保费并签发保险单的次日零时开始，到约定结束日的 24 时止。例如，某建筑物 2001 年 8 月 25 日投保火灾险，期限一年，保险期限可定为 2001 年 8 月 26 日零时起到 2002 年 8 月 25 日 24 时止。

第二，按航程确定保险期间。运输保险的保险期间一般按运输航程确定，即从货物起运开始至运达目的地为止。

第三，按工程期确定保险期间。建筑工程险和安装工程险的保险期间一般按工程期确定，即从工程开工开始至竣工为止。

【以案说险 3－5】

张三投保一份意外险，保险期间自 2020 年 5 月 1 日起至 2021 年 4 月 30 日止。2020 年 4 月 30 日，张三登山，不慎坠崖身亡，针对这起意外事故，保险公司会承担赔付责任吗？

案例分析：保险公司不会承担赔付责任，因为保险事故没有发生在保险期间。

2. 保险合同成立日、保险合同生效日、保险期间开始日、保险责任开始日

保险合同成立日、生效日、保险期间开始日和保险责任开始日等四个时间存在如下几种关系。

第一，保险合同依法成立，合同即生效，保险期限开始，保险责任开始。

第二，保险合同成立日不同于保险合同生效日、保险期限开始日和保险责任开始日。

《中华人民共和国保险法》第十三条规定："投保人提出保险要求，经保险人同意承保，保险合同成立。保险人应当及时向投保人签发保险单或者其他保险凭证。依法成立的保险合同，自成立时生效。投保人和保险人可以对合同的效力约定附条件或者附期限。"《中华人民共和国保险法》第十四条规定："保险合同成立后，投保人按照约定交付保险费，保险人按照约定的时间开始承担保险责任。"因此，当保险合同双方当事人针对合同的效力约定附条件或附期限时，合同虽然已经成立，但保险合同是按照约定开始生效，保险期限开始，保险人按照约定开始承担保险责任。例如，人寿保险合同中当事人约定：合同自保险人同意承保，收取首期保费并签发保单的次日开始生效，保险人自保单生效时开始承担保险责任。

第三，保险合同生效日不同于保险责任开始日。

在健康保险合同中往往约定：保险人自等待期满后开始承担保险责任。例如，某款重大疾病保险合同中规定："自本合同生效之日起 180 天内，被保险人首次发生并被确诊患有本合同所约定的重大疾病，我们不承担保险责任，本合同效力终止，我们将无息退还您所交纳的保险费。这 180 天的时间称为等待期。"此时，保险合同虽然生效，但保险人还没有开始承担保险责任。

【以案说险 3 –6】

李四在 2013 年 12 月 1 日投保一份重大疾病保险，该保险的等待期为 90 天。2014 年 1 月 5 日，她被查出患有乳腺癌。她遂于 2014 年 1 月 8 日向保险公司提出理赔请求，但保险公司查看保单情况后，做出拒赔决定，保险公司拒赔是否合理？

案例分析：保险公司拒赔合理，因为该保单还在等待期内，保险公司不需要承担保险责任。

（八）违约责任和争议处理

违约责任和争议处理是指发生保险合同纠纷后的解决方式。一般包括协商、仲裁和诉讼三种方式。

二、保证条款

保证条款是指投保人、被保险人就特定担保事项担保某种行为或事实的真实性的条款。保证条款一般由法律规定，投保人、被保险人必须遵守条款，否则，保险人有权解除合同或拒绝赔付。

三、附加条款

附加条款是保险合同当事人在基本条款的基础另行约定的补充条款，它用于增加或限制双方的权利义务，其效力优于基本条款。附加条款通常采取在保险单上加批注或粘贴批单的方式使之成为保险合同的一部分。

【附：××（保险公司）宠物医疗健康保险条款】

总　则

第一条　本保险合同由保险条款、投保单、保险单、保险凭证以及批单组成。凡涉及本保险合同的约定，均应采用书面形式。

第二条　本保险合同可以承保的宠物（以下简称“被保险宠物”）为合法饲养、可明确鉴别身份的犬类或猫类宠物。如保险人对被保险宠物有年龄限制的，需在保险单中载明。

宠物养殖、销售、运输、寄养、训练、治疗、研究机构所有或管理的宠物不得作为本保险合同的被保险宠物。

从事敏捷比赛、特技表演、马戏表演、防暴、搜救、搜毒、护卫、搜爆、狩猎、追踪等高风险工作的宠物，以及当地政府或管理部门命令禁养的宠物，除保险单另有约定外，不得作为本保险合同的被保险宠物。

第三条 被保险宠物的所有人或管理人可作为本保险合同的投保人或被保险人。

保险责任

第四条 保险期间内，被保险宠物自保险期间开始且保险单载明的等待期满之日后（续保者自续保生效后）因遭受意外伤害事故或因疾病，在符合本保险合同释义的宠物医疗机构接受治疗而实际支付的必需且合理的治疗费用，保险人按照保险单载明的免赔额（率）赔偿保险金，每次事故赔偿金额不超过每次事故限额，累计赔付金额不超过保险金额。如对手术费、住院费等治疗费用的细分科目有免赔、限额、次数等单独约定的，需在保险单中载明。

被保险人在保险期间内接受上述治疗，本合同保险期间届满时，被保险人未结束本次治疗的，保险人继续承担因本次治疗发生的（至多不超过本合同保险期间届满之日起第三十日二十四时）治疗费用。如本合同保险期间届满之日起第三十日仍未结束本次治疗的，自第三十一日起发生的治疗费用保险人不承担保险责任。

被保险人如果已从其他途径获得补偿，则保险人只承担必需且合理的治疗费用剩余部分的保险责任。

责任免除

第五条 因下列原因产生的治疗费用，保险人不承担赔偿责任：

（一）在本保险合同生效前和生效后等待期内已存在的伤害、疾病或症状；

（二）投保人或被保险人故意或重大过失行为、犯罪行为或打斗行为给被保险宠物造成的伤害或疾病；

（三）由于地震、火山爆发、海啸等自然灾害造成的伤害或疾病；

（四）投保人或被保险人未遵医嘱私自给被保险宠物服用、涂用、注射药物；

（五）被保险宠物罹患的先天性疾病、先天性畸形、遗传性疾病；

（六）不属于意外伤害/疾病的治疗及由此导致的并发症，包括但不限于美容及矫形手术（如剪耳、断尾、断爪、睫毛倒生等）、绝育手术、隐睾摘除、泪痕、疝气治疗；

（七）被保险宠物怀孕、流产、分娩（含剖腹产）及由此导致的并发症；

（八）非因疾病或意外伤害而导致的牙齿问题；

（九）各级政府部门认定的动物疫情；

（十）预防费用及非治疗费用，包括但不限于宠物用品、宠物识别芯片、美容、清洁、无症状下的化验/住院/药品等医疗费用、不符合监管或法律规定的药品、疫苗、保健、保健品及营养辅食、除虫、牙齿清洁、牙齿抛光、基因检测、安乐死、宠物咨询、宠物接送、宠物训练、处方粮、药浴、医院建档、中医、物理疗法及其他特殊疗法、寄养、遗体处置、挤肛门腺等费用；

（十一）耐用医疗设备（指各种康复设备、矫形支具以及其他耐用医疗设备）的购买或租赁费用；

（十二）被保险宠物被送至保险合同载明以外的宠物医疗机构进行诊疗；

（十三）战争、军事行动、暴乱、恐怖行为、示威游行及武装叛乱；

（十四）核爆炸、核辐射或核污染及其他放射性污染。

第六条 免赔额（或根据免赔率计算的免赔金额）范围内的费用，以及其他不属于保险责任范围的费用，保险人不承担赔偿责任。

保险金额、每次事故限额及免赔额（率）

第七条 本保险合同的保险金额、每次事故限额、免赔额（率）由投保人在投保时与保险人协商确定，并在保险单中载明。

保险期间

第八条 本保险合同的保险期间由投保人和保险人双方约定，并在保险单中载明。

保险人义务

第九条 本保险合同成立后，保险人应当及时向投保人签发保险单或其他保险凭证。

第十条 保险人按照本保险合同的约定，认为被保险人提供的有关索赔的证明和资料不完整的，应当及时一次性通知投保人、被保险人补充提供。

第十一条 保险人收到被保险人的赔偿保险金的请求后，应当及时作出是否属于保险责任的核定；情形复杂的，保险人将在确定是否属于保险责任的基本材料收集齐全后，尽快做出核定。

保险人应当将核定结果通知被保险人；对属于保险责任的，在与被保险人达成赔偿保险金的协议后十日内，履行赔偿保险金义务。保险合同对赔偿保险金的期限有约定的，保险人应当按照约定履行赔偿保险金的义务。保险人依照前款的规定作出核定后，对不属于保险责任的，应当自作出核定之日起三日内向被保险人发出拒绝赔偿保险金通知书，并说明理由。

第十二条 保险人自收到赔偿保险金的请求和有关证明、资料之日起六十日内，对其赔偿保险金的数额不能确定的，应当根据已有证明和资料可以确定的数额先予支付；保险人最终确定赔偿的数额后，应当支付相应的差额。

投保人、被保险人义务

第十三条 除另有约定外，投保人应当在保险合同成立时缴纳保险费。

第十四条 订立保险合同，保险人就被保险宠物或者被保险人的有关情况提出询问的，投保人应当如实告知。

投保人故意或者因重大过失未履行前款规定的如实告知义务，足以影响保险人决定是否同意承保或者提高保险费率的，保险人有权解除保险合同。

前款规定的合同解除权，自保险人知道有解除事由之日起，超过三十日不行使而消灭。自合同成立之日起超过二年的，保险人不得解除合同；发生保险事故的，保险人应当承担赔偿保险金的责任。

投保人故意不履行如实告知义务的，保险人对于合同解除前发生的保险事故，不承担赔偿保险金的责任，并不退还保险费。

投保人因重大过失未履行如实告知义务，对保险事故的发生有严重影响的，保险人对于合同解除前发生的保险事故，不承担赔偿保险金的责任，但应当退还保险费。

保险人在合同订立时已经知道投保人未如实告知的情况的，保险人不得解除合同；发生保险事故的，保险人应当承担赔偿保险金的责任。

第十五条 投保人或者被保险人知道保险事故发生后，应当及时通知保险人。否则，投保人或被保险人应承担由于通知迟延致使保险人增加的勘查、检验等项费用。故意或者因重大过失未及时通知，致使保险事故的性质、原因、损失程度等难以确定的，保险人对无法确定的部分，不承担赔偿保险金责任，但保险人通过其他途径已经及时知道或者应当及时知道保险事故发生的除外。

上述约定，不包括因不可抗力而导致的迟延。

赔偿处理

第十六条 保险事故发生时，被保险人对被保险宠物不具有保险利益的，不得向保险人请求赔偿保险金。

第十七条 发生保险事故后，被保险人需尽快向保险人报案，并提供以下资料：

（一）保单号或有效保险凭证；

（二）索赔申请书；

（三）被保险人以及被保险宠物的身份证明文件；

（四）宠物医疗机构的诊断证明、治疗项目明细清单；

（五）宠物医疗机构的医疗费用清单、发票（或其他保险人认可的医疗费用证明）；

（六）投保人、被保险人所能提供的与确认保险事故的性质、原因、损失程度等有关的其他证明和资料。

被保险人未履行前款约定的索赔材料提供义务，导致保险人无法核实损失情况的，保险人对无法核实的部分不承担赔偿责任。

第十八条 保险事故发生时，如果存在重复保险，保险人按照本保险合同的相应保险金额与其他保险合同及本保险合同相应保险金额总和的比例承担赔偿责任。

其他保险人应承担的赔偿金额，本保险人不负责垫付。若被保险人未如实告知导致保险人多支付赔偿金的，保险人有权向被保险人追回多支付的部分。

第十九条 发生保险责任范围内的损失，应由有关责任方负责赔偿的，保险人自向被保险人赔偿保险金之日起，在赔偿金额范围内代位行使被保险人对有关责任方请求赔偿的权利，被保险人应当向保险人提供必要的文件和所知道的有关情况。

被保险人已经从有关责任方取得赔偿的，保险人赔偿保险金时，可以相应扣减被保险人已从有关责任方取得的赔偿金额。

保险事故发生后，在保险人未赔偿保险金之前，被保险人放弃对有关责任方请求赔偿权利的，保险人不承担赔偿责任；保险人向被保险人赔偿保险金后，被保险人未经保险人同意放弃对有关责任方请求赔偿权利的，该行为无效；由于被保险人故意或者因重大过失致使保险人不能行使代位请求赔偿的权利的，保险人可以扣减或者要求返还相应的保险金。

争议处理和法律适用

第二十条 因履行本保险合同发生的争议，由当事人协商解决。协商不成的，提交保险单载明的仲裁机构仲裁；保险单未载明仲裁机构且争议发生后未达成仲裁协议的，依法向中华人民共和国（不包括港澳台地区）人民法院起诉。

第二十一条 与本保险合同有关的以及履行本保险合同产生的一切争

议，适用中华人民共和国法律（不包括港澳台地区法律）。

其他事项

第二十二条 投保人和保险人可以协商变更合同内容。

变更保险合同的，应当由保险人在保险单或者其他保险凭证上批注或附贴批单，或者投保人和保险人订立变更的书面协议。

第二十三条 在本保险合同成立后，投保人可以书面形式通知保险人解除合同，但保险人已根据本保险合同约定给付保险金的除外。

投保人解除本保险合同时，应提供下列证明文件和资料：

（一）保险合同解除申请书；

（二）保险单原件；

（三）保险费交付凭证；

（四）投保人身份证明。

投保人要求解除本保险合同，自保险人接到保险合同解除申请书之时起，本保险合同的效力终止。保险人收到上述证明文件和资料之日起三十日内退还保险单的未满期保费。

释义

第二十四条

【宠物医疗机构】指保险人与投保人约定的定点宠物医疗机构。未约定定点医院的，则指具备有效营业执照及动物诊疗许可证的宠物医疗机构。

【必需且合理】符合通常惯例：指与接受医疗服务所在地通行治疗规范、通行治疗方法、平均医疗费用价格水平一致的费用。

对是否符合通常惯例由保险人根据客观、审慎、合理的原则进行审核；如果被保险人对审核结果有不同意见，可由双方认同的权威医学机构或权威医学专家进行审核鉴定。

【意外伤害事故】指外来的、突发的、非本意的、非疾病的，作为直接而单独原因致使被保险宠物的身体健康受到伤害的客观事件。

【遗传性疾病】指生殖细胞或受精卵的遗传物质（染色体和基因）

发生突变或畸变所引起的疾病，通常具有由亲代传至后代的垂直传递的特征。

【先天性疾病、先天性畸形】指被保险宠物出生时就具有的疾病、畸形或异常。

【宠物用品】指宠物用品有狗类附属用品、猫类附属用品。包括但不限于主粮、玩具、清洁、护理、服饰等。

【未满期保费】未满期保费 = 保险费 ×［1 -（保险单已经过天数/保险期间天数）］。经过天数不足一天的按一天计算。

保险合同的表现形式

第四节 保险合同的表现形式

提到保险合同，你可能马上想到的是保险单，甚至将保险合同等同于保险单。这种认识是片面的，虽然保险单是最正式的保险合同的法律文本，但并不是唯一的保险合同表现形式。除了保险单，还有投保单、保险凭证和批单等形式。

一、投保单

投保单是投保人向保险人提出保险要求和订立保险合同的书面要约，亦称“要保书”或“投保申请书”。通常由保险人事先根据险种需要设计内容格式，投保人依其所列项目逐一据实填写，主要内容包括：投保人、被保险人和受益人的信息；保险标的的信息；保险险别；保险期间；保险金额；“告知”事项等，具体如图 3 -7 所示。填写投保单时一定要如实告知，否则，会遭遇理赔难或拒赔。另外，投保人提交投保单后，可能会被拒保或有条件承保，即完成投保单并不意味着就能得到保险保障。在填写投保单时，投保人需要注意避免以下常见错误，以确保保险合同的有效性和后续理赔的顺利进行。

人身保险个人投保单

编码：

投保人资料	姓　名：　有效证件类型：□身份证　□军人证　□护照　□其他
	证件号码：□□□□□□□□□□□□□□□□□□　出生日期：　年　月　日　周岁
	性　别：□男　□女　婚姻状况：□已婚　□未婚　□离婚　□丧偶　□其他　与被保险人关系：
	住　址：　邮编：□□□□□□　电话：
	收费地址：　邮编：□□□□□□　电话：
	工作单位：　电话：
	职业（工种）：　兼职：　职业代码：□□□□□□□□　类别：
被保险人资料	姓　名：　有效证件类型：□身份证　□军人证　□护照　□其他
	证件号码：□□□□□□□□□□□□□□□□□□　出生日期：　年　月　日　周岁
	性　别：□男　□女　婚姻状况：□已婚　□未婚　□离婚　□丧偶　□其他
	住　址：　邮编：□□□□□□　电话：
	收费地址：　邮编：□□□□□□　电话：
	工作单位：　电话：
	职业（工种）：　兼职：　职业代码：□□□□□□□□　类别：

家庭保单请填写						
	配偶姓名		性别		出生日期	年　月　日
	子女姓名		性别		出生日期	年　月　日
	子女姓名		性别		出生日期	年　月　日
	子女姓名		性别		出生日期	年　月　日

受益人资料	满期、生存保险金受益人：姓名：　性别：□男　□女　与被保险人关系：
	证件类型：　证件号码：□□□□□□□□□□□□□□□□□□　出生日期：　年　月　日
	身故保险金受益人：姓名：　性别：□男　□女　与被保险人关系：
	证件类型：、　证件号码：□□□□□□□□□□□□□□□□□□　出生日期：　年　月　日
	若受益人超过一人，请在特别约定栏内注明，除另指定分配方式外，本保单之利益由相对应的所有受益人平均分配。附加家庭保单时，被保险人之配偶及子女身故受益人为被保险本人。
投	交别：　□年交　□半年交　□季交　□月交　□趸产
	保费交付方式：□自动转账：＿＿＿＿＿＿□自交　□人工收取
	开户银行：＿＿＿＿＿＿＿＿＿账号：□□□□□□□□□□□□□□□□□□□□
	利差返还方式（本项仅适用于“利差返还”型险种）： □抵交保费　储存生息　（本栏如未选择，本公司按“储存生息”方式处理）
	保险起期：自　年　月　日起　保险期限：□终身　□定期(年)交费期　年约定领取年龄　周岁

主	投保项目	保险金额或份数	投保档次	标准保费
				元

图3－7　投保单

（1）信息不完整。投保人要确保填写所有必填字段，包括投保人和被保险人的详细信息、保险产品的选择等。

（2）内容不准确。提供的信息必须真实准确，如身份证号码、联系电话、通信地址等，任何错误都可能导致保单无效或理赔困难。

（3）签名遗漏。投保人和被保险人的签名是确认投保意愿的重要环节，未签名或签名不清晰都可能导致保单无效。

（4）日期错误。填写正确的日期，包括投保单填写日期和保险期限的起止日期，错误的日期可能会导致保险覆盖的时间与预期不符。

（5）保险产品选择不当。选择适合自己需求的保险产品，确保理解所选保险产品的保险责任条款和除外责任条款。

（6）缴费方式和缴费期限混淆。明确缴费方式（如一次性缴清、分期缴费等）和缴费期限（如年缴、季缴、月缴等），避免因误解而导致保费支付问题。

（7）附加选项未明确。如果有附加选项，如附加意外伤害保险或附加医疗保险，并有意愿选择，应明确勾选并了解其具体条款。

（8）未阅读保险条款。在投保前要仔细阅读和理解保险条款和细则，否则可能导致对保险责任的误解，从而误选不适合自己的保险产品。

（9）未提供必要证明文件。某些保险产品可能需要提供额外的证明文件，如健康证明、财产证明等，未提供可能导致保单无效。

（10）未及时更新信息。如果投保人的个人信息（如地址、联系方式等）发生变化，应及时通知保险公司进行更新，以确保投保以及后期可能的理赔过程顺利。

二、保险单

保险单，简称保单，是保险人与投保人之间订立的保险合同的正式书面凭证，是保险合同中最重要的书面形式。保险单一般由保险人制作、签章并交付给投保人，保险单是被保险人向保险人索赔的主要凭证，也是保险人向被保险人赔偿的主要依据。

保险合同的内容会详尽地列明在保险单中。例如，一份机动车辆保险单的正面一般采用表格方式，内容包括：被保险人，保险标的的详细说明、险种、保险期间、保费等信息；其背面是保险合同条款，包括：保险责任、责任免除、免赔、赔偿处理等。图 3 －8 是一份保险单（正面）的示例图。

保险单样本

一、财产保险基本险保险单（正本）

保险单号码：__________

鉴于__________（以下称被保险人）已向本公司投保财产保险基本险以及附加__________险，并按本保险条款约定交纳保险费，本公司特签发本保险单并同意依照财产保险基本险条款和附加险条款及其特别约定条件，承担被保险人下列财产的保险责任。

<table>
<tr><th colspan="2"></th><th>投保标的项目</th><th>以何种价值投保</th><th>保险金额（元）</th><th>费率（#）</th><th>保险费（元）</th></tr>
<tr><td rowspan="8">基本险</td><td colspan="2"></td><td></td><td></td><td></td><td></td></tr>
<tr><td colspan="2"></td><td></td><td></td><td></td><td></td></tr>
<tr><td colspan="2"></td><td></td><td></td><td></td><td></td></tr>
<tr><td colspan="2"></td><td></td><td></td><td></td><td></td></tr>
<tr><td rowspan="4">特约保险标的</td><td></td><td></td><td></td><td></td><td></td></tr>
<tr><td></td><td></td><td></td><td></td><td></td></tr>
<tr><td></td><td></td><td></td><td></td><td></td></tr>
<tr><td></td><td></td><td></td><td></td><td></td></tr>
<tr><td colspan="7">总保险金额（大写）　　　　　　　　（小写）</td></tr>
<tr><td rowspan="4">附加险</td><td colspan="6"></td></tr>
<tr><td colspan="6"></td></tr>
<tr><td colspan="6"></td></tr>
<tr><td colspan="6"></td></tr>
<tr><td colspan="7">总保险费（大写）
特别声明：发生保险事故时，被保险人未按约定交付保险费，本公司不负赔偿责任。</td></tr>
<tr><td colspan="7">保险责任期限自____年____月____日零时起至____年____月____日二十四时止</td></tr>
<tr><td>特别约定</td><td colspan="3">被保险人地址：
____
电话：
____
邮政编码：
____
行业：
____
所有制：
____
占用性质：
____
财产座落地址：
____________________</td><td colspan="3">保险人：__________保险有限公司
（盖章）
地址：____________________
邮编：____________________
电话：____________________
传真：____________________
______年______月______日</td></tr>
</table>

图 3 －8　保险单

三、保险凭证

保险凭证也称小保单，是保险人签发给投保人以证明保险合同已经订立的书面文件。保险凭证实质上是一种简化的保险单，首先，保险凭证所列项目与保险单完全相同，并声明以某种保险单所载明的条款为准，但是不载明保险条款；其次，保险凭证与保险单具有同等的法律效力，如果保险凭证尚未列有其内容，则应以同类保险单载明的详细内容为准；最后，如果保险单与保险凭证的内容有抵触或保险凭证另有特约条款时，则应以保险凭证为准。

【什么情况下会用到保险凭证】

第一，在一张团体保险单下，需要给每一个参加保险的人签发一张单独的凭证；第二，在货物运输保险订有预约保险合同的条件下，需要对每一笔货运签发单独的凭证；第三，对于机动车交通事故责任强制保险（以下简称交强险），为了便于被保险人随车携带，以便在交警检查或发生事故时出示，保险人会提供保险凭证，以证明车辆已经购买了交强险。

综上可见，保险凭证主要在一些不需要详细保险条款的场合，为被保险人提供一种简单、快速的方式来证明保险的有效性。此外，随着信息技术的发展，更便于信息存储与查询的电子保险凭证已经出现，并开始取代纸质保险凭证。图 3－9 是一份保险凭证的示例图。

国内水路、铁路货物运输保险凭证

运简 NO.（　　）

本公司依照国内水路、铁路货物运输保险条款，对下列货物名称、金额等承保运输险：

被保险人：　　　　　　　　　　　　投保人：

货票号码	货物名称	数量	保险金额	费率‰	保险费	目的地
本保险凭证承保基本险、综合险				运输方式		
备注：				火车　　　船舶		
				联运（火车、汽车、船舶、飞机）		

如遇出险，请凭本凭证及有关单证向当地保险公司联系。

注意：收到保险单后请核对。
如有错误应通知更正。

×××保险公司
年　　月　　日

图 3－9　保险凭证

四、批单

批单是保险合同双方当事人就保险单内容进行修改和变更的证明文件。批单一经签发，就自动成为保险合同的组成部分。批单的法律效力优于保险单，当批单内容与保险单不相一致时，以批单内容为准。如多次批改，应以最后一次批单为准。

批单通常有两种形式：第一，在原保险单或保险凭证上的批注；第二，另外出具的一张变更合同内容的附贴便条，附加在正式保险单或保险凭证上。图 3－10 是一个保险批单的示例图。

保险费豁免批单

赔案号：00[illegible]25　　出险人：[illegible]

申请人：[illegible]　　事故日期：2022年03月16日

批注信息汇总：

保险合同号	险种名称	豁免期间	豁免金额
001[illegible]088	[illegible]终身重大疾病保险	2022-05-26 至 2037-05-25	[illegible]0元

图 3－10　批单示例图

第五节 保险合同的履行

合同当事人享有哪些权利？履行哪些义务？

保险合同的主体、客体、内容以及保险合同的表现形式都是从静态的角度对保险合同进行具体描述，本节将从动态的视角描述保险合同的履行。保险合同是关于双方保险权利义务关系的法律协议，保险合同履行的过程就是双方当事人依法履行约定义务并享有各自权利的过程。任何一方如果不履行义务，就无法享有权利，同时还要承担相应的法律责任。因此，要看懂一份保险合同，需要明确依据该合同，保险双方应当履行的义务以及能够享有的权利。

一、投保人

（一）投保人履行的义务

1. 支付保险费

保险费是投保人为获得保险保障，向保险人交纳的费用。保险合同成立后，投保人按照约定交付保险费，保险人按约定承担保险责任。支付保险费是投保人最基本的义务，往往也是保险合同生效的条件之一。

2. 如实告知

在订立保险合同阶段，投保人要履行如实告知义务。《中华人民共和国保险法》第十六条规定："订立保险合同，保险人就保险标的或者被保险人的有关情况提出询问的，投保人应当如实告知。[①]"

3. 维护保险标的的安全

《中华人民共和国保险法》第五十一条规定："被保险人应当遵守国家有关消防、安全、生产操作、劳动保护等方面的规定，维护保险标的的安全。投保人、被保险人未按照约定履行其对保险标的的安全应尽责任的，保险人有权要求增加保险费或者解除合同。"

4. 风险增加通知

《中华人民共和国保险法》第五十二条规定："在合同有效期内，保险标的的危险程度显著增加的，被保险人应当按照合同约定及时通知保险人，保险人可以按照合同约定增加保险费或者解除合同。保险人解除合同的，应当将已收取的保险费，按照合同约定扣除自保险责任开始日起至合同解除之日止应收的部分后，退还投保人。被保险人未履行前款规定的通知义务的，因保险标的的危险程度显著增加而发生的保险事故，保险人不承担赔偿保险金的责任。"

---

① 投保人如果未如实告知，需要承担的后果，请参看第七章第二节最大诚信原则。

5. **出险通知**

《中华人民共和国保险法》第二十一条规定："投保人、被保险人或者受益人知道保险事故发生后，应当及时通知保险人。故意或者因重大过失未及时通知，致使保险事故的性质、原因、损失程度等难以确定的，保险人对无法确定的部分，不承担赔偿或者给付保险金的责任，但保险人通过其他途径已经及时知道或者应当及时知道保险事故发生的除外。"

6. **防损与减损等义务**

《中华人民共和国保险法》第五十七条规定："保险事故发生时，被保险人应当尽力采取必要的措施，防止或者减少损失。"

7. **提供单证**

《中华人民共和国保险法》第二十二条规定："保险事故发生后，按照保险合同请求保险人赔偿或者给付保险金时，投保人、被保险人或者受益人应当向保险人提供其所能提供的与确认事故的性质、原因、损失程度等有关的证明和资料。"

【国内某款意外伤害保险条款中关于投保人、被保险人义务的规定】

（第十八条至第二十一条）

第十八条 除另有约定外，投保人应当在保险合同成立时交清保险费。

第十九条 订立保险合同，保险人就被保险人的有关情况提出询问的，投保人应当如实告知。投保人故意或者因重大过失未履行前款规定的义务，足以影响保险人决定是否同意承保或者提高保险费率的，保险人有权解除本保险合同。前款规定的合同解除权，自保险人知道有解除事由之日起，超过三十日不行使而消灭。自合同成立之日起超过二年的，保险人不得解除合同；发生保险事故的，保险人应当承担给付保险金责任。投保人故意不履行如实告知义务的，保险人对于合同解除前发生的保险事故，不承担给付保险金责任，并不退还保险费。投保人因重大过失未履行如实告知义务，对保险事故的发生有严重影响的，保险人对于合同解除前发生的保险事故，不承担给付保险金责任，但应当退还保险费。保险人在合同订立时已经知道投保人未如实告知的情况的，保险人不得解除合同；发生保险事故的，保险人应当承担给付保险金责任。

第二十条 被保险人变更职业或工种时，投保人或被保险人应在十日内以书面形式通知保险人。被保险人所变更的职业或工种依照保险人职业分类在拒保范围内的，保险人在接到通知后有权解除本保险合同，并按照接到通知的日期计算并退还原职业或工种所对应的未满期净保费。被保险人未按本条约定通知保险人，若发生保险事故，保险人不承担给付保险金的责任。被保险人所变更的职业或工种依照保险人职业分类危险程度增加但仍可承保或在拒保范围内，但保险人认定可以继续承保的，保险人自接到通知之日起，按其差额增收保险费。被保险人未按本条约定通知保险人，若发生保险事故，保险人按其原交保险费与新职业或工种所对应的保险费的比例计算并给付保险金。被保险人所变更的职业或工种依照保险人职业分类危险程度降低的，保险人自接到通知之日起，按其差额退还保险单的现金价值。

第二十一条 投保人、被保险人或者保险金受益人知道保险事故发生后，应当在四十八小时内及时通知保险人。故意或者因重大过失未及时通知，致使保险事故的性质、原因、损失程度等难以确定的，保险人对无法确定的部分，不承担给付保险金责任，但保险人通过其他途径已经及时知道或者应当及时知道保险事故发生的除外。保险事故发生后，被保险人需要治疗的，应在释义医院就诊，若因急诊未在释义医院就诊的，应在三日内通知保险人，并根据病情及时转入释义医院。若确需转入非释义医院就诊的，应向保险人提出书面申请，保险人在接到申请后三日内给予答复，对于保险人同意在非释义医院就诊的，对这期间发生的医疗费用按本保险合同规定给付保险金。

上述约定，不包括因不可抗力而导致的迟延。

（二）投保人、被保险人或受益人的权利

投保人、被保险人或受益人的权利主要包括：发生保险损失时有向保险人索赔的权利；了解保险条款的真实情况的权利等。

二、保险人

（一）保险人履行的义务

保险人需要履行的义务主要包括以下几项：第一，当合同约定的保险事故发生时，按照保险合同约定承担赔付保险金的义务；第二，向投保人明确说明保险条款的义务；第三，及时签发保险单证的义务；第四，为投保人以及其他保险合同的主体保密等。

【国内某款意外伤害保险条款中关于保险人义务的规定】

（第十三条至第十七条）

第十三条 本保险合同成立后，保险人应当及时向投保人签发保险单或其他保险凭证；

第十四条 保险人按照本保险合同的约定，认为被保险人提供的有关索赔的证明和资料不完整的，应当及时一次性通知投保人、被保险人补充提供；

第十五条 保险人收到被保险人的给付保险金的请求后，应当及时作出是否属于保险责任的核定；情形复杂的，保险人将在确定是否属于保险责任的基本材料收集齐全后，尽快做出核定。保险人应当将核定结果通知被保险人；对属于保险责任的，在与被保险人达成给付保险金的协议后十日内，履行给付保险金义务。保险合同对给付保险金的期限有约定的，保险人应当按照约定履行给付保险金的义务。保险人依照前款约定作出核定后，对不属于保险责任的，应当自作出核定之日起三日内向被保险人发出拒绝给付保险金通知书，并说明理由。

第十六条 保险人自收到给付保险金的请求和有关证明、资料之日起六十日内，对其给付的数额不能确定的，应当根据已有证明和资料可以确定的数额先予支付；保险人最终确定给付的数额后，应当支付相应的差额。

第十七条 投保人符合保险法规定的退还保险费相关要求的，保险人应当按照保险法相关规定退还保险单的现金价值。

（二）保险人享有的权利

保险人享有的权利主要包括：第一，收取保费权；第二，在财产保险中的代位请求赔偿权（注：代位请求赔偿权的具体解释请参见第八章第三节）；第三，在财产保险中的防损建议权。《中华人民共和国保险法》第五十一条规定：“保险人可以按照合同约定对保险标的的安全状况进行检查，及时向投保人、被保险人提出消除不安全因素和隐患的书面建议。保险人为维护保险标的的安全，经被保险人同意，可以采取安全预防措施。”

综上所述，通过上述保险合同双方当事人权利义务的描述，我们发现保险人履行的义务是投保人享有的权利，而保险人享有的权利正是投保人、被保险人履行的义务，而且保险人若要享有权利，必须承担合同规定的义务，投保人、被保险人若要享有权利，同样必须履行相应的义务。可见，保险合同为双务合同、对价合同（关于双务合同、对价合同具体参见本章的“思维拓展”部分）。

第六节 保险合同的分类

补偿型保险
与给付型保险

一、根据业务性质不同分类

补偿型合同是指事先由保险合同双方当事人约定保险金额，当被保险人发生保险事故时，由保险人根据保险标的所遭受的实际损失进行经济补偿，以保险金额为最高限额的合同。例如，财产保险、费用补偿型的健康保险都属于补偿型保险合同。

给付型合同是指事先由保险合同双方当事人约定保险金额，当被保险人发生保险事故时，由保险人按约定的保险金额给付保险金的合同。例如，人寿保险、人身意外伤害保险以及给付型的健康保险都属于给付型保险合同。

足额保险与不足额保险

二、根据保险金额和保险价值的关系分类

（一）足额保险合同

1. 什么是足额保险合同？

足额保险合同是指保险合同中约定的保险金额等于保险价值的保险合同。

2. 如何计算赔偿额？

若保险事故发生时，保险标的全部损失，保险人按保险金额全部赔偿；若部分损失，保险人按实际损失额赔偿。①

【以案说险3－7】

某企业投保企业财产保险综合险，保险金额80万元，保险期间从2019年3月2日0时至2020月3月1日24时。若该企业于2019年4月12日发生火灾，保险标的全部损失，保险事故发生时保险标的的完好市价为80万元，则保险公司应赔偿多少？若损失金额为40万元，保险公司应赔偿多少？

案例分析：保险事故发生在保险期间，保险公司应该赔偿。关键在于计算保险公司的赔偿额。

第一问：本案例中，保险价值为事故发生时保险标的的完好市价80万元，等于保险金额，因此，该保险为足额保险，若全部损失，按保险金额赔偿，即保险公司应赔偿80万元。

第二问：若部分损失，按照实际损失赔偿，因此，损失40万元，应该赔偿40万元。

（二）不足额保险合同

1. 什么是不足额保险合同？

不足额保险合同是指保险合同中约定的保险金额低于保险价值的合同，又称部分保险合同。

---

① 足额保险合同赔偿额的计算规则可以简化为：损失多少，赔偿多少。

2. 为何会出现不足额保险?

（1）投保人有意使保险金额低于保险价值，目的是减少保费支出。因为在保费率一定的情况下，保额越低，保费越低。

（2）保险人有意使保险金额低于保险价值，若保险事故发生，保险人与投保人共担风险，目的是增强投保人防灾防损意识，防止道德风险。

（3）保险合同签订后，由于物价上涨，导致足额保险变为不足额保险。

3. 如何计算赔偿额?

（1）当保险标的全损时，保险人按合同中约定的保险金额赔偿，不足部分由投保人自己承担。

【以案说险3－8】

某企业投保企业财产保险综合险，保险金额80万元，保险期间从2019年3月2日0时至2020月3月1日24时。若该企业于2019年4月12日发生火灾，保险标的全损，保险事故发生时保险标的的完好市价为100万元，则保险公司应赔偿多少?

案例分析：保险事故发生在保险期间，保险公司应该赔偿。关键在于计算保险公司的赔偿额。本案例中，保险价值为事故发生时保险标的的完好市价100万元，保险金额80万元，保险金额低于保险价值，因此，该保险为不足额保险，若全部损失，按保险金额赔偿，即保险公司应赔偿80万元。

（2）当保险标的部分损失时，赔偿额的计算分为两种情况。

① 针对企业财产保险，采用比例赔偿方式，即按照保障比例进行赔偿。

【何为比例赔偿方式?】

比例赔偿方式是指保险人按对保险价值的保障比例进行赔偿。计算公式如下：

$$保障比例=\frac{保险金额}{保险价值}$$

$$赔偿金额=损失额\times 保障比例$$

【以案说险 3 –9】

某企业投保企业财产保险综合险，保险金额 80 万元，保险期间从 2019 年 3 月 2 日 0 时至 2020 月 3 月 1 日 24 时。若该企业于 2019 年 5 月 12 日发生火灾，损失金额为 40 万元，保险事故发生时保险标的的完好市价为 100 万元，则保险公司应赔偿多少？

案例分析：保险事故发生在保险期间，保险公司应该赔偿。关键在于计算保险公司的赔偿额。本案例中，保险价值为事故发生时保险标的的完好市价 100 万元，保险金额 80 万元，保险金额低于保险价值，因此，该保险为不足额保险。本保险为企业财产保险，若部分损失，保险人按对保险价值的保障比例赔偿。

$$赔偿金额 = 损失额 \times \frac{保险金额}{保险价值} = 40 \times \frac{80}{100} = 32\ （万元）$$

② 针对家庭财产保险（主要针对家庭室内财产），采用第一损失赔偿方式，又称第一危险责任赔偿方式。

【何为第一危险赔偿方式?】

保险标的的价值分为两个部分，第一部分为保险金额以内的，相当于已投保，这部分属于第一损失，如果该部分发生损失，保险人首先负责赔偿；第二部分为保险金额以外的，即超过保险金额的部分，相当于未投保，这部分属于第二损失，如果该部分发生损失，保险人不负责赔偿。这里的第一、第二指的是承担责任的顺序，事故发生后由承担第一损失的保险人首先承担责任。例如，保险标的价值 10 万元，保额 8 万元，此时，8 万元即为第一损失（或者危险），8 万元以内的损失由保险人承担，剩余的 2 万元风险限额，为第二损失（或危险），由被保险人自留。计算公式如下：

当损失额≤保险金额时，赔偿金额 = 损失额

当损失额 > 保险金额时，赔偿金额 = 保险金额

【以案说险 3 –10】

2020 年 3 月 20 日，张三向某保险公司购买一份家庭财产保险，保险期限 1 年，保险金额 38 万元，其中房屋 30 万元，家用电器 5 万元，其他室内财物 3 万元。保险单载明："房屋及室内财产的保险金额由被保险人根据购置价或市场价自行确定，其保险价值为出险时的重置价值。若保险

金额低于保险价值，保险人针对房屋按保险金额与保险价值的比例承担赔偿责任；保险人针对室内财产按第一危险责任赔偿方式计算赔偿责任。”2020 年 7 月 9 日，张三所在的地区连降暴雨，造成洪水。洪水冲毁了张三的住房，房屋损失 24 万元，家用电器损失 3 万元，其他室内财物损失 2 万元。张三立即向保险公司提出索赔，要求保险公司赔偿所有损失。经确定张三的房屋重置价值为 40 万元，家用电器为 6 万元，其他室内财物为 4 万元。保险公司应该如何确定赔偿责任？

案例分析：

针对房屋的赔偿：

根据题意，若保险金额低于保险价值，保险人针对房屋按保险金额与保险价值的比例承担赔偿责任，即比例责任赔偿方式。

房屋约定的保险金额为 30 万元；房屋出险时的重置价值为房屋的保险价值，即 40 万元；房屋约定的保险金额低于保险价值，为不足额保险，因此按照保险金额与保险价值的比例承担赔偿责任。事故发生造成的房屋损失为 24 万元，因此，针对房屋的赔偿金额为：

$$\text{赔偿金额} = \text{损失金额} \times \frac{\text{保险金额}}{\text{保险价值}} = 24 \times \frac{30}{40} = 18 \text{（万元）}$$

针对室内财产的赔偿：

根据题意，保险人针对室内财产按第一危险责任赔偿方式（第一损失赔偿方式）计算赔偿责任。

第一危险责任赔偿方式，即把保险财产分成两个部分，相当于保险金额的部分称为第一危险责任；超过保险金额的部分，称为第二危险责任。保险人只对第一危险责任部分（保险金额以内部分）承担赔偿责任，损失多少，赔偿多少。超过保险金额部分不承担赔偿责任，由被保险人自行负责。

当损失金额≤保险金额时，赔偿金额 = 损失金额

当损失金额 > 保险金额时，赔偿金额 = 保险金额

家用电器的保险金额为 5 万元，风险事故造成家用电器损失 3 万元，损失金额小于保险金额，因此，针对家用电器的赔偿金额为 3 万元。

其他室内财物的保险金额为 3 万元，洪水造成其他室内财物损失 2 万

元。损失金额小于保险金额，因此，针对其他室内财物的赔偿金额为 2 万元。

• 思考与启示

比例责任赔偿和第一危险责任赔偿两种方式中，哪种方式对被保险人更有利？

超额保险

（三）超额保险合同

1. 何为超额保险合同？

超额保险合同是指合同中约定的保险金额大于保险价值的合同。

2. 为何出现超额保险合同？

（1）投保人自身原因。如果投保人投保时由于不了解市场行情，而高估了保险标的的价值，导致依据高估的保险标的价值约定的保险金额高于事故发生时的保险价值，最终形成的超额保险，为善意超额保险；如果投保人企图在保险事故发生后获得多于损失的赔偿，而故意使保险金额高于保险价值，形成的超额保险则为恶意超额保险。

（2）市场原因。如果保险合同签订后，保险标的市场价格跌落，导致保险事故发生时的保险金额超过保险价值，形成的超额保险为善意超额保险。

3. 如何计算赔偿额？

（1）若为恶意超额保险，保险合同全部无效。

（2）如果是基于投保人的善意而产生的超额保险合同，其超过部分无效。[①] 剩余的保险金额等于保险价值，按照足额保险计算赔偿额。

【以案说险 3－11】

某企业投保企业财产保险综合险，保险金额 80 万元，保险期间从 2019 年 3 月 2 日 0 时至 2020 月 3 月 1 日 24 时。若 2019 年 12 月 18 日因下暴雨，仓库进水而造成存货损失 70 万元，保险事故发生时的企业财产完好市价为 70 万元，则保险公司应赔偿多少？

案例分析：保险事故发生在保险期间，保险公司应该赔偿。本案例中，保险价值为事故发生时保险标的的完好市价 70 万元，保险金额 80 万

---

① 《中华人民共和国保险法》第五十五条规定：“保险金额不得超过保险价值。超过保险价值的，超过部分无效。”

元，保险金额大于保险价值，因此，该保险为超额保险。因为超过的部分无效，按照保险金额 70 万元，保险价值 70 万元的足额保险计算赔偿额。因为实际损失 70 万元，因此，保险公司应赔偿 70 万元。

定值保险与不定值保险

三、根据是否约定保险价值分类

（一）不定值保险合同

1. 何为不定值保险合同？

不定值保险合同是指保险双方当事人对保险标的不预先约定其保险价值，仅列明保险金额作为赔偿的最高限额。而在保险事故发生后再估算保险价值，确定损失的保险合同。

2. 如何计算赔偿额？

对于不定值保险合同，一旦发生保险事故，当事人双方需要将保险标的出险时的保险价值与约定的保险金额相对比，在区分超额保险、足额保险和不足额保险的基础上计算赔偿额。

若出险时的保险价值等于保险金额，为足额保险合同，按照足额保险计算赔偿额的方法计算赔偿额；

若出险时的保险价值大于保险金额，为不足额保险合同，按照不足额保险计算赔偿额的方法计算赔偿额；

若出险时的保险价值小于保险金额，为超额保险合同，按照超额保险计算赔偿额的方法计算赔偿额。

（二）定值保险合同

1. 何为定值保险合同？

定值保险合同是指保险合同当事人双方事先约定保险价值，在合同中载明，并以此确定保险金额的保险合同。

2. 如何计算赔偿额？

不论保险标的受损时的实际价值如何，均按事先约定的保险价值计算赔偿额。多适用于难以鉴定价值的财产，如艺术品、古董等，另外货物运输保险也多采用定值保险合同形式。

若保险金额等于事先约定的保险价值，为足额保险合同[1]，按照足额保险计算赔偿额的方法计算赔偿额；

若保险金额低于事先约定的保险价值，为不足额保险合同，按照不足额保险计算赔偿额的方法计算赔偿额。

【以案说险 3 -12】

有一批货物出口，货主张三投保了货物运输保险，按投保时实际价值，与保险人约定保险价值 24 万元，保险金额也为 24 万元，后货物在运输途中发生保险事故，出险时当地完好市价为 20 万元。如果货物全损，保险人如何赔偿？

案例分析：根据题意，投保时约定保险价 24 万元，并据此约定保险金额 24 万元，因此，张三投保的货物运输保险为定值保险，按照定值保险的规定，发生保险事故时，以约定的保险价值计算赔偿金额，即保险价值 24 万元，保险金额也为 24 万元，本例为足额保险，按照实际损失赔偿，因为货物全损，其赔偿金额等于保险金额，即 24 万元。

四、根据每份保险合同中被保险人的人数分类

个人保险和团体保险

（一）个人保险合同

个人保险合同是指一份保险合同只承保一个被保险人的合同。一般以一个人作为保险标的；投保时，会对被保险人一一进行风险选择，根据被保险人的年龄、职业、健康状况等决定是否承保以及以什么价格承保，必要时进行身体检查。

（二）团体保险合同

团体保险合同是指一份保险合同以一个机关、企业、事业单位的大多数成员作为承保对象，以单位名义投保的合同。团体保险合同一般具有如下特点：

第一，被保险人在订立合同时必须在同一单位工作，而不是专为投保

① 通常情况下可将定值保险视为足额保险，但将其视为必然则是错误的。

人身保险而成立的组织。

第二，保险人不对被保险人一一进行风险选择，而是对投保单位从总体上进行风险选择，即根据该单位所属行业、性质、被保险人年龄结构等决定是否承保以及适合何种保费率，一般不对被保人体检，手续简化，节省费用。

原保险与再保险

五、根据保险人承保方式的不同分类

（一）原保险合同

原保险是指保险人与投保人之间直接签订保险合同而建立保险关系的一种保险。原保险合同的双方当事人为保险人和被投保人。

（二）再保险合同

再保险是指保险人通过订立合同，将自己已经承保的风险，转移给另一个或几个保险人，以降低自己所面临的风险的保险行为，即“保险人的保险”。再保险合同的双方当事人为保险人和被保险人。

【第三章　内容梳理、思维拓展】

一、内容梳理

本章以“如何看懂一份保险合同”这一问题为导向，从保险合同的主体、保险合同的客体、保险合同的内容、保险合同的形式、保险合同的种类以及保险合同的履行等六个维度来解读保险合同。保险合同的主体是与保险合同发生直接、间接关系的人，主要涉及到保险合同的当事人和保险合同的关系人。保险合同的当事人是指直接参与建立保险法律关系、确定合同权利和义务的行为人，即直接参与订立保险合同的主体，包括投保人和保险人，而要成为投保人和保险人需要具备一系列的条件。保险合同的关系人是指与保险合同有经济利益关系，而不一定直接参与保险合同订立的人，主要包括被保险人和受益人。本章详细阐述了“投保人与被保险人存在哪些关系？受益人与投保人、被保险人存在什么关系？被保险人和受益人的保险金请求权有何关系？受益人取得的保险金与继承人继承的遗产有何区别？”等一系列问题。保险合同的中介人主要有保险代理人、保险经纪人和保险公估人，三类中介人分别站在不同的立场，协助保险合同的订立和履行。保险合同的客体是附着在保险标的上的保险利益，而非保险标的本身。保险合同的内容主要以条款的形式呈现，可分为基本条款、保证条款和附加条款。在保险实务中，保险合同表现为保险单、投保单、保险凭证和批单等多种形式。保险合同按照不同的标准可以分为不同的类型，本章重点介绍了不同类型保险合同赔偿额的计算方法。保险合同的履行主要阐述保险合同双方当事人依据保险合同享有的权利和履行的义务。

二、思维拓展

在本章导言部分提到，保险合同是投保人和保险人订立的关于双方保险权利义务关系的法律协议。保险合同属于民事合同的范畴，具有一般民事合同共有的基本特征，同时，保险合同还具有其自身特有的属性。

（一）保险合同是射幸合同（aleatory contract）

射幸合同是指合同当事人一方支付的代价所获得的只是一个机会，合同履行的结果事先难以确定。保险合同中约定的保险事故是否发生，何时发生是不确定的。就单个保险合同而言，在保险存续期间，若保险事故发生，投保人获得的补偿可以远远超过所缴纳的保险费，反之，投保人则未获得任何补偿并丧失了所缴的保费；对保险人而言，若保险事故发生，他所赔付的保险金可能远远大于其所收取的保险费，反之，则拥有收取的保费，不用付出任何代价。可见，保险合同属于射幸合同。保险合同的射幸性由保险事故发生的偶然性决定，是保险经营的重要条件。

（二）保险合同是最大诚信合同

任何合同都应该是诚信合同，只是保险合同对诚信的要求更高，称为最大诚信合同。保险合同之所以强调最大诚信，是因为保险市场是典型的信息不对称市场，容易出现不诚信、欺诈行为，主要表现为保险市场上的逆向选择和道德风险问题，而消除信息不对称，可以在一定程度上预防逆向选择和道德风险问题，因此保险合同的最大诚信主要体现在对信息披露程度的要求上。

最大诚信的要求在对保险合同行为进行规范的保险法中具有广泛的应用。如《中华人民共和国保险法》中关于投保人的如实告知义务、危险增加的通知义务、道德风险不保的规定，以及保险人对免责条款的说明义务等均是最大诚信要求的体现。例如，《中华人民共和国保险法》第十六条第四款规定："投保人故意不履行如实告知义务的，保险人对于合同解除前发生的保险事故，不承担赔偿或者给付保险金的责任，并不退还保险费。"《中华人民共和国保险法》第五十二条规定："在合同有效期内，保险标的的危险程度显著增加的，被保险人应当按照合同约定及时通知保险人，保险人可以按照合同约定增加保险费或者解除合同。保险人解除合同的，应当将已收取的保险费，按照合同约定扣除自保险责任开始之日起至合同解除之日止应收的部分后，退还投保人。被保险人未履行前款规定的通知义务的，因保险标的的危险程度显著增加而发生的保险事故，保险人不承担赔偿保险金的责任。"《中华人民共和国保险法》第十七条规定："订立保险合同，采用保险人提供的格式条款的，保险人向投保人提供的投保单应当附格式条款，保险人应当向投保人说明合同的内容。对保险合同中免除保险人责任的条款，保险人在订立合同时应当在投保单、保险单或者其他保险凭证上作出足以引起投保人注意的提示，并对该条款的内容以书面或者口头形式向投保人作出明确说明；未作提示或者明确说明的，该条款不产生效力。"

（三）保险合同是附和性合同（contract of adhesion）

附和性合同也称格式合同、标准合同，是指由当事人一方预先拟定好合同的条款，对方只能接受或拒绝，就合同的条款内容没有太大的协商余地。附和性合同与协商性合同相对应。协商性合同是由合同双方当事人经充分协商而订立的合同。在实际生活中绝大多数合同是协商性合同。但保险合同一般都具有很强的附和性，因为保险合同是由保险人事先拟订好合同的条款，投保人只能接受或拒绝。保险合同的条款是由保险人根据保险标的、风险种类及经营习惯等制定的标准型条款，投保人只能根据自身的需要对保险人提供的不同条款进行选择，即使有变更条款的必要，也只能采用保险人事先准备好的附加条款。

保险合同之所以采用附和性合同的形式有两个方面的原因：第一，附和性合同能够更好地保证保险经营的科学性。因为保险合同的主要条款，如保险标的、保险责任、保险期限、保险费率等都是经过科学精算而确定的，如果任意更改必然动摇保费率厘定的科学基础。第二，采用附和性合同的形式适应了保险发展的客观需要。随着社会经济的发展和保险技术的不断进步，保险业务规模不断扩大，如果每份保险合同都要双方充分协商，必然影响保险业的发展速度。格式化的、标准化的保险单更能适应当前保险业的迅速发展。

保险合同的附和性使得投保人处于不利地位。为此，法院或仲裁机构在对保险合同的文义进行解释时，通常采取不利于保险人的解释原则。例如，《中华人民共和国保险法》第三十条规定："采用保险人提供的格式条款订立的保险合同，保险人与投保人、被保险人或者受益人对合同条款有争议的，应当按照通常理解予以解释。对合同条款有两种以上解释的，人民法院或者仲裁机构应当作出有利于被保险人和受益人的解释。"

（四）保险合同是双务合同

双务合同是指合同当事人双方相互享有权利，同时也相互承担义务的合同。与此相对应的是单务合同。单务合同是当事人一方只享有权利，另一方只承担义务的合同。保险合同属于双务合同，因为保险人享有的收取保险费的权利与投保人负有的缴纳保险费的义务相对应；同时，保险人承担的约定事故发生时赔偿或给付保险金的义务与投保人在保险事故发生时享有的请求保险人赔付保险金的权利相对应。所以，投保人与保险人是相互享有权利，同时也相互承担义务的合同，属于双务合同。

（五）保险合同是有偿合同

有偿合同是指合同当事人享有权利的同时必须承担义务的合同，这种相互报偿的关系，称为对价。保险合同属于有偿合同或对价合同。因为保险人享有收取保险费权利的同时必须承担约定事故发生时赔偿或给付保险金的义务；投保人要想在保险事故发生时享有请求保险人赔付保险金的权利，必须承担缴纳保险费的义务。

【第三章课后习题】

第四章

4

有哪些商业保险？如何选择？

——人身保险

思维导图

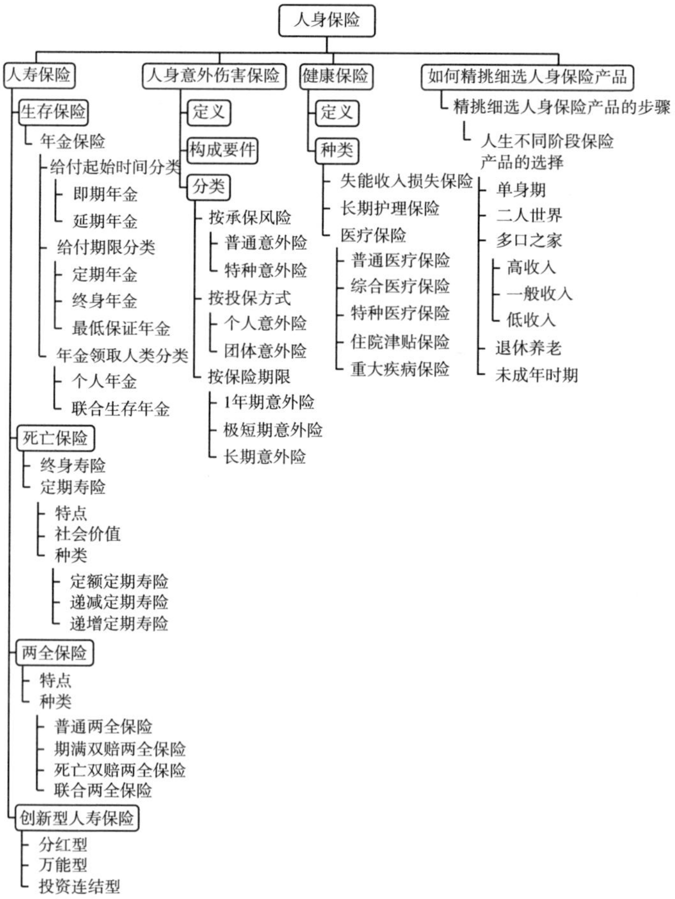

章节目标

★ **知识目标：**掌握人身保险产品的分类，不同种类人身保险产品的保障范围以及相互之间的区别；掌握选择人身保险产品的方法；能够构建以人身保险为核心词和出发点的思维导图。

能力目标：能够运用人身保险方案设计的方法为不同主体设计人身保险方案。

素养目标：强化保险意识，提升自身的金融素养以及作为从业者的职业素养。

随着保险在我国的不断发展，越来越多的人具有了一定的保险意识，也开始筹划给自己和家人配置保险，但市场中有哪些种类的保险产品呢？琳琅满目的保险产品都是保障什么的？如何来选择保险产品呢？很多人正是因为对这些问题没有明确的认识，所以在“商业保险”的门前踌躇徘徊。本章将围绕这些问题展开探讨。商业保险按保险标的进行分类，可以分为人身保险、财产保险、责任保险以及信用和保证保险。本章主要讨论人身保险。

人身保险是以人的身体或生命为保险标的。人身保险承保人身风险，人身风险包括生命风险、意外伤害风险和健康风险。相应的，人身保险包括生命保险（又称人寿保险），人身意外伤害保险和健康保险。

第一节 人寿保险

人寿保险，即生命保险是指以被保险人的生命为保险标的，以人的生存、死亡两种形态作为给付保险金条件的保险。根据给付保险金条件的不同，人寿保险分为：生存保险、死亡保险、两全保险（生死合险）。

生存保险——年金保险

一、生存保险

生存保险是以被保险人于保险期限届满或达到合同约定的年龄时仍然生存作为给付保险金条件的人寿保险。如果在保险期间内被保险人死亡，保险人不承担给付保险金的责任。显然，生存保险是一种利己型的保险产品，主要功能是用于被保险人养老，也可用于一定期间后的特定资金需要，如子女教育婚嫁金等。目前，市场上的生存保险主要是以年金保险的形式出现。

年金保险是一种特殊形式的生存保险，它的特殊性表现在“生存保险金”按照事先约定的周期分期给付，给付周期可以是 1 年、半年、季度或月。由于年金保险主要用于养老，所以又称养老金保险。例如，国内某款年金保险的责任条款规定：“自本合同养老年金开始领取日起，若养老年金领取频率为年领，且被保险人在每个年生效对应日零时生存的，本公司按本合同基本保险金额的 100% 给付养老年金；自本合同养老年金开始领取日起，若养老年金领取频率为月领，且被保险人在每个月生效对应日零时生存的，本公司按本合同基本保险金额的 8.45% 给付养老年金。”

在实践中，年金保险也有不同的种类。

（一）按照年金保险给付的不同起始时间分类，可分为即期年金和延期年金

即期年金保险是指投保人在支付了所有保费以后，立即从保险人那里领取年金的保险。这个“立即”的长度可因给付周期的不同而不同。如果给付周期为一年一次，在缴纳所有保费一年之后领取年金。即期年金保险通常采用趸交保费的方式①，这类保单又被称为趸交即期年金。

延期年金保险是指投保人与保险人订立保险合同后，迟延一段时间，

① 即期年金也可以采用分期缴费方式，例如每年缴纳保费 1 万，连续交满 5 年，第 6 年开始给付保险金。

或者被保险人必须达到合同所规定的某一年龄时，再从保险人那里领取年金的保险。延期年金保险既可以采取趸缴保费的方式，也可以采取分期缴费的方式。例如，张三 30 岁开始给自己购买了一份延期年金保险，每年缴纳 1 万元，连续缴纳 10 年，等自己年满 60 周岁后开始按照合同约定的金额领取年金。

（二）按照年金保险给付的期限分类，可分为定期年金、终身年金和最低保证年金

1. 定期年金保险

定期年金保险是指保险人在约定的期限内给付年金，约定期满给付终止的保险。如果被保险人在约定期内死亡，则自被保险人死亡时终止给付年金。

2. 终身年金保险

终身年金保险是指保险人在被保险人的整个生存期间定期给付的年金。即保险人给付年金直至被保险人死亡为止。例如，国内某款年金保险的保险责任条款规定："如果您选择的交费期间小于十年，自主合同第五个保单周年日至终身，被保险人在保单周年日生存的，我们将按主合同基本保险金额的 6% 给付年金；如果您选择的交费期间为十年，自主合同第十个保单周年日至终身，被保险人在保单周年日生存的，我们将按主合同基本保险金额的 6% 给付年金；如果您选择的交费期间为十五年，自主合同第十五个保单周年日至终身，被保险人在保单周年日生存的，我们将按主合同基本保险金额的 6% 给付年金。"

3. 最低保证年金

最低保证年金是为了防止被保险人过早死亡而丧失领取年金的权利而产生的年金形式。具体包括保证最短给付期限和保证最低给付金额两种形式。

（1）保证最短给付期限。

按给付年度数来保证被保险人及其受益人的利益，即确定给付的最少年数，若被保险人在规定的期限内死亡，被保险人指定的受益人将继续领取年金到期限结束。例如，保证最短给付 20 年，20 年内被保险人死亡，

受益人继续领取年金，直到 20 年。国内某款年金保险的责任保险条款规定："自合同首次养老年金领取日零时起的 20 个保单年度内为养老年金保证领取期间。若被保险人在合同约定的养老年金保证领取期间身故，将向身故保险金受益人一次性给付身故保险金，身故保险金额为：在保证领取期间内应给付的养老年金总额扣除累计已给付的养老年金后的余额，合同终止。"

（2）保证最低给付金额。

按给付金额来保证被保险人及其受益人的利益，即确定给付的最低金额①，若被保险人在规定的期限内死亡，而其年金领取总额低于最低保证金额时，保险人以现金方式一次或分期退还其差额。比如，保证最低给付 20 万元，如果被保险人领取总额到 10 万元后死亡，那么，剩余的 10 万元退还给受益人。

（三）按照年金领取人数分类，可以分为个人年金保险和联合生存年金保险

1. 个人年金保险

个人年金保险是指以一个被保险人作为年金领取人的年金保险。

2. 联合生存年金保险

联合生存年金保险是以两个或两个以上的被保险人的生命作为给付年金条件的年金保险。这种年金又有两种主要形式：

第一种是共同生存年金保险，它以联合投保人共同生存作为给付条件，其中有一人死亡，年金给付即行停止。例如，张三和妻子李四联合投保共同生存年金保险，假如张三先死，妻子李四虽然生存，年金也停止给付。

第二种是最后生存者年金保险，它是指联合投保人中只要有一人生存，年金就照常给付，并不减少②，直到全部被保险人死亡后才停止。例如，张三和妻子李四联合投保，假如张三先死，妻子李四可以领取与之前

---

① 保证的最低给付金额一般为年金的购买价格。

② 还有一种联合生存年金保险，其联合投保人中只要有一人生存，年金就照常给付，但给付金额随着被保险人数的减少而进行调整，直到全部被保险人死亡后才停止。有的教材把它称为联合及生存者年金保险。

相同数额的年金，直至死亡。

死亡保险——
定期寿险和
终身寿险

二、死亡保险

死亡保险以被保险人死亡作为给付保险金条件的人寿保险。显然，死亡保险是一种利他型的人寿保险。根据保障期限的不同，可以分为终身死亡保险和定期死亡保险。

（一）终身死亡保险

终身死亡保险，又称终身寿险，不论被保险人何时死亡，保险人都给付保险金的保险。可见，终身寿险保障终身，是一种必然给付型的保险产品。终身寿险具有一定的储蓄性，保单具有现金价值。终身寿险的保费缴纳可以采用趸交、限期缴费和满期缴费等方式。

（二）定期死亡保险

定期死亡保险，又称定期寿险，是一种以被保险人在规定期限内死亡作为给付保险金条件的人寿保险。如果规定期限内被保险人没有死亡，保险人不再承担保险责任，也不退还保险费。显然，定期寿险为非必然给付型的人寿保险。定期寿险是人寿保险业务中最早产生，也最简单的一个险种。

1. 定期寿险的特点

第一，规定的期限，可以几个月，也可以几年；

第二，相同保额下，定期寿险与终身寿险相比，保险费率低。因为被保险人在约定期限内死亡的概率较低，风险低；同时，保险责任简单，即身故①。

2. 定期寿险的社会价值

由于定期寿险具有以上特点，所以，在下列情况下，购买定期寿险的性价比较高。

---

① 在保险实践中，被保险人全残往往也纳入定期寿险的保险责任范围。

第一，经济收入较低，子女尚未成年的家庭，父母的生命（特别是作为家庭经济支柱的一方或双方）对这个家庭非常重要，但保费支付能力较低，可选择为家庭经济支柱配置定期寿险，以较低保费，获得较高保障。

第二，定期寿险可以作为对债权的一种保障。债权人可以为债务人投保定期寿险，如果债务人在贷款偿清之前死亡，债权人可以拿到死亡保险金来弥补债权的损失。

第三，在短期内担任一项有可能危及其生命的临时工作，或急需保障的人可以选择配置定期寿险。

3. 定期寿险的种类

根据保险金额在整个保险期间是否发生变化，可以将定期寿险分为定额定期寿险、递减定期寿险和递增定期寿险。

（1）定额定期寿险。

定额定期寿险是指其死亡保险金在整个保险期间保持不变的定期保险。例如，国内某款保险期限为20年的定期寿险保险责任条款规定："被保险人因遭受意外伤害身故或于本主险合同生效（或最后复效）之日起180日后因疾病身故的，我们按身故时本主险合同的基本保险金额给付身故保险金，本主险合同终止。"

（2）递减定期寿险。

递减定期寿险是指其死亡保险金在整个保险期间不断减少的定期寿险。通常给出一个初始的保额，然后根据保单规定的方法逐年减少。例如，信用人寿保险就是一种递减的定期寿险。如果债务人采用分期偿还贷款方式，在贷款偿清之前死亡，该项保险的保险金将用于支付这笔贷款的未偿余额。因为在整个保险期间，随着时间推移，债务人需要偿还的贷款余额在递减，所以保险金额在递减。

（3）递增定期寿险。

递增定期寿险是指规定一个初始的死亡保险金，在整个保险期间按照约定的时间间隔递增。该保险的功能主要是应对通货膨胀问题，可以由一个单独的寿险保单来提供，也可以按某一主保单的附加条款的形式来提供。

• 思考与启示

定期寿险和终身寿险都属于利他型的保险产品，被保险人死亡后，可以为其遗属的生活提供经济保障。另外，终身寿险也可以作为被保险人资产传承的一种方式。在保险实务中，可以终身寿险作为主险，以定期寿险作为附加险①来进行投保。若以终身寿险为主险，以定期寿险为附加险作为一个保险方案进行投保，如果被保险人在定期寿险约定的期限内死亡，受益人可以领取到相当于主险保单一定倍数的保险金；如果被保险人在约定的期限内没有死亡，则到被保险人死亡时，受益人只是领取主险保单所规定的保险金。例如，张三为自己投保主险终身寿险，保额50万元，同时附加定期寿险，保险期间20年，保额50万元。如果被保险人张三在第10年死亡，则受益人可以领取保险金100万元（其中包括终身寿险50万元和定期寿险50万元）；如果张三在第30年死亡，则受益人可以领取50万元保险金（仅包括终身寿险50万元）。

三、两全保险

两全保险

两全保险是指被保险人不论在保险期内死亡还是生存到保险期届满，保险人都给付保险金的保险。

（一）两全保险的特点

1. 保障全，保费高

两全保险属于必然给付型的保险，也是人寿保险业务中承保责任最全面的一个险种，既利己又利他，既可以保障被保险人在保单期满后生活的需要，又可以解决由于被保险人死亡而给家庭经济生活带来困难的后顾之忧，相当于生存保险和死亡保险的保险责任结合。也正因如此，在保额相同的情况下，两全保险与生存保险和死亡保险相比，保险费率也是最高

① 主险是指可以单独投保的保险险种，而附加险是指不能单独投保，只能附加于主险投保的保险险种。如果主险因失效、解约或满期等原因效力终止或中止时，附加险效力也随之终止或中止。

的。例如，国内某款两全保险的保险责任条款规定："在本合同有效期内，若被保险人于18周岁的保单周年日之前身故，我们按被保险人身故时本合同已交纳的保险费与保单现金价值的较大值给付身故保险金，保险合同终止；若被保险人于18周岁的保单周年日之后（含18周岁的保单周年日）身故，我们按被保险人身故时已交纳保险费的1.5倍与保单现金价值的较大值给付身故保险金，保险合同终止；若被保险人于本合同保险期间届满时仍生存，我们按照保险期间届满时本合同的基本保险金额给付满期生存保险金，本合同终止。"

2. 具有一定的储蓄性

由于被保险人在保险期内不论是生存还是死亡，被保险人或者受益人都可以稳定地获得一笔保险金，因此，它的储蓄性强于终身寿险。基于其高度储蓄性，两全保险还有一些特殊用途，例如，作为投资和强制储蓄工具；在商业往来中作为财产保证；在个人借贷中作为债务的抵押品等。在实践中，两全保险往往作为主险，可以附加定期寿险、意外伤害保险、健康保险等。

（二）两全保险的种类

1. 普通两全保险

不论被保险人在保险期间内死亡还是生存至保险期满，保险人都给付同样数额保险金的保险。

2. 期满双赔两全保险

在被保险人期满生存的情况下，保险人给付两倍于约定保险金额的保险金，如果被保险人在保险期内死亡，保险人按照约定保险金额给付保险金的保险。例如，张三给自己购买了一份保额10万元，保险期间10年的期满双赔两全保险。如果张三在10年内死亡，保险人给付10万元保险金；如果张三期满生存，保险人给付20万保险金。这一险种设计的保障重点放在被保险人自己身上。

3. 死亡双赔两全保险

被保险人如果期满生存，保险人按照约定的保险金额给付保险金；被保险人如果期内死亡，保险人按照约定保险金额的两倍给付保险金。这一险种与期满双赔两全保险相对应，把保障的重点放在了被保险人遗属的身上。

4. 联合两全保险

由几个人共同投保的两全保险。在保险期内，联合被保险人中的任何一人死亡时，保险人给付全部保险金，保单因履行而终止；如果在保险期内，联合被保险人无一人死亡，保险期满时保险金由全体被保险人共同领取。例如，张三、妻子李四和他们的儿子三人共同投保一份 10 年期的联合两全保险，保额 10 万元，如果张三在第三年死亡，保险人给付 10 万元保险金，保单终止。如果 10 年期限届满，无一人死亡，保险人也给付 10 万元保险金，保单终止。

第二节 创新型人寿保险

在人寿保险市场中，有一些产品的名称中包含有分红型、万能型、投资连结等字样，例如，太平福佑今生终身寿险（分红型）、平安聚财宝年金保险（万能型）、泰康赢家理财投资连结保险等。当人寿保险产品中包含了这些字样后，会有什么特殊的功能？分红型、万能型、投资连结型三者之间又有什么区别？分别适合于哪些投保人配置呢？

【人寿保险为什么要创新?】

分红险、万能险和投资连结保险是在传统寿险基础上进行了一定程度创新的人寿保险产品。创新的目的主要是应对通货膨胀所引起的购买力下降问题。因为传统寿险的保额往往都是相对固定的。例如，生存保险，约定保额 20 万元，保险期间 30 年，若 30 年期届满，被保险人仍然生存，可领取 20 万元保险金，但 30 年之后的 20 万元，购买力很可能已经大幅度下降，无法满足被保险养老的保障需求。另外，一些创新型的寿险产品还可以满足投保人投资理财多样化的需求。

创新型寿险
——分红险

一、分红险

（一）何为分红险？有何特点？

分红险是指保险公司在每个会计年度结束后，将上一会计年度该类分红保险的可分配盈余，按一定的比例，以现金红利或增额红利的方式分配给客户的一种人寿保险。传统的分红险主要还是以保障为主，分红不确定。例如，国内某款分红型终身寿险的“保单红利”条款规定：“本合同为分红保险合同，您享有参与分配我们分红保险业务可分配盈余的权利。在本合同保险期间内，我们每年根据分红保险业务的实际经营状况确定红利分配方案。保单红利是不保证的。若我们确定本合同有红利分配，则该红利将于保单周年日分配给您，我们会向您寄送每个保单年度的分红报告，告知您分红的具体情况。您在投保时可选择以下任何一种红利领取方式：（1）累积生息：红利留存在本公司，按我们每年确定的利率储存生息，并于您申请或本合同终止时给付。（2）抵交保险费：红利用于抵交下一期的应付保险费，如果抵交后仍有余额，则用于抵交以后各期的应付保险费，但该余额不计利息。交费期满后，抵交保险费方式自动变更为累积生息方式。（3）购买交清增额保险①：依据被保险人当时的年龄，以红利作为一次交清的净保险费购买交清增额保险，增加本合同的累积交清增额基本保险金额。”

（二）分红从哪里来？

分红险的红利主要来源于死差益、利差益和费差益所产生的可分配盈余。

（三）三个差益是如何产生的？分红为什么不确定？

一般情况下，保险公司在厘定保费率时要考虑三个因素：预定死亡

① 交清增额保险是一种分红型险种的红利领取方式。投保人在每年的红利分配后，选择将分红以趸交的方式购买相应的主险，从而增加主险的保险金额，目的是让被保险人的保障额度随着时间逐渐增加。

率、预定投资回报率和预定营运管理费用，而费率一经厘定，不能随意改动。但寿险保单的保障期限往往长达几十年，在保险期限内，实际发生的情况可能同预期的情况有所差别。如果实际情况好于预期情况，就会出现以上差益。如果实际风险发生率低于预计风险发生率，产生死差益；如果实际投资收益高于预计投资收益，产生利差益；如果实际营运管理费低于预计营运管理费，产生费差益。这部分差益产生的利润就是红利的来源。

当然，实际情况也可能比预期情况差，这时就不会差益，投保人也就得不到红利，所以分红是不确定的。

在实践中，关于分红险，往往存在一些误解。比如，某些保险公司会在分红险的宣传页上列出高、中、低档分红率假设，比如高分红是6%，中分红是5%，低分红是4%，一些投保人就会误以为假设的低档分红率4%就是保证的最低分红率。其实不然，分红保险原则上没有最低保证分红率。分红率有可能低于4%，甚至红利为零。另外，某些保险公司在宣传产品时会列举其历史业绩，来显示以往的高分红率。其实，以往的历史业绩并不能保证未来的分红率。

• 思考与启示

由于各种分红险的设计有一定差异，分红险所能提供的保障和收益程度各有不同，保险消费者应了解不同分红险的保险责任、特征、红利及红利分配方式等事项，全面把握不同分红产品的保障和投资作用，不要仅仅将不同分红险的红利多少做简单、片面的比较。一般来讲，分红险的保障功能和投资功能此消彼长。保障功能强劲，投资功能就弱化，相反，投资功能强劲，保障功能就会弱化。

二、万能险

万能险、投连险

（一）何为万能险？

万能险是指在产品名称中包含“万能型”字样，具有保险保障功能，可不定期不定额追加保险费，灵活调整保险金额，以及领取部分或全部保单账户价值，同时设立单独保单账户（又称个人账户），且保单账户价值提供最低收益保证的人身保险产品。[①] 可见，万能险包含保障和投资两大功能。

（二）万能险的“万能”体现在哪里？

（1）缴费灵活。除了支付某一个最低金额的首期保险费后，投保人可以任意选择变更交费期，可在未来收入发生变化时缓缴或停缴保费，也可过三五年或更长时间后再继续补缴保费，还可一次或多次追加保费，只要保证保单积存的现金价值足够支付以后各期的成本和费用即可。

（2）保额可调整。投保人在具备可保性的前提下，可提高保额，也可根据自己的需要降低保额。

（3）保单账户价值领取方便。投保人可随时领取保单账户价值金额。

（三）保障账户和投资账户的资金来源是什么？

万能险设有保障账户和独立的投资账户。投保人所交的保费，扣除交给保险人的初始费用和账户管理费后，剩余保费被分成两部分，一部分用于保险保障，另一部分用于投资账户。保障和投资额度的设置主动权在投保人，可根据不同需求进行调节。

（四）投保人的收益由什么决定？

万能险的投资账户资金由保险人代为投资，投资收益上不封顶、下设最低保证利率[②]，即投资账户有保底的功能，最低保证利率之上的投资收益是不确定的，投保人的实际收益与投资账户收益相关。投资账户除了可以做存款、债券等稳定投资外，还可投资于股票二级市场，投资风险较高。

---

① 《万能型人身保险管理办法征求意见稿》。

② 《中国保监会关于万能型人身保险费率政策改革有关事项的通知》（保监发〔2015〕19号）规定：自《万能保险精算规定》实施之日起，万能型人身保险的最低保证利率由保险公司按照审慎原则自行决定。《万能保险精算规定》第四条规定：万能保险应当提供最低保证利率，最低保证利率不得为负。保险期间内各年度最低保证利率数值应一致，不得改变。

例如，国内某款万能型终身寿险的“个人账户”条款规定：“我们在本合同生效之日为您设立个人账户。个人账户是我们为了履行本合同的保险责任，明确您的权益而为您设立的账户。我们每年向您提供一份保单状态报告。最低保证利率是指计算本合同个人账户利息的最低结算利率，本合同个人账户的最低保证利率为年利率2%。最低保证利率之上的投资收益是不确定的。每月第1日为结算日。我们将根据万能账户的实际投资状况，在结算日起的6个工作日内公布上月的结算利率，用于计算本合同个人账户价值在上月累积的利息，该利率为年利率。个人账户利息在结算日零时或本合同效力终止时按照本合同约定的日复利方式进行结算。”

三、投资连结保险

投资连结保险，简称投连险，顾名思义就是投资与保险挂钩的保险，既具有保障功能又有投资功能，并且保单的账户价值至少与一个投资账户相连结，更偏重投资功能，风险较大，又称不保险的“保险”。可以从以下几个方面理解投资连结保险。

（一）保障+投资功能，更偏重投资

投资连结保险有保障账户和投资账户，保费一般较少部分进入保障账户，用于体现产品的保障功能，一般会设定一个最低保证保额，在此基础上，保额可以变动，又称变额人寿保险；其余较多的部分进入投资账户。投资连结保险本身提供的风险保障一般仅包括身故，除非通过附加险的形式增加对疾病等其他风险的保障，更偏重投资功能。

（二）保单的账户价值至少与一个投资账户相连结，风险较大，又称不保险的“保险”

投资连结保险设置几个不同投资账户，有激进型的，也有保守型的，每个账户的投资组合不同，收益率就不同，投资风险也不同，投保人可以自行选择保险费在各个投资账户的分配比例。如果选择激进型的账户，可能享有较高回报的同时也需承担一定的风险；投资连结保险的实际收益与

投保人选择的投资账户收益直接挂钩，保险公司负责资金的投资运用，但不承诺投资回报，投保人享有全部投资收益，同时承担相应投资风险。保险公司的回报是收取一定比例的管理费用。相比之下，投资连结保险盈亏由投保人自担，风险最大，因此，又称不保险的“保险”。

例如，国内某款投资连结型终身寿险的保险条款第十五条为可供选择的投资账户，具体规定如下：“本公司为投资连结产品设立不同的投资账户，投资账户的投资风险完全由投保人承担。目前，本合同有以下投资账户，可供选择的投资账户以投保单为准。若可供选择的投资账户发生变化，则所有可供选择的投资账户的名称、投资目标与策略以及资产管理费等以批注上所载的为准。第一种是稳健组合投资账户，本账户主要投资固定收益类资产，并适当配置部分权益类资产，在综合考虑投资账户资产风险和回报的前提下，追求长期、稳定、可持续的投资收益与资产价值增长。相对其他投资连结产品可选账户的投资风险，属于低风险的投资账户。第二种为优选平衡组合投资账户，本账户通过平衡配置权益和固定收益类资产的投资比例，在保持投资组合充分流动性，以及综合考虑资产风险和回报的前提下，追求稳定的投资收益与资产价值的长期增长。相对其他投资连结产品可选账户的投资风险，属于中等风险的投资账户。第三种是增长组合投资账户，本账户通过主动配置于权益类投资资产，追求资产价值的长期增长。相对其他投资连结产品可选账户的投资风险，属于高风险的投资账户。”

• 思考与启示

传统分红险偏重保障功能、投资功能较弱，而且其资金主要投资于存款、债券等稳定渠道，风险最低；万能险的投资收益与风险由保险公司与投保人共同承担，风险相对较小；投资连结险的投资收益与风险由投保人自己承担，所以风险最高。

分红险相对于万能险和投连险，灵活性较差。因此，分红险适用于风险承受能力低，并且希望获得长期连续保障为主的投保人，对于收入不稳定，希望做短期投资但又不愿承担风险的人，比较适合购买短期分红险。

万能险适合于已经有了其他的保险产品提供保障，希望购买以投资理财为主的保险，但风险承受能力较低的人。

投连险适合于收入较高，具有理性的投资理念，追求资产高收益的同时又具有较高风险承受能力的投保人。以下三类人群不适合购买投连险：一是只有保险保障需求的人不适合购买投连险；二是风险承受能力比较低的老年人不宜购买投连险；三是短期资金需求较强的人也不宜购买投连险。因为投连险提前退保不划算，在投连险投保初期会扣除初始费用、账户管理费、风险保费、手续费等费用，投保人如果购买投连险后一两年就退保将得不偿失，退保能拿回的退保金一般只有所缴保费的零头。为了最大限度实现投资收益，尽可能规避投资风险，投资者可以结合市场环境，将资金在投连险的不同投资账户之间进行转移，即在市场行情看好的时候，投资者可以将多一点的资金从稳健型的投资账户转移至增长型的投资账户；而在市场走弱或市场前景不明朗时，投资者则可以将资金转移至稳健型的投资账户。

第三节 人身意外伤害保险

人身意外伤害风险

一、何为人身意外伤害保险？

人身意外伤害保险，简称“意外伤害保险”，是以人的身体和生命作为保险标的，当被保险人在保险期间因遭受意外伤害而致残疾或死亡时，由保险人按约定给付保险金的保险。意外伤害保险属于给付型保险，它既可以作为主险单独投保，也可以作为一个附加险和其他寿险一起投保。

二、意外伤害保险保险责任的构成要件

（一）被保险人在保险期限内遭受了意外伤害

【什么是“意外”？】

“意外”包含三个要点，即外来的、突发的、与人的主观意志相违背的原因。

“外来的”是指由于被保险人身体外部原因造成的事故，如车祸、被歹徒袭击、溺水、食物中毒等都属于意外，而疾病是人体自身内部产生的结果，不属于意外。

“突发的”是指在瞬间造成的事故，没有较长的过程。例如，落水、触电、跌落等都属于意外。而因长期在有毒的环境中工作而罹患铅中毒等职业病，虽然属于外来有害物质对人体的侵害，但由于伤害是逐步形成的，而且是可以预见和预防的，不属于意外。

“与人的主观意志相违背的”是指被保险人未预料到和非本意的风险事故，例如，飞机坠毁是未预料和非本意的风险事故，属于意外；有一些事故虽然可以预见或避免，但由于无法抗拒或履行职责不得回避，也应列入“意外”范围，例如，轮船着大火被迫跳海逃生，见义勇为与歹徒搏斗而负伤等。

（二）被保险人在责任期限内死亡或残疾

【什么是责任期限？】

责任期限是指自遭受意外伤害之日起的一定期限，通常规定为 90 天，180 天，360 天等。例如，某款意外伤害保险合同规定：“自意外伤害发生之日起 180 日内因该意外伤害导致被保险人身故，保险人按照合同约定给付意外伤害身故保险金。”这里的“180 日”即为责任期限。如果被保险人发生车祸后，在责任期限内经过治疗，痊愈了，没有死亡，也没有残疾，那么不属于保险责任。

（三）被保险人所受的意外伤害是造成死亡或残疾的近因①

【只要满足以上三个构成要件，就一定是意外伤害保险的保险责任吗？】

其实不然。例如，意外伤害保险一般将被保险人在战争中因意外导致残疾或死亡列为除外责任。

【意外伤害保险与死亡保险都针对被保险人死亡承担给付死亡保险金的责任。两者的区别在哪里呢？】

---

① 近因的解释参考第十章第四节。

两者的区别在于对死亡的原因限制不同。意外伤害保险必须是因意外死亡，而死亡保险对死亡的原因没有限制，可以是疾病死亡，也可以是意外死亡。①

三、人身意外伤害保险的分类

（一）按承保风险分类，可分为普通意外伤害保险和特种意外伤害保险

1. 普通意外伤害保险

普通意外伤害保险是专门为被保险人因意外事故以致身体蒙受损伤而提供的保险保障，它通常是一种独立经营的险种。这种保险大都采取短期保险的形式，以一年或短于一年为期。

2. 特种意外伤害保险

特种意外伤害保险的保险范围仅限于特种原因或特定地点所造成的伤害，它又可以分为航空意外伤害保险、旅游意外伤害保险、交通工具意外伤害保险、电梯乘客意外伤害保险、船员意外伤害保险、职业意外伤害保险等不同种类。例如，国内某款交通工具意外伤害保险条款中关于身故责任的描述为："保险期间内，被保险人以乘客身份乘坐民航客机或商业营运的火车、轮船、汽车期间因遭受意外伤害事故，并自事故发生之日起一百八十日内因该事故身故的，保险人以'飞机意外伤害保险金额''火车意外伤害保险金额''轮船意外伤害保险金额''汽车意外伤害保险金额'为限给付事故对应的身故保险金，对被保险人的保险责任终止。"

（二）按投保方式不同，可分为个人意外伤害保险和团体意外伤害保险

个人意外伤害保险是指以个人作为被保险人的意外伤害保险；团体意外伤害保险是指以某单位为投保人，以该单位的大多数成员为被保险人的意外伤害保险。

① 责任免除条款中的原因除外。

（三）按保险期限分类，可分为一年期意外伤害保险、极短期意外伤害保险和长期意外伤害保险

一年期意外伤害保险、极短期意外伤害保险和长期意外伤害保险都有其独特的优势和适用场景。

1. 一年期意外伤害保险

一年期意外伤害保险保障期限为一年，是比较常见的意外伤害保险类型。在保险责任相同的情况下，其保费低于长期意外伤害保险，高于极短期意外伤害保险。主要适用于需要一年内稳定保障的人群，如上班族、学生等。

2. 极短期意外伤害保险

极短期意外伤害保险的核心在于其“短期”特性，通常为几天到几周不等，如旅行期间、特定活动期间或乘坐某种交通工具期间等。因为保障期限短，风险相对较小，保费通常较低。主要适用于短期出行、旅游、特定活动、乘坐交通工具等场合，因此，交通工具意外险、旅游意外险和高风险运动意外险等都有极短期的种类。

3. 长期意外伤害保险

长期意外伤害保险的保障期限较长，可能为几十年，例如，国内某款长期意外伤害保险保险期间至被保险人 75 岁。保费相对较高，但通常在投保时确定，不会因为年龄的增长而增加。某些长期意外伤害保险产品可能具有储蓄或投资功能，可以在提供保障的同时，为投保人带来一定的财务回报。比较适合需要长期稳定保障的人群，如家庭主要经济支柱、有长期职业风险的人群等。

健康保险

第四节 健康保险概述

一、何为健康保险？

健康保险是指以人的身体和生命作为保险标的，当被保险人在保险期

间因疾病、分娩或意外伤害而导致医疗费用支出或收入损失时，由保险人按约定补偿医疗费用支出或收入损失的保险。健康保险与人寿保险和人身意外伤害保险相比，在保险金的支付方式上，更加多样化。人寿保险和人身意外伤害保险都属于给付型的保险，即发生合同约定的保险事故，则按照事先约定的保险金额给付保险金。而健康保险产品中，既有给付型的健康保险，又有补偿性的健康保险。给付型的健康保险产品中，既有津贴给付型健康保险，又有定额给付型健康保险。

二、健康保险与意外伤害保险

健康保险的保险责任中包括对因意外伤害导致的医疗费用支出或收入损失的补偿。那么它和意外伤害保险有什么不同呢?

意外伤害保险是被保险人因意外伤害造成死亡或残疾时，保险人依照合同约定给付死亡保险金或残疾保险金。但意外伤害保险对因遭受意外伤害而在治疗期间产生的医疗费用或因此造成的收入损失是不负责赔付的，这一部分损失则由健康保险来负责赔付。因此，在实践中，可以用意外伤害保险作为主险，附加健康保险作为一种保险方案来为被保险人面临的意外伤害风险提供一个相对全面的保障。

三、健康保险的种类

市场中的健康保险主要有三大类：失能收入损失保险、长期护理保险和医疗保险。

（一）失能收入损失保险

失能收入损失保险是指当被保险人因伤病而全部或部分丧失工作能力时，由保险人定期给付保险金来补偿被保险人收入损失的一种健康保险产品。失能收入损失保险一般会约定一个最高给付限额，通常确定为被保险人正常税前收入的50%~70%。主要适合于给收入较高的家庭顶梁柱购买。

例如，国内某款团体失能收入损失保险的保险责任条款如下：本合同约定的残疾失能保险责任分为意外残疾失能保险责任、疾病残疾失能保险责任。其一，意外残疾失能保险责任具体为：被保险人在保险期间内遭受意外，且以该意外为直接、完全原因而致表 4－1《失能保险残疾程度与保险金给付比例表》（以下简称《比例表》）中所列第一、第二级或者第三级残疾的，保险人自该残疾明确鉴定之日所在月份的下一月起按照“该被保险人月保障金额×《比例表》中与其残疾等级对应的给付比例”逐月给付残疾失能保险金，直至该被保险人身故或者保险人对该被保险人给付残疾失能保险金的累计月数达到其失能保险金给付最大月数时止。若至该意外发生之日起第一百八十日被保险人的残疾程度仍未完全确定，按第一百八十日的身体情况进行残疾鉴定，保险人据此给付残疾失能保险金。其二，疾病残疾失能保险责任具体为：被保险人在保险人对其保险责任生效之日起三十日后（连续续保的不在此限）患疾病，并在自该疾病被明确诊断之日起一百八十日后经符合一定资质的医疗机构鉴定以该疾病为直接、完全原因而致《比例表》中所列第一、第二级或者第三级残疾的，保险人自该残疾明确鉴定之日所在月份的下一月起按照“该被保险人月保障金额×《比例表》中与其残疾等级对应的给付比例”逐月给付残疾失能保险金，直至该被保险人身故或者保险人对该被保险人给付残疾失能保险金的累计月数达到其失能保险金给付最大月数时止。

对于残疾失能保险责任，被保险人因同一意外或者疾病导致《比例表》中一项以上残疾时，保险人仅按“该被保险人月保障金额×《比例表》中与各项残疾等级对应的给付比例中最高者”逐月给付残疾失能保险金。被保险人本次意外或者疾病所致残疾，若合并该被保险人已有残疾，且导致《比例表》中更严重项目的残疾，保险人按“该被保险人月保障金额×（《比例表》中与其现有残疾等级对应的给付比例－与其原有残疾等级对应的给付比例）”逐月给付残疾失能保险金。

表 4-1　　失能保险残疾程度与保险金给付比例

等级	项目	残疾程度	给付比例
第一级	一	双目永久完全失明的①	100%
	二	两上肢腕关节以上或两下肢踝关节以上缺失的	
	三	一上肢腕关节以上及一下肢踝关节以上缺失的	
	四	一目永久完全失明及一上肢腕关节以上缺失的	
	五	一目永久完全失明及一下肢踝关节以上缺失的	
	六	四肢关节机能永久完全丧失的②	
	七	咀嚼、吞咽机能永久完全丧失的③	
第二级	八	两上肢，或两下肢，或一上肢及一下肢，各有三大关节中的两个关节以上机能永久完全丧失的④	75%
	九	十手指缺失的⑤	
第三级	十	一上肢腕关节以上缺失或一上肢的三大关节全部机能永久完全丧失的	50%
	十一	一下肢踝关节以上缺失或一下肢的三大关节全部机能永久完全丧失的	
	十二	双耳听觉机能永久完全丧失的⑥	
	十三	十手指机能永久完全丧失的⑦	
	十四	十足趾缺失的⑧	

注：①失明包括眼球缺失或摘除，或不能辨别明暗，或仅能辨别眼前手动者，最佳矫正视力低于国际标准视力表 0.02，或视野半径小于 5 度，并由有资格的眼科医师出具医疗诊断证明。

②关节机能的丧失系指关节永久完全僵硬，或麻痹，或关节不能随意识活动。

③咀嚼、吞咽机能的丧失系指由于牙齿以外的原因引起器质障碍或机能障碍，以致不能作咀嚼、吞咽运动，除流质食物外不能摄取或吞咽的状态。

④上肢三大关节系指肩关节、肘关节和腕关节；下肢三大关节系指髋关节、膝关节和踝关节。

⑤手指缺失系指近位指节间关节（拇指则为指节间关节）以上完全切断。

⑥听觉机能的丧失系指语言频率平均听力损失大于 90 分贝，语言频率为 500、1000、2000 赫兹。

⑦手指机能的丧失系指远位指节间关节切断，或自近位指节间关节僵硬或关节不能随意识活动。

⑧足趾缺失系指自趾关节以上完全切断。上述所谓永久完全系指自事故发生之日起经过一百八十天后，机能仍然完全丧失，但眼球摘除等明显无法复原之情况，不在此限。

（二）长期护理保险

长期护理保险是对被保险人因失能而生活无法自理，需要入住康复中心或需要在家中接受他人护理时的种种费用提供补偿的一种健康保险，旨在帮助应对因年老、慢性疾病或伤残等导致长期护理需求的财务压力。长期护理服务可能包括日常生活活动（如进食、穿衣、洗澡等）的帮助，以及一些医疗护理服务。

目前，我国的长期护理保险主要由政府推动，是我国社会保障体系中的一项重要制度安排，旨在解决因老龄化社会带来的失能老人护理问题，是对我国社会保险制度的重要补充。长期护理保险制度通过社会互助共济的方式筹集资金，目前试点地区主要以医疗保险统筹基金作为资金来源。我国从2016年开展长期护理保险试点，截至2022年3月底，全国49个试点城市已有1.45亿人参加了长期护理保险，累计享受待遇人数达172万人①。试点工作有效减轻了失能人员家庭的经济和事务负担，促进了养老产业和健康服务业的发展。另外，有些商业保险公司也在尝试推出长期护理保险。

（三）医疗保险

医疗保险是为因疾病、意外伤害或分娩导致的医疗费用支出提供补偿的健康保险。目前在我国商业健康保险市场上，失能收入保险、长期护理保险比较少，健康保险的主力是医疗保险。

第五节 健康保险——医疗保险

医疗保险作为我国目前商业健康保险市场的主力军，能够为因疾病、意外伤害或分娩导致的医疗费用支出提供经济补偿。不同的医疗保险产品所保障的费用项目和补偿内容以及保险金赔付方式等各有不同，常见的医疗保险主要包括以下种类。

一、普通医疗保险

普通医疗保险主要补偿被保险人因疾病、分娩和意外伤害所导致的直接费用。普通医疗保险一般采用费用补偿方式给付医疗保险金，属于补偿型保险。市场中的普通医疗保险还有一些更细化的分类，比如门诊医疗保

① 马婷．我国长期护理保险试点进展与下步发展展望［EB/OL］．国家信息中心，2023－01－31.

险、住院医疗保险等。普通医疗保险一般都会设有次免赔额，免赔额以上部分，还设有赔付比例。例如，国内某款住院医疗保险关于免赔额和给付比例说明如下："被保险人以参加基本医疗保险（或其他费用补偿型医疗保险）身份投保，并以参加基本医疗保险（或其他费用补偿型医疗保险）身份接受治疗并结算的，则保险人根据本附加保险合同约定扣除 100 元免赔额后按 100% 予以赔偿；若被保险人以未参加基本医疗保险（或其他费用补偿型医疗保险）身份投保的，或被保险人以参加基本医疗保险（或其他费用补偿型医疗保险）身份投保，但未以参加基本医疗保险（或其他费用补偿型医疗保险）身份接受治疗并结算的，则保险人根据本附加保险合同约定扣除 100 元免赔额后按 60% 予以赔偿。"

二、综合医疗保险

综合医疗保险提供的医疗费用补偿不管在项目范围上，还是补偿程度上都远远超过普通医疗保险，能够对疾病和意外伤害导致的大多数医疗费用进行补偿。综合医疗保险的给付限额相对较高，一般不存在医疗服务费用的单项限额，只设置一个总的赔付限额，一般不设次免赔额，而是设置年度累计免赔额。例如，现在市场中流行的百万医疗保险，设置一个总限额 200～600 万元，一般年度累计免赔 1 万元。因而，综合医疗保险可以弥补普通医疗保险对重大疾病或严重伤害所导致的高额医疗费用补偿的不足。综合医疗保险一般也都属于补偿型保险。

三、特种医疗费用保险

特种医疗保险仅对特种医疗费用提供补偿。例如，牙科保险，能为被保险人对牙齿进行的常规检查和治疗的费用提供补偿；又如，眼科检查和视力矫正保险，能为定期的眼科检查和视力矫正治疗过程中发生的费用提供补偿。而这类费用在普通医疗保险和综合医疗保险中一般都是作为除外责任的。另外，意外伤害医疗保险仅补偿因意外伤害所导致的医疗费用，也属于特种医疗费用保险。

四、住院津贴保险

住院津贴保险是指根据住院日数按日给付住院津贴，或根据手术等治疗项目的使用次数按次给付治疗津贴，而与实际的医疗费用无关，它属于津贴给付型医疗保险，可以帮助缓解因病或意外导致的收入中断或减少带来的经济压力。在选择住院津贴保险时，应考虑以下几个方面：

第一，明确保险保障范围是否覆盖意外伤害、重大疾病以及其他可能的住院原因；

第二，确认保险公司对于住院津贴的给付天数限制以及是否有免赔天数的规定。例如，国内某款住院津贴保险无免赔天数，年度给付累计180天为限；

第三，明确是否允许累计给付，即在保险期间内多次住院是否可以累加获得津贴；

第四，明确是否有等待期以及等待期的长短，并确认续保时是否还有等待期。例如，国内某款住院津贴保险设有30天的等待期，这意味着从保险生效之日起的30天内，如果被保险人因疾病需要住院治疗，保险公司不会支付住院津贴，等待期过后，如果被保险人住院，保险公司将根据合同条款支付相应的津贴；

第五，对于短期的住院津贴保险，需要了解保险的续保条件，确保在保险期满后能够顺利续保，避免出现保障空档。

• 思考与启示——关于续保

以上四种医疗保险一般都属于一年期的短期医疗保险，即一年结束，保险合同到期，第二年还能不能投保呢？这涉及到一个续保的问题。关于续保，要弄清楚两个概念，即保证续保和承诺续保。

保证续保是指在前一保险期间届满前，投保人提出续保申请，保险公司必须按照原条款和约定费率继续承保。这就意味着保险公司不能将已经理赔过的病症列为既往症进行责任免除，同时不能够调整产品费率，投保人还可按原保险费率来续保。

现在国内市场几乎很少有真正的长期保证续保的医疗保险产品。有一些5年或6年保证续保的医疗险产品，即以5年或6年为一个保证续保期。严格来说，这也不是真正的保证续保产品。

现在市场中有一些承诺续保的短期医疗保险，比如承诺续保至80岁、99岁等。但是，保险公司可在条款上将已经发生理赔过的病症列为既往症，使其在新保单年度成为除外责任；且费率也可调整。如果整体赔付率较高，产品还面临着停售的可能，如果产品停售，将不能续保。

五、重大疾病保险

重大疾病保险是指当被保险人被确诊发生合同中约定的疾病、疾病状态或手术时，保险人按约定给付保险金的健康保险。重大疾病保险属于定额给付型的医疗保险，即只要确诊，就按约定给付保险金，不用治疗结束后，依据医疗费用单据确定赔付金额，所以可以用重大疾病保险金去垫付医疗费用、支付后期的康复费用或弥补因患重大疾病而导致的收入损失。因此，重大疾病保险成为当前国内健康保险市场中非常热门的一个险种。

面对市场中琳琅满目的重大疾病保险，应该重点关注哪些方面？注意哪些问题呢？

（一）关注保障范围

重大疾病保险顾名思义是负责保障重大疾病的保险，但并非对所有的重大疾病都负责保障。应关注每种重大疾病保险所保障的重大疾病的范围，即该重大疾病保险负责保障的重大疾病、疾病状态或手术有哪些？《重大疾病保险的疾病定义使用规范（2020年修订版）》（以下简称《规范》）针对保险期间为成年人阶段的重大疾病，共定义了28种重度疾病和3种轻度疾病。《规范》第二条规定：“重大疾病保险中的重大疾病应当包括重度、较重急性心肌梗死、严重脑中风后遗症、重大器官移植术或造血干细胞移植术、冠状动脉搭桥术（或称冠状动脉旁路移植术）、严重慢性肾衰竭6种重度疾病；如果该产品还保障了保险金额低于上述6种重度疾病的其他疾病，则还应当包括轻度、较轻急性心肌梗死、轻度脑中风后遗症 3 种轻度疾病。除前述疾病外，对于本规范疾病范围以内的其他疾病，保险公司可以选择使用。同时，各保险公司可以在其重大疾病保险产品中增加本规范疾病范围以外的其他疾病。”

可见，不同的重大疾病保险涵盖的重大疾病范围可能会有不同，是否可以认为保障的重大疾病种类越多，这种重大疾病保险就越好呢？其实不然！因为保障的疾病种类增加，相应的保费会提高。因此，在选择重大疾病保险时，也不能单纯考虑保障重大疾病种类的多少？而应综合考虑自身的需求。

（二）关注是否包含轻度疾病以及轻度疾病的种类

市场中的重大疾病保险是否包含轻度疾病以及轻度疾病的种类会有不同，除了《规范》中规定的 3 种轻度疾病之外，各保险公司可以自行增加，因此，市场中有的重大疾病保险不包含轻度疾病，有的包含多种轻度疾病；另外，有的重大疾病保险是轻度疾病一次赔付，还有的是多次赔付。对于轻度疾病，也不能单纯地认为保障的种类越多越好，赔付的次数越多越好。因为，保障的种类和赔付次数越多，保费会越高，而且，有些发生多次赔付的情况在实践中发生概率较低。

（三）关注保障时间的长短

常见的重大疾病保险分为一年期、定期以及终身三个类别。一年期重大疾病保险是指重大疾病保险保单的有效期是一年，一年期结束，需要重新投保，如果被保险人健康状况发生变化，可能会被拒保，或者因为产品停售，无法续保，总之，1 年期的重大疾病保险不稳定性较大，但是价格相对较低，适合收入低又需要保障的人，或者是和其他长期重大疾病保险搭配，增加特定阶段重大疾病保险的保额。针对定期重大疾病保险，一般可选保障年限，最常见的是保障至 60 岁、70 岁、80 岁。定期重大疾病保险的价格相比终身的价格要低，适合预算不是很充足，又需要长期保障的人选择。终身重大疾病保险能为终身的重大疾病风险提供保障，当然，同等条件下，保费最高，所以适合预算充足的时候再选择。

（四）注意区分消费型还是返还型

对于消费型重大疾病保险，保险期限内，若被保险人未患合同中约定的重大疾病，则不赔付保险金，也不退保费。一般保费相对较低。而对于返还型重大疾病保险，保险期限内，若被保险人未发生合同约定的重大疾病，则被保险人可获得保费的返还，当然，返还型重大疾病保险的保费相对较高。可见，消费型重大疾病保险侧重于健康保障，而返还型重大疾病保险除了保障功能外，还兼具一定的储蓄功能。

（五）关注是否有保费豁免功能

“保费豁免”是指达到某种条件后，后续保费无须再交，同时保障继续有效的功能。重大疾病保险的保费豁免主要分为重大疾病豁免、轻度疾病豁免、投保人豁免。重大疾病豁免是指如果被保险人被确诊约定重大疾病，保险人向其给付保险金，同时豁免后期剩余各期保费。轻度疾病豁免一般是作为附加险附加在重大疾病保险或人寿保险上，是指如被保险人确诊患有约定轻度疾病，保险人向其给付轻度疾病保险金，并豁免剩余各期保费，而主险及其他人身保险合同继续有效。可见，重大疾病豁免和轻度疾病豁免都是针对被保险人而言的。投保人豁免是针对投保人而言的，一般是指如果投保人确诊患有约定重大疾病或高残或身故时，豁免主险及其他人身保险合同剩余各期保费，主险及其他人身保险合同继续有效。如果选择投保人豁免，对于家庭成员互保来说，是一个不错的选择。比如，以家庭顶梁柱张三作为投保人，为妻子和儿子投保人寿保险和重大疾病保险，附加投保人豁免保费。如果张三罹患重大疾病或身故或高残，就可以豁免妻子和儿子的保单的后期保费，避免因无力续费导致合同失效的问题。

第六节 如何“精挑细选”人身保险产品

前述五节的内容介绍了不同种类的人身保险产品及其基本功能，那么如何从众多的人身保险产品中“精挑细选”出适合被保险人的人身保险产品（组合）呢？

精挑细选分四步（1）

一、“精挑细选”人身保险产品的四个步骤

（一）客观分析被保险人面临的主要人身风险，初步筛选人身保险产品

每个人都面临着死亡、年老、意外、疾病等人身风险，这些人身风险可归纳为生命风险、健康风险和人身意外伤害风险。但处于不同的人生阶段，不同的家庭生命周期，被保险人面临的主要人身风险会发生变化。因此，在分析人身风险时，关键是找出被保险人当前面临的主要人身风险。所谓主要人身风险可理解为在某一人生阶段，被保险人面临的这种风险发生的概率较大，而且该风险一旦发生，足以使被保险人家破人亡，或需要大量举债才能渡过难关。找出被保险人在当前阶段面临的主要人身风险之后，据此初步筛选出在该阶段被保险人需要配置的人身保险产品。例如，被保险人张三当前阶段面临的主要人身风险为意外伤害风险，那么可以初步确定张三当前需要配置的人身保险产品必须能够转移人身意外伤害风险，人身意外伤害保险、意外伤害医疗费用保险等人身保险产品就可以转移人身意外伤害风险给张三带来的风险损失。

【针对找出的主要人身风险，被保险人至少需要多少保障呢？即至少需要多少保险金额呢？】

（二）基于被保险人面临的主要人身风险，初步确定保障需求，即确定保险金额

关于保险金额的确定，可以参考以下几种方法估算。

1. 生命价值法

根据计算出来的被保险人的预期生命价值来确定保额，其计算公式为：

预期生命价值（保险金额）=（预期退休年龄 − 实际年龄）×（预估平均税后年收入 − 各项费用支出）

预期生命价值是指被保险人在当前的剩余工作年龄期间所能获得的预

期纯收入。生命价值法就是以被保险人在当前的剩余工作年龄期间所能获得的预期纯收入作为保险金额。这种方法比较适合用于确定人身意外伤害保险和死亡保险的保险金额。

2. 遗嘱需求法

遗嘱需求法是依据被保险人死亡后，其遗嘱的需求来确定保险金额。其计算公式为：

保险金额 = 家庭负债 + 预期生活费用 + 预期子女教育费用 + 预期赡养费用 − 可以弥补部分财物损失的资产

遗属需求法也比较适合用于确定人身意外伤害保险和死亡保险的保险金额。

3. 患病成本法

患病成本法是根据被保险人患病的实际成本和机会成本来确定保险金额。其计算公式为：

保险金额 = 患病后预期的治疗费用 + 患病后预期的康复费用 + 康复前的收入损失

患病成本法比较适合于重大疾病保险保额的确定。如果重大疾病保险附加费用补偿性的高额医疗保险（比如百万医疗保险），上述公式中，第一项“患病后预期的治疗费用”可以酌情减少，该项的费用可以由高额的医疗费用保险来补偿。

除了以上三种方法之外，还有其他一些方法可以考虑。比如，对于养老保险的保险金额可根据被保险人对退休后日常生活费用的期望值来确定。而考虑子女教育婚嫁金的两全保险的保险金额可依据子女预期需要使用教育金的时间和数额来确定。而计划利用终身寿险来传承资产的被保险人可依据需要转移给继承人的资产数额来确定保险金额。

（三）根据被保险人的收入水平，明确保费预算

精挑细选
分四步（2）

关于保费预算，有不同的观点，有人认为一般收入家庭，其保费支出不应超过年收入的 10%，而高收入家庭，保费支出可以占到其总资产的 30% 左右。有人提出保险配置“双十原则”，即保费支出占家庭年收入的 10%，并购买相当于年收入 10 倍的保额。例如，若一个家庭的年收入是

30 万元，根据双十原则，应该考虑每年支付大约 3 万元的保费，并购买保险金额为 300 万元的保险。

另外，标准普尔家庭资产象限图（4321 法则）作为一种家庭资产配置方法，也可以作为确定保费预算的参考依据。4321 法则将家庭资产分为四个账户：保本账户（40%）、投资账户（30%）、杠杆账户（20%）、现金账户（10%），每个账户都有其特定的功能和投资目标，保费支出通常被归类于杠杆账户，用以提供风险保障。

此外，基于大量的家庭经验数据，有人提出保费预算曲线，保费预算曲线是根据家庭收入水平来确定保费支出比例的概念。通过保费预算曲线，一个家庭可以根据家庭收入来决定应该支出多少保费用于配置保险，以达到最优的风险管理和财务规划。例如，根据图 4－1 所示，对于可支配年收入 30 万元的家庭，保费支出比例是 10% 左右；而对于可支配年收入 12 万元左右的家庭，保费支出比例为 6% 左右。这个比例曲线类似于数学上的逻辑斯蒂增长模型（Logistic Growth Model），因此，称为逻辑斯蒂保费曲线。

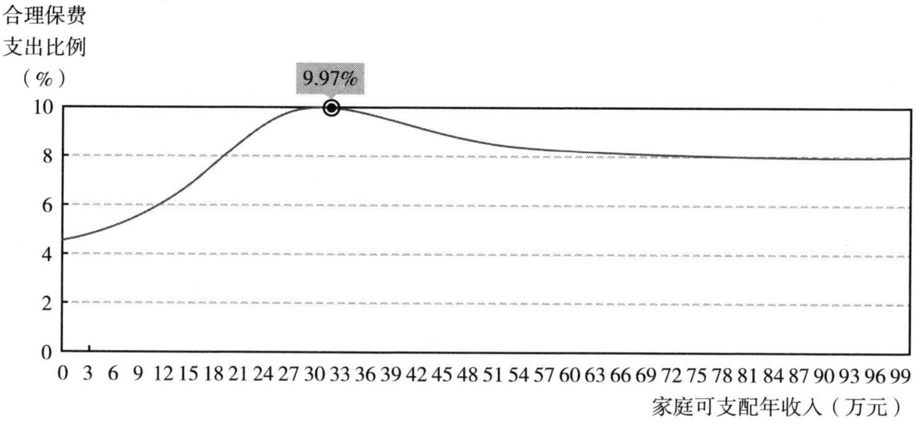

图 4－1　保费预算曲线图

以上方法可以作为确定保费预算时的参考，但并非固定不变，应根据投保人的实际情况，参考以上方法，明确保费预算。关于保费预算，投保人可以把握的总原则为：保费支出以不影响你对生活幸福感的体验为标准。

（四）根据前面分析的主要人身风险、保险金额以及保费预算，从市场中“精挑细选”出相匹配的具体保险产品

同一种类的保险产品，相等的保险金额，不同的保险公司，不同的保险条款，其保费会有很大差别。例如，同样是重大疾病保险，有纯消费型的，有返还型的；有带身故责任的，有带身故责任且返还的；有定期的，有终身的；有包括轻度疾病的；也有不包括轻度疾病的；有一次赔付的，也有多次赔付的；等等，其价格会有较大的差异。一般来讲，相等的保额，纯消费型的比返还型的价格低，不带身故责任的比带身故责任的价格低，不包括轻症的比包括轻症的价格低，定期的比终身的价格低，一次赔付的比多次赔付的价格低。

例如，被保险人张三为 30 岁的男性，如果张三选择某款保障到 60 岁的消费型重大疾病保险，保险金额 50 万元，缴费期限 20 年，每年需缴纳保费大约 2800 元；如果张三选择某款保障终身，包括轻度疾病，且能赔付 2 次重大疾病的重大疾病保险，那么每年缴纳的保费要高达 13000 元。因此，投保人需要根据保费预算和保障需求（保险金额），从第一步初步筛选出的保险产品中精挑细选出匹配的人身保险产品或产品组合。如果张三当前面临的主要人身风险为重大疾病风险，保障需求至少 30 万元，但张三的年保费预算仅 2000 元。根据张三的情况，需要从不同保险公司推出的重大疾病保险中进行挑选，因为预算较低，只能考虑纯消费型的定期重大疾病保险产品或产品组合。

二、不同人生阶段的保险产品选择

不同人生阶段
保险产品的
选择（1）

不同的人生阶段、不同的家庭生命周期，被保险人面临的主要人身风险不同，对保险产品的选择也同。下面将人的一生划分为单身、二人世界、多口之家、退休养老、未成年五个阶段，结合前述“精挑细选”人身保险产品的思路，分别来分析不同阶段人身保险产品的选择。

（一）单身期

单身期的被保险人一般具有如下特点：第一，单身期的角色一般是为人子女，承载着父母的全部心血，生命责任重大；第二，一般刚出来工作不久，收入不高，保费预算较低；第三，精力充沛、活力四射，外出交际、旅游的频率较高，因此发生意外的风险大，如果意外死亡，父母痛不欲生，如果意外残疾，父母需要背负沉重的经济负担；第四，年龄一般在20～30岁，健康状况良好，同等情况下，健康保险的保费较低。

通过以上分析，可以发现，单身期的主要风险是意外伤害风险，因此，意外伤害保险必不可少。若不幸意外死亡或意外残疾，被保险人或受益人可以拿到一笔定额的身故保险金或残疾保险金。身故保险金用于慰藉父母的痛苦，用于父母养老，报答父母养育之恩；而残疾保险金可用于残疾后的康复费用以及弥补残疾后的收入损失。

关于意外伤害保险的选择，有以下几点需要注意：其一，市场中有返还型和纯消费型之分，相比较而言，同等条件下，返还型的意外伤害保险价格要高于纯消费型，对于单身期的年轻人可以选择价格比较便宜的纯消费型意外伤害保险。其二，不同保险公司开发的意外伤害保险产品承保的风险会有不同，要仔细看保险条款，从而确定被保险人面临的意外风险是否在该意外伤害保险的承保范围内。例如，某款意外伤害保险仅承保被保险人以乘客身份乘坐飞机，或商业营运的公共交通工具期间发生的意外伤害，如果被保险人出行主要是自驾车，那么，这款意外伤害保险就不适合被保险人。其三，配置意外伤害保险的同时，可以配置意外伤害医疗费用保险，对意外发生后所产生的医疗费用进行补偿。其四，单身期的意外死亡风险除了可以利用意外伤害保险进行转移，也可以考虑价格相对较低的定期寿险。例如，某保险公司的一款定期寿险，针对年龄为20岁，保险期限20年，保险金额10万元，选择20年缴费期限，男士每年需要缴纳保费73元，而女士每年需要缴纳保费36元。定期寿险既能转移意外死亡风险，也可转移疾病死亡风险。其五，在保费预算允许的情况下，单身期的年轻人也可以选择纯消费型的定期重大疾病保险，同时附加配置医疗费用保险。因为年轻，罹患重疾的概率较低，同等条件下，保费会比较低。一旦罹患重大疾病，可以减轻父母的负担。当然，如果预算不足，可暂缓配置重大疾病保险。

（二）二人世界

作为一个小家庭的原始积累期，二人世界与单身期相比，相同的地方在于这两个阶段的被保险人面临的主要人身风险都是意外伤害风险，而且，一般收入不高，应该配置意外伤害保险和意外伤害医疗费用保险；不同之处在于组建小家庭之后，被保险人一般都开始背负房贷、车贷等，如果被保险人是家庭的经济支柱，一旦发生意外，可能导致房贷、车贷断供，家庭陷入困境。因此，在确定意外伤害保险的保险金额时，要考虑房贷和车贷的额度，让贷款的额度和意外伤害保险的保险金额基本持平，如果发生意外，还能够用保险金来偿还房贷和车贷，小家庭不至于马上陷入困境。另外，如果被保险人是家庭的经济支柱，还可以考虑定期寿险，不幸身故后，可以在经济上为爱人和父母提供一定的慰藉和补偿。同时，单身期选择的纯消费型定期重大疾病保险，附加医疗费用保险的组合在这一阶段仍然可以考虑配置。一旦罹患重疾，可以减轻爱人和父母的负担。

（三）多口之家

有了孩子之后，被保险人作为这个年轻家庭的唯一顶梁柱或顶梁柱之一，一般背负着房贷、车贷、孩子的教育费、父母的赡养费等，生命责任比前两个阶段更大，生命风险和意外伤害风险都是主要风险；而且，随着年龄的增长，自身疾病风险不断加大。这一阶段的被保险人是当前购买人身保险的主力人群。对于“多口之家”，下面分“一般收入家庭”和“高收入家庭”两种情况进行分析。

不同人生阶段保险产品的选择（2）

1. 一般收入家庭

其一，这一阶段，价格比较便宜的消费型意外伤害保险和医疗费用保险要继续购买，同时着重考虑定期寿险，能以较少的保费获得较高的保障，被保险人保险期限内无论因意外，还是疾病导致身故，家人都可以获得身故保险金来维持家庭的正常生活。

其二，在这一阶段，特别是在被保人 40 岁之前，还要着重考虑重大疾病保险，并附加医疗保险。因为重大疾病保险都有严格的健康告知，一般在 40 岁以后，被保险人的体检报告中出现异常情况的概率会增加，从而导致无法通过核保，或需要加费承保，或进行责任除外等。因此，被保险人在40岁之前应该配置重大疾病保险。

其三，由于一般收入家庭保费预算有限，建议选择消费型重大疾病保险，同时定期重大疾病保险和终身重大疾病保险相配合的保险方案。一方面，终身重大疾病保险可以解决因年龄增长，身体状况不好而不能续保的问题；另一方面，定期重大疾病保险可以相对较低的价格增加特定时期的保险金额。例如，张三年龄40岁，配置保额20万元，保险期限为终身的重大疾病保险，同时配置保额20万元，保险期限为20年的定期重大疾病保险，若张三在55岁不幸罹患约定重大疾病，可以获得40万元的重大疾病保险金。

2. 高收入家庭

其一，在这一阶段，高收入家庭也可以通过意外伤害保险、医疗费用保险和重大疾病保险等来转移意外和疾病风险，与一般收入家庭不同的是，高收入家庭可以通过提高意外伤害保险和重大疾病保险的保险金额来提高生命价值。另外，可以配置返还型的意外伤害保险和重大疾病保险，从而起到强制储蓄的作用。

其二，高收入家庭可以配置高额终身寿险，指定特定的继承人为受益人，从而将资产安全传承给继承人。因为继承人以受益人身份取得的保险金，不属于遗产，不纳入遗产分配，不缴纳遗产税，也不用于清偿被保险人生前的债务。

其三，对于高收入家庭，投保人根据具体情况，还可以配置分红险、万能险和投资连结保险等投资理财型的人寿保险产品，从而在一定程度上抵御通货膨胀。

（四）退休养老阶段

到了退休养老阶段，被保险人年龄一般在55周岁以上，子女已成年，自己的父母一般都已过世，自身承受的对子女和父母的责任减轻。但自身年老、疾病、特定意外等风险增大。

这一阶段的被保险人购买保险存在如下问题：第一，年龄偏大，超过了很多保险产品规定的年龄上限，所能选择的保险产品范围很窄；第二，身体素质下降，而一般医疗保险产品的健康告知严格，难以满足核保要求；第三，虽然有一些专业针对老年人的医疗保险产品，但大多以短期消费型产品为主，而且保费相对较高，所需交的保费与保额基本持平，甚至会出现保费总额超过保额的情况，性价比不高。

针对本阶段的以上特点，配置保险需要注意以下几点：其一，如果前期配置过保障终身的重大疾病保险，那么在这一阶段，继续缴费保证保单有效。其二，如果前期配置的定期重大疾病保险已经到期，需要重新配置，可以考虑专门针对老年人的防癌险，也可转移部分重大疾病风险，同时保费相对于一般的重大疾病保险价格较低。其三，如果能够符合医疗费用保险的健康告知，可以配置针对老年人的医疗费用保险。其四，相比其他险种，意外伤害保险无须健康告知，对于被保险人的年龄限制相对宽松。而且，随着年龄的增长，这一阶段被保险人体能衰退，身体活动不太灵活，遭受摔伤、滑倒、骨折等特定意外伤害的概率增高，因此，可以配置意外伤害保险附加意外伤害医疗费用补偿保险。目前保险市场上也有一些专门针对老年人的意外伤害保险及意外伤害医疗费用保险，特含骨折和脱臼保障。

（五）未成年时期

对于一个家庭未成年的孩子，父母是其最大最可靠的保障，所以要优先给父母配置比较全面的保险。在父母保障比较全面，而且保费预算允许的情况，可以为未成年时期的孩子配置一些适合的保险产品。比如，学平险，主要针对中小学生，属于人身意外伤害保险和意外伤害医疗费用保险的组合，价格较低，例如，某保险公司推出的一款学平险，年龄段 3 ~ 5 岁，年交保费 249 元；年龄度 6 ~ 18 岁，年交保费 135 元。有条件的家庭也可以为孩子购买少儿版的定期重大疾病保险，来防范特定的少儿重大疾病风险。

【第四章课后习题】

第五章 5

有哪些商业保险？如何选择？

——财产保险

思维导图

- 财产分类
  - 定义
    - 广义
    - 狭义
  - 分类
    - 火灾保险
      - 定义
      - 特点
      - 种类
        - 企业财产保险
          - 适用范围
          - 保险标的
          - 险种
            - 基本险
            - 综合险
            - 一切险
            - 附加险
        - 家庭财产保险
          - 责任范围
          - 保险标的
          - 种类
            - 普通型
            - 创新型
            - 附加险
              - 家用电器用电安全保险
              - 管道爆裂及水渍保险
              - 盗抢保险
    - 工程保险
      - 定义
      - 种类
        - 建筑工程保险
        - 安装工程保险
        - 科技工程保险
          - 海洋石油开发保险
          - 航天工程保险
          - 核能工程保险
    - 运输保险
      - 含义
      - 特征
      - 分类
        - 货物运输保险
        - 运输工具保险
          - 飞机保险
            - 基本险
              - 机身险
              - 第三者责任险
              - 旅客法定责任险；旅游法定责任验与旅客航空意外险
            - 附加险
              - 航空承运人货物责任险
              - 飞机战争、劫持险
              - 机组和机务人员责任险
          - 机动车辆保险
            - 交强险
            - 商业车险
              - 主险
                - 车损险
                - 三责险；三责险与交强险
                - 车上人员责任险；座位险与驾乘险
              - 附加险：车轮单独损失险；新增加设备损失险；精神损害抚慰金责任险；车身划痕险；车上货物责任险；医保外医疗费用责任险；其他五种附加险
          - 船舶保险
            - 按保险责任范围分
              - 全损险
              - 一切险
              - 附加险
            - 按保险标的航行范围分
              - 远洋船舶保险
              - 国内船舶保险
    - 农业保险

章节目标

★ **知识目标：**掌握财产保险产品的分类，不同种类财产保险产品的保障范围以及相互之间的区别；能够构建以财产保险为核心词和出发点的思维导图。

能力目标：能够为不同财产设计财产保险方案。

素养目标：强化保险意识，提升自身的金融素养以及作为从业者的职业素养。

任何一个经济单位在生产、运营或日常生活中都面临着各种各样的财产风险。例如，一家企业运输货物的车辆发生碰撞而造成车辆的损失风险、运输货物的损失风险；一家企业因遭受火灾、洪水、爆炸或因操作失误而使企业厂房设备、原材料遭受损失的风险，以及因此停工停产造成预期利润的损失风险；张三家的房屋及室内家用电器因发生火灾而遭受经济损失的风险；李四家的保险柜被小偷撬开，里面存放的金银首饰珠宝被盗窃的风险；因下暴雨导致张三家的室内装潢损失的风险等。那么这些财产风险中哪些风险是可保风险，具体可以通过什么保险产品来承保呢？这就涉及到了本章的财产保险。

财产保险有广义与狭义之分。广义财产保险是指包括财产损失保险、责任保险、信用和保证保险等在内的一切非人身保险。而狭义财产保险仅指财产损失保险。本章中涉及的财产保险指的是狭义的财产保险，即财产损失保险。财产损失保险是以有形的物质财产及其相关利益作为保险标的，具体可以分为：火灾保险、工程保险、农业保险和运输保险。

火灾保险
概述

第一节 火灾保险

一、何为火灾保险?

火灾保险是历史遗留下来的一个险别名称，因最初只承保火灾风险而得名。火灾险演变到今天，就保险责任而言，早已超出了早期火灾险的范围，但保险界仍然将此类业务统称为火灾险。火灾险是以存放在陆地上固定场所并处于相对静止状态的各种动产和不动产及其有关的利益作为保险标的，对其因遭受保险事故而导致的经济损失进行赔偿的保险。

二、火灾保险的特点

第一，保险标的可以是动产，如机器设备、企业存货、家具；也可以是不动产，如房屋等，但要存放于陆地，处于相对静止状态。动态条件下或处于运输状态的财产不能作为火灾险的保险标的。另外，火灾险的保险标的还包括与动产或不动产有关的利益，如预期利益和租金收入等。

第二，保险标的存放地址不得随意变动，变动则影响保险合同效力。

第三，火灾保险承保的可保风险的范围非常广泛，包括火灾在内的各种自然灾害和意外事故。不仅可以承保直接损失，也可以承保间接损失，如营业中断损失、租金损失、关联费用损失（如施救费用）等。另外，保险人还可以附加险的形式承保盗窃、机损等风险。

三、火灾保险的种类

目前，火灾保险业务主要包括企业财产保险和家庭财产保险两大类。

（一）企业财产保险

企业财产
保险

企业财产保险是一种适用于各种企业、社团、机关和事业单位的一种财产保险，主要承保火灾、各种自然灾害以及意外事故造成的被保险人的财产损失，目前是我国财产保险业务中的主要险种之一。

1. 企业财产保险的适用范围

企业财产保险中的企业只是一种传统的命名方式，它的投保主体不仅仅包括企业，一切工商、建筑、交通运输、饮食服务行业、国家机关、人民团体等均可投保企业财产保险。

2. 企业财产保险承保的保险标的

所有的企业财产分为三类：即可保财产、特约可保财产、不保财产。

可保财产是保险人接受承保的财产。包括被保险人所有或与他人共有而由被保险人负责的财产；由被保险人经营管理或替他人保管的财产；其他具有法律上承认的与被保险人有经济利害关系的财产，例如房屋、建筑物、机器设备、材料、包装物、仓储物等。

特约可保财产是须经保险双方特别约定，并在保险单中载明名称和金额，方可承保的财产。具体包括金银、珠宝、钻石、玉器、首饰、古币、古玩、古书、古画、邮票、艺术品、稀有金属等珍贵财物；堤堰、水闸、铁路、道路、涵洞、桥梁、码头；矿井和矿坑内的设备和物资。

不保财产是指保险人不予承保的财产。具体包括土地、矿藏、矿井、矿坑、森林、水产资源以及未经收割或收割后尚未入库的农作物；货币、票证、有价证券、文件、账册、图表、技术资料、电脑资料、枪支弹药以及无法鉴定价值的财产；违章建筑、危险建筑、非法占用的财产；应该投保其他险种的财产，如运输中的物资等。

3. 企业财产保险的具体险种

企业财产保险包括财产保险基本险、财产保险综合险、财产保险一切险以及附加险。

（1）财产保险基本险。

财产保险基本险的保险责任为：火灾、雷击、爆炸、飞行物体及其他空中运行物体的坠落；被保险人拥有财产所有权的自用的供电、供水、供气设备因保险事故遭受损坏，引起停电、停水、停气以致造成保险标的的直接损失；在发生保险事故时，为抢救保险财产或防止灾害蔓延，采取合理的必要措施而造成保险标的的损失；保险事故发生后，被保险人为防止或者减少保险标的的损失所支付的必要的合理的费用。基本险采用列明承保风险的方式确定保险责任，同时结合除外责任条款，最终明确承担保险责任的范围。

【国内某款企业财产保险基本险的责任免除条款第七～九条】

第七条 由于下列原因造成保险标的的损失，保险人不负责赔偿：

- 战争、敌对行为、军事行动、武装冲突、罢工、暴动；
- 被保险人及其代表的故意行为或纵容所致；
- 核反应、核子辐射和放射性污染；
- 地震、暴雨、洪水、台风、暴风、龙卷风、雪灾、雹灾、冰凌、泥石流、崖崩、滑坡、水暖管爆裂、抢劫、盗窃。

第八条 保险人对下列损失也不负责赔偿：

- 保险标的遭受保险事故引起的各种间接损失；
- 保险标的本身缺陷、保管不善导致的损毁，保险标的的变质、霉烂、受潮、虫咬、自然磨损、自然损耗、自燃、烘焙所造成的损失；
- 由于行政行为或执法行为所致的损失。

第九条 其他不属于保险责任范围内的损失和费用。

（2）财产保险综合险。

财产保险综合险在适用范围、保险对象、保险金额的确定和保险赔偿处理上与基本险相同，不同之处在于综合险的保险责任有所扩展。综合险在基本险保险责任的基础上增加了暴雨、洪水、台风、暴风、龙卷风、雪灾、雹灾、冰凌、泥石流、崖崩、突发性滑坡、地面下陷下沉等12种自然灾害的责任。可见，综合险也是采用列明承保风险的方式确定保险责任，同时结合除外责任，最终明确承担保险责任的范围。

【国内某款企业财产保险综合险的责任免除条款第七～九条】

第七条 由于下列原因造成保险标的的损失，保险人不负责赔偿：

- 战争、敌对行为、军事行动、武装冲突、罢工、暴动；
- 被保险人及其代表的故意行为或纵容所致；

- 核反应、核子辐射和放射性污染。

第八条 保险人对下列损失也不负责赔偿：

- 保险标的遭受保险事故引起的各种间接损失；
- 地震所造成的一切损失；
- 保险标的本身缺陷、保管不善导致的损毁；保险标的的变质、霉烂、受潮、虫咬、自然磨损、自然损耗、自燃、烘焙所造成的损失；
- 堆放在露天或罩棚下的保险标的以及罩棚，由于暴风、暴雨造成的损失；
- 由于行政行为或执法行为所致的损失。

第九条 其他不属于保险责任范围内的损失和费用。

（3）财产保险一切险。

财产保险一切险与基本险和综合险相比，它承保的责任范围最广泛，财产保险一切险采用列明责任免除的方式，条款表述采用“一切”加“除外”的形式，即除了保险合同责任免除范围列明的风险和损失之外，其他一切由于自然灾害和意外事故造成的财产损失，保险人都负责赔偿。

【国内某款企业财产保险一切险的责任免除条款】

本公司对下列各项不负责赔偿：

- 设计错误、原材料缺陷或工艺不善引起的损失和费用；
- 自然磨损、内在或潜在缺陷、物质本身变化、自燃、自热、氧化、锈蚀、渗漏、鼠咬、虫蛀、大气（气候或气温）变化、正常水位变化或其他渐变原因造成的损失和费用；
- 非外力引起机械或电气装置本身的损坏；
- 锅炉及压力容器爆炸引起其本身的损失；
- 被保险人及其雇员的操作过失造成机械或电气设备损失；
- 盘点时发现的短缺；
- 贬值、丧失市场或使用价值等其他后果损失；
- 存放在露天或使用芦席、篷布、茅草、油毛毡、塑料膜或尼龙布等作罩棚或覆盖的保险财产因遭受风、霜、严寒、雨、雪、洪水、冰雹、尘土引起的损失；
- 地震、海啸引起的损失和费用；

- 固定在建筑物上的玻璃破碎；
- 被保险人及其代表的故意行为或重大过失引起的任何损失、费用和责任，以及被保险人的亲友或雇员的偷窃；
- 公共供电、供气及其他公共能源的中断引起的损失，但自然灾害或意外事故引起的中断不在此限；
- 战争、类似战争行为、敌对行为、武装冲突、恐怖活动、谋反、政变、罢工、暴动、民众骚乱引起的损失、费用和责任；
- 政府命令或任何公共当局的没收、征用、销毁或毁坏；
- 核裂变、核聚变、核武器、核材料、核辐射以及放射性污染引起的任何损失和费用；
- 大气、土地、水污染及其他各种污染引起的任何损失、费用和责任，但不包括由于自然灾害或意外事故造成污染引起的损失；
- 保险单明细表或有关条款中规定的应由被保险人自行负担的免赔额。

综上所述，财产保险基本险、财产保险综合险和财产保险一切险之间的区别主要表现在保险责任范围大小的不同。

（4）附加险。

为了满足企业不同的保险需求，针对企业财产保险的除外责任，可以通过某些附加险予以扩展。例如，“保险标的本身缺陷导致的损毁”属于企业财产保险基本险和财产保险综合险的除外责任；“设计错误、原材料缺陷或工艺不善引起的损失和费用”属于企业财产保险一切险的除外责任，这些除外责任可以通过机器损坏保险进行扩展和覆盖。“保险标的遭受保险事故引起的各种间接损失”属于企业财产保险基本险和财产保险综合险的除外责任，该除外责任可以通过营业中断保险进行扩展和覆盖。

① 机器损坏保险。

机器损坏保险专门承办各类已安装完毕并投入运行的机器及附属设备因人为的、意外的或物理性原因造成的物质损失，既可作为主险独立承保，也可作为附加险附加在其他主险下承保。机器损坏保险作为主险时，其保障范围和条款专门针对机器设备的损坏风险设计，更加符合机器设备使用和维护的实际情况。作为附加险，机器损坏保险可以补充其他主险产品未能覆盖的风险，例如，可以附加在企业财产保险下，为企业财产保险未能覆盖的机器损坏风险提供保障。

【国内某款机器损坏保险条款中的保险责任和责任免除】

保险责任

第三条 在保险期间内，因下列原因引起或构成突然的、不可预料的意外事故造成的物质损坏或灭失（以下简称“损失”），保险人按照本保险合同的约定负责赔偿：

- 设计、制造或安装错误、铸造和原材料缺陷；
- 工人、技术人员操作错误、缺乏经验、技术不善、疏忽、过失、恶意行为；
- 离心力引起的断裂；
- 超负荷、超电压、碰线、电弧、漏电、短路、大气放电、感应电及其他电气原因；
- 除本条款中“责任免除”规定以外的其他原因。

第四条 保险事故发生后，被保险人为防止或减少保险标的的损失所支付的必要的、合理的费用，保险人按照本保险合同的约定也负责赔偿。

责任免除

第五条 下列原因造成的损失、费用，保险人不负责赔偿：

- 被保险人及其代表的重大过失或故意行为；
- 被保险人及其代表已经知道或应该知道的保险机器及其附属设备在本保险开始前已经存在的缺点或缺陷；
- 战争、类似战争行为、敌对行为、武装冲突、恐怖活动、谋反、政变、罢工、暴动、民众骚乱；
- 政府命令或任何公共当局没收、征用、销毁或毁坏；
- 核裂变、核聚变、核武器、核材料、核辐射及放射性污染；
- 机器设备运行必然引起的后果，如自然磨损、氧化、腐蚀、锈蚀、孔蚀、锅垢等物理性变化或化学反应；
- 由于公共设施部门的限制性供应及故意行为或非意外事故引起的停电、停气、停水；
- 火灾、爆炸；
- 地震、海啸及其次生灾害；

- 雷击、飓风、台风、龙卷风、暴风、暴雨、洪水、冰雹、地崩、山崩、雪崩、火山爆发、地面下陷下沉及其他自然灾害；
- 飞机坠毁、飞机部件或飞机物体坠落；
- 机动车碰撞；
- 水箱、水管爆裂。

第六条 下列损失、费用，保险人也不负责赔偿：

- 保险事故发生后引起的各种间接损失或费用；
- 各种传送带、缆绳、金属线、链条、轮胎、可调换或替代的钻头、钻杆、刀具、印刷滚筒、套筒、活动管道、玻璃、磁、陶及钢筛、网筛、毛毡制品、一切操作中的媒介物（如润滑油、燃料、催化剂等）及其他各种易损、易耗品；
- 根据法律或契约应由供货方、制造人、安装人或修理人负责的损失或费用；
- 保险机器设备在修复或重置过程中发生的任何变更、性能增加或改进所产生的额外费用；
- 本保险合同中载明的免赔额或按本保险合同中载明的免赔率计算的免赔额。

② 营业中断保险。

营业中断保险是一种为企业设计的保险产品，旨在保障企业在遭受特定保险事故（如火灾、自然灾害等）导致财产损失或其他约定事件时，由此造成的营业中断及其带来的利润损失。营业中断保险通常作为企业财产保险或机器损坏险的附加险存在，而不作为独立的主险提供。

营业中断保险作为一种重要的风险管理工具，能够帮助企业在面临因不可抗力或其他保险事故导致的营业中断时，减轻经济压力并提供一定程度的财务保障。然而，由于其依附性，企业在考虑购买营业中断保险时，必须先确保已经投保了相应的主险，企业财产保险或机器损坏险。

【国内某款营业中断保险条款中的保险责任和责任免除条款】

保险责任

第三条 在保险期间内，被保险人因物质损失保险合同主险条款所承保的风险造成营业所使用的物质财产遭受损失（以下简称“物质保险损失”)，导致被保险人营业受到干扰或中断，由此产生的赔偿期间内的毛利润损失，保险人按照本保险合同的约定负责赔偿。本保险合同所称赔偿期间是指自物质保险损失发生之日起，被保险人的营业结果因该物质保险损失而受到影响的期间，但该期间最长不得超过本保险合同约定的最大赔偿期。本保险合同所称毛利润是指按照下述公式计算的金额：毛利润 = 营业利润 + 约定的维持费用。

本保险合同所称维持费用是指被保险人为维持正常的营业活动而发生的、不随被保险人营业收入的减少而呈正比例减少的成本或费用。约定的维持费用由投保人自行确定，经保险人确认后在保险合同中载明。除另有约定外，上述公式所用的会计措辞的含义与被保险人会计账表中的含义一致。

第四条 发生第三条约定的保险事故后，被保险人申请赔偿时，按照保险人的要求提供有关账表、账表审计结果或其他证据所付给被保险人聘请的注册会计师的合理的、必要的费用（以下简称“审计费用”），保险人在本保险合同约定的赔偿限额内也负责赔偿。

责任免除

第五条 保险人不负责赔偿下列损失：

- 投保人、被保险人的故意或重大过失行为产生或扩大的任何损失；
- 由于物质损失保险合同主险条款责任范围以外的原因产生或扩大的损失；
- 地震、海啸及其次生灾害产生或扩大的损失；
- 由于政府对受损财产的修建或修复的限制而产生或扩大的损失；
- 恐怖主义活动产生或扩大的损失；
- 本保险合同载明的免赔额或本保险合同约定的免赔期内的损失。

除上述机器损坏保险和营业中断保险之外，企业财产保险基本险的附加险有：暴风、暴雨、洪水保险；雪灾、冰凌保险；泥石流、崖崩、突发性滑坡保险；雹灾保险；破坏性地震保险；水暖管爆裂保险；盗抢保险等；企业财产保险综合险的附加险有：破坏性地震保险、水暖管爆裂保险、盗抢保险等。同时，也可采用加贴特约条款的方式扩展承保范围，如矿下财产险和露堆财产险等。

总之，企业财产保险的这些附加险可以在投保主险的基础上根据需要选择投保，从而为被保险人面临的财产风险提供更全面的保障。

企业财产保险的保险金额和保险价值的确定以及赔偿额的计算方法等内容具体参见本书第三章。

家庭财产保险

（二）家庭财产保险

1. 何为家庭财产保险

家庭财产保险是以城乡居民等个人及其家庭成员的自有财产、代他人保管的财产或与他人所共有的财产作为保险标的的保险。该险种以家庭或个人为单位，往往业务分散，额小量大，风险结构以火灾风险为主；家庭财产保险的保险金额一般实行分项限额，即保险公司对不同的家庭财产项目设定不同的保险金额作为赔偿的最高限额，以确保在发生保险事故时，赔偿金额不会超过各个项目所设定的限额。例如，某款家庭财产保险的保险金额为 50 万元，其中房屋 40 万元，家用电器 7 万元，其他室内财物 3 万元。家庭财产保险中针对房屋损失的赔偿额计算一般采用比例赔偿方式；针对室内财物损失一般采用第一损失赔偿方式，具体参见本书第三章第六节。

2. 家庭财产保险的保险标的

家庭财产分为可保财产、特约可保财产和不保财产三大类。

（1）可保财产。

可保财产主要包括被保险人自有房屋及其附属设备、室内装潢、室内财产等。具体可分为以下三类：

第一类，房屋（包括房屋以及房屋交付使用时已存在的室内附属设备，如固定装置的水暖、气暖、卫生、供水、管道煤气及供电设备、厨房配套的设备等）；

第二类，房屋装修（包括与房屋装修配套的室内附属设备，如固定装置的水暖、气暖、卫生、供水、管道煤气及供电设备、厨房配套的设备等）；

第三类，家用电器、床上用品、服装、家具等。

（2）特约可保财产。

特约可保财产主要包括：经被保险人与保险人特别约定，并在保险单上载明属于被保险人代管或与他人共有的而由被保险人负责的上述“可保”财产；农村家庭存放在院内的非动力农机具、农用工具和已收获的农副产品；经保险人同意的其他财产。

（3）不保财产。

不保财产主要包括：金银、首饰、珠宝、货币、有价证券、票证、邮票、古玩、古书、字画、文件、账册、技术资料、图表、家畜、花、树、鱼、鸟、盆景以及其他无法鉴定价值的财产；正处于危险状态的财产；用于生产经营的财产。

3. 家庭财产保险的保险责任范围

家庭财产保险的保险责任范围主要包括火灾、爆炸、雷电、冰雹、雪灾、洪水、地陷、崖崩、龙卷风、冰凌、泥石流、空中运行物体坠落、外来的建筑物和其他固定物体倒塌，暴风或暴雨使房屋主要结构倒塌等造成保险财产的实际损失及由此带来的必要的合理的施救费用等。

家庭财产保险通过保险责任和责任免除条款相结合，最终明确承担的保险责任范围。家庭财产保险的除外责任主要包括：战争、类似战争行为、敌对行为、武装冲突、没收、罢工、暴动引起的损失；核子辐射和污染；被保险人或其家庭成员的故意行为；家用电器（包括属于电器性质的文化娱乐用品）、电气设备因使用过度和超电压、碰线、弧花、走电、短路、自身发热等原因所造成本身的损毁；虫蛀、鼠咬、霉烂、变质以及因物质变化所致财产自身损失；置放于阳台或露天的财产，或用芦席、稻草、油毛毡、麦秆、芦苇、杆、帆布等材料为外墙、棚顶的简陋罩棚下的财产及罩棚，由于暴风、暴雨所造成的损失；其他不属于保险责任范围内的原因导致的损失。

4. 家庭财产保险的种类

（1）主险。

家庭财产保险包括普通家庭财产保险和创新型家庭财产保险。普通家庭财产保险的保险期限一般有一年、三年、五年等可以选择。创新型的家庭财产保险是在普通家庭财产保险的基础上衍生而来。比如，还本型家庭财产保险、投资还本型家庭财产保险等，这些家庭财产保险除了能够为家庭财产风险提供保障，同时具有了一定的储蓄和投资功能。

（2）附加险。

普通家庭财产险可以在前述保险责任范围的基础上，通过附加险扩大其责任范围。附加险主要用于应对一些主险不包含的风险。例如，家用电器用电安全保险、管道爆裂及水渍保险、盗抢保险以及现金、首饰盗抢保险等。

① 家用电器用电安全保险。家用电器用电安全保险可以作为各种家庭财产保险（主险）的附加险，针对因供电部门或施工失误，或者因主险合同约定的保险事故导致供电线路电压异常而引起家用电器的直接损毁，保险人负责赔偿。但是，如果因为被保险人违章用电、家用电器超负荷运行、自然磨损、自身固有缺陷等原因造成的损毁，则不在赔偿范围内。

② 管道爆裂及水渍保险。管道爆裂及水渍保险可以作为各种家庭财产保险（主险）的附加险，主要针对因被保险人室内的自来水管道、下水管道和暖气管道突然破裂跑水或邻居家漏水造成保险标的的损失，保险人负责赔偿。但是，因为被保险人私自改动原管道、施工造成管道破裂或管道试水试压造成管道破裂跑水等原因造成保险标的的损失，则不在赔偿范围内。

③ 盗抢保险与现金、首饰盗抢保险。盗抢保险可以作为各种家庭财产保险（主险）的附加险，针对保险房屋及其室内附属设备和存放于保险单所载明地址室内的保险标的，由于遭受外来人员撬、砸门窗，翻墙掘壁，持械抢劫，并有明显现场痕迹经公安部门确认盗抢行为所致丢失、损毁的直接损失且三个月以内未能破案，保险人负责赔偿。在家庭财产保险主险附加盗抢保险的基础上，某些保险公司还会提供现金、首饰盗抢保险作为附加险。现金、首饰盗抢保险专门针对存放于被保险人室内的现金、有价证券、首饰，由于遭受外来人员撬（砸）门窗、翻墙掘壁、持械抢劫，并经公安部门确认的盗窃或抢劫造成的丢失、损毁，保险人负责赔偿。但针对现金、有价证券的利息损失，保险人不负责赔偿。例如，国内某保险公司提供的附加现金、首饰盗抢保险条款规定："凡投保家庭财产保险，并附加盗抢保险的，其盗抢保险金额超过 10000 元（含 10000 元）的投保人，可投保本附加险。保险金额以投保家庭财产盗抢保险的保险金额的

10% 为限，最高保险金额为 10000 元，其中现金（含有价证券）2000 元、首饰 8000 元。”

【以案说险 5－1】

张三在 A 保险公司投保普通家庭财产保险，保险金额为 10 万元。在保险期限内发生火灾，造成其房屋及室内装潢损失 4 万元，张三及时联系保险公司，保险公司到达现场取证后，很快就将赔偿款 4 万元支付给张三，此后，在保险期限内，张三家又遭到小偷撬门盗窃，丢失笔记本电脑一部，张三及时向保险公司报案，经核赔，保险公司以笔记本电脑被盗不在保险范围为由拒赔，保险公司拒赔是否合理？

案情分析：

保险公司拒赔是合理的。案例中，张三的笔记本电脑虽然属于家庭财产保险的可保财产范围内，但是盗窃不属于其保险责任，所以不能进行理赔。张三如要扩展盗窃的保障风险，需附加盗抢保险。

案例启示：

第一，并不是房屋内所有的财产都属于家庭财产保险的承保范围，有些家庭财产为不保财产。

第二，并不是所有的风险损失都属于家庭财产保险的保险责任，能够获赔，有些风险损失为家庭财产保险的除外责任。

第二节 工程保险

财产保险——工程保险和农业保险

工程保险是指以各种工程项目为主要承保对象的一种财产保险。传统的工程保险仅指建筑工程保险和安装工程保险，但随着各种科技工程的迅速发展，科技工程保险成为工程保险市场日益重要的业务来源。工程保险的起源可以追溯到 20 世纪的英国，随着两次世界大战后的重建需求，此类保险得到了迅速发展，并成为发达国家工程项目中的强制性保险。在我国，工程保险几乎是所有大型工程的标配，无论是公路、桥梁、水电站建造、海上石油开采、通信网络设备安装，还是芯片工厂施工等，都会配置工程保险。例如，三峡工程建造期间，累计工程保险金额就高达300亿元。

一、建筑工程保险

建筑工程保险，简称建工险，是一种为建筑工程项目提供保障的综合性保险产品。它涵盖了工程项目在建设过程中可能遇到的各种风险，包括自然灾害、意外事故、公共卫生事件等对工程项目造成的影响和损失。建工险一般以各类民用、工业用和公用事业用的建筑工程项目为保险标的，承保被保险人在工程建筑过程中由自然灾害或意外事故等引起的风险损失。建工险可以附加第三者责任险①，承保由于建筑工程项目在建筑期间发生意外事故，造成工地及邻近地区第三者的人身伤亡或财产损失。

二、安装工程保险

安装工程保险，简称安工险，专门承保新建、扩建或改建的工矿企业的机器设备或钢结构建筑物的整个安装、调试期间，由于自然灾害及意外事故导致的损失。例如，安装过程中可能遇到的自然灾害，如火灾、爆炸、雷击、暴雨、洪水、暴风、龙卷风、冰雹、台风、飓风、暴雪、冰凌、突发性滑坡、崩塌、泥石流、地面突然下陷下沉、地震、海啸，以及意外事故，如空中运行物体的坠落，升降机、行车、吊车、脚手架的倒塌造成其他保险财产的损失等。此外，安装工程保险还可以通过附加险来扩展保险责任范围，如附加第三者责任保险，能够为保险合同中的第三者提供保障，具体是指在安装工程期间，如果发生与工程直接相关的意外事故，导致工地内及邻近区域的第三者人身伤亡或财产损失，依法应由被保

① 工程保险中的附加险第三者责任保险按照保险标的划分，属于责任保险的范畴。此处第三者责任保险中的“第三者责任”是由于工程项目导致的，所以将其列入工程保险的附加险。本节其他各处涉及的第三者责任保险都属于这种情况。

险人承担的经济赔偿责任，由保险人依据第三者责任保险合同的约定进行赔偿。

安装工程保险的保险金额通常根据机器、设备的重置价来确定，即重置同厂牌、同型号、同性能、同负载的或相类似的新机器、新设备所需的费用。在投保时，必须在清单上列明名称、型号、类别、金额等详细信息，以确保在发生保险事故时能够准确评估损失并进行赔偿。

综上所述，安装工程保险及其附加险可以为工矿企业在机器设备或钢结构建筑物的安装、调试期间提供风险保障，确保安装工程项目顺利进行。

三、科技工程保险

科技工程保险是以各种重大科技工程或科技产业为保险标的的综合性财产保险，它是随着现代高科技、新技术的发展和广泛应用而逐渐发展起来的一种特殊工程保险业务。科技工程保险与建工险和安工险有相似之处，但其业务与现代科技的研发及应用直接相关，更具专业技术性和科技开拓危险性。科技工程保险又可以细分为海洋石油开发保险、航天工程保险、核能工程保险等，其共同特点是保险标的价值昂贵，承保环节具有显著的阶段性，保险人可以按工程的不同阶段承保，也可连续承保。

（一）海洋石油开发保险

海洋石油开发保险是承保海洋石油开发工程所有人或承包人的海洋石油开发工程从勘探到建成、生产整个开发过程的风险。由于海洋石油工业是分阶段进行的，只有前一阶段的成果得到充分肯定后，才可能继续下一阶段，因此海洋石油开发保险必然要与之相适应，分阶段进行。保险人的承保一般分为四个阶段：勘探阶段的保险、钻探阶段的保险、建设阶段的保险、生产阶段的保险。每一阶段均有若干具体的险种可以选择，均以工期为保险期间。在勘探阶段，保险人主要提供勘探作业工具保险和勘探作业人员的人身伤亡保险；在钻探阶段，保险人主要承保钻井设备保险、各种辅助工具保险，控制井喷费用保险、重钻费用保险、控制污染及清理费用保险，以及油污责任保险、第三者责任保险、雇主责任保险等；在建设阶段，除继续投保钻探阶段的各类保险外，一般还需要增加平台建筑、安装工程保险，油管铺设保险，以及运油船舶保险和产品责任保险等；在生产阶段，除继续投保前面的保险险种外，还会增加各种建筑、海上平台、设备、油钻、油库的财产保险，特别是火灾保险，以及生产作业中的其他保险等。

综上所述，这里的海洋石油开发保险并非是一个单一的险种，而是围绕海洋石油开发全过程风险而提供相应保险保障的综合保险计划。具有技术性强、条款复杂、险种繁多的特点。

（二）航天工程保险

航天工程保险是指为航天产品（包括卫星、航天飞机、运载火箭等）在发射前的制造、运输、安装和发射时以及发射后的轨道运行、使用寿命提供保险保障的综合性财产保险。在国际保险市场上，也被称为“一揽子”保险。

航天工程保险按照保险期限的起讫时间可分为以下三种。

1. 发射前保险

发射前保险主要针对卫星、航天飞机、运载火箭及其他航天产品在制造、试验、运输及安装过程中遭受的风险损失提供保险保障。

2. 发射保险

发射保险针对从运载器点火开始到发射后一定时间（通常为半年）为止的期间内发射失败导致的经济损失提供保险保障，承保发射时的意外事故和发射后的太空风险，发射保险是航天工程保险的主要险种。

3. 寿命保险

寿命保险主要针对卫星及其他人造天体发射成功后到某一规定时间（通常为两年）内因太空风险或自身原因造成其坠毁或不能按时收回或失去作用造成的经济损失提供保障。

航天工程保险的上述险种，既可单独投保，又可“一揽子”投保。航天工程保险的保险金额，一般分阶段确定：发射前保险以制装总成本为依据确定保险金额；发射保险以航天产品价值及发射费用为依据确定保险金额；寿命保险则以工作效能为依据确定保险金额。由于航天工程保险承保的风险大，其保险费率也高于其他工程保险费率。保险人在确定航天工程保险费率时，主要考虑航天产品的质量、航天工程的损失率及其他风险。

（三）核能工程保险

核能工程保险承保核能工程项目的各种核事故引发的财产损失风险和责任风险。而这类风险在其他种类的保险中都被列为除外责任。由于核事故风险性质特殊，使得核能工程保险往往属于政策性保险，因此，核能工程险更讲求与政府法规的配合和需要政府的支持。我国的核能工程保险得到国家层面的重视和支持，政府通过制定相关政策和法规，推动核保险的发展，并确保核能项目都要配备核能工程保险，以应对风险损失。核能工程保险一般包括核能工程财损险、核能安装工程险、核原料运输险、核责任险，其中核能工程财损险和责任险是最主要的业务。

核能工程保险是随着现代原子能技术的发展和各国对原子能和平用途的研究和应用而逐渐发展起来的新型保险业务。该险种于 20 世纪 50 年代起源于英国。1956 年，英国率先成立了核能保险委员会，专门研究核能工程保险的有关问题，论证了核能工程保险的可行性和危险性，并成立英国核能保险集团。到 20 世纪末，全世界有 20 多个国家成立了核能保险集团，使核能工程保险成为各国民用核能工程必要的配套项目。我国在 1999 年成立核保险共同体（以下简称“核共体”），它是中国保险行业为应对核能行业的特殊风险而建立的一个合作组织。核保险共同体的宗旨是联合并集中保险行业的力量，加强国际合作与交流，为国家的核工业发展提供专业、安全的核保险保障与风险管理服务。我国核共体自成立以来在组织制度建设、保障规模和承保能力、专业能力建设、服务政府管理、国际地位与话语权等方面都实现了跨越式发展。目前已经成为保险行业护航民族核工业发展、服务国家核风险管理的重要平台。我国核共体的成立，标志着我国核保险业务的自主化和专业化，摆脱了过去严重依赖境外再保险市场的局面，为支持民族核工业发展奠定了重要的保险组织与机制基础。核共体通过提供全面的核保险保障，切实助力实现国家能源战略和“双碳”目标。此外，我国核共体还发布了“中国核共体核损害赔偿应急响应平台”，这是国内首创、集核事故损害赔偿评估和应对于一体的平台，通过科技手段和专业能力支持核电发展、维护国家核安全。我国核共体与核工业休戚与共，结成了风险共担、利益共享的命运共同体，成为保险行业护航民族核工业发展、服务国家核风险管理的重要平台。

运输保险概述

第三节 运输保险概述

一、运输保险的含义及其特征

运输保险是指以流动状态下的财产为保险标的的一种保险，如运输途中的货物、行驶中的运输工具等。因此，它又包括货物运输保险和运输工具保险两大类。运输保险隶属于广义财产保险的范畴，具有广义财产保险的共同特点，但运输保险从保险标的、保险责任范围等方面又有着其自身的特点，具体表现在以下四点。

（一）保险标的具有流动性

不管是运输过程中的货物还是运输工具，都不是存放在固定的场所，而是不停或经常处于流动状态，这是运输保险最大的特点，同时也使得运输保险面临的风险具有复杂性、广泛性和不可控性。

（二）保险标的出险的地点往往在异地

由于运输保险的保险标的具有流动性，因此保险事故一般发生在远离投保地或被保险人所在地的地点。例如，流动中的运输工具很可能在异地发生保险事故，而运输中的货物往往在运输途中遭遇风险。运输保险的这一特点增加了理赔操作的难度，因此运输保险的保险人通常需要采用委托查勘理赔的方式来处理运输保险理赔工作。

（三）保险责任范围广泛且风险大

运输保险不仅承保标的物在固定场所面临的风险，而且承保运行过程中的风险，以及发生保险事故时，为减少财产损失所支付的合理的施救费用等，因此扩大了保险人相应的风险责任。

（四）保险事故发生时往往涉及第三方赔偿责任

运输工具保险的保险标的在运行过程中一旦发生保险事故会直接损害第三方的利益。例如，大型客机坠机事故一般涉及到众多的第三方赔偿责任，包括航空公司对乘客的赔偿责任、航空公司对飞机之外的第三方的赔偿责任等，如果航空公司投保了第三者责任保险，那么属于保险责任范围的第三方索赔，保险人需要代替航空公司承担对第三方的赔偿责任。可见，虽然运输保险关系仅存在于保险人与被保险人之间，但往往会涉及第三方的利益。

二、运输保险的分类

运输保险按照保险标的的不同可划分为货物运输保险和运输工具保险两大类，而这两类保险按保险标的性质的不同又可细分出众多的险种，具体如图 5 - 1 所示。根据业务习惯，货物运输保险中的国际货物运输保险和运输工具保险中的远洋船舶保险被纳入海上保险业务范畴。

（一）货物运输保险

货物运输保险是以运输途中的货物作为保险标的，保险人对由自然灾害和意外事故造成的货物损失负责赔偿的保险。货物运输保险有国内货物运输保险和国际货物运输保险两大类，国内货物运输保险按运输方式的不同，可分为水路货物运输保险、铁路货物运输保险、公路货物运输保险、航空货物运输保险等险种，具体如图 5 - 1 所示。

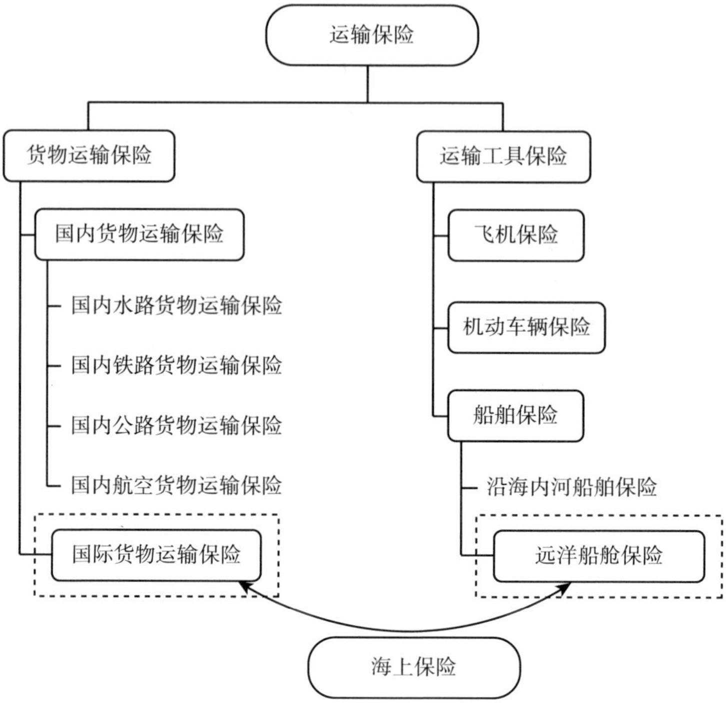

图 5－1　运输保险的分类

关于货物运输保险，需要注意以下两点：

第一，由于在保险期间内，保险标的往往处在流动状态，在不同的地点，其市场价值往往不同，因此，货物运输保险通常采用定值保险①方式承保，投保时，在保险合同中约定保险价值和保险金额，事故发生时，无论保险标的的价值是多少，均按事先约定的保险价值计算赔偿额。

第二，由于运输的货物种类繁多，性质各异，货物运输保险作为一个独立险种，其保险责任无法全面涵盖运输中货物面临的各种风险，所以货物运输保险有很多附加险可以选择，比如，提货不着险、破碎渗漏险、包装破损险、电视机破碎险、拒收险、串味险等。投保人一般都采用货物运输保险基本险或综合险与若干附加险组合投保，来为运输货物面临的风险提供一个相对全面的保障。

① 定值保险的相关内容可参看本书第三章第六节。

（二）运输工具保险

运输工具保险是以各类运输工具作为保险标的的运输保险。按照运输工具的不同种类划分，运输工具保险可分为：飞机保险、船舶保险、机动车辆保险等。

运输保险

第四节 运输工具保险——飞机保险

飞机保险是以飞机及其相关的法律责任作为保险标的的保险[①]，该险种实际上是以飞机为中心而展开的一系列保险业务的统称。由基本险和附加险构成，可以作为主险购买的基本险主要包括机身险、第三者责任险、旅客法定责任险，在此基础上，可以附加航空承运人货物责任险、飞机战争与劫持险等[②]。

一、基本险

（一）飞机机身险

机身险是飞机保险的基本险种之一，承保飞机在飞行、滑行或地面停放时因各种原因（除责任免除条款外）造成的机身及其附件的意外损失或损坏。保险人还负责因意外引起的飞机拆卸重装、运输和清除残骸的费用。机身险的保障范围通常包括飞机的主体结构、发动机以及其他永久性附着的设备和部件。鉴于飞机价值巨大且价格波动较大，机身险往往采用定值保险的方式，即在保险合同中明确飞机的保险价值，以便在发生保险

① 以飞机的相关法律责任作为保险标的的保险也可归入到责任保险的范畴，但因为与飞机相关，所以此处列入了飞机保险分类中。比如，第三者责任险、旅客法定责任险、航空承运人货物责任险等都可以归入责任保险的范畴。

② 第三者责任险、旅客法定责任险、承运货物责任险等按照保险标的来划分，可以归入到责任保险的范畴。

事故时能够按照约定的保险价值进行赔偿。

（二）第三者责任险

第三者责任险承保由于飞机或从飞机上坠人、坠物造成第三者的人身伤亡或财物损失，应由被保险人承担的赔偿责任，即第三者责任险仅负责飞机之外的人或物的损失，但是针对被保险人及其支付工资的机上和机场工作人员的人身伤亡或财物损失属于第三者责任险的除外责任。

（三）旅客法定责任险

1. 何为旅客法定责任险

旅客法定责任险是以被保险人对旅客依法应负的赔偿责任作为保险标的，承保由于旅客[①]在乘坐或上下飞机时发生意外，造成旅客的人身伤亡或所携带和已经交运登记的行李、物件的损失，以及对旅客、行李或物件在运输过程中因延迟而造成的损失，根据法律或契约应由被保险人承担的赔偿责任。

2. 旅客法定责任险与旅客航空意外险的关系

旅客法定责任险与旅客航空意外险虽然都可以为旅客的人身伤亡提供一定的经济补偿，但二者属于两类不同性质的险种。

旅客法定责任险属于责任保险，是以航空公司对旅客承担的民事损害赔偿责任作为保险标的，以航空公司作为被保险人，承保航空公司面临的责任风险。由航空公司投保，用于转移因经营过程中可能对旅客造成的损害赔偿责任风险。当合同约定的保险事故发生时，针对航空公司依法应对旅客承担的民事损害赔偿责任，由保险人依据保险合同约定代替被保险人（航空公司）向旅客履行赔偿责任。

旅客航空意外险属于人身保险中的意外伤害保险，是以旅客的身体和生命作为保险标的，以旅客作为被保险人，承保旅客面临的人身意外伤害风险，一般由旅客自主投保，用于转移因航空意外事故给旅客带来的伤残和身故风险。当合同约定的保险事故发生时，保险人依据保险合同向被保

---

① 旅客是指购买飞机票的旅客或为被保险人同意免费搭载的旅客，但不包括为履行被保险人的任务而免费搭载人员。

险人（旅客）给付残疾保险金或身故保险金。

综上所述，飞机保险的三种基本险中，机身险主要负责飞机本身的财产损失；第三者责任保险主要负责飞机之外的人身损失和财产损失；旅客法定责任险主要负责飞机上旅客的人身损失和财产损失。但三种基本险都有相应的除外责任，主要包括以下几种除外责任①：飞机不符合适航条件而飞行；被保险人的故意行为；飞机任何部件的自然磨损、腐蚀和制造上的缺陷，但如果这些因素导致了飞机的损失和损坏，保险仍会负责赔偿；战争、劫持以及其他风险，如核辐射、核爆炸、核污染及其他放射性污染；航空公司受托承运的货物损失风险；飞行员、机组人员的人身伤亡风险等。针对三种基本险不予承保的与飞机相关的某些风险，可以利用飞机保险的附加险进行处理。

二、附加险

（一）航空承运人货物责任险

航空承运人货物责任险承保航运方在受托运送的货物遭受损失时依法应负的赔偿责任。凡装载于保险飞机上已经办妥托运手续的货物，从交由承运人承运时起，到在目的地交付收货人或办妥转运手续时止的整个过程中，如果发生损失，包括因延迟而造成的损失，根据法律或契约的规定应由承运人负责时，保险人代替承运人负责赔偿。

（二）飞机战争、劫持险

飞机战争、劫持险的保险是以飞机本身及其相关责任和利益作为保险标的，承保在面对战争、劫持等特定风险事件时的飞机损失和赔偿责任。它一般作为飞机保险基本险的附加险，其保险标的与基本险相同，例如，飞机战争、劫持险作为机身险的附加险，则其保险标的为飞机机身；若作为第三者责任保险的附加险，其保险标的则为航空公司对第三方承担的民

① 需要注意的是，具体的飞机保险责任条款和责任免除条款可能会因不同的保险公司和保险产品有所差异，因此在选择飞机保险时，应仔细阅读和理解保险合同中的相关条款。

事损害赔偿责任。

在我国，由于下列原因造成被保险飞机的损失、费用以及引起被保险人对第三者或旅客应负法律责任，保险人依据飞机战争、劫持险负责赔偿。其保险责任主要包括：第一，战争、敌对行为或武装冲突；第二，拘留、扣押、没收，但这种赔案必须从损失发生日起满 3 个月后才能受理；第三，被保险飞机被劫持或被第三者破坏。在我国的战争、劫持险中，除外责任主要包括：保险人对被保险飞机遭到损失后的间接损失和费用；由于敌对袭击的原子弹、氢弹或其他核武器爆炸所引起的任何损失和费用。

飞机保险的附加险除了航空承运人货物责任险、飞机战争、劫持险等，有些保险公司还提供机组和机务人员责任险，以覆盖旅客法定责任险除外的机组和机务人员在执行飞行任务或上下飞机时发生意外，造成其人身伤亡，依法应由被保险人（航空公司）负责的经济赔偿责任。

车险

第五节 运输工具保险——机动车辆保险

机动车辆保险，简称“车险”，是以机动车辆为中心而展开的一系列与被保险车辆相关的保险业务的统称。主要是以机动车辆本身及其第三者责任[1]等为保险标的的一种运输工具保险。

一、主要有哪些车险？不同种类的车险能提供什么风险保障？

首先将车险分为两大类：交通事故责任强制保险（以下简称“交强险”）[2]和商业车险。交强险是强制投保，而商业车险是自愿投保。

① 以机动车辆的相关法律责任作为保险标的的保险也可归入到责任保险的范畴，但因为与机动车辆相关，所以此处列入了机动车辆保险分类中。比如交强险、第三者责任险、车上人员责任险、车上货物责任险等都可以归入责任保险的范畴。

② 交强险按照表现标的分类，可归入责任保险。

二、交强险是保什么的？保障程度怎样？能不能给被保险人提供全面保障呢？投保了交强险，还用投保商业车险吗？

（一）保障范围

交强险是由保险公司对被保险机动车发生道路交通事故造成受害人（不包括本车人员和被保险人）的人身伤亡、财产损失，在责任限额内予以赔偿的强制性责任保险。交强险从性质上来看，属于责任保险的范畴，保障的是被保险人对第三方的经济赔偿责任①。通俗来讲，只负责对第三方的财产损失和人身伤亡进行赔偿，不负责车辆本身的损失以及车上的人和物的损失。

（二）保障程度

交强险按照被保险机动车在交通事故中有责任和无责任两种情况分别设定赔偿限额，并且，每种情况的赔偿限额都实行分项限制。由表 5－1 可知，交强险赔偿限额最高共计 20 万元。针对被保险人对第三方的民事损害赔偿责任风险，特别是在造成人身伤亡的情况下，20 万元的赔偿限额显然不充分。因此，无论从保障的风险范围，还是从保障的程度上看，交强险都不能充分满足被保险人对风险的保障需求。因此，在交强险的基础上，一般需要投保商业车险来进行补充。

表 5－1　　交强险赔偿限额列表　　单位：万元

项目	有责任	无责任
死亡伤残赔偿限额	18	1.8
医疗费用赔偿限额	1.8	0.18
财产损失赔偿限额	0.2	0.01
合计	20	1.99

注：根据原银保监会发布的《关于调整交强险责任限额和费率浮动系数的公告》整理（2020 年 9 月 19 日实施）。

① 交强险的赔偿责任既包括有责任赔偿，也包括无责任赔偿。无责任赔偿就超出了一般民事损害赔偿责任的范围。

三、有哪些商业车险可供选择呢

根据2020版《中国保险行业协会机动车商业保险示范条款》，商业车险分成两大类：即主险和附加险。主险可单独购买，而附加险不能单独投保，需要附加在主险之上。主险包括机动车损失保险、机动车第三者责任保险、机动车车上人员责任保险。

四、三种主险都需要投保吗？三种主险能为哪些风险提供保障？能给被保险人提供全面的风险保障吗？

（一）机动车损失保险

机动车损失保险，简称车损险，是指被保险人或其允许的驾驶员在驾驶保险车辆时发生保险事故，造成保险车辆受损，保险公司在合同范围内予以赔偿。也就是说，车损险只负责车辆本身的损失，车上的人和物以及车外的人和物的损失，它都不负责。

（二）机动车第三者责任险

机动车第三者责任险，简称三责险，是指被保险人或其允许的驾驶人员在使用保险车辆过程中发生意外事故，致使第三者遭受人身伤亡或财产直接损毁，依法应当由被保险人承担的经济责任，保险公司负责赔偿。可见，三责险从承保的保险标的来看和交强险相同，都可以归入到责任保险的范畴。即三责险仅负责对第三方的民事损害赔偿，而车辆本身损失、车上的人和物的损失，它都不负责赔偿。

• 思考与启示

上述的交强险、车损险和三责险中，有负责车辆本身损失的车损险、有负责对车之外的第三方的经济赔偿责任的交强险和三责险。但针对被保险人应对车上人员的人身伤亡承担的民事损害责任没有得到保障。而车上人员责任险能够为该风险提供保障。

（三）车上人员责任保险

车上人员责任保险是指保险期间内，被保险人或其允许的驾驶人在使用被保险机动车过程中发生意外事故，致使车上人员遭受人身伤亡，且不属于免除保险人责任的范围，依法应当由被保险人对车上人员承担的民事损害赔偿责任，保险人依照合同约定负责赔偿的保险。可见，车上人员责任险仅负责车上人员的人身伤亡。

【以案说险 5-2】

车主张三在高速公路上驾车时发生爆胎，于是在紧急停车带上下车更换轮胎，结果被后面来车撞成重伤，后送医院抢救无效死亡。张三的亲人在悲痛之余找保险公司索赔，但保险公司认为事故发生时张三下车，不属于车上人员责任险的保险范围内，因此拒赔。

案例分析：保险公司拒赔的理由是充分的。因为车上人员责任险不负责车上人员在车下时所受的人身伤亡。

【车上人员责任险（座位险）与驾乘险】

1. 保险性质不同

“座位险”即车上人员责任险，是商业车险的三大主险之一，是以被保险人依法应对车上人员承担的民事损害赔偿责任作为保险标的。座位险属于责任保险的范畴，如果意外事故的发生完全是对方车辆责任，则被保险车辆的车上人员责任险不赔偿。

“驾乘险”即驾乘意外险，是以车上驾驶员以及乘客的身体和生命作为保险标的，当发生意外事故造成驾驶员和乘客残疾或死亡时，保险人按照合同约定对司机以及乘客赔付保险金。驾乘险属于人身意外伤害保险的范畴，保险实务中，驾乘险会在人身意外伤害保险责任的基础上附加意外伤害医疗保险责任，此时，驾乘险除了负责残疾或死亡给付之外，还在保险金额范围内负责医疗费用的补偿。

2. 投保方式不同

座位险是“按座投保”，可以自由选择投保哪个座位及投保座位数量。

驾乘险的投保方式分为两种：“按人投保”，指不管被保险人坐谁的车，只要发生保险事故，就可以得到赔偿；“按车投保”指不管驾驶员是谁，乘坐人员是谁，只要在被保险车辆上，就能得到保障。

3. 保额不同

座位险的保额一般以每个座位20万元为上限，20万元以下自由选择，乘客座位的保额一般是统一的，驾驶员座位可以单独选择保额。不同的保额，其保费不同，而且驾驶员和乘客投保的保费率一般也不同，座位数量不同的车辆保费也不同。具体如表5－2所示。

保费＝保额×保费率×人数

假设车主张三有一辆5座的家庭自用车，要购买乘客每座10万元，驾驶员10万元的座位险，根据公式计算如下：

乘客总保费为：

100000×0.27%×4＝1080（元）

驾驶员的保费为：100000×0.42%×1＝420（元）

乘客与驾驶员座位险保费共计：1080＋420＝1500（元）

驾乘险保额由保险双方当事人在合同中约定，可选范围一般每座在10万～100万元不等，具体数额要看保险产品的条款规定。驾乘险对驾驶员和乘客收取的保费是否一样，取决于保险的具体条款和投保的类型。

表5－2　座位险（车上人员责任险）的保费率*

车辆用途	车辆规格	驾驶员	乘客
家庭自用车	6座以下	0.42%	0.27%
	6座～10座	0.40%	0.26%
	10座以上	0.40%	0.26%
企业非营运车	6座以下	0.42%	0.26%
	6座～10座	0.39%	0.23%
	10座～20座	0.40%	0.24%

注：*表中费率仅供参考，实际保费可能会因保险公司、地区、车辆具体情况以及投保时的优惠政策等因素有所不同。

资料来源：座位险10万、50万保费多少？座位险1万住院了赔多少［EB/OL］. 车主指南，2022－03－23.

4. 赔偿不同

座位险按事故责任比例给付赔偿金，其中本车全责赔付100%，主要责任赔付 70%，同等责任赔付 50%，次要责任赔付 30%，无责任不赔付。赔偿金额包括伤亡赔偿、抢救费、丧葬费、医疗费、误工费等。累计赔偿金额不能超过保险金额（赔偿限额）。

驾乘险属于意外险，无论事故责任方是谁，均按保险条款约定给付死亡保险金或残疾保险金。如果驾乘险附加了医疗保险条款，则按照医疗保险条款约定赔偿相应的医疗费用。

5. 同时投保座位险和驾乘险，理赔冲突吗？

驾乘险属于人身意外伤害保险，是给付型保险，不用遵循损失补偿原则，乘客或驾驶员依据驾乘险获取死亡保险金或伤残保险金的同时，仍有权向车主请求赔偿死亡保险金或伤残保险金，因此，座位险的被保险人（车主）仍然可以向保险人申请给付死亡保险金或伤残保险金。

如果驾乘险附加了费用补偿型医疗保险条款，由于医疗保险属于补偿型保险，要遵循损失补偿原则，因此，驾乘险和座位险报销医疗费用的总额不能超过实际医疗费用支出。

6. 驾乘险能代替座位险吗？

驾乘险不能代替座位险！

驾乘险是人身意外伤害保险，被保险人为驾驶员和乘客，如果发生了保险合同约定的保险事故，保险人按照合同约定向被保险人（驾驶员和乘客）直接给付保险金。依据《中华人民共和国保险法》的规定，被保险人（驾驶员和乘客）或受益人根据驾乘险获得保险金后，仍然有权要求车主履行民事损害赔偿责任，即驾乘险给付的残疾保险金或死亡保险金并不能抵消车主对驾驶员或乘客的经济赔偿责任（见表 5－3）。

表 5－3　　座位险与驾乘险的区别

项目	座位险和驾乘险的区别	
通俗名称	座位险	驾乘险
全称	机动车车上人员责任保险	驾乘人员意外伤害保险
类别	责任保险	人身意外伤害保险
投保对象	按座位投保；可单保驾驶员或者单保所有乘客；也可以驾驶员和乘客都保	市场上一般有两种投保方式：按车投保，即承保被保险车辆上所有人；按人投保，即承保指定的被保险人

续表

项目	座位险和驾乘险的区别	
保额	投保时约定保额，每次事故赔偿以保额为上限；保额选择一般在1万～20万元之间	投保时约定保额，不同保险公司的产品不一样，个性化比较强，可选保额一般比座位险保额高
赔付比例	按被保险车险责任比例赔付：全责，赔100%；主责，赔70%；同责，赔50%；次责，赔30%	被保险车辆有责无责都能赔，按合同条款约定比例赔付
赔偿项目	被保险人对车上人员依法应承担的经济赔偿责任，一般包括死亡、伤残赔偿、医疗费用补偿、误工费等	死亡保险金、残疾保险金；医疗费用（如果附加意外医疗保险）

座位险是车上人员责任险，是以被保险人（车主）对车上人员依法承担的民事损害赔偿责任作为保险标的，保险合同约定的保险事故发生后，座位险对于被保险人（车主）依法承担的民事损害赔偿责任，根据合同约定在赔偿限额内予以赔偿。

因此，驾乘险不能代替座位险！

7. 如何选择驾乘险与座位险？

在选择驾乘险和座位险时，车主需要根据自己的实际情况和需求来决定。

第一，如果车主经常更换驾乘车辆，比如，今天开这辆车，明天乘坐那辆车，这种情况的车主建议购买按人投保的驾乘险，车主无论驾乘哪一辆车，其自身面临的意外风险都能得到保障。

第二，如果车主固定驾乘一辆车，并且主要乘客为自己的家人。这种情况建议车主购买按车投保的驾乘险，无论谁乘坐投保车辆，其人身面临的意外风险都可以得到保障。

第三，如果车主经常跑顺风车或者本身就是营运车辆，建议车主一定要购买座位险（车上人员责任险），以转移车主自身面临的经济赔偿责任风险。

【以案说险5－3】

2019年5月，张三驾驶车辆，车上搭乘张三的朋友刘二，在高速公路上撞倒了李四所驾驶的重型半挂牵引车，车祸导致乘客刘二受重伤，住院 28 天后死亡。经交警部门认定，张三负该事故的主要责任，李四负次要责任，刘二无责任。在刘二住院期间，张三支付了医疗费和包车费等共计 195321.32 元，半挂车所投保的交强险承保公司支付了医疗费 18000 元。

事前，张三给自己的车辆投保了每个座位 100 万元的驾乘险。刘二身故后，经承保驾乘险的保险公司审核，向刘二家人支付了刘二的身故保险金 100 万元。李四半挂车投保的交强险承保公司给付死亡赔偿金 180000 元。

事情此时还没结束，涉及赔偿的还有半挂车一方李四及张三本人，张三、李四及刘二的家人关于赔偿金额不能达成一致，诉上了法院。经一审法院审理，认为主要有三个争议点：

第一，保险公司向刘二家人支付的驾乘险理赔款 100 万元，是否应抵扣张三在本案中的应赔付款？

结论：驾乘险属于人身意外伤害保险，被保险人为刘二，刘二死亡后，其合法继承人作为受益人获得赔偿符合《中华人民共和国保险法》规定[①]，不能抵扣张三在本案中的应赔付款。

第二，张三的行为是否属好意搭乘，是否应减轻其赔偿责任？

结论：经查实，刘二乘坐张三驾驶的车辆并未支付任何费用，且双方也并非雇佣关系。因此，张三的行为构成好意搭乘，应适当减轻其赔偿责任，酌定减轻张三 30% 的赔偿责任。

第三，各方的赔偿额应如何确定？

经交警认定，张三负主要责任，李四负次要责任，因此法院判定：张三承担 70% 的赔偿责任，李四承担 30% 的赔偿责任，由于李四的重型半挂车已经投保了交强险和第三者责任险，由李四投保的保险公司履行赔偿。刘二重伤住院治疗，之后死亡，刘二家人依法应拿到的各项赔偿额如表 5 -4 所示。

---

① 《中华人民共和国保险法》第四十六条规定：“被保险人因第三者的行为而发生死亡、伤残或者疾病等保险事故的，保险人向被保险人或者受益人给付保险金后，不享有向第三者追偿的权利，但被保险人或者受益人仍有权向第三者请求赔偿。”

表 5－4　　案例中各方承担的赔偿责任　　单位：元

刘二的总赔偿金	死亡赔偿金	758780.00
	丧葬费	40882.00
	误工费	6000.00
	伙食补助费	1740.00
	精神损害抚慰金	15000.00
	治疗费用	195321.32
	合计	1017723.32
李四投保保险公司支付	李四应赔偿额度（30%）	305317.00
	半挂车交强险赔偿死亡费用	180000.00
	半挂车交强险赔偿医疗费用	18000.00
	半挂车商业第三者责任险赔偿	107317.00
张三个人支付	张三应赔偿额度（70%）	712406.32
	减：好意搭乘（30%）	213721.90
	最终赔付额度	498684.43
	减：已经赔付	195321.32
	仍需赔付额度	303363.11

最终判决李四应赔付总额为305317.00元（1017723.32×30%），其中半挂车交强险赔付医疗费用和死亡赔偿金共计198000元（180000+18000），半挂车三者险赔付107317.00元；张三应赔付总额为712406.32元（1017723.32×70%），因构成好意搭乘，减轻其30%的赔偿责任，最终应赔付额为498684.43元（712406.32×70%），扣除刘二住院期间张三已支付的195321.32元，张三仍需再赔偿303363.11元。具体的赔偿项目及金额如表5－4所示。

综上所述，刘二总赔偿金为1017723.32万元，其中，张三个人赔偿额度达498684.43万元。

案例启示：驾乘险不能代替座位险（车上人员责任险）。如果张三给自己的车辆投保了车上人员责任险，针对张三应对刘二承担的40余万元的经济赔偿责任，车上人员责任险会在保险合同约定的赔偿限额内进行补偿。

五、投保了三种主险，还需要投保附加险吗？

上述机动车商业保险中的三种主险能够为被保险人面临的车本身损失、对车之外的第三方民事损害赔偿责任、对车上人员的民事损害赔偿责任等提供保障，但这三种主险都有各自的责任免除条款，一共包括 9 条 64 项①，责任免除条款中列举的这些项目，三种主险是不负责赔偿的。例如，车轮单独损失，无明显碰撞痕迹的车身划痕，以及新增加设备的损失等都属于车损险的除外责任；例如，对第三者和车上人员的精神损害抚慰金等属于三责险和车上人员责任险的除外责任；而车上财产的损失赔偿责任属于三责险的除外责任。

综上所述，交强险和三种商业车险中的主险相结合还是无法提供全面保障。而车险的附加险可以为三种主险的除外责任中的某些项目提供保障。所以，在投保交强险和三种主险的基础上，可以选择投保车险的附加险。

六、主要有哪些附加险？分别负责保障什么风险？

在《中国保险行业协会机动车商业保险示范条款（2020 版）》中列出了 11 种附加险②，在此，将其分为车损险的附加险、三责险的附加险以及车上人员责任险的附加险分别进行介绍。具体如图 5 - 2 所示。

---

① 《中国保险行业协会机动车商业保险示范条款（2020 版）》。

② 附加绝对免赔率特约条款、附加车轮单独损失险、附加新增加设备损失险、附加车身划痕损失险、附加修理期间费用补偿险、附加发动机进水损坏除外特约条款、附加车上货物责任险、附加精神损害抚慰金责任险、附加法定节假日限额翻倍险、附加医保外医疗费用责任险、附加机动车增值服务特约条款。

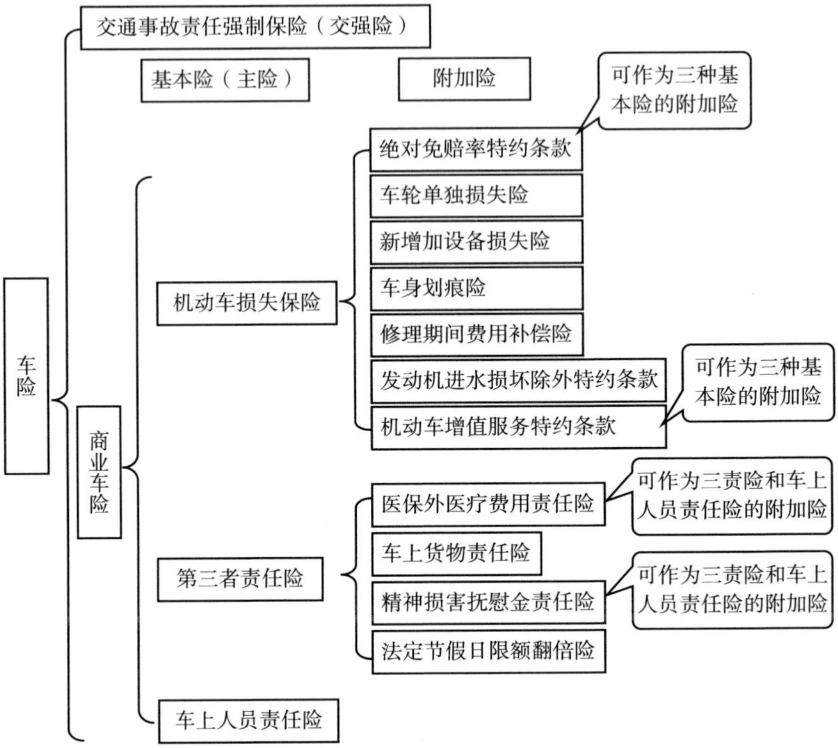

图 5－2　机动车保险

（一）绝对免赔率特约条款

绝对免赔率特约条款可作为车损险、三责险和车上人员责任险的附加险。由投保人和保险人在投保时协商确定绝对免赔率，可约定的免赔率为5%、10%、15%或20%，具体以保险单载明为准。若被保险机动车发生主险约定的保险事故，保险人按照主险的约定计算赔款后，扣减本特约条款约定的免赔。计算公式为：

主险实际赔款＝按主险约定计算的赔款×(1－绝对免赔率)

（二）车轮单独损失险

车轮单独损失险属于车损险的附加险，保险期间内，被保险人或被保险机动车驾驶人在使用被保险机动车过程中，因自然灾害、意外事故，导致被保险机动车未发生其他部位的损失，仅有车轮（含轮胎、轮毂、轮毂罩）单独的直接损失，且不属于免除保险人责任的范围，保险人依照本附加险合同的约定负责赔偿。

（三）新增加设备损失险

新增加设备损失险是车损险的附加险。保险期间内，被保险机动车因发生车损险责任范围内的事故，造成车上新增加设备的直接损毁，保险人在保险单载明的本附加险的保险金额内，按照实际损失计算赔偿。

（四）车身划痕险

车身划痕险属于车损险的附加险，是指在保险期间内，被保险车辆发生了无明显碰撞痕迹的车身表面油漆单独划伤损失，保险人根据保险合同的规定按实际损失负责赔偿。

（五）修理期间费用补偿险

修理期间费用补偿险是车损险的附加险。保险期间内，机动车在使用过程中，发生车损险责任范围内的事故，造成车身损毁，致使被保险机动车停驶，保险人按保险合同约定，在保险金额内向被保险人补偿修理期间费用，作为代步车费用或弥补停驶损失。

（六）发动机进水损坏除外特约条款

发动机进水损坏除外特约条款是车损险的附加险。保险期间内，被保险机动车在使用过程中，因发动机进水后导致的发动机的直接损毁，保险人不负责赔偿。

（七）机动车增值服务特约条款

机动车增值服务特约条款可作为三种主险的附加险。本特约条款包括道路救援服务特约条款、车辆安全检测特约条款、代为驾驶服务特约条款、代为送检服务特约条款共四个独立的特约条款。投保人可以选择投保全部特约条款，也可以选择投保其中部分特约条款。保险人依照保险合同的约定，按照承保特约条款分别提供增值服务。

（八）医保外医疗费用责任险

医保外医疗费用责任险是三责险或车上人员责任险的附加险。保险期间内，被保险人或其允许的驾驶人在使用被保险机动车的过程中，发生主险保险事故，对于被保险人依法（不含港澳台地区法律）应对第三者或车上人员承担的医疗费用，保险人对超出《道路交通事故受伤人员临床诊疗指南》和国家基本医疗保险同类医疗费用标准的部分负责赔偿。

（九）车上货物责任险

车上货物责任险是三责险的附加险。保险期间内，发生意外事故致使被保险机动车所载货物遭受直接损毁，依法应由被保险人承担的损害赔偿责任，保险人负责赔偿。

（十）精神损害抚慰金责任险

精神损害抚慰金责任险是三责险和车上人员责任险的附加险。保险期间内，被保险人或其允许的驾驶人在使用被保险机动车的过程中，发生投保的主险约定的保险责任内的事故，造成第三者或车上人员的人身伤亡，受害人据此提出精神损害赔偿请求，保险人依据法院判决及保险合同约定，对应由被保险人或被保险机动车驾驶人支付的精神损害抚慰金，在赔偿限额内负责赔偿。在投保人仅投保机动车第三者责任保险的基础上附加本附加险时，保险人只负责赔偿第三者的精神损害抚慰金；在投保人仅投保机动车车上人员责任保险的基础上附加本附加险时，保险人只负责赔偿车上人员的精神损害抚慰金。

（十一）法定节假日限额翻倍险

法定节假日限额翻倍险是三责险的附加险。保险期间内，被保险人或其允许的驾驶人在法定节假日期间使用被保险机动车发生三责险范围内的事故，并经公安部门或保险人查勘确认的，被保险机动车三责险所适用的责任限额在保险单载明的基础上增加一倍。

七、如何量身定做车险方案?

下面介绍三种常见的车险组合方案，可以根据自身具体情况，如车龄、驾龄、停放场所的环境、保费等进行选择和调整，如表5－5所示。

表5－5　　车险组合方案（参考）

类型	组合方案	适用群体
全面型	交强险＋商业三责险＋车损险＋车上人员责任险＋医保外医疗费用责任险＋车上货物责任险＋车身划痕险＋车轮单独损失险＋……	新车新手及需要全面保障车主
常规型	交强险＋商业三责险＋车损险＋车上人员责任险＋医保外医疗费用责任险	有一定驾龄、愿意自己承担部分风险车主
经济型	交强险＋商业三责险＋车损险＋车上人员责任险	有长期固定人员看守的停放场所停放的车辆，且车辆使用较长时间且驾驶技术娴熟、愿自己承担大部分风险的车主

三责险可选择的保额一般分为六个档次分别为5万元、10万元、20万元、50万元、100万元、100万～1000万元。投保人应根据自己的行车环境、驾驶技术、经济条件、风险承受能力等来选择合适的保额。如果经济条件允许，建议将三责险的保额提高到50万元以上，为自己对第三者承担的经济赔偿责任风险提供充分保障。

第六节 运输工具保险——船舶保险

船舶保险是以各种类型船舶为保险标的，承保其在航行或者在港内停泊时，遭到自然灾害和意外事故所造成的损失及可能引起的赔偿责任。

一、根据保险责任范围不同，可分为全损险和一切险

（一）全损险保险责任

全损险仅承保船舶因自然灾害或意外事故造成的全损。例如，某保险公司的船舶保险全损险承保由于下列原因所造成的被保险船舶的全损：地震、火山爆发、闪电或其他自然灾害；搁浅、碰撞、触碰任何固定或浮动物体或其他物体或其他海上灾害；火灾或爆炸；来自船外的暴力盗窃或海盗行为；抛弃货物；核装置或核反应堆发生的故障或意外事故；装卸或移动货物或燃料时发生的意外事故；船舶机件或船壳的潜在缺陷；船长、船员有意损害被保险人利益的行为；船长、船员和引水员、修船人员及租船人的疏忽行为；任何政府当局，为防止或减轻因承保风险造成保险船舶损坏引起的污染，所采取的行动，但此种损失原因应不是由于被保险人、船东或管理人未恪尽职责所致的。

（二）一切险保险责任

一切险承保被保险船舶因上述全损险中所列原因造成的保险标的全损和部分损失，以及依法应由被保险人承担的碰撞赔偿责任、共同海损和救助费用以及被保险人为防止或减少损失而支出的合理施救费用。

（三）除外责任

船舶保险通常不负责赔偿因下列原因造成的损失、赔偿责任或费用：

不适航，包括人员配备不当、装备或装载不妥，但以被保险人在船舶开航时，知道或应该知道此种不适航为限；被保险人及其代表的疏忽或故意行为；被保险人恪尽职责应予发现的正常磨损、锈蚀、腐烂保养不周，或材料缺陷包括不良状态部件的更换或修理；战争、内战、革命、叛乱或由此引起的内乱或敌对行为；捕获、扣押、扣留、羁押、没收或封锁；各种战争武器，包括水雷、鱼雷、炸弹、原子弹、氢弹或核武器；罢工、被迫停工或其他类似事件；民变、暴动或其他类似事件；任何人怀有政治动机的恶意行为；保险船舶被征用或被征购。①

（四）全损险和一切险的附加险

全损险和一切险等基本险通过除外责任条款，将船舶面临的某些风险排除在承保范围之外，针对某些船舶保险基本险无法覆盖的风险，可以利用船舶保险的附加险来承保，比如，战争、罢工险承保因战争、内战、革命、叛乱或敌对行为，以及罢工、被迫停工等事件导致的船舶损失、碰撞责任、共同海损和救助或施救费用；油污责任险承保清除或减少船舶造成的污染的费用以及被保险人对第三方的赔偿责任等；另外，还有船主对旅客责任保险、船东对船员责任保险等附加险可以转移当保险事故发生时，船主依法对旅客或船员承担的经济赔偿责任。

二、根据保险标的航行范围的不同，可分为远洋船舶保险和国内船舶保险

远洋船舶保险和国内船舶保险（也称沿海内河船舶保险）是船舶保险的两个险种，其主要区别表现为以下几个方面。

（1）航行范围。远洋船舶保险是以远洋航行的船舶为保险标的，这些船舶通常在国际水域航行，涉及跨国界的运输活动。国内船舶保险则是针对主要在国内水域航行的船舶，如江河、湖泊和沿海地区，不涉及国际航

---

① 具体船舶保险的责任条款和责任免除条款可能会根据不同的保险公司和保险产品有所差异。

线的航行。

（2）保险责任范围。远洋船舶保险的责任范围通常较为广泛，因为它需要覆盖船舶在全球范围内可能遭遇的风险，如自然灾害、海上事故、海盗袭击等。国内船舶保险的责任范围可能相对较窄，主要针对国内航行中可能遇到的风险，如内河航行中的特殊环境风险等。

（3）保险条款和费率。远洋船舶保险的条款和费率可能会因为涉及的国际法规、航行距离和风险多样性而有所不同。国内船舶保险的条款和费率则更多地依据国内的法律法规和航行区域的特点来制定。

（4）投保对象。远洋船舶保险的投保对象通常是从事国际贸易的大型航运公司或拥有远洋船舶的船东。国内船舶保险的投保对象则可能包括从事国内运输的小型航运企业、渔船主等。

（5）保险市场。远洋船舶保险市场通常更加国际化，涉及多个国家和地区的保险公司和再保险公司。国内船舶保险市场则主要受到本国法律法规和保险市场的影响。

综上所述，远洋船舶保险和国内船舶保险在航行范围、保险责任范围、条款费率、投保对象以及保险市场等方面存在明显差异。

第七节 农业保险

农业保险是专为农业生产者在从事种植业、林业、畜牧业和渔业生产过程中，对遭受自然灾害、意外事故、疫病、疾病等保险事故所造成的经济损失提供保障的一种保险。目前，在我国大多数的农业保险都是由政府支持的政策性保险，它是政府支农的一项重要措施。具体可参看【第九章内容梳理、思维拓展】中思维拓展部分的政策性保险。

【第五章课后习题】

第六章 6

有哪些商业保险？如何选择？

——信用和保证保险

信用和保证保险

思维导图

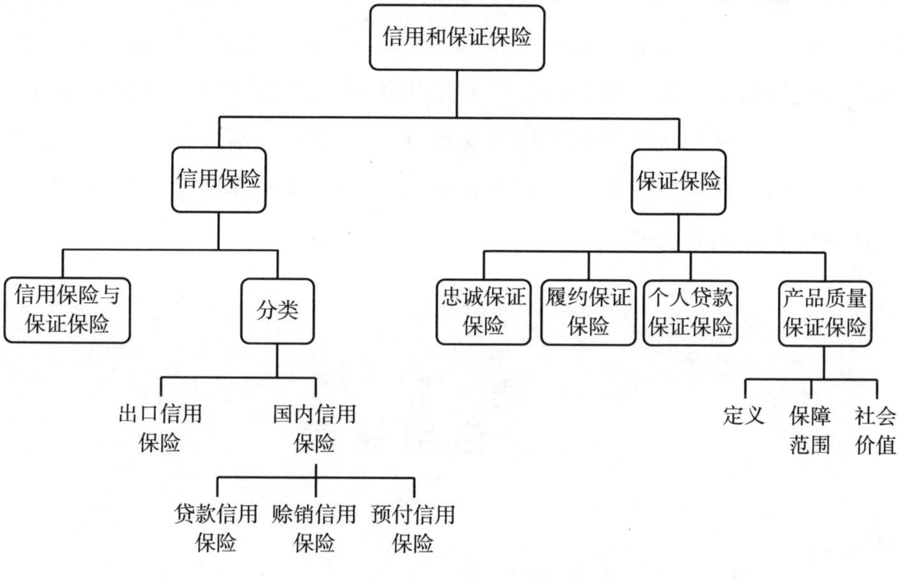

章节目标

★ **知识目标：** 掌握信用保险和保证保险的分类，不同种类信用和保证保险产品的保障范围以及相互之间的区别；能够构建以信用和保证保险为核心词和出发点的思维导图。

能力目标： 能够为不同主体面临的信用风险设计信用和保证保险方案。

素养目标： 强化保险意识，提升自身的金融素养以及作为从业者的职业素养。

若张三根据订货合同按时发货给李四，李四收到货后可能会延迟付款或拒付货款而给张三造成一定的经济损失；若张三向银行贷款购买汽车，银行发放贷款后，可能因张三不能按期偿还贷款而遭受一定的经济损失。在这两种情况中，张三和银行面临着信用风险，那么如何利用保险来转移信用风险呢？这里就涉及到信用和保证保险。那么，信用保险和保证保险有什么区别？有哪些信用保险和保证保险，分别承保哪些信用风险呢？本章将围绕以上问题展开。

第一节 信用保险

一、信用和保证保险的关系

信用保险和保证保险都是以合同权利人和义务人约定的经济信用作为保险标的的保险。信用保险和保证保险的区别在于投保人不同。信用保险是由权利人投保，权利人向保险人投保义务人的信用风险。在信用保险中，投保人和被保险人都是权利人。保证保险是由义务人投保，义务人应权利人的要求向保险人投保自己的信用风险。在保证保险中，投保人是义务人，被保险人是权利人，而被保证人是义务人。

【以案说险 6－1】

如图 6－1 所示，甲和乙为商品交易双方，甲已经给乙发货，但乙还未支付货款给甲，因此，甲面临乙不能按期支付货款的信用风险，为转移该风险，甲可以针对乙的信用风险向保险人购买保险，如果乙不能按期付款，给甲造成经济损失，由保险人对甲提供经济补偿，这是信用保险；乙应甲的要求，针对自己的信用风险，向保险人投保，约定如果自己不能按期支付货款，给甲造成经济损失，由保险人对甲进行经济补偿，这是保证保险。

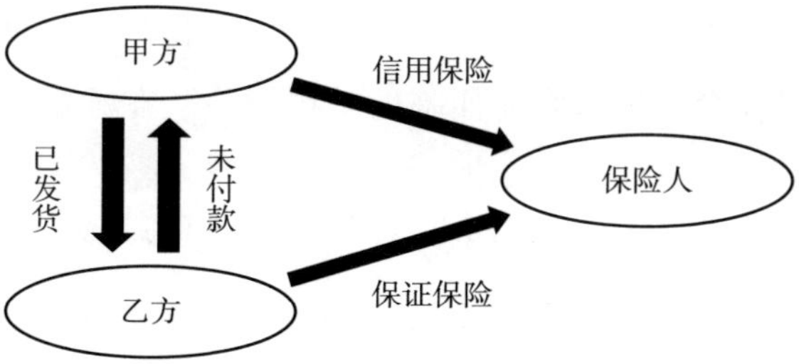

图 6－1　信用保险与保证保险

二、信用保险的分类

根据保险标的所处地理位置的不同，分为出口信用保险和国内信用保险。

（一）出口信用保险

出口信用保险是以出口贸易中国外买方的信用作为保险标的，或海外投资中借款人的信用作为保险标的的信用保险。出口信用保险是鼓励出口的一种重要的手段，往往属于政策性保险。具体可参见【第九章内容梳理、思维拓展】中思维拓展部分的政策性保险。

（二）国内信用保险

国内信用保险是以国内商人的信用作为保险标的，包括贷款信用保险、赊销信用保险、预付信用保险等。

1. 贷款信用保险

贷款信用保险是保险人对金融机构与企业之间的借贷合同进行的承保，以借款人的信用风险作为保险标的。它是金融机构转移贷款中的信用风险的必要手段。在贷款信用保险中，贷款方（即债权人）是投保人，同时是被保险人。

2. 赊销信用保险

赊销信用保险是以赊购方的买方信用作为保险标的的信用保险。赊销信用保险能够为国内贸易中的延期付款或分期付款行为提供信用担保，保障企业赊销交易安全，缓解企业面临的赊销风险。在赊销信用保险中，卖方是投保人，同时是被保险人。

【以案说险 6-2】

国内 A 船舶建造公司为甲航运公司制造所需规格的船舶，建造期 6 个月，造价为 5000 万元，双方协议根据工程进度分期付款，开工建造支付 20%，完工 90% 时支付 50% 货款，交付试用 2 个月合格后付剩余的 30%。由于 A 船舶建造公司对航运公司甲不够了解，因此对该业务向某财产保险公司投保赊销信用保险，保险期限 1 年。事后，A 船舶建造公司按期交付船舶并合格，而甲航运公司由于发生意外事件宣告破产，无法按合同约定如期支付剩余的 30% 货款。于是，A 船舶建造公司立即向保险公司索赔。保险公司应该如何理赔？

案例评析：该案发生在保险期内，属于保险责任范围，保险公司应协助投保人追偿货款，无法收回的部分按合同规定进行赔偿，同时保险公司在赔偿金额范围内，取得代位追偿权。

3. 预付信用保险

预付信用保险是以接受预付款的卖方信用作为保险标的的信用保险。预付信用保险能够为卖方交付货物提供信用担保。在这种业务中，买方是投保人，同时是被保险人。

第二节 保证保险

一、忠诚保证保险

忠诚保证保险是一种权利人因被保证人的不诚实行为而遭受经济损失时，由保险人作为保证人承担赔偿责任的保险。具体又包括指名忠诚保证保险、职位忠诚保证保险和总括忠诚保证保险等。

指名忠诚保证保险是针对特定的单个雇员，即保险人对特定雇员的不诚实行为进行承保。保险合同中会明确列出特定雇员姓名以及其对应的保险金额，并根据特定雇员的职位和职责风险提供个性化的保障；保费可能会根据特定雇员的职位、职责风险、历史诚信记录等因素进行个性化计算。如果被保证的特定雇员在履行工作职责时，利用职务之便实施了盗窃、诈骗、挪用资金等不忠诚行为，导致雇主遭受直接经济损失，保险公司将根据合同约定负责赔偿。

职位忠诚保证保险一般不列举各被保证人的姓名及保险金额，只列举各级职位名称、保险金额及每一职位的人数。职位忠诚保证保险合同是基于职位，而不是基于特定雇员的姓名，无论谁担任该职位，只要他执行该职位的职责，保险就会生效。保费可能会根据该职位的风险水平、历史索赔记录和雇员的诚信记录等因素进行计算。

总括忠诚保证保险是以被保险人全体在册员工为被保证人，只要确认损失系雇员不诚实行为所致，保险人就负责赔偿。其保费可能基于雇员人数、每人保费、赔偿限额系数、免赔调整系数以及其他风险调整系数计算。

二、履约保证保险

履约保证保险是在被保证人不按约定履行义务，从而造成权利方受损时，由保险人负责赔偿的一种保险。实践中又具体包括合同履约保证保险、司法履约保证保险、特许履约保证保险、公职人员履约保证保险等。

【忠诚保证保险和履约保证保险的区别】

第一，忠诚保证保险可由被保证人投保，也可由权利人（被保险人）投保；而履约保证保险必须由被保证人本人投保。

第二，忠诚保证保险所承保的风险是被雇员工的不诚实或欺诈，所以人们有时也称之为不诚实保证保险；而履约保证保险所承保的风险是被保证人履行一定义务的能力或意愿的不确定性，与诚实或欺诈没有很大关系。

第三，忠诚保证保险一般是雇员对雇主的保证，它只涉及雇主与被雇员工之间的关系；而履约保证保险则在工商业和社会活动等各个方面都广泛使用。

三、个人贷款保证保险

个人贷款保证保险的保险责任为：在保险期间内，投保人（借款人）未能按照与被保险人（贷款人）签订的个人借款合同的约定履行还款义务，且投保人拖欠的任何一期借款已达到保险单约定期限的，对于投保人未偿还的借款本金余额和利息，保险人将根据本合同的约定负责赔偿。借款人（义务人）是个人贷款保证保险的投保人，开办贷款业务的银行等金融机构为被保险人。个人贷款保证保险为借款人提供了一种增信手段，使得那些通过常规渠道难以获得贷款的消费者能够通过购买保险来增加获得贷款的可能性。但个人贷款保证保险并不能免除借款人的还款义务，如果借款人发生贷款逾期或违约，保险公司会先行向贷款人赔付，后对借款人进行追偿。

四、产品质量保证保险

（一）什么是产品质量保证保险？

产品质量保证保险是指保险人承保由被保证人（企业经营者）[①] 生产或销售的产品，由于质量原因，导致权利人（消费者）在保险期间内首次向被保证人（企业经营者）提出索赔，依法应由被保证人（企业经营者）承担修理、更换或退货责任，对于其中产品本身的质量赔偿责任，保险人在保险合同约定的赔偿限额内予以赔偿的保险。

【以案说险 6－3】

张三购买了甲企业生产的电视机，仅仅使用半个月电视机就坏了，而且没有维修价值。如果甲企业生产的电视机投保了产品质量保证保险，张三就可以直接向保险公司进行索赔。若经鉴定属于保险合同规定的产品质量问题，保险公司可以直接按照合同约定向张三进行理赔。

（二）产品质量保证保险保什么？

1. 产品的直接质量问题导致的直接经济损失

（1）不具备产品应当具备的使用性能而事先未作说明的。例如，消毒酒精的酒精含量不足。

（2）不符合在产品或者其包装上注明采用的产品标准的。例如，购买的醋，瓶子上写的是山西老陈醋，但是生产标准标注的却是 GB/T 18187（老陈醋的生产标准应该是 GB/T 19777，即固态发酵）。

（3）不符合以产品说明、实物样品等方式表明的质量状况的。例如，某电视机产品的宣传说明中注明：本电视机使用的屏幕是 OLED（有机发

① 在某些产品质量保证保险条款中规定：企业的经营者也可作为被保险人，但其权益由消费者，即权利人享有。例如，中国大地财产保险股份有限公司推出的产品质量保证保险条款第三条规定："依法设立并生产或销售产品的企业，可作为本保险合同的投保人和被保险人。"第四条规定："产品的购买者或消费者是本保险合同的权利人。被保险人在本保险合同项下的权益由权利人享有。"

光二极管）的屏幕。购买者使用后发现效果不好，经鉴定是 QLED（量子点发光二极管）的屏幕。

2. 由于产品质量问题引起的必要的、合理的间接费用，保险人也负责赔偿

具体包括由于保险产品的修理、更换或退货引起的应由被保证人（企业经营者）承担的鉴定费用、运输费用和交通费用。

（三）产品质量保证保险的社会价值

1. 提升企业信誉，增强其产品的市场竞争力

企业通过投保产品质量保证保险，显示出对产品质量的信心和对消费者负责的态度，有助于增强消费者对企业及其产品的信任，提升企业的品牌信誉。因为保险人在核保阶段，要确认产品质量整体合格，才会承保质量保证保险。

2. 维护消费者的合法权益

由于投保产品质量保证保险，当保险事故发生后，企业实际承担的赔偿金额会有所降低，所以对消费者的赔偿速度会加快；同时消费者也可依据保险合同直接向保险人索赔。

3. 促进企业提升整体产品质量

产品质量保证保险的保险费率不仅与企业的销售规模、产品性质有关，同时与产品的理赔率直接相关，过往的理赔率会直接影响下一年度的投保，对于因产品质量问题导致理赔率过高的产品，保险人可能加费承保，甚至直接拒保。因此，企业为了获得一个优惠的保险价格，有动力提升产品质量。

【第六章课后习题】

第七章

7

有哪些商业保险？如何选择？

——责任保险

责任保险

思维导图

- 责任保险
  - 定义
  - 分类
    - 公众责任保险
      - 场所责任保险
      - 个人责任保险
      - 承运人责任保险
      - 承包人责任保险
    - 雇主责任保险
      - 雇主责任保险与工伤保险
      - 雇主责任保险与员工意外险
    - 职业责任保险
    - 产品责任保险
      - 产品责任保险与产品质量保证保险

章节目标

★ **知识目标：** 掌握责任保险的含义及其分类，不同种类责任保险的保障范围以及相互之间的区别；能够构建以责任保险为核心词和出发点的思维导图。

能力目标： 能够在分析不同主体面临责任风险的基础上，为其设计责任保险方案。

素养目标： 强化保险意识，提升自身的金融素养以及作为从业者的职业素养。

一个经济单位在日常的生产生活中面临着各种责任风险。例如，某一企业生产的产品销售后，因产品的内在缺陷，使消费者受到损害，该企业就要承担对受害者进行赔偿的责任风险；又如，张三家里的空调外挂机不慎坠落，砸伤了他人，张三要承担对受害人进行赔偿的责任风险等。那么，针对不同经济单位面临的各种责任风险，如何利用保险进行转移呢?这就涉及责任保险。那么什么是责任保险？责任保险如何转移风险？有哪些责任保险？本章将围绕责任保险展开。

第一节 责任保险概述

一、何为责任保险

责任保险以被保险人的民事损害赔偿责任作为保险标的，在被保险人由于过失或疏忽等行为给他人造成经济损失，根据法律或契约规定应由被保险人对受害人承担的经济赔偿责任，由保险人负责赔偿的保险。

责任保险所承保的责任一般是指法律责任中的民事损害赔偿责任。法律责任分为刑事责任、民事责任和行政责任，其中，刑事责任和行政责任风险不属于责任保险的可保风险。民事责任形式有多种，责任保险一般仅承保其中的民事损害赔偿责任，具体如图 7 - 1 所示。而且责任保险所承保的“责任”也不完全等同于民事损害赔偿责任，两个概念既有联系又有区别。一方面，责任保险的“责任”主要是被保险人的过失行为所致的责任事故风险，即被保险人的故意行为通常是绝对除外不保的风险责任，这决定了责任保险承保的责任范围明显地小于民事损害赔偿责任的范围；另一方面，责任保险又可以承保超越民事损害赔偿责任范围的风险，比如无过错责任，使得责任保险承保的“责任”超出了一般民事损害赔偿责任的范围。例如，交强险的保险责任包括无责任赔付。

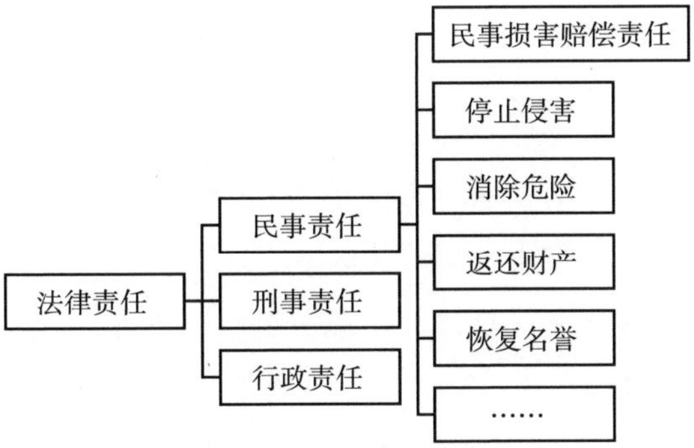

图 7 – 1　法律责任

责任保险的保险机制可以通过图 7 – 2 演示。假设甲向保险人投保责任保险，甲成为这份责任保险的被保险人，现在由于甲的过失或疏忽给乙造成了一定的财产损失或人身伤亡，乙为受害人，那么根据法律或契约规定应由甲对受害人乙承担经济赔偿责任，由于甲投保责任保险，所以，由保险人代替甲向乙进行经济赔偿。①

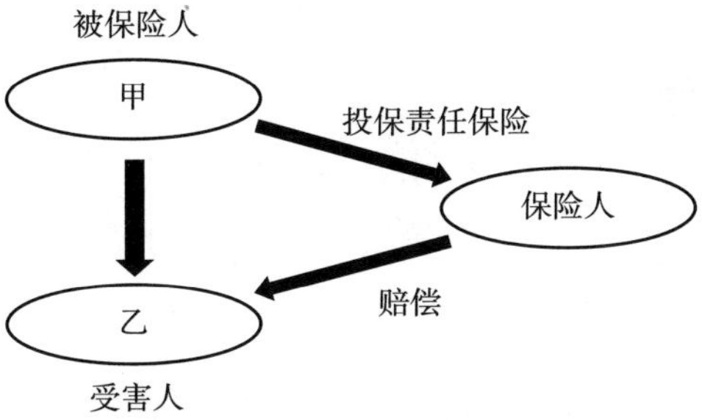

图 7 – 2　责任保险

二、责任保险的分类

责任保险的主要种类包括公众责任保险、雇主责任保险、职业责任保险、产品责任保险。

① 在保险实践中，不同的责任保险产品的赔付流程可能会有差异，比如，责任保险事故发生后，保险人可以将保险金给付给被保险人甲，然后由甲赔付给乙；也可能是作为责任方的被保险人甲先向受害人乙进行赔付，然后，保险人按照合同约定向甲给付保险金。

（一）公众责任保险

公众责任保险主要承保各类企业、机关、团体、家庭、个人在固定的场所从事生产、经营等活动或日常生活中由于意外事故而给他人造成财产损失或人身伤亡，依法应由被保险人承担的经济赔偿责任。公众责任保险适用范围广泛，险种众多，具体又可以分为以下四个种类。

1. 场所责任保险

场所责任保险是公众责任保险中业务量最大的一个险别，是其主要的业务来源。根据场所的不同，它又可以进一步分为旅馆责任保险、电梯责任保险、车库责任保险、展览会责任保险、机场责任保险等若干具体险种。

2. 承包人责任保险

承包人责任保险承保各种建筑工程、安装工程、装卸作业和各类加工的承包人在进行承包合同项下的工程或其他作业时所造成的经济赔偿责任。

3. 承运人责任保险

承运人责任保险主要承保承运人在承担客运、货运任务过程中，对旅客、乘客或托运人所发生的责任事故依法负有的经济赔偿责任。承运人责任保险又可具体细分为旅客责任保险、承运货物责任保险、运送人员意外责任保险等。

4. 个人责任保险

个人责任保险主要承保私人住宅及个人在日常生活中所造成的民事损害赔偿责任。任何个人或家庭都可以将自己或自己的所有物造成的责任风险通过投保个人责任险而转移给保险人。主要的个人责任保险有住宅责任保险、综合个人责任保险和个人职业责任保险等。

（二）雇主责任保险

雇主责任保险承保雇主对所雇员工在受雇期间，因发生意外事故或因职业病而导致人身伤亡时依法应由雇主承担的经济赔偿责任。

（三）职业责任保险

职业责任保险主要承保各种专业技术人员在从事专业技术工作时，因疏忽或过失而给他人造成财产损失或人身伤亡，从而依法应承担的经济赔偿责任。根据职业的不同，具体可分为医疗责任保险、律师责任保险、会计师责任保险和建筑工程设计责任保险、美容师责任保险，药剂师责任保险，保险代理人及经纪人责任保险等。

（四）产品责任保险

产品责任保险主要是承保产品制造者、销售者等因其制造、销售的产品有缺陷而给他人造成财产损失或人身伤亡，从而依法应由其承担的经济赔偿责任。

1. 产品责任保险保什么

（1）被保险人生产、销售或修理的产品发生事故，造成他人的人身伤害或财产损失，依法应由被保险人承担的民事损害赔偿责任，保险人在保险合同规定的赔偿限额内予以赔偿。

（2）被保险人为产品责任事故支付的法律费用及其他经保险人事先同意支付的合理费用，保险人也负赔偿责任。

2. 产品责任保险不保什么

（1）被保险人根据劳工法或雇佣合同对其雇员及有关人员应承担的民事损害赔偿责任。这种责任应由工伤保险或雇主责任保险承保。

（2）被保险人所有或照管或控制的财产损失。这种损失应由财产损失保险承保。

（3）产品或商品仍在制造或销售场所，其所有权尚未转移至用户或消费者之前的责任事故损失。这种损失应由公众责任保险承保。

（4）被保险产品或商品本身的损失及被保险人因收回有缺陷产品造成的费用及损失。这种损失应由产品质量保证保险承保。

（5）被保险人故意违法生产、销售的产品发生的事故责任损失；不按照被保险产品说明书要求安装使用或在非正常状态下使用造成的责任事故损失。

第二节 雇主责任保险、工伤保险与员工意外伤害保险

一、雇主责任保险与工伤保险

（一）区别

1. 性质不同

工伤保险属于社会保险，投保具有强制性①。通常由用人单位按照法律②规定为员工缴纳保险费，员工在遭受工伤时无须缴纳额外费用即可享受保险待遇。工伤保险旨在保障员工在工作期间或者与工作相关的情况下遭受意外伤害或患职业病时，能够获得必要的医疗救治和经济补偿。

雇主责任险属于商业保险中的责任保险，投保不具有强制性，是否参保取决于用人单位自身意愿。雇主责任保险是以雇主对员工承担的经济赔偿责任作为保险标的。当雇主所雇佣的员工在受雇过程中从事与雇主业务有关的工作而遭受意外或患职业病，导致伤残或死亡时，雇主根据相关法律或合同约定③应承担的经济赔偿责任，由雇主责任保险依据合同约定在保险金额范围内进行赔偿。

2. 投保方式不同

雇主责任险可以不记名投保，只需要告知投保的人数；工伤保险必须

---

① 《工伤保险条例》第六十二条　用人单位依照本条例规定应当参加工伤保险而未参加的，由社会保险行政部门责令限期参加，补缴应当缴纳的工伤保险费，并自欠缴之日起，按日加收万分之五的滞纳金；逾期仍不缴纳的，处欠缴数额1倍以上3倍以下的罚款。依照本条例规定应当参加工伤保险而未参加工伤保险的用人单位职工发生工伤的，由该用人单位按照本条例规定的工伤保险待遇项目和标准支付费用。用人单位参加工伤保险并补缴应当缴纳的工伤保险费、滞纳金后，由工伤保险基金和用人单位依照本条例的规定支付新发生的费用。

② 我国的工伤保险是由用人单位依照《中华人民共和国社会保险法》《工伤保险条例》等为员工缴纳保险费。

③ 在我国，雇主依据《中华人民共和国劳动法》《中华人民共和国劳动合同法》规定及劳动合同约定承担经济赔偿责任。

采用记名方式投保。

3. 保险责任范围不同

工伤保险的保险责任采取细分式，包括因工作原因受到事故伤害的，因履行工作职责受到暴力等意外伤害的；患职业病的；因工外出期间，由于工作原因受到伤害或者发生事故下落不明的，等等，共10种情形①。

雇主责任险的保险责任采取统括式，即雇员在受雇过程中，从事雇主业务有关工作时，遭受意外或患与业务有关的职业疾病所致伤残或死亡，雇主根据雇佣合同，依法应承担的经济赔偿责任。

4. 赔偿额的确定方式不同

工伤保险规定对伤残补偿按照伤残级别给予7个月至27个月本人工资不等的一次性补偿。另外，逐月按照本人工资的一定比例发放伤残津贴。死亡给予丧葬补助金、供养亲属抚恤金和一次性工亡补助金。发放补偿金的多少与员工工资有密切的关系。员工只能在法律规定的范围内获得赔偿。

雇主责任保险的赔偿限额由雇主自行确定或雇主根据与雇员协商确定，然后在保险合同中列明，若发生约定保险事故，保险人在保险合同列明的赔偿限额内计算赔偿额。雇主投保的限额越高，则同等伤残等级下可以获得的补偿越高，反之亦然②。可见，影响雇员获得赔偿金的因素不仅仅是雇员工资，还有雇主购买的赔偿限额。

---

① 我国《工伤保险条例》：
第十四条 职工有下列情形之一的，应当认定为工伤：
（一）在工作时间和工作场所内，因工作原因受到事故伤害的；
（二）工作时间前后在工作场所内，从事与工作有关的预备性或者收尾性工作受到事故伤害的；
（三）在工作时间和工作场所内，因履行工作职责受到暴力等意外伤害的；
（四）患职业病的；
（五）因工外出期间，由于工作原因受到伤害或者发生事故下落不明的；
（六）在上下班途中，受到非本人主要责任的交通事故或者城市轨道交通、客运轮渡、火车事故伤害的；
（七）法律、行政法规规定应当认定为工伤的其他情形。
第十五条 职工有下列情形之一的，视同工伤：
（一）在工作时间和工作岗位，突发疾病死亡或者在48小时之内经抢救无效死亡的；
（二）在抢险救灾等维护国家利益、公共利益活动中受到伤害的；
（三）职工原在军队服役，因战、因公负伤致残，已取得革命伤残军人证，到用人单位后旧伤复发的。
职工有前款第（一）项、第（二）项情形的，按照本条例的有关规定享受工伤保险待遇；职工有前款第（三）项情形的，按照本条例的有关规定享受除一次性伤残补助金以外的工伤保险待遇。

② 伤残赔偿额等于赔偿限额乘以相应伤残等级对应的赔偿比例。

5. 赔偿范围不同

工伤保险和雇主责任保险的赔偿范围如表 7－1 所示。

表 7－1　　工伤保险和雇主责任险的赔偿范围

工伤保险	雇主责任保险
1. 治疗工伤的医疗费用和康复费用	1. 死亡赔偿金； 2. 伤残赔偿金； 3. 误工费用； 4. 医疗费用； 5. 法律费用*
2. 住院伙食补助费	
3. 到统筹地区以外就医的交通食宿费	
4. 安装配置伤残辅助器具所需费用	
5. 生活不能自理的，经劳动能力鉴定委员会确认的生活护理费	
6. 一次性伤残补助金和一至四级伤残职工按月领取的伤残津贴	
7. 终止或者解除劳动合同时，应当享受的一次性医疗补助金	
8. 因工死亡的，其遗属领取的丧葬补助金、供养亲属抚恤金和因工死亡补助金	
9. 劳动能力鉴定费	

注：*保险事故发生后，被保险人因保险事故而被提起仲裁或者诉讼的，对于应由被保险人支付的仲裁费用、诉讼费用和律师费用，在保险人事先书面同意支付的前提下，按照本保险合同的约定赔偿，并以保险单明细表中载明的金额为限。

（二）联系——雇主责任保险可以作为工伤保险的补充

工伤保险和雇主责任保险都能够在一定程度上转移员工发生工伤或职业病时用人单位对员工承担的赔偿责任。当事故发生后，一般先由工伤保险进行赔付，剩余的部分，由雇主责任保险在赔偿限额范围内进行赔付。因此，雇主责任保险可以作为工伤保险的补充，用人单位在正常缴纳工伤保险的前提下，再另行投保雇主责任险，弥补工伤保险基金不予支付的部分，转移用人单位的责任风险。雇主责任保险对工伤保险的补充具体体现在以下两个方面。

1. 工伤保险不赔付的项目

针对工伤事故发生后所涉及的赔偿项目，工伤保险不能完全覆盖，如表 7－2 中黑体波浪线部分的项目，停工留薪期间的护理费（医疗费）、停工留薪的工资福利待遇（误工费）、鉴定为 5～6 级伤残，且难以安排工作的员工的伤残津贴、鉴定为 5～10 级伤残，并解除劳动关系的员工的一次性伤残补助金等，工伤保险不负责赔付，由用人单位承担赔付责任。针对用人单位负责赔付的部分，雇主责任保险可以在合同约定限额内进行补偿。具体如表 7 – 2 所示。

表 7 – 2　　　　雇主责任保险在工伤保险基础上的补充赔偿

<table>
<tr><th>工伤情况</th><th colspan="2">赔偿项目</th><th>赔偿支付方</th><th>赔偿标准</th><th>雇主责任险赔偿项目</th></tr>
<tr><td rowspan="7">工伤治疗费用</td><td colspan="2">医疗费</td><td>工伤保险基金</td><td>符合工伤保险诊疗项目目录、工伤保险药品目录、工伤保险住院服务标准</td><td rowspan="6">医疗费</td></tr>
<tr><td colspan="2">康复性治疗费</td><td>工伤保险基金</td><td>同上</td></tr>
<tr><td colspan="2">住院伙食补助费</td><td>工伤保险基金</td><td>统筹地区政府规定</td></tr>
<tr><td colspan="2">统筹地区以外就医的交通、食宿费</td><td>工伤保险基金</td><td>统筹地区政府规定</td></tr>
<tr><td colspan="2">辅助器具费用</td><td>工伤保险基金</td><td>国家规定标准</td></tr>
<tr><td colspan="2">停工留薪期间的护理费</td><td>用人单位</td><td>无</td></tr>
<tr><td colspan="2">停工留薪的工资福利待遇</td><td>用人单位</td><td>原工资福利待遇，不超过 12 个月</td><td>误工费</td></tr>
<tr><td rowspan="6">伤残等级鉴定后</td><td colspan="2">生活护理费</td><td>工伤保险基金</td><td>统筹地区上年度职工月平均工资的 50%、40%、30%</td><td rowspan="6">伤残赔偿金</td></tr>
<tr><td>一次性伤残补助金</td><td>1～10 级</td><td>工伤保险基金</td><td>27 个、25 个、23 个、21 个、18 个、16 个、13 个、11 个、9 个、7 个月本人工资</td></tr>
<tr><td rowspan="2">伤残津贴</td><td>1～4 级</td><td>工伤保险基金</td><td>本人工资的 90%、85%、80%、75%</td></tr>
<tr><td>5～6 级（难以安排工作的）</td><td>用人单位</td><td>本人工资的 70%、60%</td></tr>
<tr><td>一次性工伤医疗补助金（解除劳动关系）</td><td>5～10 级</td><td>工伤保险基金</td><td>按当地《工伤保险实施细则》标准</td></tr>
<tr><td>一次性伤残就业补助金（解除劳动关系）</td><td>5～10 级</td><td>用人单位</td><td>按当地《工伤保险实施细则》标准</td></tr>
</table>

续表

工伤情况	赔偿项目	赔偿支付方	赔偿标准	雇主责任险赔偿项目
死亡或宣告死亡	丧葬补助金	工伤保险基金	6个月的统筹地区上年度职工平均工资	死亡赔偿金
	供养亲属抚恤金	工伤保险基金	职工本人工资的一定比例	
	一次性工亡补助金	工伤保险基金	上一年度全国城镇居民人均可支配收入的20倍	

2. 工伤保险不赔付的人

工伤保险的赔付范围包括国内的企事业单位、社会团体、民办非企业单位、基金会、律师事务所、会计师事务所等组织的职工和个体工商户的雇工，但不包括退休返聘人员、实习生、试用期员工、季节工、志愿者等以及公务员和参照公务员法管理的事业单位、社会团体的工作人员，对于工伤保险不赔付的人，雇主责任保险可以承保①。

综上所述，雇主责任保险可以对工伤保险进行补充，进一步降低雇主承担的责任风险，但雇主责任险并不能完全替代工伤保险，在未缴纳工伤保险且发生工伤事故的情况下，雇主责任险仅能对保险合同约定的保险责任进行补偿，而不属于保险合同约定保险责任范围的经济损失，雇主责任保险不负责赔偿，只能由雇主自行承担。另外，在参加工伤保险的基础上，投保雇主责任保险，保费会更低。

【以案说险7－1】

A公司与张三于2020年1月1日建立了劳动关系，2020年1月2日，A公司为张三投保了雇主责任险，赔偿限额为10万元。2021年2月1日，张三上班期间，在执行工作任务时摔伤，经诊断为：椎体骨折。A公司所在地人力资源和社会保障局作出认定工伤决定书，认定张三工作时受伤属于工伤，认定张三为九级伤残。后经法院判决，A公司向张三支付赔偿共计30万元。此时，A公司还没有为张三缴纳包括工伤保险在内的全部社会保险。

---

① 中银保险有限公司雇主责任保险条款第二条：凡依法设立的企事业单位、国家机关、社会团体及其他组织、有雇工的个体工商户均可作为本合同的被保险人。

赔偿情况：A 公司依据雇主责任保险合同向保险公司报案并索赔，保险公司按照雇主责任险最高限额 10 万元向 A 公司承担了赔偿责任共计 10 万元。剩余的 20 万元赔偿金由 A 公司自己承担。

可见，雇主责任险仅为对用人单位应承担工伤赔偿责任的补充，并不能完全覆盖用人单位应承担的赔偿责任。

二、雇主责任保险与员工的意外伤害保险

（一）保险标的不同

雇主责任保险属于责任保险，是以雇主依法对雇员承担的民事损害赔偿责任作为保险标的；而人身意外伤害保险属于人身保险的范畴，是以被保险人（雇员）的身体和生命作为保险标的。

（二）被保险人不同

雇主责任保险的被保险人是雇主，保险人与雇员之间并不存在保险关系；而雇员的人身意外伤害保险的被保险人是雇员，保险人与雇员之间是直接的保险关系。

（三）保险责任不同

雇主责任保险仅针对雇员在工作时及工作场所内所遭受的意外伤害，依法应由雇主承担的对雇员的民事损害赔偿责任，保险人依据合同约定对雇主进行赔偿；雇员的人身意外伤害保险则对雇员不论是否在工作期间及工作场所内所遭受的意外伤害而导致残疾或死亡，保险人均依据合同约定向雇员赔付保险金。

（四）对职业病的保障不同

雇主责任保险对雇员在受雇期间因职业病导致损害而依法应由雇主承担的经济赔偿责任给予承保和赔偿。而雇员的人身意外伤害险对职业病是不予承保的。

（五）承保条件不同

构成“雇主责任险”的前提是雇主与雇员之间签订的书面雇佣合同所确认的直接雇佣关系，而“人身意外伤害险”并不局限于这种雇佣关系，只要投保人对被保险人具有保险利益，就可以为其投保人身意外伤害保险。

（六）赔付方式不同

保险事故发生后，雇主责任保险是按照合同约定直接向雇主（被保险人）赔付保险金；而人身意外伤害保险是按照合同约定直接向雇员（被保险人）赔付保险金。

综上所述，雇员的人身意外伤害保险不能代替雇主责任保险，亦不能代替工伤保险。雇员在受雇佣期间遭受意外事故导致残疾或死亡，雇员依据人身意外伤害保险获得保险金后，仍然有权依法向雇主要求承担经济赔偿责任。而工伤保险和雇主责任保险可以对雇主应依法承担的经济赔偿责任进行赔偿。但人身意外伤害保险可以涵盖工伤保险和雇主责任保险所不能负责的非工伤人身意外伤害，因此，从保障员工利益的角度看，人身意外伤害保险可以作为工伤保险和雇主责任险的补充，因此，用人单位在为员工购买工伤保险和雇主责任险的基础上，可以为员工配置人身意外伤害保险，作为用人单位对员工的一种福利关怀，能够提升员工的工作满意度和忠诚度，增强员工对企业的归属感。同时可以彰显用人单位的社会责任感和人文关怀，提升用人单位的社会形象。工伤保险、雇主责任保险和员工意外伤害保险的具体关系如表 7－3 所示。

表 7－3　　工伤保险、雇主责任保险和意外伤害保险

项目	工伤保险	雇主责任保险	意外伤害保险
性质	强制	自愿	自愿
被保险人	用人单位	用人单位	雇员
保障时间	受雇工作期间	受雇工作期间	24 小时
职业病	是	是	否
误工费	否	是	否

续表

项目	工伤保险	雇主责任保险	意外伤害保险
法律费用	否	是	否
是否记名	是	记名或不记名	是
赔偿标准	统筹地区内的标准统一	依据法律或雇佣合同，按照保险合同约定	按保险合同约定，定额赔付
赔偿责任	工伤保险基金承担大部分工伤保险待遇，但仍有部分需用人单位自身承担	按照保险合同约定，在赔偿限额内赔偿雇主对雇员依法应承担的经济赔偿责任	按照保险合同约定向雇员本人或近亲属给付保险金

【以案说险 7－2】

张三上年度平均工资为 2 万元，遭遇工伤意外后，停工住院治疗了三个月，其间企业专门请了护工进行照顾。张三康复后鉴定为工伤五级伤残，由于无法在原岗位任职，于是向企业提出离职。针对张三的本次工伤，在工伤保险赔付后，依据广东省工伤管理条例，企业至少还需要赔偿停工留薪期间的工资福利待遇 6 万元，一次性伤残就业补助金 100 万元，共计 106 万元。

如果企业还未给张三投保工伤保险，根据条例第五十五条规定，工伤保险条例中本应由工伤保险基金支付的部分将全部由企业承担。将包括治疗工伤的医疗费用和康复费用、住院伙食补助费、一次性伤残补助金、一次性医疗补助金、劳动能力鉴定费等，赔偿金额要远远大于 106 万元。

如果在工伤保险的基础上，企业还投保了团体意外险，保险公司会根据人身保险伤残评定标准评定的伤残等级为六级，对应 50% 的赔偿比例给付残疾保险金。团体意外险的合同金额是 20 万元，则张三可以获得 10 万元的残疾保险金。但这 10 万元保险金是保险公司直接赔付给张三，无法抵消或转移企业的经济赔偿责任。企业依然需要再赔偿给张三至少 106 万元。

如果企业投保了雇主责任险，这 106 万元的赔偿以及工伤保险条例中所有规定企业应承担的其他项目，保险公司可以按照保险合同约定进行赔付。

第三节 产品责任保险与产品质量保证保险

产品责任保险与产品质量保证保险都与产品直接相关，且均需要产品的制造者，销售者等承担相应的责任，但作为两类不同性质的保险产品，二者存在本质区别。

一、风险性质不同

产品责任保险承保的是被保险人的侵权行为而产生的责任风险，且不以被保险人是否与受害人之间订有合同为条件。它以各国的民事民法制度为法律依据。

产品质量保证保险承保的是被保险人的违约行为而产生的信用风险，并以产品供给方和消费方签订合同为必要条件。它以经济合同法规制度为法律依据。

二、处理原则不同

产品责任事故的处理在许多国家采用严格责任原则，即只要不是受害人故意或自伤所致，便能够从产品的制造者、销售者等处获得经济赔偿，并受到法律的保护。

产品质量保证保险的违约责任只能采取过错责任原则进行处理，即产品的制造者、销售者、修理者等存在过错是其承担责任的前提条件。

三、责任承担方与受损方不同

从责任承担方的角度看，在产品责任保险中，责任承担者可能是产品的制造者、修理者，也可能是产品的销售者甚至是承运者。其中，制造者与销售者负连带责任，受损方可以任择其一提出赔偿损失的要求，也可以同时向多方提出赔偿请求。在产品质量保证保险中，责任承担者仅限于提供不合格产品的一方，受损人只能向他提出请求。

从受损方的角度看，产品责任保险的受损方可以是产品的直接消费者或用户，也可以是与产品没有任何关系的其他法人或者自然人，即只要因产品造成了财产或人身损害，就有向责任承担者要求经济赔偿的法定权益。而在产品质量保证保险中，受损方只能是产品的消费者。

四、承担责任的方式与标准不同

产品责任事故的责任承担方式，通常只能采取赔偿损失的方式，即在产品责任保险中，保险人承担的是经济赔偿责任，这种经济赔偿的标准不受产品本身的实际价值的制约。而在产品质量保证保险中，保险人承担的责任一般不会超过产品本身的实际价值。

五、诉讼的管辖权不同

产品责任保险所承保的是产品责任事故风险，因产品责任提起诉讼案件应由被告所在地或侵权行为发生地法院管辖；而产品质量保证保险违约责任的案件由合同签订地和履行地的法院管辖。

六、保险的内容性质不同

产品责任保险是代替责任方承担对受损者的经济赔偿责任，属于责任保险的范畴；而产品质量保证保险提供的是带有担保性质的保险，属于保证保险的范畴。

可见，产品责任保险与产品质量保证保险有着本质差异，保险人在经营推广这两类保险业务时，应严格区分，以避免因被保险人不清楚二者的区别，从而产生理赔纠纷。

【第七章课后习题】

【第四章~第七章　内容梳理、思维拓展和思维导图】

一、内容梳理

第四章至第七章围绕“有哪些商业保险?”以及“如何选择保险产品?”这两个问题展开。针对“有哪些商业保险?”这一问题，从人身保险、财产保险、信用和保证保险以及责任保险等四个不同的险种维度进行阐述。

人身保险按照承保风险的不同，可以分为人寿保险、人身意外伤害保险以及健康保险三大类。其中，人寿保险按照给付保险金条件的不同可以分为生存保险、死亡保险以及两全保险。另外，与传统的人寿保险相对应的，还有创新型的人寿保险，包括分红型、万能型以及投资连结保险等。人身意外伤害保险承保意外伤害风险，要判断一项风险损失是否属于人身意外伤害保险承保的风险损失，主要看是否满足人身意外伤害保险的构成要件。人身意外伤害保险按照不同的分类标准可以划分出不同的类型。健康保险承保健康风险，医疗保险是目前健康保险市场上的主力军，依据所保障的费用项目和补偿内容以及保险金给付方式的不同，医疗保险还可以划分为不同的种类，有费用补偿型的医疗保险、津贴给付型的医疗保险以及定额给付型的医疗保险；有普通的医疗保险，也有大额的百万医疗保险；有负责补偿普通医疗费用支出的医疗保险，也有专门负责保障重大疾病的医疗保险，即重大疾病保险。除医疗保险之外，健康保险还包括失能收入损失保险以及长期护理保险。

财产保险在这里是指财产损失保险，主要涵盖火灾保险、工程保险、农业保险和运输保险。其中火灾保险又有企业财产保险和家庭财产保险之分；工程保险可划分为建筑工程保险、安装工程保险以及科技工程保险；运输保险包括货物运输保险和运输工具保险，运输工具保险又有飞机保险、船舶保险以及机动车辆保险等。在运输工具保险中，重点介绍了机动车辆保险，并根据不同的情况，推荐了不同的车险组合方案。

信用和保证保险是以交易双方的经济信用作为保险标的，根据投保人的不同，又分为信用保险和保证保险。信用保险和保证保险根据不同标准也有不同的分类。

责任保险承保责任风险，是以被保险人的民事损害赔偿责任作为保险标的。按照承保的风险领域不同，也有不同类型的责任保险。责任保险中，重点介绍了雇主责任保险与工伤保险以及员工意外伤害保险的关系；区分了产品责任保险与产品质量保证保险之间的不同。

针对“如何选择保险产品?”，在阐述不同保险产品保障内容的基础上，剖析不同保险产品的联系和区别，为保险消费者选择保险产品提供思路。例如，在分析车险产品的基础上，针对保险消费者的不同情况，提供了几种可供选择的车险方案；在区分雇主责任保险、工伤保险以及员工意外伤害保险的基础上，为雇主制定员工保险方案提供思路；针对人身保险产品的选择，主要从分析关键风险、确定保障额度、规划保费预算以及精挑细选保险产品等方面详细阐述了选择人身保险产品的四个步骤；在明确了选择保险产品的具体流程的基础上，按照人的生命周期，分别分析不同人生阶段面临的关键风险和需要的保障金额，结合收入状况，设计不同的人身保险方案。

二、思维拓展——年金保险、企业年金与职业年金

在生存保险中提到，生存保险是以被保险人于保险期限届满或达到合同约定的年龄时仍然生存作为给付保险金条件的人寿保险。市场上的生存保险主要是以年金保险的形式出现。年金保险是一种特殊形式的生存保险，它的特殊性表现在“生存保险金”按照事先约定的周期分期给付，给付周期可以是 1 年、半年、季度或月。由于年金保险主要用于养老，所以又称养老金保险。而在养老方面，还存在企业年金和职业年金两个概念，那么，年金保险与企业年金和职业年金之间存在什么关系呢？三者之间有什么相同点和不同点呢?

（一）联系

目前，我国已初步构建起“三支柱”养老保险体系。其中第一支柱为社会保险中的基本养老保险，主要包括城镇职工基本养老保险和城乡居民

基本养老保险；第二支柱为年金制度，具体包括企业年金和职业年金；第三支柱是包括个人储蓄性养老保险和商业养老保险在内的个人养老计划，年金保险属于商业养老保险。第一支柱基本养老保险是我国的三支柱养老保险体系的基础，作为第二支柱的企业年金和职业年金以及隶属于第三支柱的年金保险都是基本养老保险的补充。目的是补充养老，避免因基本养老保险不足而导致老年生活水平下降。

（二）区别

1. 性质有区别

（1）企业年金。

企业年金是指企业及其职工在依法参加基本养老保险的基础上，自主建立的补充养老保险制度。

（2）职业年金。

职业年金是指机关事业单位及其工作人员在参加机关事业单位基本养老保险的基础上，建立的补充养老保险制度。

（3）年金保险。

年金保险属于一种商业养老保险，是由符合参保条件的投保人自愿投保，由商业保险公司承保并承担年金给付责任。

2. 参保条件的区别

（1）企业年金。

企业及其职工依法参加基本养老保险并履行缴费义务，同时具有相应的经济负担能力，并已建立集体协商机制的条件下，自愿参加企业年金。

（2）职业年金。

机关事业单位在参加基本养老保险的基础上，应当为其工作人员建立职业年金，职业年金具有强制性。

（3）年金保险。

年金保险属于商业保险，在符合保险公司要求的年龄、健康告知等条件下，自愿参保。

3. 保费缴纳有区别

（1）企业年金。

企业年金所需费用由企业和职工个人共同缴纳。企业缴费每年不超过本企业职工工资总额的 8%。企业和职工个人缴费合计不超过本企业职工工资总额的 12%。具体所需费用，由企业和职工双方协商确定。

（2）职业年金。

职业年金所需费用由单位和工作人员个人共同承担。单位缴纳职业年金费用的比例为本单位工资总额的 8%，个人缴费比例为本人缴费工资的 4%，由单位代扣。单位和个人缴费基数与机关事业单位工作人员基本养老保险缴费基数一致。根据社会经济发展状况，国家适时调整单位和个人职业年金缴费的比例。

（3）年金保险。

年金保险则是由保险公司制定缴费标准，投保人个人缴费，但是投保人可以自行选择缴费方式、缴费期限。

4. 保障对象有区别

（1）企业年金。

企业年金的保障对象一般是在各类企业单位[①]工作的职工。

（2）职业年金。

职业年金的保障对象一般为机关事业单位的工作人员[②]。

（3）年金保险。

年金保险的保障对象则没有限制，只要符合年金保险的投保年龄、健康告知以及其他投保要求，就可以投保，成为年金保险的保障对象。

5. 年金领取方式有区别

（1）企业年金。

企业年金的领取需要符合下列条件之一：第一，职工在达到国家规定的退休年龄或者完全丧失劳动能力时，可以从本人企业年金个人账户中按月、分次或者一次性领取企业年金，也可以将本人企业年金个人账户资金全部或者部分购买商业养老保险产品，依据保险合同领取待遇并享受相应的继承权；第二，出国（境）定居人员的企业年金个人账户资金，可以根据本人要求一次性支付给本人；第三，职工或者退休人员死亡后，其企业

① 包括中小企业、文化出版类转制事业单位、研究型国有企业、社会组织单位等。

② 公务员或者参照公务员法管理的机关事业单位的工作人员。

年金个人账户余额可以继承。未达到上述企业年金领取条件之一的，不得从企业年金个人账户中提前提取资金。

（2）职业年金。

职业年金的领取需要符合下列条件之一：第一，工作人员在达到国家规定的退休条件并依法办理退休手续后，由本人选择按月领取职业年金待遇的方式。可一次性用于购买商业养老保险产品，依据保险契约领取待遇并享受相应的继承权；可选择按照本人退休时对应的计发月数计发职业年金月待遇标准，发完为止，同时职业年金个人账户余额享有继承权。本人选择任一领取方式后不再更改。第二，出国（境）定居人员的职业年金个人账户资金，可根据本人要求一次性支付给本人。工作人员在职期间死亡的，其职业年金个人账户余额可以继承。未达到上述职业年金领取条件之一的，不得从个人账户中提前提取资金。

（3）年金保险。

年金保险则是需要被保险人达到保险合同约定的年龄，比如 60 周岁、65 周岁、70 周岁时，才可以开始领取年金，一般可以按年、半年、季或者月领取年金。

6. 关系转移有区别

（1）企业年金。

职工变动工作单位时，如果新就业单位已经建立企业年金或者职业年金的，原企业年金个人账户权益应当随同转入新就业单位企业年金或者职业年金。若职工新就业单位没有建立企业年金或者职业年金的，或者职工升学、参军、失业期间，原企业年金个人账户可以暂时由原管理机构继续管理，也可以由法人受托机构发起的集合计划设置的保留账户暂时管理；原受托人是企业年金理事会的，由企业与职工协商选择法人受托机构管理。

（2）职业年金。

工作人员变动工作单位时，职业年金个人账户资金可以随同转移。工作人员升学、参军、失业期间或新就业单位没有实行职业年金或企业年金制度的，其职业年金个人账户由原管理机构继续管理运营。新就业单位已建立职业年金或企业年金制度的，原职业年金个人账户资金随同转移。

（3）年金保险。

年金保险是一种生存保险，以被保险人于保险期限届满或达到合同约定的年龄时仍然生存作为给付保险金条件的人寿保险。在被保险人生存期间，年金保险一般不能转移。对于特殊的年金保险，比如保证最短给付期限的最低保证年金保险，在最短给付期限内，如果被保险人死亡，剩余的年金由保险合同中指定的受益人领取。

7. 运营管理有区别

（1）企业年金。

依据《企业年金办法》，企业和职工建立企业年金，应当确定企业年金受托人，由企业代表委托人与受托人签订受托管理合同。受托人可以是符合国家规定的法人受托机构，也可以是企业按照国家有关规定成立的企业年金理事会。受托人应当委托具有企业年金管理资格的账户管理人、投资管理人和托管人，负责企业年金基金的账户管理、投资运营和托管。县级以上人民政府人力资源和社会保障行政部门对《企业年金办法》的执行情况进行监督检查。对违反《企业年金办法》的行为，由人力资源社会保障行政部门予以警告，责令改正。

（2）职业年金。

依据《机关事业单位职业年金办法》，职业年金基金应当委托具有资格的投资运营机构作为投资管理人，负责职业年金基金的投资运营；应当选择具有资格的商业银行作为托管人，负责托管职业年金基金。委托关系确定后，应当签订书面合同。县级以上各级人民政府人力资源和社会保障行政部门、财政部门负责对《机关事业单位职业年金办法》执行情况进行监督检查。对违反《机关事业单位职业年金办法》规定的，由人力资源和社会保障行政部门及财政部门予以警告，责令改正。

（3）年金保险。

年金保险的投资、账户管理等都是由保险公司负责运营，由保险监督管理部门①针对保险公司的运行进行监督管理。

① 目前，我国的保险监督管理部门是国家金融监管总局。

8. 提前支取限制有区别

（1）企业年金。

依据《企业年金办法》，企业年金一般不能提前支取，但若参保人出国定居、完全丧失劳动能力或身故的，可以申请提前支取或继承。

（2）职业年金。

依据《机关事业单位职业年金办法》，出国（境）定居人员的职业年金个人账户资金，可根据本人要求一次性支付给本人；工作人员在职期间死亡的，其职业年金个人账户余额可以继承。

（3）年金保险。

年金保险可以提前退保以获得现金价值，或者也可以通过保单贷款等方式支取一笔资金使用。

三、思维导图

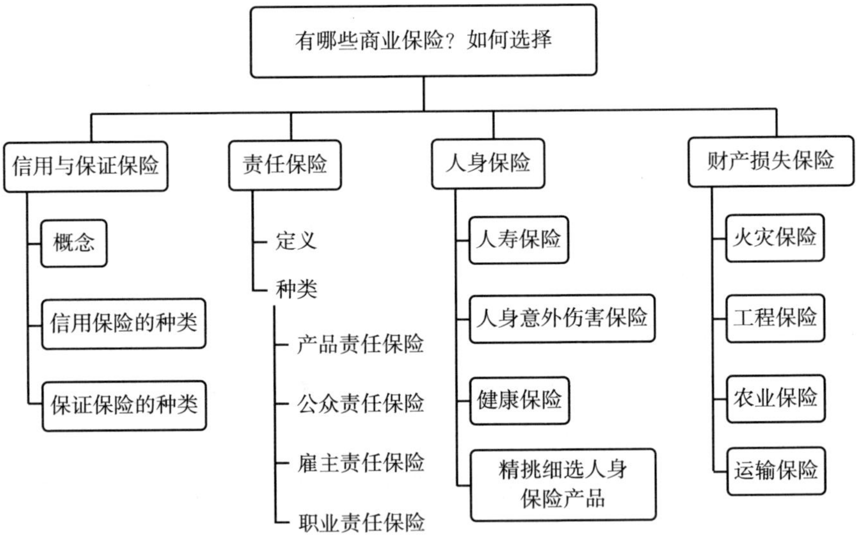

图7-3　第四～第七章思维导图

第八章 8

保险产品如何定价？

思维导图

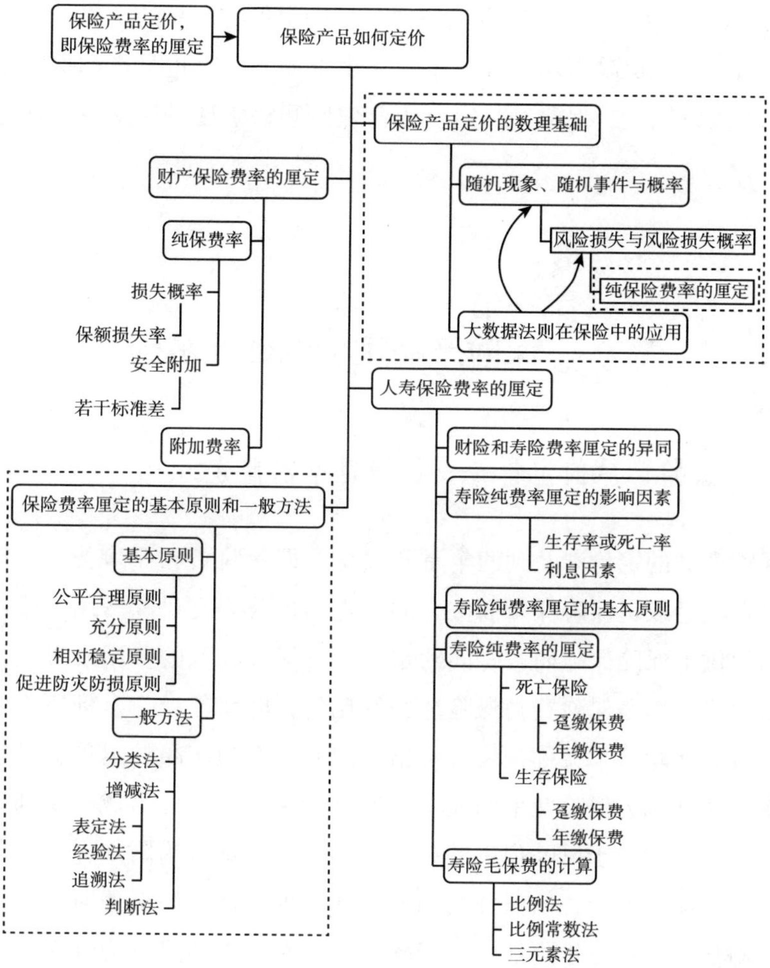

章节目标

★ **知识目标：**理解保险产品定价的数理基础，掌握财产保险和人寿保险产品的定价方法。

能力目标：在既定条件下，能够利用保险产品定价方法，厘定财产保险和人寿保险产品的保险费率。

素养目标：进一步认识保险产品定价的科学性，提升作为保险消费者的金融素养和作为保险从业者的职业素养。

"保险产品如何定价?"也就是"如何确定保险产品的价格?"，保险产品的价格是体现保险市场供求关系的一个重要方面，也是影响保险市场供求变化的关键因素，保险产品定价的合理性和科学性是保险业稳定经营的基础。

保险产品定价的数理基础

第一节 保险产品定价的数理基础

一、保险产品的定价——保险费率的厘定

保险产品的定价涉及到两个重要概念，即保险费和保险费率。保险费是指投保人为取得保险保障而按合同约定向保险人支付的费用，或者保险人因为提供了保险保障而按合同约定，向投保人收取的费用或者是获得的报酬。保险费率是保险费与保险金额的比例，即单位保险金额所需要支付的保险费。保险费率又称为保险价格，因此，保险产品的定价就是确定保险费率，通常称为保险费率的厘定。保险费由两个部分组成，一部分称为纯保费，纯保费用于风险损失的赔付支出。另一部分为附加保费，附加保费主要用于保险人的各项业务费用开支和预期利润。纯保费对应于纯保险费率，附加保费对应于附加保险费率。保险费率的厘定分为纯保险费率的

厘定和附加保险费率的厘定。

二、保险费率厘定的数理基础

厘定保险费率的主要依据是保险事故的出险概率，因此，财产保险纯保费率确定的关键在于确定某类保险标的的损失概率，进而确定损失期望值；而预计其死亡概率、发病概率、意外伤害概率以及利率的波动等是厘定人身保险纯保险费率的先决条件。而要确切的估计以上因素，需要运用到概率论与大数法则，可见，现代保险学是建立在数理基础之上的一门学科。

（一）随机现象、随机事件与概率

1. 随机现象

自然界所观察到的现象有确定性现象和随机现象两种，确定性现象是指在一定条件下必然发生的现象。例如，“太阳不会从西边升起”“水从高处流向低处”等都属于确定性现象，其特征表现为条件完全决定结果。随机现象是指在基本条件完全相同的情况下，可能发生也可能不发生的现象。例如，在相同条件下掷一枚均匀的硬币，观察正反两面出现的情况，结果有可能出现正面也可能出现反面，随机现象的特征表现为条件不能完全决定结果。随机现象在一次观察中出现什么结果具有偶然性，但在大量重复试验或观察中，这种结果的出现具有一定的统计规律性。随机现象是通过随机试验来研究的，概率论就是利用随机试验来研究随机现象这种本质规律的一门数学学科。

随机试验包括各种各样的科学实验，也包括对客观事物进行的“调查”、“观察”或“测量”等。随机试验具有以下两个特征：第一，允许在相同的条件下重复地进行；第二，每次试验的结果具有随机性，即可能结果不止一个，试验之前不能确定哪一个结果会出现，但能事先明确试验的所有可能结果。例如，“抛掷一枚硬币，观察正反面出现的情况”是一个随机试验，因为它可以在相同的条件下重复进行；而且该试验事先能够明确所有可能结果为正面或反面，但进行一次试验之前不能确定哪一个结果会出现。随机试验的所有可能结果组成的集合称为随机试验的样本空间，随机试验的每一个可能结果，称为样本点。

2. 随机事件

在随机试验中，我们往往会关心某个或某些结果是否会出现，这就是随机事件，每一个随机试验相应地有一个样本空间，样本空间的子集就是随机事件。例如，抛掷一枚骰子，观察出现的点数。试验中，骰子“出现1点”，“出现2点”，……，“出现6点”，“点数不大于4”，“点数为偶数”等都为随机事件。在保险业务中，保险所承保的风险损失可以看作是随机事件。因为，针对单个保险标的而言，风险损失可能出现，也可能不出现，是否出现具有偶然性，是不确定的。

3. 概率

随机事件在一次随机试验中出现的可能性有多大呢？如何来衡量它的可能性大小呢？这就要用到另外一个概念叫概率，概率表示随机事件出现的可能性大小，是衡量随机事件出现可能性大小的一个尺度。例如，把一枚硬币抛掷1万次，正面朝上的次数可能是多少？那么，概率运用到保险中，就是风险损失的概率。风险损失作为一个随机事件，其发生的可能性大小可以用风险损失概率来进行测量。因为纯保险费率是用来弥补风险损失的，因此，从理论上讲，在完全损失的条件下，纯保险费率应该等于风险损失概率。也可以说，纯保险费率即单位保额的纯保险费支出应该等于单位保额的损失，即风险损失概率。可见，风险损失概率对于厘定纯保险费率具有决定性作用的。

【厘定纯保险费率需要确定出损失概率，那么如何确定损失概率从而确定纯保险费率呢?】

（二）大数法则

大数法则，也称大数定律（law of large numbers）是用来说明大量的随机现象由于偶然性相互抵消而所呈现的必然数量规律的一系列定理的统称。偶然性相互抵消是指可能出现、可能不出现这种偶然性相互抵消，而呈现出一种必然的规律性，那么这种必然的数量规律具体指的是什么呢?这种必然的数量规律是指随着随机试验次数的增加，随机事件发生的频率逐渐趋近于一个常数。例如，投掷一枚硬币，观察某一次投掷硬币的行为，它出现正面还是反面，完全是偶然的，但是当大量不断重复投掷硬币，并统计出现正面和反面的频率，会发现出现正面和反面的频率最终趋近于1/2，这就是大数法则，即随着重复试验的次数不断地增加，随机事件发生的频率将趋近于一个常数。可以用这个常数直观地表示一次随机试验中随机事件发生的概率。

除了随机现象、随机事件、概率、大数法则等概念之外，保险产品定价中还会应用到数学期望值、变异系数等概念。数学期望用于确定风险损失期望值；变异系数用于确定稳定系数等。

（三）大数法则在保险中的应用

保险根据大数法则确定风险损失概率，从而确定纯保险费率。它用到下面公式：

$$\left(\frac{x}{n}-p\right)\rightarrow 0,\ n\rightarrow\infty \tag{8.1}$$

式（8.1）中，n 表示保险标的数量；x 表示实际观察到的损失；$\frac{x}{n}$表示实际观察到的损失率；p 表示客观存在的损失率。式（8.1）表示：当保险标的数量 n 趋向无穷大时，$\frac{x}{n}$和 p 之间的差额趋向于零。因此，只要选择尽可能多的样本 n，就可以用$\frac{x}{n}$来估计 P。保险人用估计的 P 作为损失概率，从而确定纯保费率。

保险人在应用大数法则时有两个假设前提：第一，对过去事件发生概率的估计是准确的；第二，过去事件发生的概率和未来事件发生的概率相同。要满足以上两个假设条件，需要注意以下两点。

1. 要准确估计风险事件的发生概率，保险公司必须掌握大量的经验数据

经验数据越多，风险事件的发生概率的估计就越准确，即通过以往统计数据计算出的估计损失概率与实际概率的误差将很小。因为只有当 n 无穷大时，那么$\frac{x}{n}$和 p 才会无限的接近，二者越接近，$\frac{x}{n}$估算 P 的误差越小。

保险经营就是利用大数定律把不确定的数量关系转化为确定的数量关

系，即某一风险是否发生对某一个具体的保险标的是不确定的，可能发生也可能不发生，但当保险标的的数量很大时，我们可以有把握地计算出其中遭受风险事故的保险标的会是多少，并据以厘定保险费率，并依此收取保险费，足以支付赔款，保证业务经营的稳定性。因此，为准确估计风险发生的概率，保险公司必须掌握大量的经验数据，经验数据越多，对风险发生概率的估计就越准确。只有在能够准确预测损失时，保险体系才能成功运作。

2. 为使预期结果能更接近实际结果，概率估计值必须运用到大量的风险单位中，这样才能对未来损失有较准确的估计

对保险公司来讲，根据过去某种风险损失发生的概率厘定保险费率之后，就要承保足够多的面临该类风险的保险标的，否则，缺少一定的数量基础，就不能产生大数法则所揭示的数量规律。因此，要把这种保险产品推广到市场上，让尽可能多的人投保，只有这样才能使大数法则真正地发挥作用，使估算的预期风险损失概率和未来实际发生的风险损失概率无限接近。二者越接近，厘定的保费越准确，保险经营越稳定。例如，房屋失火、人的死亡，对某一房屋或某一人而言，是无法预测其发生的，但尽可能地汇集更多的房屋或人，观察一定期间，则可测算出失火件数或死亡人数发生的频率。观察的房屋或人数越多，其实际发生的频率越接近于一个常数，即估算的预期风险损失概率。

保险公司利用大数法则厘定保费率时，假设过去事件发生的概率与未来事件发生的概率相同，事实上，由于各种条件的变化，事件发生的概率是不断变化的。这就导致实际结果与预期结果之间存在偏差，保险公司的经营风险也是由这种偏差所造成的，保险公司只有承保尽可能多的保险标的，才能使实际风险损失概率接近于估算的预期损失概率，使业务经营趋于稳定。例如，根据过去损失资料，预期每万栋楼房中，平均有十栋楼失火，其损失概率为1‰。然而，这个数字每年会有些变化，如果保险公司某年承保的房屋是10000栋，实际失火的房屋可能是13栋，也可能为7栋，其变化范围是从7～13栋房屋，与平均数的变差是3，经营风险程度为万分之三。当把承保的房屋增加至100万栋时，其损失概率仍为1‰，但是房屋失火的变化范围会相对减少许多，可能只是970～1030，变差为

30，经营风险程度是十万分之三，不确定性明显减少。

第二节 财产保险费率的厘定

财产保险费率的厘定

保险费率的厘定一般分成两大类：非寿险保险费率的厘定和寿险保险费率的厘定。因为虽然非寿险和寿险保险费率的厘定具有相同的数理基础，都是以风险损失概率作为厘定纯保费率的基础，但是由于寿险相对非寿险，它的保险期限一般都在一年以上，相对较长。所以厘定寿险保险费率时，还需要考虑资金的时间价值；而非寿险，一般来讲都属于短期的保险，其纯保险费率的厘定主要考虑风险损失概率。非寿险包括财产保险、健康保险、人身意外伤害保险，本节仅以财产保险为代表，介绍非寿险保险费率的厘定，即财产保险费率的厘定。

一、纯保险费率厘定

财产保险费率的厘定包括纯保险费率的厘定和附加保险费率的厘定。其中，财产保险纯保险费率的厘定仍然是以风险损失概率为基础。从理论上来讲，风险损失概率应该等于纯保险费率，在保险实务中，损失概率是以赔偿金额与保险金额的比例，即保额损失率来代替，保额损失率是根据历史统计资料估算出来，即过去赔偿金额与保险金额的比例。在保险实务中，保额损失率不能采用过去某一年，或者是随便某几年的数据来估算，一般是选取保险业务相对稳定的一定年份，一般不少于 5 年，采用其平均保额损失率来代替损失概率。

如果完全符合大数法则，那么，从理论上来讲，风险损失概率应该等于纯保险费率，但是在实践中，应用大数法则时的两个假设条件往往难以完全满足，就会导致实际损失率与预期损失率并不相等，如果实际保额损失率高于预计的保额损失率，就会给保险经营带来风险。在实践中，一般要在平均保额损失率的基础上进行一个安全附加来厘定纯保险费率，从而保证保险经营的稳定性。安全附加一般是以若干个标准差来进行代替，标准差用来衡量实际值对期望值的偏离程度。在保险中，标准差是衡量实际损失率对估算的平均保额损失率的偏离程度。保额损失率加多少个标准差比较合适呢？这里需要计算一个稳定系数，稳定系数是标准差与平均保额损失率的比率，公式如下：

$$K = \frac{\delta}{\bar{X}} \tag{8.2}$$

其中，K 为稳定系数，δ 为标准差，$\bar{X}$ 为平均保额损失率，稳定系数 K 越小，代表实际值与预期值的偏离越小，保险经营就会越稳定，稳定系数一般在 10%~20% 是比较合适的。如果这个稳定系数小于 20%，一般用平均保额损失率加一个标准差来厘定纯保险费率；如果稳定系数高于 20%，就要考虑增加两个或三个标准差来确定纯保险费率，使得实际损失率不超过预期的损失率，从而保证保险经营的稳定性。

综上所述，财产保险纯保险费率的计算公式为：

$$纯保险费率 = 平均保额损失率 + 若干个标准差$$

二、附加保费率

附加保险费率的计算有两种方法：

其一，用总的附加费用与保险金额的比率计算附加费率，其计算公式为：

$$附加保费率 = \frac{总附加费用}{保险金额}$$

其二，以纯保险费率的一定比例来确定附加保险费率。

三、毛费率

财产保险的毛费率，也称为总费率，是指财产保险产品的最终价格。计算出财产保险的纯保险费率和附加保险费率之后，就可以确定财产保险的总费率。财产保险的毛费率是纯保险费率与附加保险费率之和。其计算公式为：

财产保险毛费率 = 纯保险费率 + 附加保险费率

= 平均保额损失率 + 若干标准差 + 附加保险费率

【以案说险 8－1】

某财产保险产品从 2011～2019 年历年的保额损失率如表 8－1 所示。请计算该财产保险产品的毛费率。

表 8－1　　某财产保险产品的历年保额损失率

项目	2011 年	2012 年	2013 年	2014 年	2015 年	2016 年	2017 年	2018 年	2019 年
保额损失率 x	5%	5.1%	4.8%	5.4%	4.7%	4.9%	4.5%	5.4%	5.2%

第一步：计算平均保额损失率 $\bar{X}$

$$\bar{X} = \frac{5\% + 5.1\% + 4.8\% + 5.4\% + 4.7\% + 4.9\% + 4.5\% + 5.4\% + 5.2\%}{9}$$

$= 5\%$

第二步：计算标准差（假设为总体标准差）

$$\delta = \sqrt{\frac{\sum (X - \bar{X})^2}{n}} \approx 0.0029$$

第三步：计算稳定系数 K

$$K = \frac{\delta}{\bar{X}} = \frac{0.0029}{5\%} = 5.8\%$$

经计算可得稳定系数 K 为 5.8%，小于 20%，说明保险经营稳定性比较高，可以在平均保额损失率的基础上增加一个标准差。

第四步：计算纯保险费率（假设附加 1 个标准差）

纯保险费率 = 平均保额损失率 + δ = 0.05 + 0.0029 = 0.0529

第五步：计算附加保险费率（假设附加保险费率为纯保险费率的 20%）

附加保险费率 = 纯保险费率 × 20% = 0.0529 × 20% = 0.01058

第六步：计算毛费率

毛费率 = 附加保险费率 + 纯保险费率 = 0.01058 + 0.0529 = 0.06348

人寿保险费率的厘定

第三节 人寿保险费率的厘定

一、人寿保险与财产保险保费率厘定的比较

（一）相同点

其一，人寿保险与财产保险保费率厘定的数理基础是相同的，二者都是依据大数法则，以损失概率作为厘定保险费率的基础；其二，人寿保险与财产保险保费率厘定都是遵循收支平衡的原则，即纯保费收入等于保险赔款支出。

（二）不同点

1. 是否进行安全附加

财产保险的纯保险费率要在平均保额损失率的基础上进行安全附加；而人寿保险以人的生命为保险标的，标的数量巨大，且保险事故（被保险人的生存或死亡）的发生独立性很强，其面临的风险更符合大数法则揭示的数量规律，估算的预期损失概率和实际损失概率更为接近，可以设定均方差为零，因此，人寿保险的保险费率一般不另加安全附加。

2. 影响损失概率的因素不同

财产保险的纯保险费率是依据保额损失率厘定的，而财产保险的保额损失率的影响因素包括保险事故的发生频率、保险事故的损毁率、保险标的损毁程度以及受损标的平均保额与总平均保额的比率等。

人寿保险也是以保额损失率作为厘定保险费率的基础，但人寿保险保额损失率的影响因素主要是生存率和死亡率和预定利率。

【为什么生存率、死亡率和预定利率会影响人寿保险的保额损失率】

第一，人寿保险以人的生命作为保险标的，以期限届满生存或期限内死亡作为给付保险金条件，因此，被保险人的死亡率和生存率对保险人的

保险金赔付有直接影响。

第二，人寿保险的保险期限较长，保险费会作为未到期责任准备金留在保险公司内部，在缴费期和给付期的时间差内，保险公司可利用未到期责任准备金进行投资，其收益由保险人在厘定保费时按照预定利率算给投保人。因此，厘定保费时须考虑资金的时间价值，即利息因素。

二、人寿保险纯保险费率的厘定

既然人寿保险纯保险费率的厘定受到死亡率、生存率以及利率的影响。下面分析如何通过考虑死亡率、生存率以及利息因素厘定纯保险费率。

（一）生命表（死亡表）——生存率、死亡率

生存率或死亡率来自于生命表，又称为死亡表，是根据一定时期某一国家或地区的特定人群的有关生死的统计资料，加以分析整理而形成的一种反映相应人口群体的生死规律的统计表。生命表是确定死亡率的重要基础，是厘定人寿保险纯保险费率的基本依据。生命表按照不同的标准有不同的分类。

按统计范围的不同，可以分为国民生命表和经验生命表。国民生命表是以全体国民作为统计对象，反映全体国民生死规律的生命表；经验生命表是根据保险机构有关人寿保险和社会保险的死亡记录编制而成的生命表，经验生命表统计的对象仅仅是保险机构以往所承保的被保险人。厘定人寿保险纯保费率主要使用经验生命表①（见表 8－2）。

表 8－2　　经验生命表（部分）

年龄（x）	年初生存人数（L_x）	年死亡人数（d_x）	生存率（p_x）	死亡率（q_x）
35	979738	1170	0.998806	0.001194
36	978568	1248	0.998725	0.001275
37	977321	1336	0.998663	0.001367

① 《中国人寿保险业经验生命表（2010－2013）》为我国正在使用中的寿险业经验生命表，原中国保险监督管理委员会于 2016 年 12 月 21 日正式公布，为我国保险业第三版经验生命表。

续表

年龄（x）	年初生存人数（L_x）	年死亡人数（d_x）	生存率（p_x）	死亡率（q_x）
38	975985	1437	0. 998528	0. 001427
39	974548	1549	0. 998411	0. 001589

注：《中国人寿保险业经验生命表（2000~2003）》的部分内容。

根据统计对象死亡率的高低，可以分为年金生命表和寿险生命表，厘定年金保险的纯保险费率使用年金生命表；厘定死亡保险的纯保险费率使用寿险生命表。年金保险属于生存保险，购买年金保险或生存保险的被保险人的生存率往往要比购买死亡保险的被保险人的生存率高。所以整体上看，年金生命表相对于寿险生命表，它的生存率更高，死亡率更低。

根据反映程度的不同，可以分为完全生命表和简单生命表。完全生命表是以人口普查为基础，反映各个年龄阶段的生死概率，而简单生命表仅反映某一年龄段的生死概率。

该表中包括年龄（X）、年初生存人数（L_X）、年死亡人数（d_X）、生存率（p_X）、死亡率（q_X）等信息栏，各项数值之间的关系如下：

$$L_{x+1} = L_x - d_x$$

例如：$L_{36} = L_{35} - d_{35} = 979738 - 1170 = 978568$

$$P_x = \frac{L_{x+1}}{L_X}$$

例如：$P_{35} = \frac{L_{36}}{L_{35}} = \frac{978568}{979738} = 0.998806$

$$q_x = \frac{d_X}{L_X}$$

例如：$q_{35} = \frac{d_{35}}{L_{35}} = \frac{1170}{979738} = 0.001194$

$1 = p_x + q_x = p_{35} + q_{35} = 0.998806 + 0.001194$

（二）利率

利率是指一定时期内利息与本金比率，利息是资金的时间价值，利息按计息方式不同，有单利和复利之分。

1. 单利

单利是指只有本金计息，而各期利息在下一个利息周期内不再计息的方法。按照单利计息的本利和计算公式为：

$$S = P(1 + i \times n) \tag{8.3}$$

式（8.3）中，S 为本利和，本金为 P，利率为 i，计息期数为 n。

2. 复利

复利是指在计算利息时，某一计息周期的利息是由本金加上先前周期所积累利息总额来计算的计息方式，即通常所说的“利生利”“利滚利”。人寿保险费率的厘定都是按照复利计算的。

按照复利计息的本利和计算公式为：

$$S = P(1 + i)^n \tag{8.4}$$

式（8.4）中，S 为本利和，本金为 P，利率为 i，计息期数为 n。

3. 终值和现值

在保险费率厘定中还涉及到利息理论中两个重要概念——终值和现值。终值相当于本利和 S，现值相当于本金 P。终值 S 利用贴现系数贴现之后可以计算出现值 P，换算公式如下：

$$P = \frac{S}{(1 + i)^n} = Sv^n \tag{8.5}$$

式（8.5）中，S 为终值（本利和），P 为现值（本金），利率为 i，计息期数为 n，v 为贴现因子，v^n 为贴现系数。

$$v = \frac{1}{1 + i}$$

$$V^n = \frac{1}{(1 + i)^n}$$

厘定人寿保险纯保险费率就是按照复利计息，以保险人给付的保险金为终值而求现值的过程，计算出的现值就是投保人应当交纳的纯保险费。

（三）收支平衡原则

收支平衡原则是指保险人收取的纯保险费的现值要等于保险人未来给付的保险金的现值。计算人寿保险的纯保险费，实质上是计算未来某一时间保险人给付的保险金总额按预定利率（复利）逆算到某一缴费期初的现值，再将这一现值按该缴费期的被保险人分摊计算。

（四）纯保险费率的厘定

人寿保险按照给付保险金条件的不同有生存保险、死亡保险、两全保险之分，按照缴费方式的不同，可分为趸交和分期交费。不同的险种，不同的缴费方式，厘定保费率的具体方法会有不同，但都遵循收支平衡原则。收支平衡公式如下：

保险人收取的纯保费现值 = 保险人未来给付的保险金现值

1. 定期死亡保险趸缴纯保费的计算

【以案说险 8 -2】

在 0 岁投保定期寿险，保险期间 2 年，预定利率为 2%，被保险人为男性，每份保单（每人 1 份）的保险金额为 1 元。查生命表得：0 岁的生存人数为 1000000 人，死亡人数为 3037 人，1 岁的死亡人数为 2150 人；当折现率为 2% 时，1 年期的复利现值系数为 0.980，2 年期的复利现值系数为 0.961。计算每个投保人应趸交的纯保险费。

解：设期初投保人每人应趸交的纯保费为 A

年初保险人收取的纯保费现值总额 = $A \times L_0 = A \times 1000000$

保险人 2 年内支付的死亡保险金的现值 = $3037 \times 1 \times 0.980 + 2150 \times 1 \times 0.961$

第一年支付的死亡保险金的现值 = $d_0 \times 1 \times V = 3037 \times 1 \times 0.980$

第二年支付的死亡保险金的现值 = $d_1 \times 1 \times V^2 = 2150 \times 1 \times 0.961$

根据收支平衡原则：$A \times L_0 = d_0 \times 1 \times V + d_1 \times 1 \times V^2$

即：$A \times 1000000 = 3037 \times 1 \times 0.980 + 2150 \times 1 \times 0.961$

$A = 0.00504241$

答：每人 1 元保额应趸交的纯保费为 0.00504241 元。

2. 生存保险趸缴纯保费的计算

【以案说险 8 -3】

在 0 岁投保生存保险，保险期间 2 年，预定利率为 2%，被保险人为男性，每份保单（每人 1 份）的保险金额为 1 元。查生命表得：0 岁的生存人数为 1000000 人，2 岁的生存人数为 994813 人；当折现率为 2% 时，

1 年期的复利现值系数为 0.980，2 年期的复利现值系数为 0.961。计算每个投保人应趸交的纯保险费。

解：设期初投保人每人应趸交的纯保费为 A

年初保险人收取的纯保费现值总额 $= A \times L_0 = A \times 1000000$

保险人 2 年期限届满支付的生存保险金的现值 $= L_2 \times 1 \times V^2 = 994813 \times 1 \times 0.961$

根据收支平衡原则：$A \times L_0 = L_2 \times 1 \times V^2$

即：$A \times 1000000 = 994813 \times 1 \times 0.961$

$A = 0.956015$

答：每人 1 元保额应趸交的生存保险纯保费为 0.956015 元。

3. 定期死亡保险年缴纯保费的计算

【以案说险 8－4】

在 0 岁投保 3 年期定期寿险，预定利率为 2%，被保险人为男性，每份保单保险金额为 1 元，每年年初交付一次纯保险费。经查生命表：0 岁的生存人数为 1000000 人，死亡人数为 3037 人；1 岁的生存人数为 996963 人，死亡人数为 2150 人；2 岁的生存人数为 994813 人，死亡人数为 1603 人。当折现率为 2% 时，1 年期的复利现值系数为 0.980，2 年期的复利现值系数为 0.961，3 年期的复利现值系数为 0.942。计算年交纯保险费。

解：设每人应年交纯保费为 P

保险人收取的纯保费现值总额 =

$P \times 1000000 + P \times 996963 \times 0.980 + P \times 994813 \times 0.961 = 2933039.033 \times P$

第一年年初收取的纯保费现值 $= P \times L_0 = P \times 1000000$

第二年年初收取的纯保费现值 $= P \times L_1 \times V = P \times 996963 \times 0.980$

第三年年初收取的纯保费现值 $= P \times L_2 \times V^2 = P \times 994813 \times 0.961$

保险人 3 年内支付的死亡保险金的现值 =

$3037 \times 1 \times 0.980 + 2150 \times 1 \times 0.961 + 1603 \times 1 \times 0.942 = 6552.436$

第一年支付的死亡保险金的现值 $= d_0 \times 1 \times V = 3037 \times 1 \times 0.980$

第二年支付的死亡保险金的现值 $= d_1 \times 1 \times V^2 = 2150 \times 1 \times 0.961$

第三年支付的死亡保险金的现值 $= d_2 \times 1 \times V^3 = 1603 \times 1 \times 0.942$

根据收支平衡原则：

$P \times L_0 + P \times L_1 \times V + P \times L_2 \times V^2 = d_0 \times 1 \times V + d_1 \times 1 \times V^2 + d_2 \times 1 \times V^3$

即：$2933039.033 \times P = 6552.436$

$P = 0.002234$

答：每人 1 元保额应年交纯保费为 0.002234 元。

4. 生存保险年缴纯保费的计算

【以案说险 8 -5】

在 0 岁投保 3 年期生存保险，预定利率为 2%，被保险人为男性，每份保单保险金额为 1 元，每年年初交付一次保险费。查生命表得：0 岁的生存人数为 1000000 人，1 岁的生存人数为 996963 人，2 岁的生存人数为 994813 人，3 岁的生存人数为 993210 人。当折现率为 2% 时，1 年期的复利现值系数为 0.980，2 年期的复利现值系数为 0.961，3 年期的复利现值系数为 0.942。计算年交纯保险费。

解：设每人应年交纯保费为 P

保险人收取的纯保费现值总额 =

$P \times 1000000 + P \times 996963 \times 0.980 + P \times 994813 \times 0.961 = 2933039.033 \times P$

第一年年初收取的纯保费现值 $= P \times L_0 = P \times 1000000$

第二年年初收取的纯保费现值 $= P \times L_1 \times V = P \times 996963 \times 0980$

第三年年初收取的纯保费现值 $= P \times L_2 \times V^2 = P \times 994813 \times 0.961$

保险人 3 年期限届满支付的生存保险金现值 =

$L_3 \times 1 \times V^3 = 993210 \times 1 \times 0.942 = 935603.82$

根据收支平衡原则：

$P \times L_0 + P \times L_1 \times V + P \times L_2 \times V^2 = L_3 \times 1 \times V^3$

即：$2933039.033 \times P = 935603.82$

$P = 0.318988$

答：每人 1 元保额应年交纯保费为 0.318988 元。

（五）人寿保险毛保费的计算

毛保费，又称总保费，是纯保费与附加保费的总和。根据计算附加保费方法的不同，计算毛保费的方法分为三种：比例法、比例常数法以及三元素法。

1. 比例法

比例法是将毛保费的一定比例 K 作为附加保费。由 $P+\bar{P}K=\bar{P}$，可推出：

$$\bar{P}=\frac{P}{1-K} \tag{8.6}$$

式（8.6）中，$\bar{P}$ 为毛保费，P 为纯保费，K 为附加保费占毛保费的比例。

2. 比例常数法

比例常数法的思路是：把附加保费分成两个部分，第一部分为每单位保额须承担的固定费用，该项总费用用 C 表示；第二部分为毛保费的一定比例 K。

由 $P+C+\bar{P}K=\bar{P}$，可推出：

$$\bar{P}=\frac{P+C}{1-K} \tag{8.7}$$

式（8.7）中，$\bar{P}$ 为毛保费，P 为纯保费，K 为附加保费占毛保费的比例，C 为总的固定费用。

【以案说险 8－6】

某人现年 30 岁，购买一份定期 10 年的两全保险，保险金额为 50000 元。已知经营此类业务，每千元保额需要支出固定费用 10 元，且该合同的年缴纯保费为 3623.10 元。此外，每年投保人还需要按毛保费的 7.5% 承担其余部分的附加费用。求该保单的年缴毛保费。

$$\bar{P}=\frac{P+C}{1-K}=\frac{3623.10+10\times 50}{1-7.5\%}=4457.41\text{（元）}$$

3. 三元素法

三元素法把附加保费分为三类：原始费用、维持费用、收费费用。原始费用是保险人为招揽新合同，在第一年度支出的一切费用，如佣金、广告费、健康检查费、单证印刷费、保单送达费等。维持费用是指整个保险期间为使合同维持保全的一切费用，如合同变更、保单质押贷款等，分摊于各期。收费费用是指收取保险费时的支出，如代收保费机构的手续费，也分摊于各期。把将来年份的附加保费折合成现值，得到附加保险费的现值之和。再根据“毛保险费现值＝纯保险费现值＋附加保险费现值”的原理来计算总保险费。与比例法和比例常数法相比，三元素法计算结果比较准确，因为它分别计算不同阶段的各项费用，然后加总，而不是直接估算出一个总费用，但是它的计算过程比较复杂烦琐。

综上所述，在厘定人寿保险保费率的过程中，涉及到三个关键的影响因素，即预定死亡率、预定利率、预定费用率，这三个因素的变化会影响人寿保险的总保险费率。预定死亡率、预定利率和预定费用率又被称为厘定人寿保险费率的三个基础率，这三个基础率对应着人寿保险的三个利润来源。这三个利润来源分别是死差益、利差益和费差益。死差益来源于实际的死亡率低于预期的死亡率，那么相反，如果实际的死亡率高于预期的死亡率，就会产生死差损。利差益产生于实际的投资收益率高于预定的利率，相反，如果实际的这个投资收益率低于预定的利率，就会产生利差损。费差益产生于实际的费用率低于预定的费用率，反之，如果实际的费用率高于预定的费用率就会产生费差损。

保险产品定价的基本原则和一般方法

第四节 保险费厘定的一般方法

在前面的内容中，厘定的财产保险和人寿保险的保险费率是理论上的费率，或者基础费率，是某一类险种的费率，但在实际业务中，还需要根据同一类风险中各个保险标的的具体情况采用不同的方法对该类基础费率进行适当调整，确定实用费率，即保险人实际向投保人收取的保险价格。在采用各种方法计算保险价格的过程中都要遵循保险产品定价的基本原则。

一、保险费率厘定的基本原则

无论是寿险还是非寿险，在保险费厘定中都遵循权利与义务平衡的原则。因为保险合同是一种对价合同，对价表示保险当事人双方的权利义务是相对等的，比如，投保人享有的获取保障的权利要与交付保险费的义务相对等，而保险公司收取保险费的权利要与承担赔付保险金的义务相对价。权利与义务平衡的原则具体可以分为四个原则，即公平合理原则、充分原则、相对稳定原则、促进防灾防损原则。

（一）公平合理原则

公平是指保险人收取的保费应与其承担的风险相当，投保人缴纳的保费应与其获得的保障相对价。合理指的是费率的高低应与风险程度相对应。

（二）充分性原则

充分性原则是指收取的保险费应该确保保险人有足够的偿付能力，从而保证保险经营的稳定性。

（三）相对稳定原则

相对稳定原则是指保险费率厘定后，短期内不宜经常变动，要稳定，否则会让投保人产生反感。但稳定并非绝对稳定，当风险环境、保险责任等变化时，应及时调整。

（四）促进防灾防损原则

促进防灾防损原则是指在厘定保险费率的过程中，要考虑有利于鼓励投保人或被保险人防灾防损，降低风险发生可能性和严重性。例如，对注重防灾防损的被保险人采取优惠的保费率，增强投保人或被保险人防灾防损的动力。

二、保险产品定价的一般方法

保险产品定价的一般方法有三种，分别为分类法、判断法、增减法。

（一）分类法

分类法是根据若干重要而明显的风险标志，将性质相同的风险予以归类，并在此基础上依据损失概率厘定分类费率。是一种最常用也是最主要的保险费率厘定方法，其他方法都是在分类法的基础上使用的。人寿保险、火灾保险以及大多数意外伤害保险通常使用分类法。分类法假设被保险人将来的损失很大程度上由一系列相同的因素决定，但现实中很难完全符合这一条件。分类法的准确程度，既有赖于分类的适当性，又取决于各类别所包含的风险单位的数量。因为风险单位的数量足够的多，才能符合大数法则揭示的数量规律，只有保险标的的数量 n 无穷大，风险损失发生的频率才会无限接近于一个常数，以此估算的损失概率才会更准确。由于理想的条件在现实中很难完全满足，因此，分类费率与实际费率可能会存在偏差，需要采用其他方法在分类费率的基础上对其进行调整。

（二）判断法

判断法是在具体的承保过程中，由核保人员根据每笔业务的保险标的和以往的经验，直接判断风险频率和损失率，从而确定适合特定情况的个别费率。在现代保险业务中，判断法往往因其手续烦琐，加之受核保人员的水平和被保险人的信用影响很大，厘定保费率的科学性得不到保证。

判断法主要适用于海上保险、航空保险等，这些保险因航程不定、气候变化或交替使用不同运输工具而遭遇无法统一分类的风险。例如，我国保险公司初期承保波音 747 飞机时，就是采用判断法厘定费率的；另外，一些新的保险业务，开始时由于缺乏统计资料，又无可比情况，只能用判断法。

（三）增减法

增减法是在分类费率的基础上，结合同类中个别标的的风险状况对分类费率进行调整，确定费率的方法。增减法兼具判断法的灵活性和分类法的广泛性，是一种科学适用的计费方法。增减法具体又分为表定法、经验法和追溯法三种。

1. 表定法

表定法是保险人对每一具有相似风险的类别规定若干客观标准，然后依据标准情况下的风险程度制定出来，并以表格形式列示的一系列费率。当投保人投保时，核保人员以实际投保标的所具有的风险与原定标准相比较，若其条件比原定标准好，则按标定费率减少一部分；反之，则做适当增加。

表定法一般用于性质较为复杂的工商业风险，例如建筑物火灾保险，以砖造、具有一般消防设备的建筑物为基础标准，对影响建筑物火灾的四大因素——用途、构造、位置、防护设施分别确定调整幅度表。

表定法的优点在于它适用于程度不等的风险和各种规模的投保单位；同时，可以鼓励被保险人加强防灾防损。表定法的缺点在于利用表定法厘定费率的费用太高；而且表定费率在实际运用中灵活性太大，业务人员为争取承保更多业务而可能过度地降低费率，不利于保险经营的稳定。

2. 经验法

经验法是根据被保险人以往的损失经验数据，对分类费率进行增减变动的方法。经验法考虑到影响风险发生的每一因素；而表定法主要考虑有形因素。该方法大多适用于主观风险因素较多、损失变动幅度较大的风险，如公众责任保险、汽车保险等。利用经验法对分类费率进行调整的计算公式如下：

$$M=\frac{A-E}{E}\times C\times T$$

其中，M 为费率调整的百分比，A 为经验期被保险人的实际损失，E 为被保险人适用某分类费率时的预期损失，C 为信赖因数，T 为趋势因数。这里采用的趋势因数，主要是为了顾及平均赔偿金额支出的趋势以及物价指数的变动等。

【以案说险 8－7】

某企业投保产品责任保险，按分类费率计缴保险费总额为 5000 元，其中 80% 为纯保险费（预期损失），过去 3 年平均实际损失为 3000 元，假定信赖因数为 38%，趋势因数为 1。则企业投保该产品责任保险的费率调整幅度是多少？调整后应交保费是多少？

则其费率调整幅度为：$M=\frac{3000-5000\times 0.8}{5000\times 0.8}\times 0.38\times 1=-9.5\%$

所以调整后应缴保险费为：$5000\times(1-9.5\%)=4525$（元）

3. 追溯法

追溯法是以保险期内保险标的实际损失为基础，并依此计算被保险人当期应缴的保险费。由于保险标的当期损失实际数须到保险单期满后才能得知，这样确切应缴的保险费只有在保险期满后才能计算出来。因此，在使用追溯法时，先在保险期限开始前，以其他方法确定的费率确定预缴保险费，在保险期满后，根据实际损失对已缴保险费进行增减变动。追溯法厘定程序烦琐，不利于保险人大规模开展业务，实际中很少采用，仅局限于少数大规模投保人。

【第八章　内容梳理】

保险产品的定价可以理解为保险费率的厘定，本章以“保险产品如何定价?”这一问题为导向，首先剖析保险产品定价的底层逻辑，即保险产品定价的数理基础。从随机现象、随机事件到概率，引出保险承保的风险损失以及风险损失概率。从理论上讲，在完全损失的条件下，纯保险费率应该等于风险损失概率。也可以说，纯保险费率即单位保额的纯保险费支出应该等于单位保额的损失，即风险损失概率。可见，风险损失概率对于厘定纯保费率具有决定性作用的。本章通过解释大数法则在保险中的应用，找到风险损失概率的估算方法，从而找到了厘定纯保险费率的方法。

在明确保险费率厘定的底层逻辑的基础上，本章介绍了以财产保险为代表的非寿险产品保险费率的厘定和人寿保险产品保险费率的厘定。财产保险纯保费率的厘定是以风险损失概率为基础，在保险实务中，以平均保额损失率来代替损失概率。财产保险附加费率是以纯保险费率的一定比例确定，或者以总附加保费与保险金额的比例确定。在人寿保险产品费率的厘定中，首先，通过比较人寿保险和财产保险纯保险费率厘定的异同，发现人寿保险也是以保额损失率作为厘定保险费率的基础，但人寿保险保额损失率的影响因素主要是生存率、死亡率和利息因素。因此，人寿保险费率的厘定以遵循收支平衡为原则，考虑生存率（或死亡率）以及利息因素。通过举例的方式，分别介绍了趸缴保费和年缴保费情况下死亡保险和生存保险纯保险费率厘定的方法。针对人寿保险毛保险费的计算，分别介绍了比例法、比例常数法以及三元素法。

以上介绍的财产保险和人寿保险的保险费率是理论上的费率，或者基础费率，是某一类险种的费率，但在实际业务中，还需要根据同一类风险中各个保险标的的具体情况采用不同的方法对该类基础费率进行适当调整，确定实用费率，即保险人实际向投保人收取的保险价格。本章主要介绍了三种确定保险实用费率的方法，即分类法、增减法、判断法。在采用三种方法调整基础费率，确定实用费率的过程中，都要遵循保险产品定价的基本原则，即权利与义务平衡原则。权利与义务平衡原则具体又可以分为公平合理原则、充分原则、相对稳定原则、促进防灾防损原则。

【第八章课后习题】

专题项目二
保险产品
分析辅导

专题项目二　保险产品分析

【项目目标】

知识目标：在项目推进过程中，进一步巩固强化对前八章内容涉及专业知识点，比如风险、风险管理、保险合同、保险种类等的记忆理解。

能力目标：能够应用前八章所学专业知识和方法，对市场上各种类型的保险产品对应的保险合同进行解读。

素养目标：学生以从业者角色完成项目撰写、汇报、答辩，践行诚信、敬业的职业品德；学生以消费者角色听取项目汇报，进行质疑、辩论，提升金融素养，领悟诚信守法的重要性。

【重点】解读目前市场上各种不同类型的保险合同。

【难点】如何基于项目整体管理理念，通过优化保险服务项目流程，让学生记忆、理解专业知识的同时，持续提升自身的应用、分析、评价和创新创造能力；如何让学生以不同角色融入保险服务项目情景中，亲身领悟并践行法治、诚信、敬业等社会主义核心价值观，并量化思政育人效果。

【教学方式】小组项目（项目撰写、汇报、答辩、评价、反思）。

在前面的章节中，已经介绍了风险、风险管理、保险、保险市场、保险合同、保险产品等相关内容，学生如何利用上述专业知识和分析保险合同的方法，在规定的时间内，以保险从业者角色，面向保险消费者，针对市场上一份真实的保险合同进行高效解读，使保险消费者快速地“弄懂”这份保险合同，领悟保险交易中诚信守法的重要性，从而作出理性的判断与决策，提升其金融素养；同时，保险从业者角色在完成项目撰写、汇报、答辩过程中，践行诚信、敬业的职业品德，提升其职业素养。

【项目的具体操作流程】

一、学生分组

学生按照每4～5人分为一组，指定其中1人为小组组长。组长负责组织成员讨论项目推进中的疑难问题，并与指导教师保持沟通，协调组员分工完成项目汇报稿，准备项目的汇报答辩，最终项目成果提交等工作。每位组员在组长的协调下参与项目的推进过程，完成各自负责的子项目。组长要明确列示每个组员在项目推进中的具体分工，并告知指导教师。

二、为每个小组指定解读的保险合同类型

建议每个小组负责分析不同类型的保险合同，如表专 2－1 所示。

表专 2－1　每个小组分配的保险合同类型

小组	负责的保险合同类型
1 组	家庭财产保险
2 组	企业财产保险
3 组	工程保险
4 组	运输保险
5 组	重大疾病保险
6 组	医疗费用保险
7 组	人身意外伤害保险
8 组	定期寿险或终身寿险
9 组	年金保险
10 组	两全保险
11 组	信用保险或保证保险
12 组	责任保险

三、学生分组搜寻当前保险市场上特定类型的保险合同

搜寻一份保险合同的途径主要有但不仅限于以下几种：保险第三方网站、保险中介网站、中国保险行业协会网站、各家保险公司的官方网站等网上正在销售的保险产品；自己亲戚朋友已经签订的保险合同；一些保险公司的保险从业人员线下推荐的保险产品对应的保险合同以及其他途径。例如，中国保险行业协会 https：//www. iachina. cn/ 【保险产品】——“财产险产品信息库”“人身保险产品信息库”。

四、撰写小组项目报告

各小组根据前面章节所学专业知识对搜寻到的特定类型的真实保险合

同（或保险合同条款）进行解读，同时以保险从业者角色撰写“保险合同解读”项目报告。

五、分组进行项目汇报

每组派出代表进行本小组的“保险合同解读”项目汇报。在解读一份保险合同时，汇报人的角色定位是一个专业的保险从业者，听众为潜在客户，汇报人的目的是利用专业知识和方法解读一份保险合同，抓住关键的条款，让客户快速有效的“弄懂”这份合同，从而作出理性的判断与决策。汇报人可以使用文字、图片、动画等多种工具来呈现汇报内容，同时，在汇报过程中，汇报人要充分向客户展示其作为保险从业者的职业素养。在项目汇报过程中，客户能否在较短的讲解时间内真正“弄懂”这份保险合同？汇报人作为专业的保险从业者，能否以自身优秀的职业素养去影响客户的情感，提升客户对风险和保险的认识水平？这些都是项目答辩成绩评定的依据。具体的小组项目答辩评分标准如表专 2－2 所示。

表专 2－2　　答辩成绩评定量表

小组	汇报载体展示效果好（40 分）	保险合同分析透彻、重点突出（40 分）	优秀职业素养的感染力（专业度、语言、表情等）（10 分）	针对师生所提问题的答辩情况（10 分）	总分
1 组					
2 组					
3 组					
4 组					
5 组					
6 组					
7 组					
8 组					
9 组					
10 组					
11 组					
12 组					

六、小组项目答辩、反思以及答辩成绩评定

每组的汇报人完成项目汇报后，本组成员可以补充，其他小组的成员和指导教师可以针对汇报内容进行提问，本组成员负责答辩。指导教师和其他小组组长根据本小组项目汇报答辩情况，依据答辩成绩评定标准，给本小组进行打分，所有打分的平均分为本小组的答辩成绩；参与提问、讨论互动的同学可获得互动分，成绩计入本人的小组成绩；其间，指导教师针对讨论适时进行引导点拨。每组汇报答辩结束后，本组组长要针对本次项目的撰写、汇报、答辩情况进行反思，总结经验和不足之处，找到进一步修改完善项目的方向。

七、指导教师根据项目汇报答辩、讨论情况进行归纳总结

所有小组项目的汇报答辩结束后，导师对本次小组项目完成情况进行总结、评价，并提出进一步完善的建议。同时，结合现实保险合同案例，再次强调一份保险合同需要关注的关键内容，以达到高效“看懂”一份保险合同的目的。

八、提交修改完善后的项目报告与项目作业成绩评定

每组根据小组项目汇报答辩中，其他组员和导师所提的问题以及导师给出的建议，继续完善小组项目报告，修改完善后的小组项目报告作为项目成果提交导师，导师根据小组项目成果质量给出小组作业成绩。

九、小组综合成绩评定

以小组答辩成绩和小组作业成绩的加权平均成绩作为小组综合成绩。例如，小组成绩 = 小组答辩成绩（40%）+ 小组作业成绩（60%）。小组成绩即为本组所有成员的成绩。

【附：如何解读一份保险合同】

分析一种保险产品实际上是去分析这种保险产品对应的保险合同，为了分析一份保险合同，在本书第三章介绍了如何从主体、客体、内容、形式、类型等不同的维度看懂保险合同，第四章至第七章介绍了不同类型的

商业保险产品及其保障内容，第八章阐述了不同类型的保险产品如何定价。在上述八章内容的基础上，本节知识点将引领读者去掌握一些更具体的保险合同解读技巧，高效“看懂”一份保险合同。

一、“看懂”保险产品的名称

要看懂一份保险合同，首先要能看懂保险合同中列明的保险产品的名称。根据保险产品的名称直接判断出产品的类型，以前面章节介绍的不同类型保险产品的基本保险责任为知识铺垫，了解这份保险合同承保的基本保险责任，从而初步判断该保险产品是否为自己的目标产品。

然而在实务中，保险产品的名称中除了包括产品类型或产品保险责任描述之外，还会有一些修饰性的词语，甚至名称中的关键信息被淹没在复杂的修饰语中，影响你对产品责任的判断。而要从复杂的保险产品名称中快速准确的判断出保险产品的类型，需要了解保险产品名称的命名规则。

（一）人身保险产品的命名规则

根据原保监会印发的保监发〔2000〕42 号文件《人身保险产品定名暂行办法》第九条规定，人身保险产品名称应符合以下一般格式：“保险公司名称 + 吉庆、说明性文字 + 承保方式 + 产品类别 + （设计类型）”，其中“承保方式”仅限于团体保险要在名称中标注“团体”字样；普通型和投资连结型产品无须在名称中注明设计类型。例如，中宏宏悦至臻团体医疗保险，在该名称中，“中宏”为保险公司名称，“宏悦至臻”为“吉庆文字”，“团体”为“承保方式”，“医疗保险”为“产品类型”。明确了产品的类型为“医疗保险”，依据前面章节所学知识点，就可以确认其基本保险责任为：当被保险人因疾病、分娩或意外伤害导致医疗费用支出时，保险人依据保险合同约定对支出的医疗费用进行补偿。

非团体人身保险产品名称的一般格式为：“保险公司名称 + 吉庆、说明性文字 + 产品类别 + （设计类型）”。例如，太平福佑金生终身寿险（分红型）的格式分解如图专 2 - 1 所示，“太平”为保险公司名称，“福佑金生”为吉庆文字，“终身寿险”为产品类型，“分红型”为“设计类型”。看到该保险产品的名称，首先要直接找到产品类型，从而判断出是什么类型的保险产品——终身寿险，基本保险责任是什么——无论被保险人何时死亡，保险人都会向保险合同的受益人给付死亡保险金。

太平福佑金生终身寿险（分红型）

“保险公司名称”+“吉庆、说明性文字”+“险种类别”+“（设计类型）”

图专 2－1　保险产品命名格式分解

如果保险产品属于附加险，应当在保险公司名称后标注“附加”字样，例如，“平安附加平安福提前给付重大疾病保险”的命名格式分解如图专 2－2 所示，“平安”为保险公司名称，“附加”说明本产品为“附加险”，“平安福”为吉庆文字，“提前给付”为说明性文字，“重大疾病保险”为产品类型，该产品名称后面没有“设计类型”，说明该产品为普通型的重大疾病保险。

平安附加平安福提前给付重大疾病保险

“保险公司名称”+“吉庆、说明性文字”+“险种类别”+“（设计类型）”

图专 2－2　保险产品命名格式分解

（二）财产保险的命名规则

根据《财产保险公司保险产品开发指引》第三章命名规则的规定，作为主险的财产保险产品的命名应符合以下格式：“保险公司名称＋（地方性产品地域名称）＋主要保险责任描述（险种）＋（版本）”。例如，“安邦财产保险股份有限公司河南省花生种植保险”，其中“安邦财产保险股份有限公司”为保险公司名称，“河南省”为地方性产品地域名称，“花生种植保险”为主要保险责任描述（险种）。《财产保险公司保险产品开发指引》第十二条规定：“保险产品名称可以在保险公司名称后增加个性化称号。”例如，安邦财产保险股份有限公司“居安宝”——家庭财产保险（2011 版），其中，“居安宝”为个性化称号。

作为附加险的财产保险产品的命名应符合以下格式：“（保险公司名称）＋（主险名称）＋附加＋（地方性产品地域名称）＋主要保险责任描述（险种）＋（版本）[①]”。例如，中国人民财产保险股份有限公司医疗责任保

① 格式中的“括号”代表可选项。如果附加险名称未包含主险名称，则应包含保险公司名称。

险附加医疗机构场所责任保险，其中“中国人民财产保险股份有限公司”为保险公司名称，“医疗责任保险”为主险名称，“附加”表明该保险为附加险，“医疗机构场所责任保险”为主要保险责任描述（险种）。如果附加险名称未包含主险名称，则应包含保险公司名称。

二、注意几个关键期

（一）犹豫期

犹豫期是指在投保人签收保险单后一定时间内，对所购买的保险不满意，可无条件退保且可以拿回全额保费。不同的保险合同设置的犹豫期长短不同，目前市场上保险合同的犹豫期一般设置为10天、15天或20天，一些极短期的保险产品一般无犹豫期。解读一份保险合同时，应该关注犹豫期，因为投保人在犹豫期内退保没有损失，而犹豫期后退保会有损失。明确犹豫期，可以督促投保人投保后，尽快认真重新审视签订的保险合同，进一步确定是否匹配自身的保险需求，如不匹配，争取犹豫期内退保，从而避免保费损失，同时，也能规避由此而带来的保险纠纷。例如，在某款“两全保险”合同中列示有关于犹豫期的条款：“自您签收本主险合同次日起，有20日的犹豫期。在此期间请您认真审视本主险合同，如果您认为本主险合同与您的需求不相符，您可以在此期间提出解除本主险合同，我们将无息退还您所支付的全部保险费。解除本主险合同时，您需要填写申请书，并提供您的保险合同及有效身份证件。自我们收到您解除合同的书面申请时起，本主险合同即被解除，合同解除前发生的保险事故我们不承担保险责任。”

（二）等待期

等待期是指投保人在投保后，从合同生效日算起的一段时间内，被保险人患病所发生的费用，保险公司不予赔付。大部分健康保险都有等待期。目前市场上保险合同的等待期一般设置为30天、90天或180天等。等待期的长短一般与保险期限的长短有关。例如，某款长期重大疾病保险合同中关于等待期的条款列示为：“从本附加险合同生效（或最后复效）之日起90日内，被保险人首次发病并经医院确诊为本附加险合同约定的‘重大疾病’或‘特定轻度重疾’，我们不承担保险责任，将退还您所支付的本附加险合同的保险费，本附加险合同终止；主险合同同时终止，将退还您所支付的主险合同的保险费。”这 90 日的时间称为等待期；被保险人因意外伤害“发生上述情形的，无等待期。”另外某款一年期的医疗保险合同中关于等待期的条款列示为：“被保险人在本合同生效 30 日后因疾病在本公司认可的医疗机构住院治疗的，对于被保险人每次住院自住院之日起实际发生并支付的医疗必需且合理的本合同约定的住院费用，本公司按照合同约定给付住院医疗费用保险金。”这里的“30 日”为等待期。等待期是保险合同解读过程中需要重点关注的条款，同种类型的保险，等待期越短，对投保人越有利。

（三）宽限期

宽限期是指在首次缴付保险费以后，如果投保人在各期没有及时缴费，保险公司将给予投保人一定期限的宽限期，在宽限期内保险合同仍然有效，投保人只要在宽限期内缴纳了保险费，保险合同就继续有效，保险合同的宽限期一般为 60 天。如果在宽限期内，投保人没有足额缴纳保险费，一旦超过宽限期，被保险人将会处于“无保”状态。因此，在解读一份保险合同时，要注意合同的宽限期。例如，某款终身寿险有关宽限期的条款列示为：“投保人未按合同规定日期交付保险费的，自次日起 60 日为宽限期间；在宽限期间内发生保险事故，本公司仍承担保险责任；超过宽限期间仍未交付保险费的，本合同效力自宽限期间届满的次日起中止。在本合同效力中止期间，本公司不承担保险责任。”该条款中的“60 日”为本合同的宽限期。

（四）复效期

复效期是指如果过了宽限期，投保人仍然没有缴纳合同约定的保险费，那么保单效力就中止了，此时，保险合同进入复效期。复效期通常为两年时间，自合同效力中止后两年时间内可以申请复效，在被保险人健康状况符合保险公司承保条件的前提下，投保人补交续期保费及其利息，保险合同会继续有效。如果投保人没有在复效期内申请复效，一旦过了复效期，保险合同效力即行终止。如果还想获得该类保险的保障，只能重新投保。对于长期保险合同，重新投保会带来一些问题，其一，重新投保时，保险人会重新进行核保，由于被保险人重新投保时的年龄、健康状况等发生变化，保险人会提高保费，或者将被保险人的某些风险列入除外责任，甚至被拒保。其二，如果该类保险合同中有等待期，那么在签订新的保险合同时会重新计算等待期。因此，在解读一份保险合同时，应该关注复效期。例如，某款终身寿险有关复效期的条款列示为："在本合同效力中止之日起二年内，投保人可填写复效申请书，并提供被保险人的健康声明书或二级以上（含二级）医院出具的体检报告书，申请恢复合同效力。经本公司与投保人协商并达成协议，自投保人补交所欠的保险费及利息、借款及利息的次日起，本合同效力恢复。自本合同效力中止之日起二年内双方未达成协议的，本公司有权解除本合同，并向投保人退还本合同的现金价值。"条款中的"二年"即为该保险合同的复效期。复效期与宽限期的区别如表专 2－3 所示。

表专 2－3　　宽限期和复效期的区别

宽限期	复效期
投保人仅补交保费	投保人补交保费和利息
被保险人处于"有保"状态	被保险人处于"无保"状态
投保人只要把保费续缴上，不用重新进行健康告知	投保人提出复效时，需提供被保险人健康声明、体检报告及要求的其他文件，符合承保条件，才能复效

三、关注保险责任和责任免除

保险责任和责任免除条款是保险合同中的重点条款，也是在解读一份保险合同时需要着重关注的条款，通过保险合同中的保险责任和责任免除条款，可以明确该保险合同承担的保险责任范围。高效解读一份保险合同中的保险责任和责任免除条款，就是让保险消费者高效地"看懂"：利用该保险，自己的哪些风险损失可以被转移，而哪些风险损失无法进行转移，从而确定该保险是否是自己的目标产品。

【某款家庭财产保险合同中列示的保险责任和责任免除条款】

保险责任

第六条　保险期间内，保险标的在保险单载明的地址内由于下列原因发生的损失，保险人按照本保险合同的约定负责赔偿：

（一）火灾、爆炸，包括但不限于：

1. 家庭燃气用具、电器、用电线路以及其他内部或外部火源引起的火灾；

2. 家庭燃气用具、液化气罐以及燃气泄漏引起的爆炸；

（二）空中运行物体坠落、外界物体倒塌；

（三）台风、暴风、暴雨、龙卷风、雷击、洪水、冰雹、暴雪、崩塌、冰凌、突发性滑坡、泥石流和自然灾害引起地面突然下陷下沉。

第七条 保险事故发生后，被保险人为防止或减少保险标的的损失所支付的必要的、合理的费用，保险人按照本保险合同的约定负责赔偿。

责任免除

第八条 下列原因造成的损失、费用，保险人不承担赔偿责任：

（一）投保人、被保险人及其家庭成员、家庭雇佣人员、暂居人员的故意或重大过失行为；

（二）战争、军事行动、暴动或武装叛乱；

（三）核辐射、核爆炸、核污染及其他放射性污染；

（四）地震、海啸，及其次生灾害；

（五）行政行为或司法行为。

第九条 下列损失、费用，保险人不负责赔偿：

（一）家用电器因或超电压、碰线、漏电、自身发热等原因所造成的自身损毁，但发生燃烧造成火灾的除外；

（二）保险标的因自身缺陷、变质、霉烂、受潮、虫咬、自然磨损，或保管不善所导致的损失；

（三）保险标的在保险单载明地址的房屋外遭受的损失，但安装在房屋外的空调器和太阳能热水器等家用电器的室外设备除外；

（四）间接损失。

第十条 每次事故免赔额（率）由投保人与保险人协商确定，并在保险单中载明。免赔额（率）内的损失、费用，保险人不承担赔偿责任。

【专题项目二课后习题】

【小组项目成果展示台】

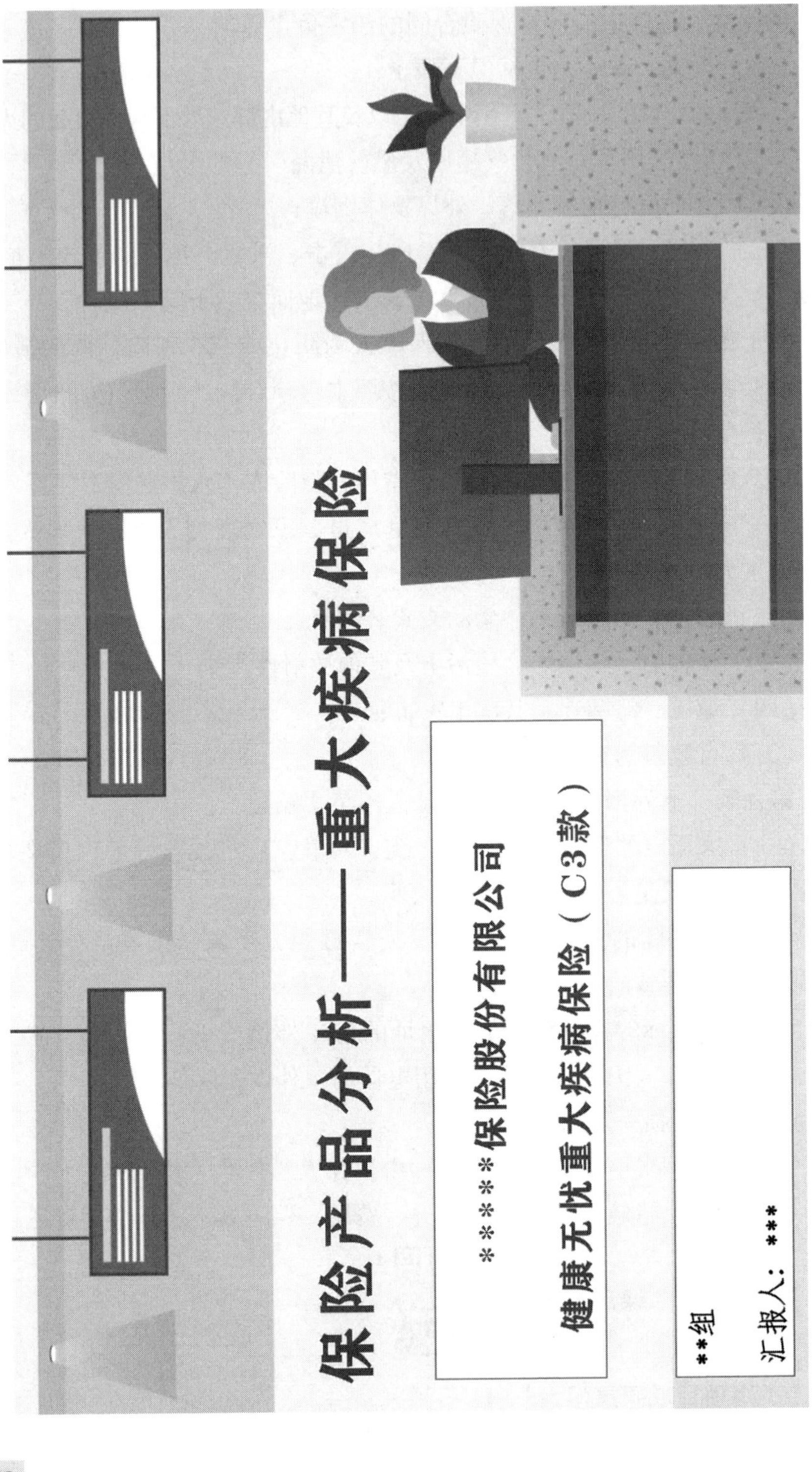
保险产品分析——重大疾病保险
*****保险股份有限公司
健康无忧重大疾病保险（C3款）
**组
汇报人：***

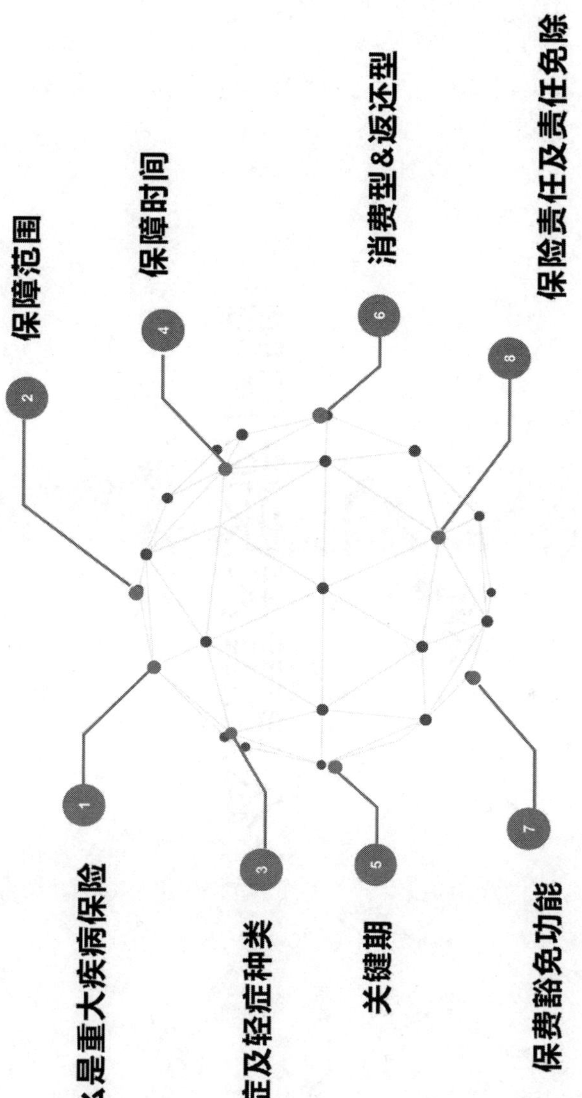
1 什么是重大疾病保险
2 保障范围
3 轻症及轻症种类
4 保障时间
5 关键期
6 消费型&返还型
7 保费豁免功能
8 保险责任及责任免除

1 什么是重大疾病保险

□ 重大疾病保险是以特定重大疾病为给付保险金条件的疾病保险。

1	恶性肿瘤	13	双耳失聪
2	急性心肌梗塞	14	双目失明
3	脑中风后遗症	15	瘫痪
4	重大器官移植术或造血干细胞移植术	16	心脏瓣膜手术
5	冠状动脉搭桥术（或称冠状动脉旁路移植术）	17	严重阿尔茨海默病
6	终末期肾病（或称慢性肾功能衰竭尿毒症期）	18	严重脑损伤
7	多个肢体缺失	19	严重帕金森病
8	急性或亚急性重症肝炎	20	严重Ⅲ度烧伤
9	良性脑肿瘤	21	严重原发性肺动脉高压
10	慢性肝功能衰竭失代偿期	22	严重运动神经元病
11	脑炎后遗症或脑膜炎后遗症	23	语言能力丧失
12	深度昏迷	24	重型再生障碍性贫血
		25	主动脉手术

中国保险行业协会制定的《重大疾病保险的疾病定义使用规范》中的疾病

2 保障范围

保障范围

1.轻症疾病 55种

2.重大疾病 110种（包括国家规定的25类）

3.特定严重疾病 10种

4.特定恶性肿瘤：如被保险人为男性，则本合同所指的特定恶性肿瘤为肝癌、胆囊癌和前列腺癌；如被保险人为女性，则本合同所指的特定恶性肿瘤为乳腺癌、宫颈癌和卵巢癌。其中，肝癌、胆囊癌、前列腺癌、乳腺癌、宫颈癌、卵巢癌分别指符合本合同所指的重大疾病中第 1 项恶性肿瘤定义标准，且原发于肝脏、胆囊、前列腺、乳腺、宫颈、卵巢的恶性肿瘤。

第五条 保险责任

在本合同保险期间内，本公司承担下列保险责任：

1. 轻症疾病保险金
2. 重大疾病保险金
3. 身故保险金
4. 特定严重疾病保险金
5. 特定恶性肿瘤保险金
6. 前 10 年关爱保险金
7. 轻症疾病豁免保险费

详见第十八条释义

3 轻症及轻症种类

口 轻症赔付：是指不同轻症的多次赔付，是被保险人发生轻症赔一次，被保险人又发生另外一种轻症，再赔一次。

第五条 保险责任

在本合同保险期间内，本公司承担下列保险责任：

1.轻症疾病保险金

被保险人于本合同生效（或合同效力恢复）之日起180日（含）内，因疾病原因由本公司认可医院（详见释义）的专科医生（详见释义）确诊**初次**发生本合同所指的轻症疾病（详见释义）（无论一种或多种），本公司**不承担本项保险责任，本合同继续有效。**

被保险人于本合同生效（或合同效力恢复）之日起180日（含）内，因意外伤害（详见释义）原因由本公司认可医院的专科医生确诊**初次**发生本合同所指的轻症疾病（无论一种或多种），且未发生本合同所指的重大疾病（详见释义），本公司**按基本保险金额的20%给付轻症疾病保险金，本公司对该种轻症疾病的保险责任终止。**

被保险人于本合同生效（或合同效力恢复）之日起180日（不含）后，由本公司认可医院的专科医生确诊**初次**发生本合同所指的轻症疾病（无论一种或多种），且未发生本合同所指的重大疾病，本公司**按基本保险金额的20%给付轻症疾病保险金，本公司对该种轻症疾病的保险责任终止。**

在本合同保险期间内，本公司对每种轻症疾病给付轻症疾病保险金次数以一次为限，本公司累计给付轻症疾病保险金次数以三次为限，当累计给付的轻症疾病保险金次数达到三次时，本项保险责任终止，本合同继续有效。

被保险人由于同一疾病原因、同次医疗行为或同次意外伤害事故，确诊初次发生多种本合同所指的轻症疾病，本公司按上述规定，仅对其中一种轻症疾病承担给付轻症疾病保险金责任。

第十八条 释义

本合同所指的轻症疾病：本合同所指的轻症疾病，是指未达到本合同所指的重大疾病标准的下列疾病、疾病状态或手术：

轻症及轻症种类

① 轻症设计

该合同中所列轻症疾病保障种类共有55类，保障范围较广，其中包括常见的高发性轻症疾病。部分进行分组组合赔付，组内只赔付一种轻症疾病；不分组的情况不受限制，不同种轻症疾病都可赔付。

② 轻症数量

可保轻症疾病数量为55种，且没有进行拆分现象。详见利益条款第十八条释义中所列举的本合同所指的轻症疾病。

③ 赔付次数

轻症赔付数量分为：

轻症一次赔付和轻症多次赔付

④ 赔付方式

额外赔付方式

注意等待期是180天

⑤ 其他特点

同时发生多种轻症，仅对其中一种承担责任

轻症责任没有年龄限制，提高了客户的保障利益

4 保障时间

重大疾病保险保障期限

① 一年期的重大疾病保险

- 保障期限为一年，交一年保一年。
- 价格很便宜，但不稳定性比较大，其采取的是自然费率。
- 注意的是续保问题，每年在保障到期前需要重新购买。
- 适合收入比较低，又需要保障的人，或者是和其他的重疾险搭配

② 定期的重大疾病保险

- 保障一定的期限，可以选择。
- 可以以较低的保费获得较高的保额，其采取的是均衡费率。
- 无须担心续保的问题。
- 适合于预算不是很充足，又需要长期保障的人

③ 终身的重大疾病保险

- 为终身的重疾提供保障。
- 保费最多，其采取的也是均衡费率。
- 终身无须续保。
- 适合于预算充足的时候来选择

第四条 保险期间

本合同的保险期间为被保险人终身，并在保险单上载明。保险期间自本合同生效日的零时开始。

5 关键期

犹豫期

是指在投保人签收保险单后一定时间内，对所购买的保险不满意，可无条件退保且可以拿回全额保单（10天、15天、20天），短期的产品一般无犹豫期。

第十六条　投保人解除合同的手续及风险

1. 本合同生效后，本公司为投保人提供 15 日的犹豫期，犹豫期指投保人收到保险单并书面签收之日起 15 日的期间，投保人在上述期间内要求解除本合同的，本公司自本合同解除之日起 10 日内在扣除工本费后退还本保险实际交纳的保险费。

2. 投保人在犹豫期后要求解除本合同的，本公司自本合同解除之日起 10 日内向投保人退还保险单的现金价值。投保人犹豫期后解除合同可能会遭受一定损失。

等待期

是指投保人在投保后，从合同生效日算起的一段时间内，被保险人患病所发生的费用，保险公司不予赔付。大部分健康保险都有等待期（30天、90天、180天）。

第五条 保险责任

2. 重大疾病保险金

被保险人于本合同生效（或合同效力恢复）之日起180日（含）内，因疾病原因由本公司认可医院的专科医生确诊初次发生本合同所指的重大疾病（无论一种或多种），本公司给付重大疾病保险金，其金额为本保险实际交纳的保险费（详见释义）的1.1倍，本合同终止。

被保险人于本合同生效（或合同效力恢复）之日起180日（含）内，因意外伤害原因由本公司认可医院的专科医生确诊初次发生本合同所指的重大疾病（无论一种或多种），本公司按基本保险金额给付重大疾病保险金，本合同终止。

被保险人于本合同生效（或合同效力恢复）之日起180日（不含）后，由本公司认可医院的专科医生确诊初次发生本合同所指的重大疾病（无论一种或多种），本公司按基本保险金额给付重大疾病保险金，本合同终止。

宽限期

是指在首次交付保险费以后，如果投保人在各期没有及时缴费，保险公司将给予投保人一定期限的宽限期，在宽限期内保险合同仍然有效，投保人只要在宽限期内缴纳了保险费，保险合同就继续有效。

第八条 续期保险费的交纳、宽限期

本合同续期保险费应按保险单所载明的交费方式和交费日期交纳，投保人应该在所选择的交费期间内每年交纳保险费，交纳保险费的具体日期为当年的保单生效对应日，并在保险单上载明。如到期未交纳，自保险单所载明的交费日期的次日零时起 60 日为宽限期。宽限期内发生保险事故的，本公司承担保险责任，但在给付保险金时将扣减投保人欠交的保险费。

除另有约定外，投保人逾宽限期仍未交纳续期保险费的，本合同自宽限期满的**次日零时起**效力中止。

复效期

如果过了宽限期，投保人仍然没有续费，那么保单效力就终止了，这时候进入复效期。复效期通常有2年的时间，自合同效力中止后2年的时间内申请复效，在健康状况符合保险公司的承保条件的前提下，把续期保费及其利息交上，保险合同会继续有效。

第十条 合同效力恢复

本合同效力中止后二年内，投保人可以申请恢复本合同效力。经本公司与投保人协商并达成协议，自投保人补交保险费、偿还保单贷款及利息之日起，本合同效力恢复。

自本合同效力中止之日起满二年双方未达成复效协议的，本公司有权解除本合同，并退还合同效力中止时保险单的现金价值。

6

消费型&返还型

1 消费型重大疾病保险	2 返还型重大疾病保险
• 在保险期满后，如果被保险人未患合同中约定的重大疾病，就不赔付保险金，也不退还保险费。	• 保险期满后，如果被保险人未发生合同约定的重大疾病，则被保险人可以获得保费的返还。如果发生重大疾病，就给付重大疾病保险金。
• 一般是短期的保险，一般是作为附加险的形式出现。	• 一般是长期的保险，一般是作为主险单独购买。
• 保费很低，保障额度高。	• 保费高。

第四条 保险期间

本合同的保险期间为被保险人终身，并在保险单上载明。保险期间自本合同生效日的零时开始。

返还型

第六条 保险责任

3. 身故保险金

被保险人于本合同生效（或合同效力恢复）之日起 180 日（含）内，因疾病原因身故，本公司**给付身故保险金，其金额为本保险实际交纳的保险费的 1.1 倍，本合同终止。**

被保险人于本合同生效（或合同效力恢复）之日起 180 日（含）内，因意外伤害原因身故，本公司**按基本保险金额给付身故保险金，本合同终止。**

被保险人于本合同生效（或合同效力恢复）之日起 180 日（不含）后身故，本公司**按基本保险金额给付身故保险金，本合同终止。**

本条第 2 款重大疾病保险金和本款身故保险金，本公司在保险期间内仅给付一项，给付其中任意一项后，本合同终止。

7

保费豁免功能

重大疾病保险保费豁免

❶ 重症豁免

指如果被保险人被确诊约定重大疾病，就可以拿到保险金，同时豁免后期剩余各期的保费。

❷ 轻症豁免

指如果被保险人确诊患有约定的轻症，给付轻症保险金，并豁免剩余各期保费，而主险及其他人身保险合同继续有效。

❸ 投保人豁免

指如果投保人确诊患有约定的重疾或高残或身故时，豁免所附加的主险以及其他的人身保险合同剩余各期保费，主险及其他人身保险合同继续有效。

❶ 轻症豁免

第五条 保险责任

7. 轻症疾病豁免保险费

被保险人于本合同生效（或合同效力恢复）之日起 180 日（含）内因意外伤害原因，或于本合同生效（或合同效力恢复）之日起 180 日（不含）后，由本公司认可医院的专科医生确诊**初次**发生本合同所指的轻症疾病，投保人可**免交**自被保险人确诊初次发生本合同所指的轻症疾病之日起的**续期保险费，本合同继续有效**。

豁免保险费的，本公司视同自被保险人确诊初次发生本合同所指的轻症疾病之日起的续期保险费**按期交纳**。

❷ 轻症豁免的申请

第十二条 保险金及豁免保险费的申请

3. 申请轻症疾病豁免保险费时，由投保人或被保险人作为申请人填写申请书，并提供下列证明和资料：

（1）保险合同；

（2）申请人及被保险人的有效身份证件；

（3）本公司认可医院出具的附有病历、必要病理检验、血液检验及其他科学方法检验报告的疾病诊断书；

（4）所能提供的与确认保险事故的性质、原因、伤害程度等有关的其他证明和资料。

8 保险责任及责任免除

保险责任

保险人所承担的风险项目或保险合同中约定的由保险人承担责任的保险事故范围，一般包括保险事故原因和后果。

第五条 保险责任

在本合同保险期间内，本公司承担下列保险责任：

1. 轻症疾病保险金。
2. 重大疾病保险金。
3. 身故保险金。
4. 特定严重疾病保险金。
5. 特定恶性肿瘤保险金。
6. 前 10 年关爱保险金。
7. 轻症疾病豁免保险费。

□ 责任免除：合同列明的保险人不予承担的风险项目，具体规定哪些原因或状态下引起的事故不属于保险责任，以及造成的哪些后果不属于保险责任。（最重要）

第六条 责任免除

1. 轻症疾病、重大疾病、特定严重疾病、特定恶性肿瘤、前 10 年关爱（因重大疾病原因） 保险责任免除被保险人因下列（1）－（8）项情形之一发生本合同所指的轻症疾病、重大疾病、特定严重疾病或特定恶性肿瘤的，或在第（9）项期间遭受意外伤害导致本合同所指的轻症疾病、重大疾病或特定严重疾病的，本公司不承担保险责任：

（1）投保人对被保险人的故意杀害、故意伤害；
（2）被保险人故意自伤，但自伤时为无民事行为能力人的除外；
（3）被保险人故意犯罪或抗拒依法采取的刑事强制措施；
（4）被保险人主动吸食或注射毒品（详见释义）；
（5）战争、军事冲突、暴乱或武装叛乱；
（6）核爆炸、核辐射或核污染；
（7）遗传性疾病（详见释义），先天性畸形、变形或染色体异常（详见释义）；
（8）被保险人感染艾滋病病毒或患艾滋病（详见释义）；
（9）被保险人酒后驾驶（详见释义）、无合法有效驾驶证驾驶（详见释义）或驾驶无有效行驶证（详见释义）的机动车（详见释义）期间。

被保险人因其发生上述第（1）－（8）项情形或在第（9）项期间发生本合同所指的轻症疾病的，本公司不予豁免保险费。

2. 身故保险责任免除

被保险人因下列（1）-（6）项情形之一身故的，或在第（7）项期间遭受意外伤害导致身故的，本公司不承担保险责任：

（1）投保人对被保险人的故意杀害、故意伤害；

（2）被保险人故意犯罪或抗拒依法采取的刑事强制措施；

（3）被保险人自本合同成立或合同效力恢复之日起二年内自杀，但自杀时为无民事行为能力人的除外；

（4）被保险人主动吸食或注射毒品；

（5）战争、军事冲突、暴乱或武装叛乱；

（6）核爆炸、核辐射或核污染；

（7）被保险人酒后驾驶、无合法有效驾驶证驾驶或驾驶无有效行驶证的机动车期间。

发生上述第（1）项情形导致被保险人身故的，本合同终止，本公司向被保险人继承人退还保险单的现金价值（详见释义）。

因上述第（2）-（6）项情形或在第（7）项期间被保险人身故的，本合同终止，本公司向投保人退还保险单的现金价值。

小组分工及完成度

组员	项目子任务	完成度
***	1.搜集并确定保险合同 2.组织分工协调 3.汇总PPT并整理 4.形成Word汇报稿	100%
***	1.整理保险合同、修改格式（保险合同原文件文本乱码，难以阅读） 2.标注合同重点内容，便于后期制作	100%
***	1.保险合同框架解说部分PPT制作	100%
***	1.保险合同重要内容部分PPT制作	100%

图 8－4　小组项目成果展示台

第九章 9

有社会保险，还需要商业保险吗？

思维导图

- 有社会保险，还需要商业保险吗？
  - 社保与商保的互补性
    - 险种上的互补
      - 社保：人身保险
      - 商保：人身保险、广义财产保险
    - 保障程度上的互补
      - 养老保险
      - 医疗保险
      - 工伤保险与意外伤害保险
    - 功能上的互补
      - 社会保险
        - 保障
      - 商业保险
        - 投资理财
        - 资产传承
  - 社保与商保的区别
    - 保险性质
    - 实施方式
    - 保费来源
    - 保障对象
    - 保障程度
    - 保险种类
  - 总结：社保不可少，若经济条件允许，可补充商保

章节目标

★ **知识目标**：理解社会保险和商业保险的区别，掌握保险种类相同的社会保险和商业保险的替代性和互补性。

能力目标：能够利用社会保险和商业保险之间的关系，为特定客户进行保险规划。

素养目标：在理解商业保险是社会保险有益补充的基础上，增强作为保险从业者的社会责任感。

针对“有社会保险，还需要商业保险吗?”这个问题，首先需要明确社会保险和商业保险之间的关系，是一种完全替代关系，还是互补关系?

社会保险与商业保险的关系

第一节 社会保险与商业保险的区别

一、从保险性质上看

（一）商业保险属于商业经营行为，财务上独立核算、自负盈亏、以营利为目的

• 思考与启示

保险公司可以破产吗？答案是肯定的，投保人可能会有担忧，如果破产了，自己的利益如何得到保障呢？关于这个问题，作如下说明。

第一，保险公司成立后，按注册资本总额20%提取保证金，存入指定银行，除公司清算时用于清偿债务外，不得动用。①

① 《中华人民共和国保险法》第九十七条。

第二，保险公司要从自留保费中按照一定比例提取保险保障基金，统一管理，在被撤销、破产以及面临重大危机时，用于向保单持有人或保单受让公司提供救济①。

第三，人寿保险公司被撤销或者被宣告破产的，其持有的人寿保险合同，必须转让给其他人寿保险公司，不能同其他人寿保险公司达成转让协议的，由监管机构指定人寿保险公司接收②。

基于以上规定，投保人、被保险人或受益人的利益会在一定程度上得到保障。

（二）社会保险是社会保障体系的组成部分，目的是维护社会经济生活稳定，不以经济效益高低来决定社会保险项目的取舍及其保障水平，亏损时国家财政负最终责任

1. 社会保障体系的构成

我国的社会保障体系由社会保险、社会福利、社会救济和社会优抚组成，社会保险在我国社会保障体系中占有重要地位。

2. 社会保险体系的构成

《中华人民共和国社会保险法》（以下简称《社会保险法》）第二条规定：国家建立基本养老保险、基本医疗保险、工伤保险、失业保险、生育保险等社会保险制度，保障公民在年老、疾病、工伤、失业、生育等情况下依法从国家和社会获得物质帮助的权利。

2015 年《中共中央关于制定国民经济和社会发展第十三个五年规划的建议》中提出，将生育保险和基本医疗保险合并实施，并写入 2016 年编制的《中华人民共和国国民经济和社会发展第十三个五年规划纲要》第六十章第二节。2017 年国务院印发《生育保险和职工基本医疗保险合并实施试点方案》，并于 2017 年 6 月底前在河北省邯郸市、山西省晋中市、辽宁省沈阳市、江苏省泰州市、安徽省合肥市、山东省威海市、河南省郑州市、湖南省岳阳市、广东省珠海市、重庆市、四川省内江市、云南省昆明市等 12 个城市开展两项保险合并实施试点。2019 年国务院印发《关于全

① 《中华人民共和国保险法》第一百条，以及我国《保险保障基金管理办法》。

② 《中华人民共和国保险法》第九十二条。

面推进生育保险和职工基本医疗保险合并实施的意见》，要求各省（自治区、直辖市）要加强工作部署，督促指导各统筹地区加快落实，2019年底前实现两项保险合并实施。医疗保险和生育保险合并后，我国的社会保险包括养老保险、医疗保险、工伤保险、失业保险等四个险种。

3. 基本养老保险的构成

《中华人民共和国社会保险法》第二章规定了我国基本养老保险的组成，包括职工基本养老保险、城镇居民社会养老保险（以下简称城居保）和新型农村社会养老保险（以下简称新农保）。2014年国务院印发《关于建立统一的城乡居民基本养老保险制度的意见》，决定将新农保和城居保两项制度合并实施，在全国范围内建立统一的城乡居民基本养老保险制度。提出2020年前，全面建成公平、统一、规范的城乡居民养老保险制度，与社会救助、社会福利等其他社会保障政策相配套，更好保障参保城乡居民的老年基本生活。

4. 基本医疗保险的构成

《中华人民共和国社会保险法》第三章规定了我国基本医疗保险的组成，包括职工基本医疗保险、城镇居民基本医疗保险和新型农村合作医疗。2016年国务院印发《关于整合城乡居民基本医疗保险制度的意见》，决定整合城镇居民基本医疗保险（以下简称城镇居民医保）和新型农村合作医疗（以下简称新农合）两项制度，建立统一的城乡居民基本医疗保险制度。《意见》强调，整合城乡居民医保制度是深化医改的一项重点任务，各省（区、市）要于2016年6月底前对制度整合作出规划和部署，各统筹地区要于2016年12月底前出台具体实施方案。

目前我国的社会保障体系如图9－1所示。

二、实施方式

商业保险属于自愿投保，遵循“谁投保，谁受保；不投保，不受保”的原则。社会保险由政府强制实施，法定范围内的所有社会成员必须参加，并且参加的项目和缴费、待遇标准都是相对确定的①。

① 我国社会保险的缴费、待遇标准与社会经济发展水平相关，同一时期，不同地区会有差异；在同一地区，不同时期也会有差异。

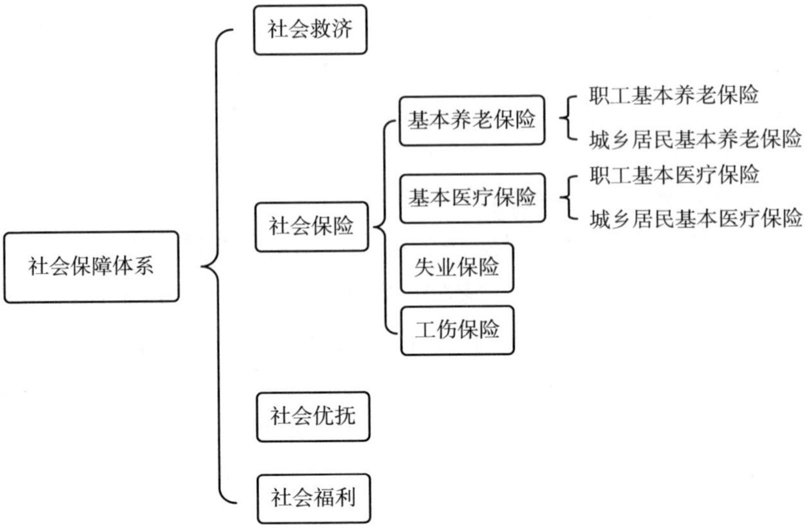

图9-1　我国的社会保障体系

三、保费来源

商业保险是由参加保险的单位或个人自己负担保费，多投多保，少投少保，不投不保。社会保险的保费由政府强制征缴，一般由企业（或集体）和个人两方负担，[①] 国家承担最终责任。

四、保障对象

商业保险的保障对象为符合保险条件并缴纳保费的被保险人。社会保险的保障对象为法定范围内的社会劳动者。

五、保障程度

商业保险的保障程度主要取决于投保人缴纳保费的多少。社会保险遵循广覆盖、保基本的原则，保障程度取决于社会经济发展水平及国家财力

① 工伤保险的保费由用人单位承担，个人不用负担保费。

状况，一般只能满足被保险人最基本的生活需要。

六、保险种类

商业保险的种类包括人身保险、财产保险、信用和保证保险以及责任保险等。我国的社会保险目前主要包括养老保险、医疗保险（包含生育保险）、失业保险以及工伤保险。

第二节 社会保险与商业保险的互补性

有社会保险，还需要商业保险吗？

社会保险和商业保险并不存在完全的替代关系，而是有着很强的互补性。

一、从险种及保障程度上看

社会保险主要涉及人身保险；而商业保险除了人身保险，还有责任保险、信用和保证保险以及财产损失保险。因此，如果要转移自身面临的责任风险、信用风险及财产损失风险，需要补充商业保险。

• 思考与启示

社会保险和商业保险都包括人身保险，为人的年老、疾病、意外等风险提供保障，那么，是否可以说参加了社会保险，就不用投保商业人身保险了呢？

分析问题的关键在于社会保险中的人身保险和商业人身保险是否属于完全替代关系。

（一）分析养老保险

社会保险中的基本养老保险（以下简称“基本养老保险”）遵循的原

则是广覆盖、保基本，只能保障年老之后最基本的生活需求。而商业养老保险遵循多投多保、少投少保的原则，而且养老保险属于给付型的保险，即只要约定的事件发生，就按照合同约定的保险金额给付保险金，与基本养老保险不存在替代关系，即投保人可以同时参加基本养老保险和商业养老保险，达到约定的年龄时，投保人领取基本养老保险金的同时，可以再领取一份商业养老保险金，不存在重复保险的问题。因此，针对养老保险，在经济条件允许的情况下，可以在基本养老保险的基础上，补充商业养老保险，以保障年老之后有一个较高质量的生活水平。

（二）分析医疗保险

社会保险中的基本医疗保险（以下简称“基本医疗保险”）属于费用补偿型的保险，即根据实际花费的医疗费用进行补偿，而且，在补偿医疗费用时，设有起付线和封顶线，起付线以下不补偿，封顶线以上不补偿，起付线和封顶线之间的部分，基本医疗保险会按照一定的比例补偿，具体的比例各地会有差别，职工基本医疗保险和城乡居民医疗保险会有差别，职工基本医疗保险的补偿比例要高一些，最高能到大约90%，但补偿总额不能超过封顶线，在基本医疗保险之上，还有大病医疗费用补偿，大病费用补偿也有起付线、封顶线和一定的补偿比例。另外，在起付线和封顶线之间的医药费用中，有一些药费、医疗项目等属于自费项目，也不予补偿。总之，除去起付线以下，封顶线以上部分以及起付线和封顶线之间的自费部分，剩余的部分是基本医疗保险能够补偿的部分。而商业医疗保险里面有很多种类，既有给付型的医疗保险，也有补偿型的医疗保险。给付型的医疗保险，比如，重大疾病保险，只要确诊合同约定的疾病、疾病状态或手术时，就按照约定金额给付保险金，与基本医疗保险不存在冲突，可以用提前获得的重大疾病保险金，来支付需要自己承担的医疗费用，也可以用于后期的康复费用，或用于弥补生病之后的收入损失。而补偿型的商业医疗保险也是要在治疗结束之后，根据实际产生的医疗费用进行补偿的险种，而且补偿型的商业医疗保险在赔付医疗费用之前，需要先扣除基本医疗保险补偿的部分，剩余的部分再按照合同约定赔付保险金。从这个角度看，基本医疗保险和商业补偿型医疗保险存在着一定的冲突。为避免这种冲突，现在的商业补偿型医疗保险在拟定免赔额、给付比例时会考虑被保险人是否参加基本医疗保险，对有基本医疗保险和无基本医疗保险的被保险人拟定不同的免赔额以及给付比例。例如，某保险公司推出的一款住院医疗保险，如果被保险人参加了基本医疗保险，那么，该商业住院医疗保险不设免赔额，相关医疗费用在扣除基本医疗保险已经补偿的部分之后，按照90%的给付比例赔付保险金；如果被保险人没有参加基本医疗保险，那么，该商业住院医疗保险设150元次免赔额，相关的医疗费用按照70%的给付比例赔付保险金。这种针对有基本医疗保险和无基本医疗保险的被保险人拟定不同免赔额和给付比例的做法，在一定程度上避免了二者的冲突，但也不能完全避免二者的冲突，例如，被保险人一次住院的费用较少，基本医疗保险补偿后，所剩无几，那么商业医疗保险起的作用就很少了。综上所述，针对一般疾病造成的医疗费用，在有基本医疗保险保障的情况下，一个家庭一般不会承受很大压力。但当发生重大疾病，医疗费远远超出基本医疗保险的封顶线时，商业医疗保险的作用就会凸显，因为有些商业医疗保险的保额高达上百万，能够为超出基本医疗保险封顶线的医疗费用以及自费部分的医疗费用提供补偿。

• 思考与启示

既然商业医疗保险保障的那么全面，仅投保商业医疗保险，不参加基本医疗保险，可行吗？

针对这个问题，需要明确基本医疗保险的优势。第一，基本医疗保险带有一定的福利性，相对于商业医疗保险，价格低。第二，商业医疗保险虽然保障全面，但它对被保险人的年龄、健康状况等都设置门槛条件，只有符合条件的被保险人才能投保商业医疗保险。而基本医疗保险没有设置上述条件，甚至可以带病投保基本医疗保险。因此，商业医疗保险也不能完全代替基本医疗保险。

根据以上对基本医疗保险和商业医疗保险的分析，在此建议，在参加基本医疗保险的情况下，如果考虑补充商业医疗保险，应该主要考虑对重大疾病风险的保障，优先选择定额给付型的重大疾病保险和津贴给付型的住院津贴保险以及保额高且报销项目比较全面，报销比例较高的费用型医疗保险。

（三）分析工伤保险和意外伤害保险

社会保险中的工伤保险（以下简称“工伤保险”）和意外伤害保险都能为意外伤害提供保障，但工伤保险仅为与工作相关的意外伤害提供保障，而意外伤害保险则为工作和休息时遭受的意外伤害都提供保障，它的优势体现为时间、空间上的广度。例如，上下班途中遭遇的意外，如果是受到非本人主要责任的交通事故或者城市轨道交通、客运轮渡、火车事故伤害的可以由工伤保险赔偿，其他情况的意外伤害则不属于工伤保险的保障范围。

工伤保险仅针对企事业单位、社会团体、民办非企业单位、基金会、律师事务所、会计师事务所等组织的职工和个体工商户的雇工提供保障，而意外伤害保险的保障对象更广泛。

工伤保险涵盖职业病风险，而职业病不属于意外伤害保险的保险责任。

工伤保险是以用人单位对员工的经济赔偿责任作为保险标的，在这一点上，工伤保险与雇主责任保险有相似之处，而意外伤害保险则是以被保险人的身体和生命作为保险标的。关于工伤保险、雇主责任保险与意外伤害保险之间的关系可以参看第七章第二节的内容。

二、从功能上来看

社会保险主要是为人们面临的人身风险提供保障。而商业保险除了能够为人们面临的包括人身风险在内的各种风险提供保障之外，还有两种社会保险所不具备的功能。

（一）投资理财功能

商业保险中有一些创新型的人身保险和财产保险除了具有保障功能外，还具有一定的投资理财功能，例如，人寿保险中的分红险、万能险和投资连结保险；财产保险中的还本型家庭财产保险、投资还本型家庭财产保险等。

（二）安全传承资产和避税的功能

在商业保险中，被保险人可以将继承人指定为受益人，从而把自己的资产以保险金的形式传承给继承人，继承人以受益人身份取得的保险金，不用缴纳遗产税，也不用清偿被保险人生前的债务。这样被保险人的资产就被安全的传承给了继承人。

• 思考与启示

经过上述分析，针对本节问题“有了社会保险，还需要商业保险吗?”的回答为：社会保险和商业保险具有很强的互补性，社会保险必不可少，在经济条件允许的情况下，根据自身具体情况，可以选择补充商业保险。

【第九章　内容梳理、思维拓展】

一、内容梳理

本章围绕“有社会保险，还需要商业保险吗?”这一问题，从社会保险与商业保险的区别和互补性两个方面进行解释。社会保险与商业保险虽然都能为人们面临的特定风险提供保障，但二者在以下六个方面存在区别：保险性质、实施方式、保费来源、保障对象、保障程度以及保险种类。

虽然社会保险和商业保险在某些方面存在替代关系，例如，基本医疗保险和商业医疗保险都能为被保险人产生的医疗费用提供补偿；基本养老保险和商业养老保险都能为被保险人的老年生活提供保障，但二者具有更强的互补性，商业保险是社会保险的有益补充。比如，从险种来看，社会保险主要涉及人身保险，而商业保险除了人身保险，还有财产损失保险、信用和保证保险以及责任保险；从保障程度看，基本医疗保险和基本养老保险只能为被保险人提供基本保障，保障程度较低，而商业医疗保险和商业养老保险可以在社会保险的基础上提供更高、更充分的保障。从功能上看，社会保险只能为被保险人面临的人身风险提供保障，而商业保险除了能为被保险人面临的人身风险、财产风险、责任风险以及信用风险提供保障之外，还具有投资理财功能和安全传承资产的功能。

综上所述，针对问题“有了社保，还需要商业保险吗?”的回答是，社会保险和商业保险具有很强的互补性，社会保险必不可少，在经济条件允许的情况下，可以选择补充商业保险。

二、思维拓展——商业保险、社会保险与政策保险

本章涉及到了社会保险与商业保险及其之间的相互关系，在保险实践中，除了社会保险和商业保险，还有一种介于二者之间的保险业务，即政策保险。

政策保险是指在一定时期，特定的范围内，政府为促进有关产业的发展，实现特定的政策目标，运用政策支持或财政补贴等手段给予保护或扶持的一类特殊形态的保险业务。政策保险经营的保险业务属于非人身保险业务，在实践中，它通常与商业财产保险和责任保险构成不同层次的交叉关系。

（一）政策保险的特殊性

1. 政策保险由专门的政策法规进行规范

政策保险介于商业保险与社会保险之间，通常不受各国商业保险法和社会保险法规政策的具体规范和制约，而是由另行制定的专门政策法规来进行规范。将何种保险业务作为政策保险，或在什么时期将其列为政策保险，并享受国家直接的政策支持，也是政府在商业保险和社会保险之外另行安排的，这种安排突出地表现在相关政策对政策保险经营内容、方式、费率、承保金额和赔偿方式等的统一规范上，保险双方一般缺乏自主权。

2. 政策保险的目的不是营利，而是为特定的产业政策服务

政策保险的基本出发点在于为实施特定的产业政策服务。政策保险所经营的风险大多不符合商业保险可保风险的条件，承保利润很低甚至可能发生亏损，一般商业保险公司不愿开办或者无力开办这类业务，但国家为了促进相关产业的发展，通常会针对该类风险开办政策性保险业务，即对该类保险业务给予相应的政策保护和直接的财政支持。

3. 政策保险业务经营主体有特色

经办政策保险的主体，一般是国家或由国家确定的特定保险机构，既可以在政府职能部门中设置专门机构，也可以单独成立专门的公营保险公司，还可以委托商业保险公司经营此类业务。

4. 政策保险实施方式有特色

政策保险通常表现为对承保方强制而对投保方自愿的经营方式。

5. 政策保险承保金额的确定有特色

政策保险的承保金额的确定，通常根据投保标的价值的一定比例来确定，不足额承保。

6. 政策保险在承保风险与保险费率方面有特色

一方面，由于政策保险为特定的产业政策配套服务，在承保风险方面，通常由相关政策法规规定统一的承保责任范围，保险业务经营主体与投保人均无选择的权利；另一方面，保险责任范围的统一，又为保险费率的统一提供了条件，因此，政策保险通常采取单一费率制，保险双方在费率上缺乏弹性。

（二）政策保险的业务体系

政策保险的主要业务种类包括农业保险、出口信用保险、海外投资保险以及其他的政策性保险。

1. 农业保险

农业保险具有承保风险影响范围广、预期损失大，经营成本高，赔付率高等特点，一般商业保险机构不愿经营农业保险业务，因此，国家不得不通过相关政策法规的扶持直接推动农业保险的发展。农业保险在许多国家被列为政策保险，它在国家政策的直接支持下，对种植业、养殖业在生产、哺育、成长过程中遭受的由自然灾害或意外事故所造成的经济损失提供经济补偿。

（1）农业保险的种类。

根据生产对象来划分，农业保险可以分为种植业保险和养殖业保险。种植业保险和养殖业保险根据具体保险标的物的不同，还可以细分出相应的种类，具体如图 9－2 所示。

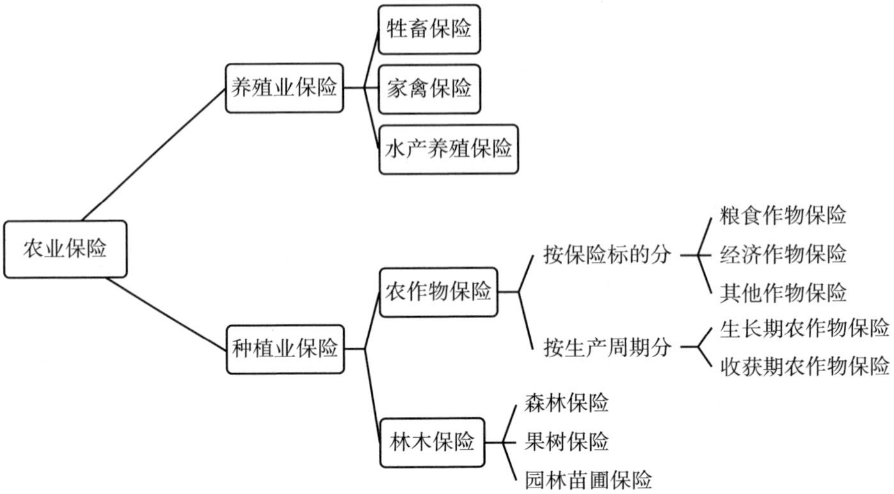

图 9－2　农业保险的种类

我国开办的农业保险主要险种有：农产品保险，生猪保险，牲畜保险，奶牛保险，耕牛保险，山羊保险，养鱼保险，养鹿、养鸭、养鸡等保险，对虾、蚌、珍珠等保险，家禽综合保险，水稻、蔬菜保险，稻麦场、森林火灾保险，烤烟种植保险，烤烟火灾保险，西瓜雹灾、香梨收获、小麦冻害、棉花种植、棉田地膜覆盖雹灾等保险。

（2）农业保险的经营模式。

从世界范围看，农业保险主要有四种模式。

第一种，以国家为主导的社会保障型模式。该模式的特点是由国家出面设立保险机构，专门经营农业保险，国家为保险机构提供部分基金以及大量的管理费用。社会保障型模式源于苏联。

第二种，西欧模式。该模式的特点是农业保险由互助保险社和商业性保险公司举办，两者可相互竞争，政府不参与农业保险的经营，但给农业保险以政策优惠。

第三种，美国模式。该模式的特点是国家和商业保险机构均经营农业保险，但经营者的侧重点不同，政府主要经营政策性农业保险，而商业保险机构则经营商业性农业保险。

第四种，日本模式。该模式的特点是农业保险主要由民间非营利的保险互助团体经营，政府则向农业保险提供补贴与再保险支持。

根据我国《农业保险条例》第三条规定："国家支持发展多种形式的农业保险，健全政策性农业保险制度。农业保险实行政府引导、市场运作、自主自愿和协同推进的原则。"目前我国的政策性农业保险主要采用"政策性保险"和"商业化经营"相结合的运营模式。由政府发动组织，委托商业保险公司运营，并针对政策性农业保险业务的保费给予财政补贴。目前承办政策性农业保险业务的保险公司主要有：安华农业保险股份有限公司、国元农业保险股份有限公司、中国人民财产保险公司、中国人寿财产保险股份有限公司、中国太平洋保险股份有限公司等。

2. 出口信用保险

出口信用保险是一国政府为了鼓励和扩大出口而举办的一种政策保险。具有非营利性、政府参与度高以及风险管理要求高等特点。根据银行融资方式的不同，出口信用保险可以分为出口买方信贷保险和出口卖方信贷保险。根据出口合同标的的不同，出口信用保险可以分为服务保单出口信用保险、银行担保出口信用保险、保函支持出口信用保险、贸易展览会出口信用保险等。

根据各国政府介入出口信用保险的方式和程度，出口信用保险的经营模式大体上可以概括为政府直接办理型、政府间接办理型、政府委托私营保险公司代理型和混合经营型四种。

出口信用保险的出现晚于国内信用保险，最早的出口信用保险产生于19世纪后期，当时贩运商品到澳大利亚的英国商人开创了历史上有记载的投保出口信用保险的先河。20世纪30年代以后，许多西方国家为了重振出口贸易，先后成立了由政府直接经营或由政府支持的官方或半官方性质的出口信用保险机构，经办出口信用保险业务，为本国出口商提供收汇风险的经济保障。目前，美国、英国、法国、德国、意大利、澳大利亚、加拿大等发达国家均建立了规模较大、制度规范的出口信用保险机构，并组织了出口信用保险的国际组织——国际信用和投资保险人协会。

我国的出口信用保险产生于20世纪80年代后期，当时国家为了促进出口，在全国唯一的国有保险公司——中国人民保险公司内设立出口信用保险部，专门经办出口信用保险业务并实行单独的财务核算；进入90年代以后，随着中国进出口银行的成立，出口信用保险业务改由中国人民保险公司与中国进出口银行联合经办，我国的出口信用保险业开始进入正常发展轨道。2001 年中国出口信用保险公司正式运营，目前它是我国唯一承办出口信用保险业务的政策性保险公司。

3. 海外投资保险

海外投资保险是承保被保险人因投资引进国政治局势动荡或政府法令变动所引起的投资损失的保险，也称为政治风险保险或海外投资保证保险。

海外投资保险作为国际投资保护的重要手段之一，是资本输出国政府为了鼓励本国资本投向海外所采取的一种经济补偿措施，海外投资者只要投保了海外投资保险，一旦因投资引进国发生政治风险而遭受投资损失时，即可以从保险人那里获得相应的赔偿。因此，海外投资保险在性质上有着与出口信用保险相类似的属性，但它局限于资本输出，并受到所在国家政府与其他国家签署的海外投资公约的制约。

海外投资保险产生于第二次世界大战以后，是随着发达国家的海外投资尤其是对发展中国家的投资不断增长以及投资引进国政治风险的异常化应运而生的一种保险业务。美国是世界上最早实行海外投资保险制度的国家，1949 年，美国正式设立海外投资保险公司，专门负责海外投资保险业务。20 世纪 50 年代以后，由于发达国家普遍出现资本过剩现象，资本所有者都希望将其过剩的资本投入到发展中国家，因此，发达国家纷纷效仿美国建立自己的海外投资保险制度。例如，日本于 1956 年，德国于 1959 年，法国于 1960 年，澳大利亚和丹麦于 1966 年，加拿大和荷兰于 1969 年，瑞士于 1970 年，比利时于 1971 年，英国于 1972 年均先后建立了属于政策保险性质的海外投资保险制度。

我国海外投资保险发展比较晚，其承保机构为成立于 2001 年的中国出口信用保险公司，资本来源为出口信用保险风险基金，由国家财政预算安排。2002 年 12 月，中国出口信用保险公司正式推出海外投资保险产品。

【第九章课后习题】

专题项目三　保险方案设计

保险方案设计辅导

【项目目标】

知识目标：在项目推进过程中，进一步巩固强化学生对前九章内容涉及专业知识点的记忆理解，比如，风险、风险管理、保险合同、保险种类、商业保险与社会保险的关系等。

能力目标：能够应用前九章所学专业知识和方法，对不同情景中的虚拟客户量身订制保险方案。

素养目标：学生以从业者角色完成项目撰写、汇报、答辩，践行诚信、敬业的职业品德；学生以消费者角色听取项目汇报，进行质疑、辩论，领悟诚信守法的重要性。

【重点】为面临风险及经济承受能力不同的虚拟客户设计保险方案。

【难点】如何基于项目整体管理理念，通过优化保险服务项目流程，让学生记忆、理解专业知识的同时，持续提升自身的应用、分析、评价和创新创造能力；如何让学生以不同角色融入保险服务项目情景中，亲身领悟并践行法治、诚信、敬业等社会主义核心价值观，并量化思政育人效果。

【教学方式】小组项目（项目撰写、汇报、答辩、评价、反思）

在前面的章节中，已经介绍了风险、风险管理、保险、保险市场、保险合同、保险产品以及社会保险与商业保险之间的关系等相关内容，学生如何利用上述专业知识和方法，在规定的时间内，以保险从业者角色，面向特定情景中的虚拟客户，分析其面临的关键风险以及经济承受能力，为其量身订制一份保险方案，在项目撰写、汇报、答辩过程中，践行诚信、敬业的职业品德，提升其职业素养。同时，学生又以“客户”角色听取其他小组项目的汇报，在质疑辩论中，提升其金融素养，作出理性的判断与决策。小组项目的具体操作流程如下所述。

【项目的具体操作流程】

一、学生分组

学生按照每 4 ~ 5 人分为一组，指定其中 1 人为小组组长。组长负责组织成员讨论项目推进中的疑难问题，并与指导教师保持沟通，协调组员分工完成项目汇报稿，准备项目的汇报答辩，最终项目成果提交等工作。每位组员在组长的协调下参与项目的推进过程，完成各自负责的子项目。组长要明确列示每个组员在项目推进中的具体分工，并告知指导教师。

二、为每个小组指定不同类型的虚拟客户

建议每个小组负责的不同类型的虚拟客户，如表专 3－1 所示。

表专 3－1　　分组任务

小组	负责的虚拟客户类型
1 组	刚刚工作，收入一般的单身年轻人
2 组	新婚夫妇
3 组	家庭收入水平很高的多口之家的夫妻双方
4 组	家庭收入水平很低的多口之家的夫妻双方
5 组	家庭收入水平一般的夫妻双方
6 组	退休养老阶段的老年人
7 组	婴幼儿和学生阶段

三、小组讨论确定保险方案设计思路

每个小组根据本组分配的虚拟客户，自主设计情景案例，针对案例中的虚拟客户设计保险方案，并解释保险方案的设计思路。

保险方案即各种保险产品的组合，方案中涉及的保险产品必须是现在市场上正在销售的某家保险公司的某种具体的产品，并分析这种产品能够给你的虚拟客户提供怎样的保障？需要支付的保费是否符合客户的保费预算等。例如，一个三口之家，丈夫和妻子的年龄、工作、收入、健康是什么状况？孩子年龄、是否上学、健康状况等是什么情况？预设情景之后，分析该家庭目前面临的主要风险是什么？需要多少保障？结合家庭的经济条件及其保费预算，为三口之家的夫妻双方分别设计保险方案？解释为什么采用这种设计？方案中的各种保险产品为虚拟客户提供怎样的保障等？需要支付的保费是多少？是否在客户的保费预算范围内？等等。

四、搜寻保险方案中涉及的保险产品的途径

搜寻保险产品的途径包括但不限于以下几种：保险第三方网站（如保险行业协会)、保险中介网站、各家保险公司的官方网站等网上正在销售的保险产品；自己亲戚朋友已有的保险产品；一些保险公司线下推荐的保险产品以及其他途径。

五、撰写小组项目报告

各小组以保险从业者的角色撰写小组项目报告，项目报告的撰写可以参考如下大纲：第一步，虚拟情景设定；第二步，虚拟客户关键风险分析；第三步，保障需求分析；第四步，保费预算分析；第五步，保险方案推荐。

六、分组进行项目汇报

每组派出代表进行本小组的“保险方案设计”项目汇报。在项目汇报时，汇报人的角色定位是一个专业的保险从业者，听众为虚拟客户，汇报人的目的是为特定情境中的虚拟客户设计一套合理的保险方案。汇报人可以使用文字、图片、动画等多种工具来呈现汇报内容，同时，在汇报过程中，汇报人要向客户充分展示其作为保险从业者的职业素养。让“客户”在较短的讲解时间内理解你设计的方案，并能作出理性的判断；同时，作为专业的保险从业者，能否以自身优秀的职业素养去影响客户的情感，提升客户对风险和保险的认识水平，这些都是项目答辩成绩评定的依据。具体的小组项目汇报答辩评分标准如表专 3－2 所示。

表专 3－2　　　　小组汇报答辩成绩评定量表

小组	汇报载体展示效果（40 分）	保险方案设计合理性（40）	优秀职业素养的感染力（专业度、语言、表情等）（10 分）	针对师生所提问题的答辩情况（10 分）	总分
1 组					
2 组					
3 组					
4 组					
5 组					

续表

小组	汇报载体展示效果（40分）	保险方案设计合理性（40）	优秀职业素养的感染力（专业度、语言、表情等）（10分）	针对师生所提问题的答辩情况（10分）	总分
6组					
7组					

七、小组项目答辩、反思以及答辩成绩评定

每组的汇报人完成项目汇报后，本组成员可以补充，其他小组的成员和指导教师可以针对汇报内容进行提问，本组成员负责答辩。指导教师和其他小组组长根据本小组项目汇报答辩情况，依据答辩成绩评定标准，给本小组进行打分，所有打分的平均分为本小组的答辩成绩，参与提问、讨论互动的学生可获得互动分，成绩计入其本人的小组成绩。其间，指导教师针对讨论适时进行引导点拨。每组汇报答辩结束后，本组组长要针对本次项目的撰写、汇报、答辩情况进行反思，总结经验和不足之处，找到进一步修改完善项目的方向。

八、指导教师根据项目汇报答辩、讨论情况进行归纳总结

所有小组项目的汇报答辩结束后，导师对本次小组项目完成情况进行总结、评价，并提出进一步完善的建议。同时，结合实践案例，强调设计保险方案的几个关键步骤。

九、提交修改完善后的项目报告与项目作业成绩评定

每组根据小组项目汇报答辩中，其他组员和导师所提的问题以及导师给出的建议，继续完善小组项目报告，修改完善后的小组项目报告作为项目成果提交导师，导师根据小组项目成果质量给出小组作业成绩。

十、小组综合成绩评定

以小组答辩成绩和小组作业成绩的加权平均成绩作为小组综合成绩。例如，小组成绩 = 小组答辩成绩（40%）+ 小组作业成绩（60%）。小组成绩即为本组所有成员的成绩。

【小组项目成果展示台】

第一小组

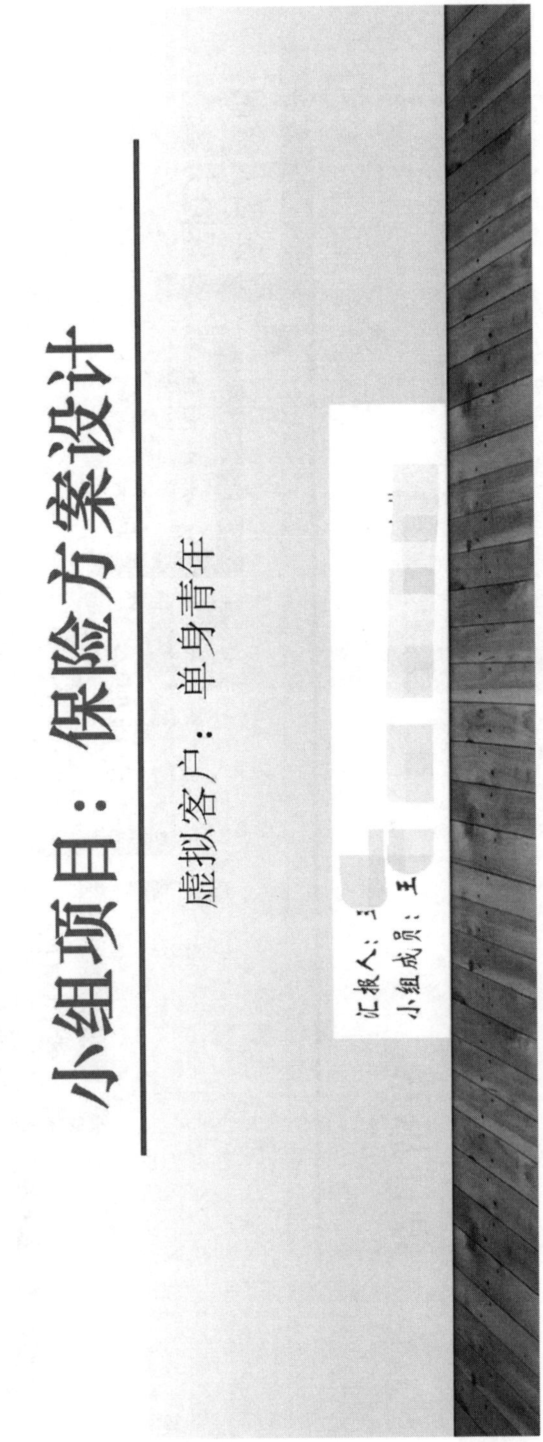

设计思路

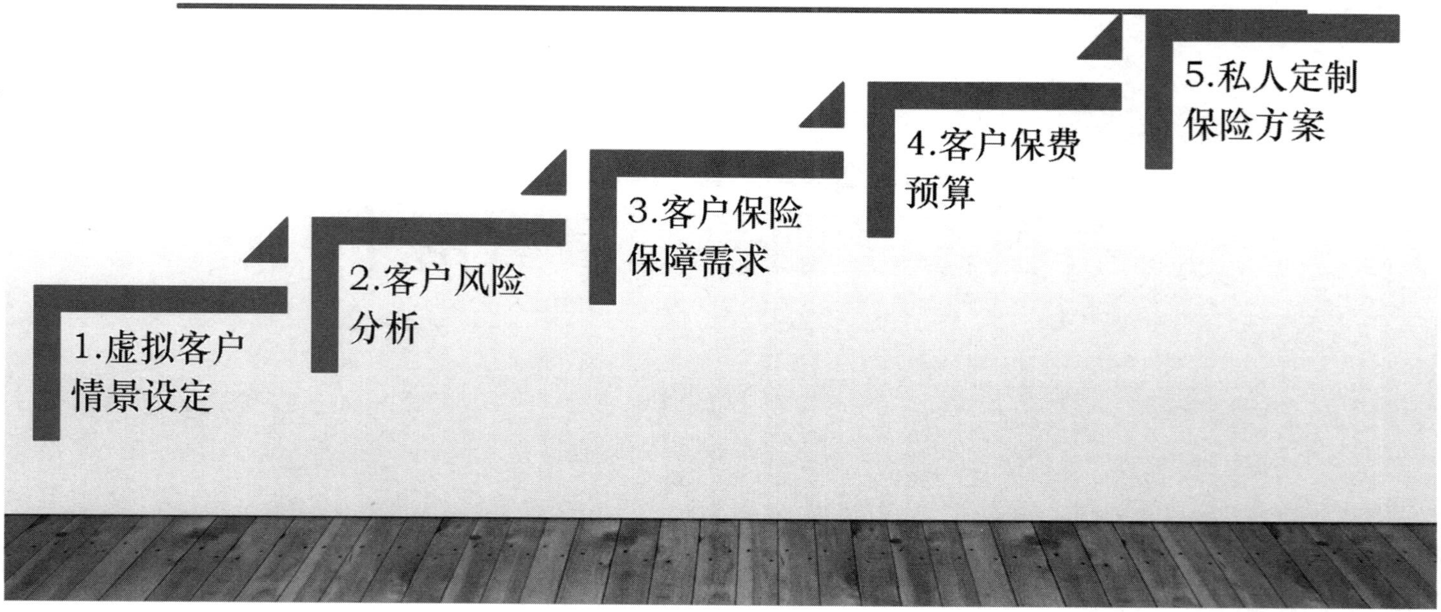

1. 虚拟客户情景设定

小王(男)，23岁，单身，独生子女；父母健在，50岁。大学毕业不久，在某企业工作，工作压力较大，外出交际、旅游的频率较高，父母为其购买一辆二手汽车代步；有社保，月薪5000元，每月刚性支出3000元。

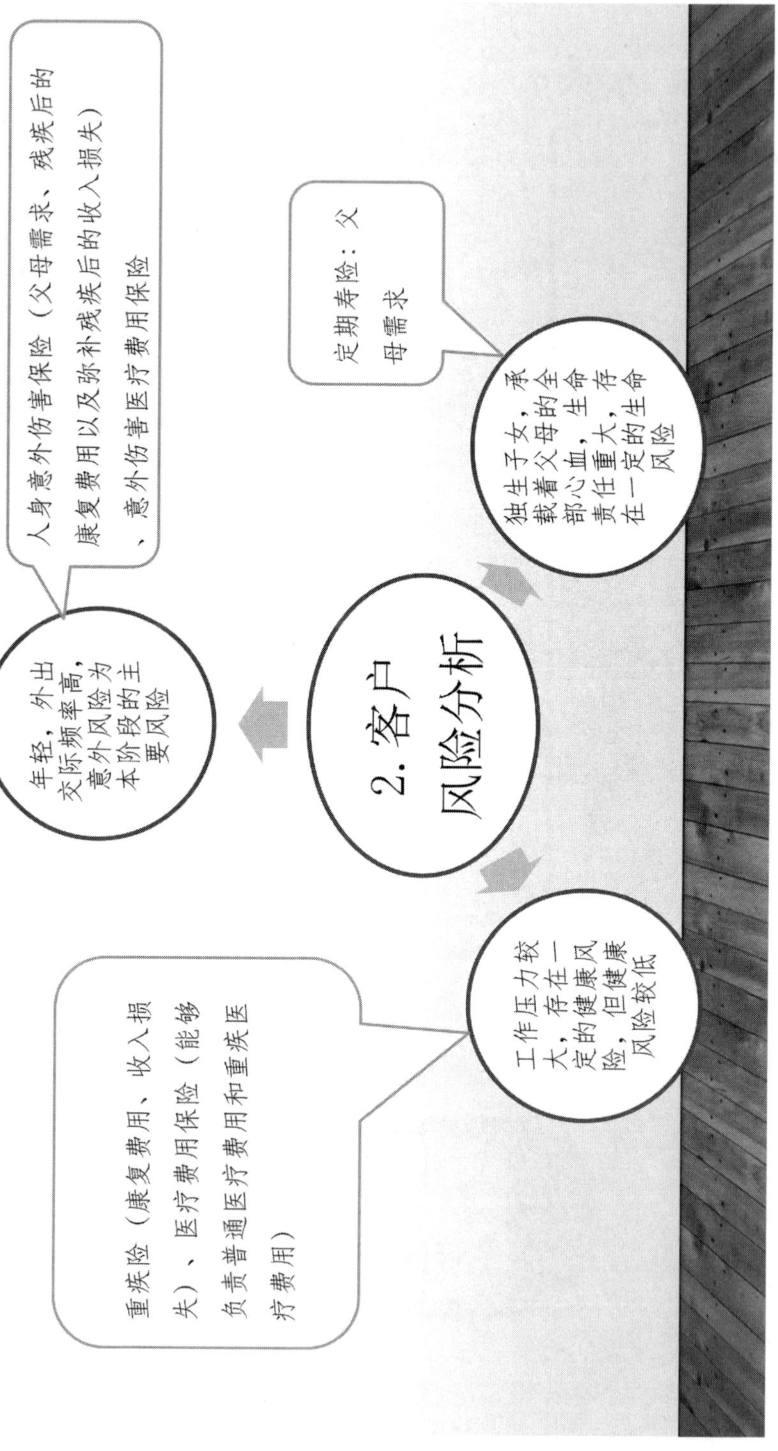
2.客户风险分析
年轻，外出交际频率高，意外风险为本阶段的主要风险
人身意外伤害保险（父母需求、残疾后的康复费用以及弥补残疾后的收入损失）、意外伤害医疗费用保险
独生子女，承载着父母的全部心血，生命责任重大，存在一定的生命风险
定期寿险：父母需求
工作压力较大，存在一定的健康风险，但健康风险较低
重疾险（康复费用、收入损失）、医疗费用保险（能够负责普通医疗费用和重疾医疗费用）

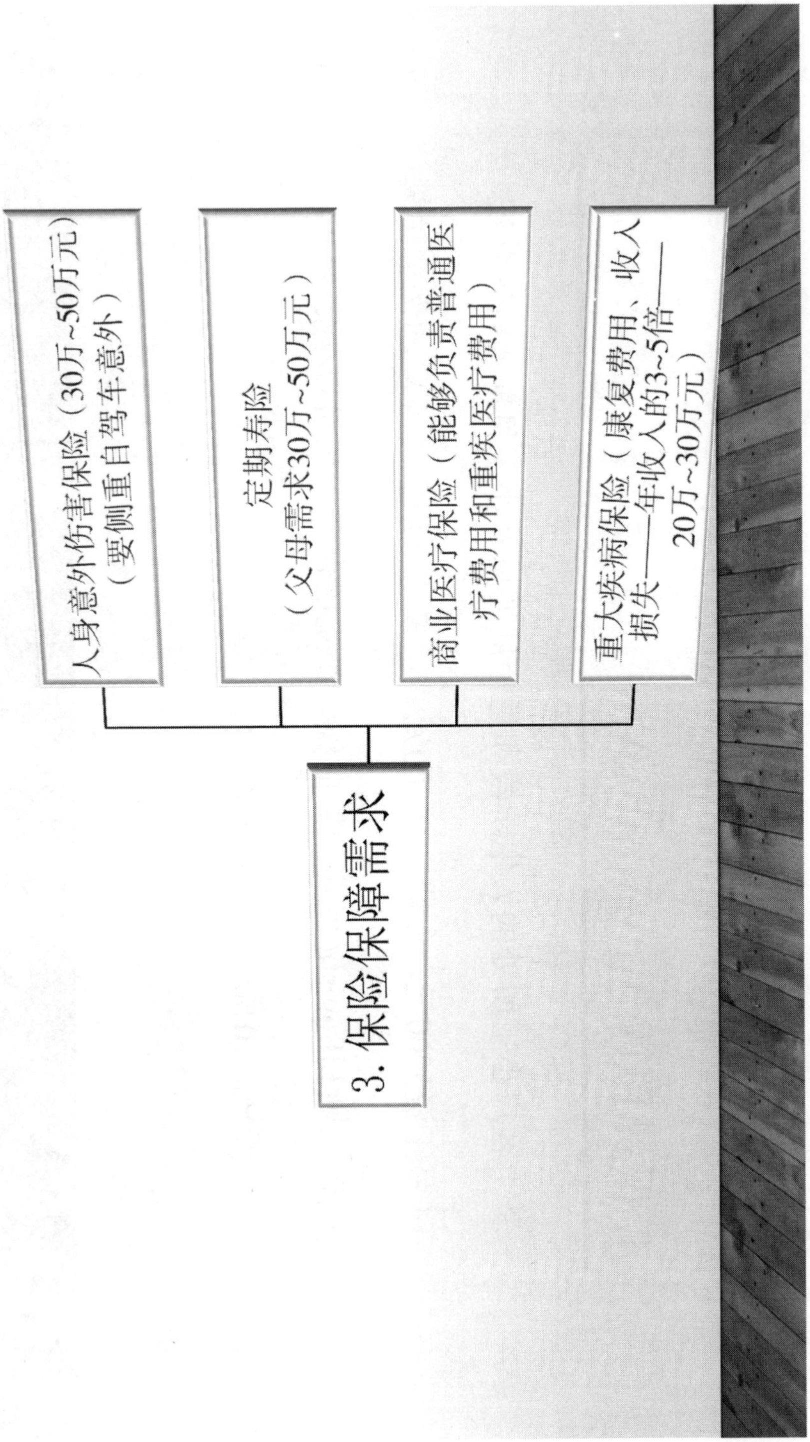
3. 保险保障需求
人身意外伤害保险（30万~50万元）（要侧重自驾车意外）
定期寿险（父母需求30万~50万元）
商业医疗保险（能够负责普通医疗费用和重疾医疗费用）
重大疾病保险（康复费用、收入损失——年收入的3~5倍——20万~30万元）

4. 保费预算

- 基于客户小王所处的人生阶段和生命周期以及小王目前的收入状况（月工资5000元，年收入60000元），参考一般收入家庭的保费预算确定原则和Logistic保费预算曲线，小王的保费支出可以确定为其年收入的5%~10%，即3000~6000元。

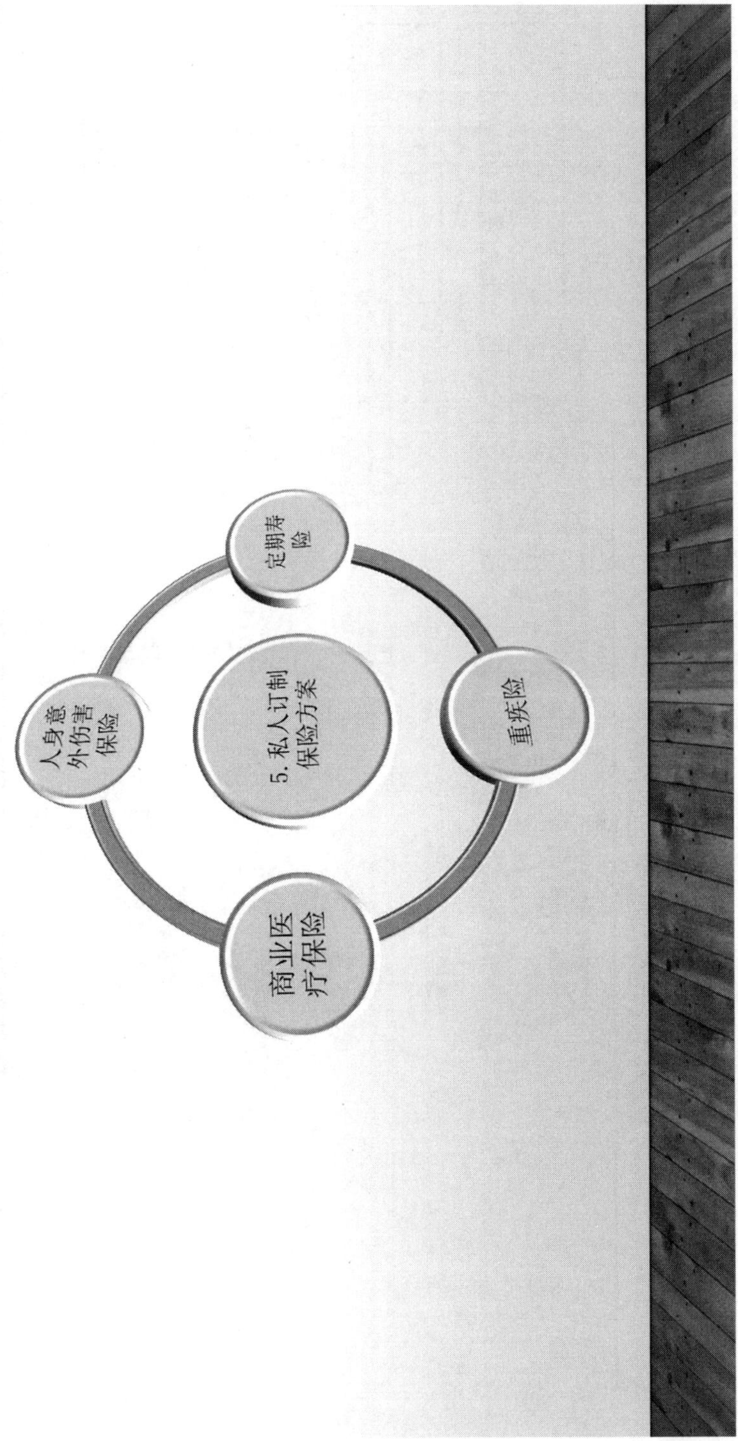
5. 私人订制保险方案
定期寿险
重疾险
商业医疗保险
人身意外伤害保险

意外伤害保险+医疗保险

保障责任	基础版	升级版
一般意外身故、伤残	10万元	30万元
意外医疗	1万元	3万元
意外住院津贴	50元/天	100元/天
公路交通意外伤害（私家车/网约车/公交车）	20万元	30万元
铁路、水路交通意外伤害（火车/地铁/轻轨、轮船/轮渡）	30万元	40万元
保　费	29元	89元

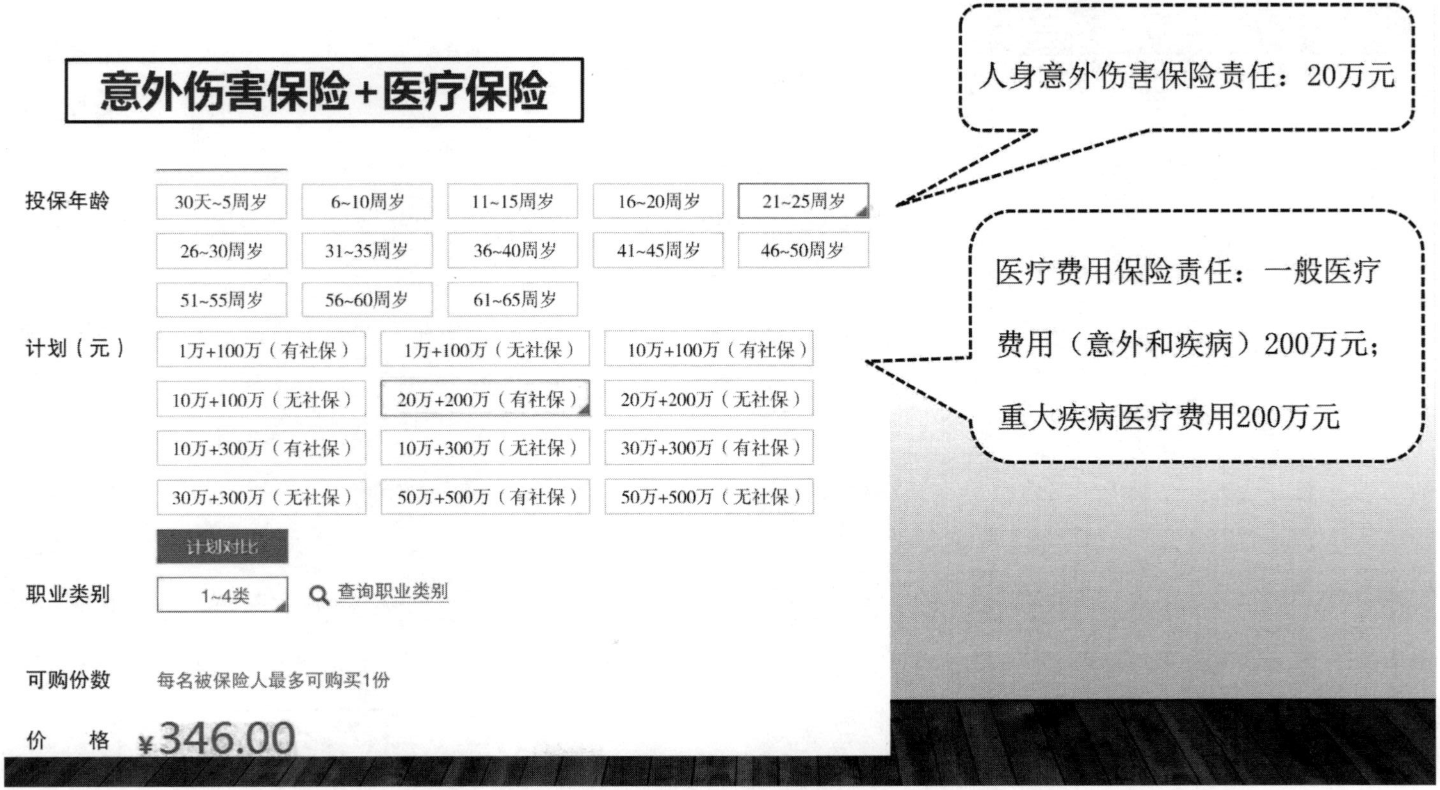
意外伤害保险+医疗保险
人身意外伤害保险责任：20万元
医疗费用保险责任：一般医疗费用（意外和疾病）200万元；重大疾病医疗费用200万元
投保年龄
30天~5周岁
6~10周岁
11~15周岁
16~20周岁
21~25周岁
26~30周岁
31~35周岁
36~40周岁
41~45周岁
46~50周岁
51~55周岁
56~60周岁
61~65周岁
计划（元）
1万+100万（有社保）
1万+100万（无社保）
10万+100万（有社保）
10万+100万（无社保）
20万+200万（有社保）
20万+200万（无社保）
10万+300万（有社保）
10万+300万（无社保）
30万+300万（有社保）
30万+300万（无社保）
50万+500万（有社保）
50万+500万（无社保）
计划对比
职业类别
1~4类
查询职业类别
可购份数
每名被保险人最多可购买1份
价　格
¥346.00

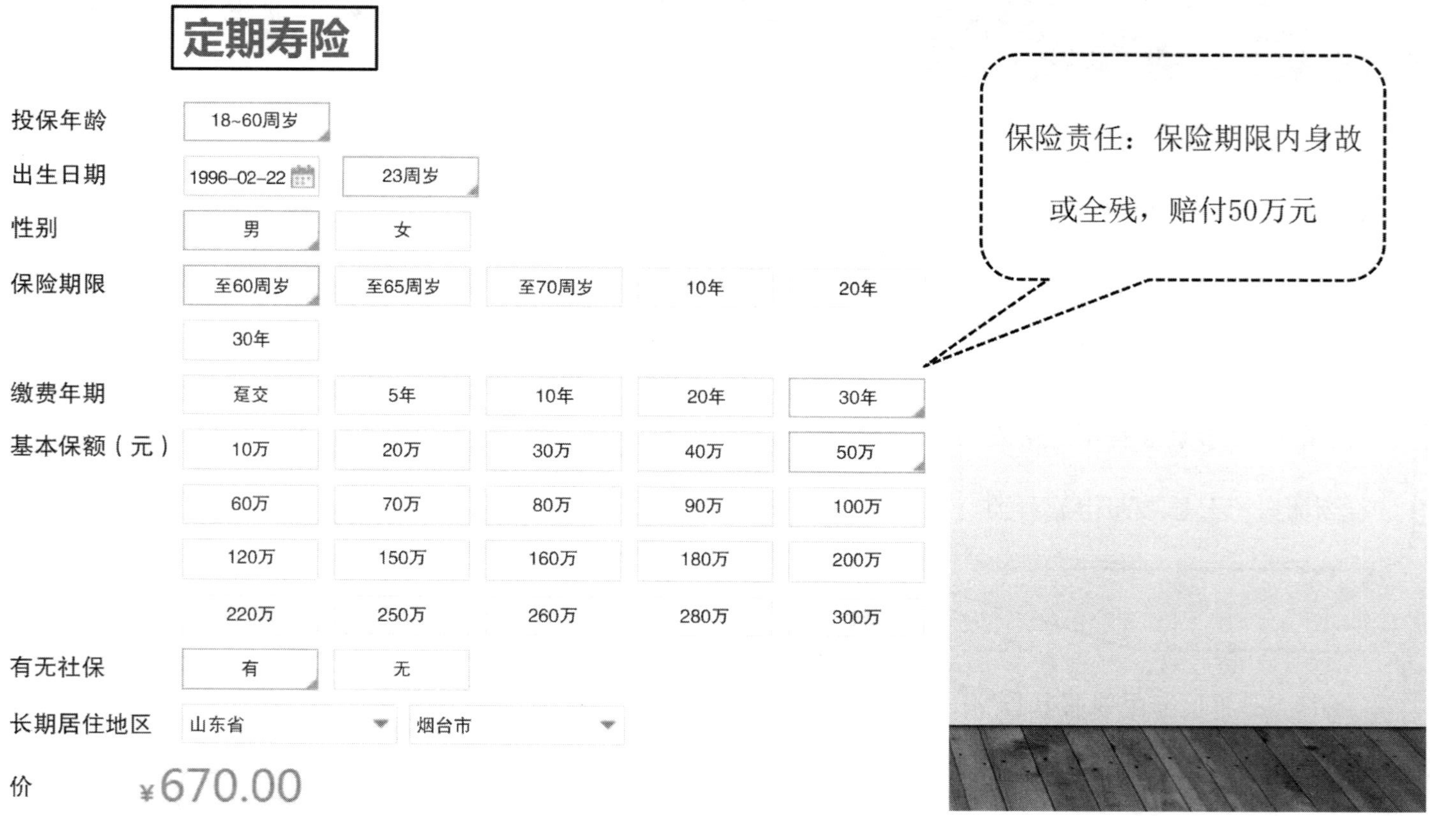
定期寿险
投保年龄
18~60周岁
出生日期
1996-02-22
23周岁
性别
男
女
保险期限
至60周岁
至65周岁
至70周岁
10年
20年
30年
缴费年期
趸交
5年
10年
20年
30年
基本保额（元）
10万
20万
30万
40万
50万
60万
70万
80万
90万
100万
120万
150万
160万
180万
200万
220万
250万
260万
280万
300万
有无社保
有
无
长期居住地区
山东省
烟台市
价
¥670.00
保险责任：保险期限内身故或全残，赔付50万元

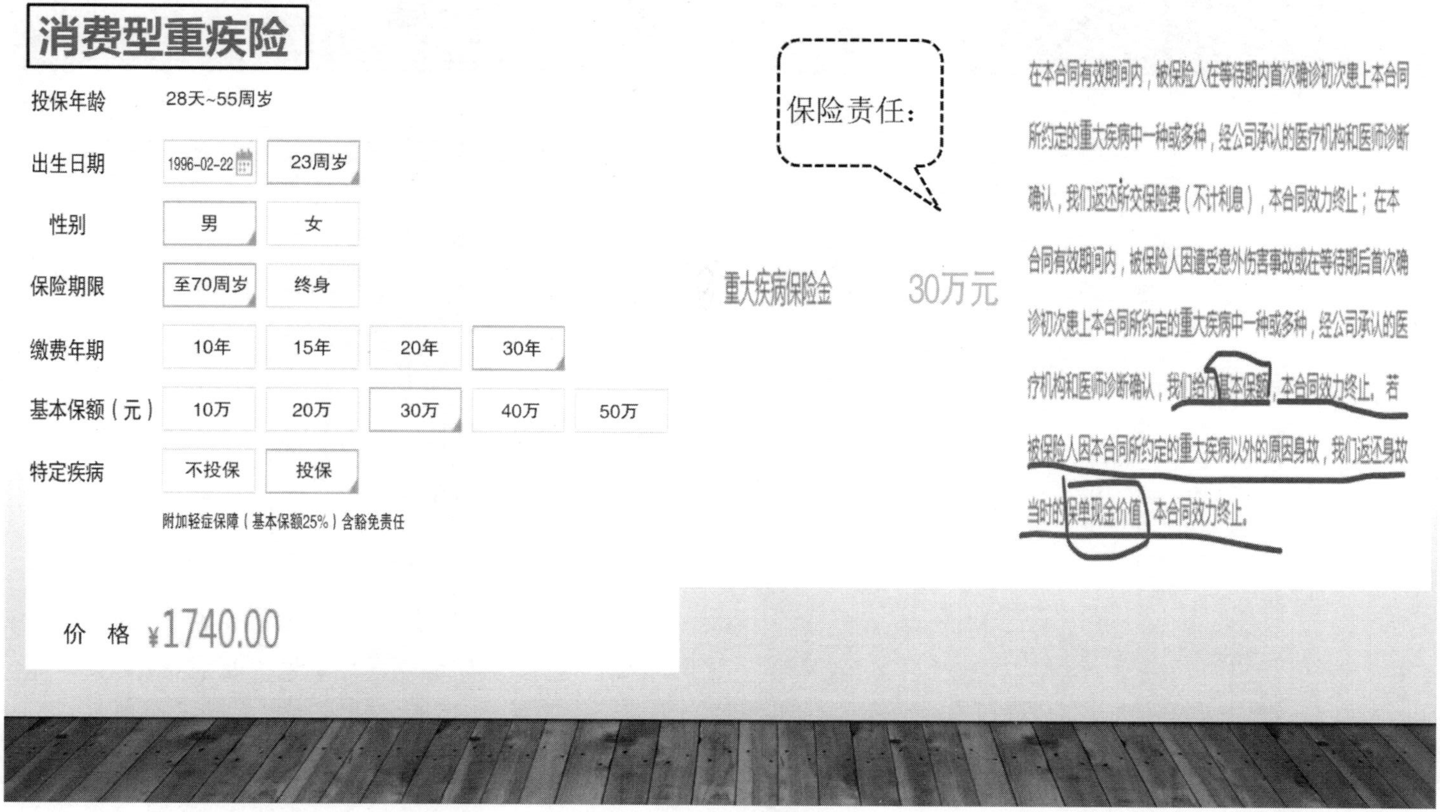
消费型重疾险
投保年龄 28天~55周岁
出生日期 1996-02-22 23周岁
性别 男 女
保险期限 至70周岁 终身
缴费年期 10年 15年 20年 30年
基本保额（元） 10万 20万 30万 40万 50万
特定疾病 不投保 投保
附加轻症保障（基本保额25%）含豁免责任
价 格 ¥1740.00
保险责任：
重大疾病保险金 30万元
在本合同有效期间内，被保险人在等待期内首次确诊初次患上本合同所约定的重大疾病中一种或多种，经公司承认的医疗机构和医师诊断确认，我们返还所交保险费（不计利息），本合同效力终止；在本合同有效期间内，被保险人因遭受意外伤害事故或在等待期后首次确诊初次患上本合同所约定的重大疾病中一种或多种，经公司承认的医疗机构和医师诊断确认，我们给付基本保额，本合同效力终止。若被保险人因本合同所约定的重大疾病以外的原因身故，我们返还身故当时的保单现金价值，本合同效力终止。

保险产品组合	提供保障	所需保障（元）	获得保障（元）	保费支出（元）
人身意外伤害保险	意外残疾后的康复费用、收入损失；意外死亡后，父母的需求	30万~50万	50万	89
医疗费用保险	意外或疾病治疗产生的医疗费用		约200万	346
定期寿险	意外或疾病死亡后，赡养父母的费用	30万~50万	50万	670
重大疾病保险	重疾后的康复费用和收入损失	20万~30万	30万	1740
保费总计				2845
保费预算				3000~6000

小组分工
小组成员
项目子任务
完成度
[redacted]
1.PPT制作及汇报
2.完善项目报告
100%
[redacted]
健康保险确定及资料收集
100%
[redacted]
人身意外伤害保险确定及资料收集
100%
[redacted]
人寿保险确定及资料收集
100%
[redacted]
项目报告书撰写
100%

10

第十章

理赔真的很难吗？

思维导图

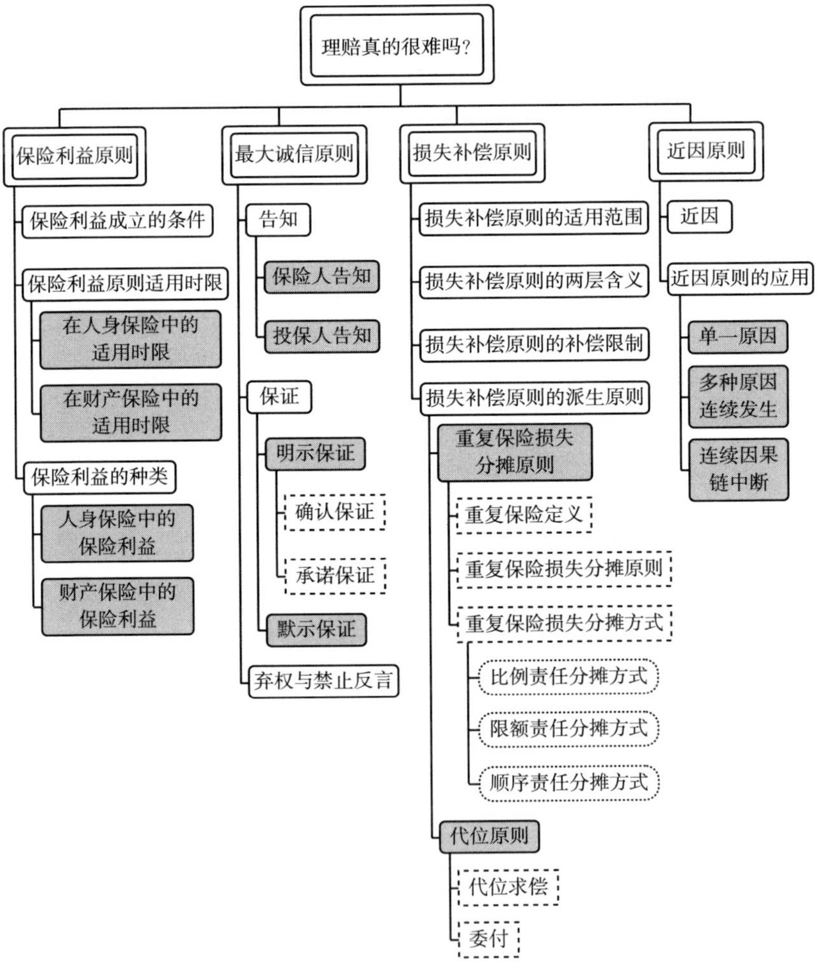

章节目标

★ **知识目标：**掌握最大诚信原则、保险利益原则、损失补偿原则、近因原则以及相关的知识点，能以保险的基本原则为核心词和出发点构建思维导图。

能力目标：能够利用保险四大基本原则的相关知识点分析保险案例，并做出专业判断。

素养目标：在利用保险四大基本原则解说理赔难的过程中，领悟诚信、法治在保险交易中的重要意义。形成诚实守信的职业美德，具备法治思维能力。

“投保容易，理赔难”是一些消费者对保险的认识，并由此认为“保险都是骗人的”。但是，“理赔难”的实情到底如何？真的仅仅是保险公司不愿意赔钱这么简单吗？本章将以保险的四大基本原则为切入点，解说保险理赔难的真相，让保险真正成为遮挡风险的一把伞，而不是伤口上的一把盐。

第一节 由保险利益原则解说“理赔难”

保险利益原则

引导案例

某商店老板甲为其所经营的一批数码相机向保险公司投保火灾险附加盗窃险。保险公司承保后不久，在保险有效期内的某日，该商店的该批相机被盗。甲持保险单向保险公司索赔。保险公司经调查核实，该商店老板甲所投的这批数码相机是从国外买进的，没有按国家规定申报、缴纳税金，属于走私物品。故保险公司针对甲提出的索赔，发出拒赔通知书。拒赔的理由是甲对这批投保的数码相机没有保险利益。

在本案例中，甲遭遇了理赔难的问题。那么，保险公司的拒赔合理吗？甲最终能不能成功获得理赔呢？这就涉及保险的四大基本原则之一：保险利益原则。本节将从保险利益成立的条件、保险利益在财产保险和人身保险中的适用时限、保险利益的种类等几方面来介绍保险利益原则。在掌握保险利益原则的基础上，再来分析本案例，就会得到明确的答案。

一、保险利益成立的条件

保险利益是指投保人或被保险人对保险标的所具有的合法的经济利益。保险利益的成立需要具备以下条件。

（一）保险利益必须是经济利益

保险利益必须是经济利益，即这种利益必须能用货币计算或估价。保险事故发生后，保险人依据保险合同补偿被保险人因保险标的毁损而遭受的保险利益的损失，因此，保险利益必须在经济上有价值，可以用货币来衡量。在引导案例中，数码相机被盗，老板甲因此损失的利益可以用货币衡量，属于经济利益。

（二）保险利益必须是合法的利益

保险利益必须是法律上认可的利益，如果投保人以非法利益投保，则由此订立的合同无效①，这种非法的利益不属于保险利益。在引导案例中，老板甲投保的数码相机没有按照规定申报缴纳税金，属于走私物品，因此老板甲虽然对投保的数码相机具有经济利益，但这种经济利益是非法的，不属于保险利益。

（三）保险利益必须是可以确定的利益

可以确定的利益有两层含义：一是指其利益已经确定，例如，投保人

① 例如，以盗窃来的赃物或违禁品投保财产保险，保险合同无效。若保险人对非法情况有所了解，将不予承保；若保险人因不知情而订立保险合同，该合同也是无效的。

已取得物的所有权、共有权、使用权等，那么投保人对该物的利益已经确定。这种利益包括现有利益，以及由现有利益所产生的预期利益；二是在订立合同时利益尚未确定，但保险事故发生前或发生时必能确定的利益。例如，进口商已签订购货合同，货物尚未运输，物权尚未转移到进口商手中，但他可以将此项货物作为已拥有的保险利益而与保险人签订保险合同，因为进口商对该项货物的利益在提单转手后即可确定。

二、保险利益的适用时效

【根据保险利益成立的三个条件，在引导案例中，被保险人甲对数码相机显然不具有保险利益，那么保险公司就可以此拒赔吗？保险公司拒赔的法律依据是什么？这涉及保险利益的适用时效。】

（一）保险利益在财产保险中的适用时效

根据《中华人民共和国保险法》第十二条规定："财产保险的被保险人在保险事故发生时，对保险标的应当具有保险利益。"《中华人民共和国保险法》第四十八条规定："保险事故发生时，被保险人对保险标的不具有保险利益的，不得向保险人请求赔偿保险金。"在引导案例中，保险事故发生时，老板甲对保险标的"数码相机"不具有保险利益，因此，甲不得向保险人请求赔偿保险金，保险人可以拒赔。

【在保险合同有效期内，如果被保险人将保险标的转让给受让人，那么被保险人对该保险标的不再具有保险利益，那么该保险合同是否继续有效呢？被保险人或受让人能够继续获得该保险合同的保障吗？】

根据《中华人民共和国保险法》第四十九条的规定："保险标的转让的，保险标的的受让人承继被保险人的权利和义务。保险标的转让的，被保险人或者受让人应当及时通知保险人，但货物运输保险合同和另有约定的合同除外。因保险标的转让导致危险程度显著增加的，保险人自收到前款规定的通知之日起三十日内，可以按照合同约定增加保险费或者解除合同。保险人解除合同的，应当将已收取的保险费，按照合同约定扣除自保险责任开始之日起至合同解除之日止应收的部分后，退还投保人。被保险人、受让人未履行本条第二款规定的通知义务的，因转让导致保险标的危险程度显著增加而发生的保险事故，保险人不承担赔偿保险金的责任。”

【以案说险 10－1】

张三有辆车，每年都会按时购买车损险和三责险，2015 年 2 月张三把这辆车卖给了李四，按照约定付款并办理了过户手续，事情就算到此告一段落。2015 年 5 月李四开车外出，把车撞了，李四得知张三给这辆车买过车险，并且还在有效期内，于是李四就拿着保单去要求保险公司赔偿，而保险公司调查后，拒不赔付！原因是车的转让没有通知保险公司。

案例分析：在该案例中，“理赔难”的原因是车辆转让后没有及时通知保险公司。要避免理赔难题，张三或者李四只需要做一件事情，即车辆转让后，及时通知保险公司。

（二）保险利益在人身保险中的适用时效

根据《中华人民共和国保险法》第十二条规定：“人身保险的投保人在保险合同订立时，对被保险人应当具有保险利益。”《中华人民共和国保险法》第三十一条规定：“……订立（人身保险）合同时，投保人对被保险人不具有保险利益的，合同无效。”根据《中华人民共和国保险法》的上述规定可知：对于人身保险，只要求在保险合同订立时，投保人对被保险人具有保险利益，但并没有要求在保险事故发生时，投保人对被保险人具有保险利益。根据最高人民法院《关于适用〈中华人民共和国保险法〉若干问题的解释（三）》第四条规定：“保险合同订立后，因投保人丧失对被保险人的保险利益，当事人主张保险合同无效的，人民法院不予支持。”

【以案说险 10－2】

2016 年 5 月 12 日，张三为其妻子李四向某保险公司投保定期寿险，保险期限 10 年，保险金额 10 万元，指定受益人是他们的儿子小刚，时年 3 岁，被保险人李四书面同意并认可保险金额。投保人张三与保险公司签订合同时，双方约定保险费按月从张三工资中扣交。2018 年 5 月 20 日，张三与李四因感情不和离婚，儿子小刚由张三抚养。离婚次日，李四意外死亡，张三向保险公司申请给付保险金，保险公司认为张三与李四已经离婚，对被保险人李四已经没有任何保险利益，因而拒赔。拒赔是否合理？

案例分析：本案例涉及保险利益在人身保险合同中的适用时效。根据保险利益原则，人身保险的投保人在保险合同订立时，对被保险人应当具有保险利益，并没有要求在保险事故发生时投保人对被保险人具有保险利益。即张三在与保险公司订立保险合同时，对被保险人李四具有保险利益，合同有效，虽然事故发生时，张三对李四不再具有保险利益，但张三仍然有权以受益人小刚的监护人身份向保险公司申请给付保险金，保险公司不得拒赔。

三、保险利益的种类

保险利益体现的是投保人或被保险人与保险标的之间的经济利益关系。而这种经济利益关系在财产保险和人身保险中有不同的表现。

（一）财产保险中的保险利益

财产保险中的保险利益主要来源于投保人对保险标的所拥有的所有权、经营权、使用权、抵押权、留置权、承运权、保管权等各项权利。另外，投保人对自己依法承担的民事损害赔偿责任具有保险利益，可以订立责任保险；权利人对义务人的经济信用具有保险利益，可以订立信用保险或保证保险。

1. 财产所有权

财产所有人对其所拥有的财产具有保险利益，因为如果财产遭受损害，其所有人将蒙受经济损失。在所有的财产权利中，所有权人对其所有的财产享有的保险利益最为充分。

2. 财产经营权、使用权

财产的经营者或使用者因对其负责经营或使用的财产拥有经营权或使用权，而享有由此而产生的利益及承担相应的责任，所以对其具有保险利益。例如，租车人租赁一辆车，如果车辆完好，他可根据租车合同的规定使用，以实现其租车的目的。但如果车辆受损，其必须对车主赔偿损失。因此，租车人在承租期间对其所租用的车辆具有保险利益。例如，国有企业拥有国有资产的经营权，在享有经营国有资产而产生的经济利益的同时，要对国有资产的安全性和完整性负责，因此，国有企业对其所经营的国有资产具有保险利益。

3. 财产承运权、保管权

财产的承运人或保管人与其负责运输或保管的财产具有法律认可的经济利害关系，因此，具有保险利益。比如，如果承运人将货物安全运达目的地，就可以向托运人收取运费；如果货物在运输途中遭受损失，则承运人必须对托运人赔偿损失。例如，如果仓储公司受托仓储的货物在仓储期间受损，仓储公司要对货主承担赔偿责任；反之则可取得保管费。

4. 财产抵押权、留置权①

抵押权人对抵押财产具有经济上的利害关系，因而具有保险利益。当抵押人（债务人）不能依约偿还借款时，抵押权人（债权人）有权处理抵押财产，从中受偿。留置权人对留置的财产具有经济上的利害关系，因而具有保险利益。当债务人不能依约偿还债务时，留置权人有权处理留置财产，从中受偿。

（二）人身保险中的保险利益②

人身保险的保险利益源于投保人与被保险人之间所具有的各种利害关系。

（1）人身关系。任何人对自己的生命和身体都具有最大的利害关系，因而具有保险利益。

---

① 抵押和留置都是一种债的担保。区别在于债务人不转移其对抵押物的占有，但需要转移对留置物的占有。

② 详见本书第三章。对于人身保险保险利益的来源，特别是当投保人为他人投保人身保险时，保险利益的确定具体要依据本国的法律，因为各国对人身保险的保险利益的立法有所不同。如英美法系的国家基本上采取“利益主义原则”，即以投保人与被保险人之间是否存在金钱上的利害关系或其他私人之间的利害关系为判断依据，有利害关系则有保险利益。而大陆法系的国家大多采取“同意主义原则”，即不论投保人与被保险人之间有无利害关系，只要取得被保险人的同意，就具有保险利益。还有一些国家采取“利益和同意相结合的原则”，即投保人与被保险人之间具有经济上的利害关系或其他利害关系有保险利益；而投保人与被保险人之间没有利害关系，但征得被保险人同意也具有保险利益。我国保险立法和实务基本上是实行“利益和同意相结合的原则”。

（2）亲属关系。家庭成员及近亲属之间一旦形成扶养、抚养和赡养关系，也就具有了经济上的利害关系，因而具有保险利益。

（3）雇佣关系。由于雇主与其雇员之间具有经济利益关系，因而，雇主对其雇员具有保险利益。

（4）债权债务关系。债务人的生死存亡关系到债权人债权的实现，因而，债权人对债务人具有保险利益。但债权人的生死存亡与债务人并无利害关系，不影响债务人债务的履行，因此，债务人对债权人无保险利益。

（5）本人对为本人管理财产或具有其他利益关系的人具有保险利益。如合伙人之间相互具有保险利益；委托人对受托人具有保险利益。

《中华人民共和国保险法》第三十一条规定，投保人对下列人员具有保险利益：①本人；②配偶、子女、父母；③前项以外与投保人有抚养、赡养或者扶养关系的家庭其他成员、近亲属；④与投保人有劳动关系的劳动者。除前款规定外，被保险人同意投保人为其订立合同的，视为投保人对被保险人具有保险利益。

第二节 由最大诚信原则解说“理赔难”

引导案例

2010 年 12 月，张三所在单位为全体职工投保了定期寿险，保险期限为 5 年。2012 年 5 月，张三因交通事故不幸死亡，其夫人李四带着相关的证明材料，到保险公司申请领取保险金。保险公司在查验这些单证时发现，张三投保时所填写的年龄（64 岁）与其户口簿上所登记（67 岁）的年龄不一致，投保单上所填写的 64 岁显然不真实。实际上，投保时张三已有 67 岁，超出了保险条款规定的最高投保年龄（65 岁），为此，保险公司拒赔。在此，李四同样遭遇了理赔难的问题。那么保险公司拒赔是否合理呢？拒赔的法律依据是什么呢？这里就涉及保险的最大诚信原则。

最大诚信原则的基本内容包括告知、保证、弃权与禁止反言。

告知

一、告知

告知包括保险人的告知和投保人的告知。

（一）保险人的告知

保险人的告知是指保险人应主动向投保人告知保险条款的内容。保险人告知的形式包括明确列示和明确说明。

明确列示是指保险人只需将保险的主要内容明确列明在保险合同中，即视为已告知投保人。在国际保险市场上，通常要求保险人采用明确列示的方式进行告知。

明确说明是指保险人不仅应将保险的主要内容明确列明在保险合同中，还必须对投保人进行正确的解释。我国要求保险人采用明确说明的方式进行告知。《中华人民共和国保险法》第十七条规定："订立保险合同，采用保险人提供的格式条款的，保险人向投保人提供的投保单应当附格式条款，保险人应当向投保人说明合同的内容。对保险合同中免除保险人责任的条款，保险人在订立合同时应当在投保单、保险单或者其他保险凭证上作出足以引起投保人注意的提示，并对该条款的内容以书面或者口头形式向投保人作出明确说明；未作提示或者明确说明的，该条款不产生效力。"

（二）投保人的告知

投保人的告知是指在订立保险合同时，投保人应当将与保险标的有关的重要事实如实向保险人陈述[①]。投保人告知的立法形式有两种：无限告知和询问告知。无限告知是指投保人必须主动将保险标的的状况及有关重要事实如实告知保险人；询问告知是指投保人对保险人询问的问题必须如实告知，对询问以外的问题则无须告知。这里的询问主要包括投保单上明确列示的要求告知的事项，以及保险代理人口头询问的问题。在本节引导

① 广义上的投保人告知不仅包括订立合同时的如实告知，还包括保险合同有效期间，保险标的转移、危险程度变化、保险事故发生以及合同有关事项变动的及时告知。

案例中，投保单明确列示要求告知年龄信息，这属于保险人的“询问”，而张三填写的年龄不真实，没有做到“询问告知”。

《中华人民共和国保险法》第十六条规定：“订立保险合同，保险人就保险标的或者被保险人的有关情况提出询问的，投保人应当如实告知。

投保人故意或者因重大过失未履行前款规定的如实告知义务，足以影响保险人决定是否同意承保或者提高保险费率的，保险人有权解除合同……”

以上的规定本来是为了保障保险人的正当利益，但如不加限制，会导致保险人滥用合同解除权，在发生事故时，以未如实告知为由拒赔，从而损害被保险人和受益人的利益，因此，保险法对该合同解除权进行了限制。

《中华人民共和国保险法》第十六条第三款规定：“前款规定的合同解除权，自保险人知道有解除事由之日起，超过三十日不行使而消灭。自合同成立之日起超过二年的，保险人不得解除合同①；发生保险事故的，保险人应当承担赔偿或者给付保险金的责任”。

第六款规定：“保险人在合同订立时已经知道投保人未如实告知的情况的，保险人不得解除合同；发生保险事故的，保险人应当承担赔偿或者给付保险金的责任（不可抗辩条款）。”

《中华人民共和国保险法》第三十二条规定：“投保人申报的被保险人年龄不真实，并且其真实年龄不符合合同约定的年龄限制的，保险人可以解除合同，并按照合同约定退还保险单的现金价值。保险人行使合同解除权，适用本法第十六条第三款、第六款的规定。”

在本节的引导案例中，投保人张三在投保时针对年龄未做到如实告知，并且合同订立时间在2年以内，所以根据上述《中华人民共和国保险法》第十六条和第三十二条规定，保险公司拒赔合理。

二、保证

保证弃权与禁止反言

保证是指保险人要求投保人或被保险人在保险期间对某一事项的作为

① 两年的限制能够督促保险人在两年之内做好审核工作。

或不作为、某种事态的存在或不存在作出的许诺。保证可以分为明示保证和默示保证两种类型。

（一）明示保证

明示保证是指以文字或书面形式在保险合同中载明保证条款。根据保证事项的不同，又可以分为确认保证和承诺保证。确认保证，又称认定事项保证，是指投保人对过去或现在某一特定事实存在或不存在的保证。例如，某人保证从未得过某种疾病。承诺保证，又称约定事项保证，是指投保人对未来某一特定事项的作为或不作为的保证。例如，某人保证今后不从事高风险的运动。

（二）默示保证

默示保证是指无须在保险合同中用文字表述，一般是国际惯例所通行的准则、某行业习惯等。主要体现于海上保险，例如，船舶适航保证，即保险的船舶必须有适航能力；不得绕航保证，即保险的船舶要按预定的或习惯的航线航行，除非因躲避暴风雨或助他人改变航道；航程合法性保证，即保险的船舶保证不进行非法经营或运输违禁品。

（三）违反保证条款的法律后果

保证是保险合同的基础，各国对保险合同中保证条款的规定都非常严格。凡是投保人违反保证条款，不论是否有过失，不论这种违反保证的行为是否给保险人造成伤害，也不管是否与保险事故的发生有因果关系，保险人均可解除合同，并不承担保险责任。在我国现行的《中华人民共和国保险法》中没有关于“保证条款”的明确规定。但在《中华人民共和国海商法》第二百三十五条规定：“被保险人违反合同约定的保证条款时，应当立即书面通知保险人。保险人收到通知后，可以解除合同，也可以要求修改承保条件，增加保险费。”

三、弃权与禁止反言

弃权是指保险合同的一方当事人放弃其在保险合同中可以主张的权

利，通常是指保险人放弃合同解除权与抗辩权。禁止反言是指合同一方既已放弃其在合同中的某项权利，日后不得再向另一方主张这种权利，也称为禁止抗辩。

【以案说险 10－3】

2020 年 5 月某变压器厂向当地一家保险公司投保，保险金额达 50 万元。同年 9 月，该厂保险标的危险程度增加，保险公司要求该厂增交一定的保费，该厂不同意，要求退保，保险公司不愿失去这笔业务，答应继续承保，关于是否增交保费以后再作商议，但双方后来一直未就此事进行商谈。同年 10 月中旬，该厂仓库发生火灾，损失金额达 30 万元，于是该厂向保险公司提出索赔，但保险公司以该厂未增交保费为由，不予赔付。那么保险公司拒赔是否合理？

案例分析：在保险合同履行过程中，保险标的危险程度增加，保险公司要求增加保费，但投保人拒绝，此时，保险公司有权解除保险合同，但保险公司为了挽留这项业务，放弃了合同解除权，继续承保，即弃权。根据最大诚信原则中关于“禁止反言”的规定，2020 年 10 月变压器厂发生约定的保险事故，保险公司不得拒赔。

第三节 由损失补偿原则解说“理赔难”

损失补偿原则

引导案例

2019 年 2 月 15 日晚 6 时左右，某校的学生张三由家返校途中，被一辆卡车从后面撞倒，当即便被人送往医院抢救。经当地交管部门裁决，此次事故是由于卡车刹车系统出了故障而导致的，车主负有全部责任。张三住院期间的医疗费共计 4500 元，车主全部承担了，张三由于被撞还落下轻度残疾，车主又另行支付了残废补助金 2 万元。张三所在的学校在事故发生前已为在校的全体学生投保了学生意外伤害保险，每人保额 1 万元，同时投保附加费用型医疗保险，每人保额 5000 元。事故发生后，张三通知了保险公司，并提出索赔，保险公司查看保单后，根据张三残疾程度，按照合同约定支付了残疾保险金，而对于张三住院期间花费的医疗费用则拒绝赔付。在这里，张三同样遭遇了理赔难的问题。那么，保险公司的赔付是否合理？拒赔医疗费用的依据是什么呢？这里就涉及到保险的损失补偿原则。

本节主要从损失补偿原则的适用范围、损失补偿原则的两层含义、损失补偿原则的补偿限制以及损失补偿原则的派生原则等几个方面来介绍损失补偿原则。

一、损失补偿原则的适用范围

损失补偿原则仅适用于补偿性保险合同，而不适用于给付性保险合同。① 引导案例中的人身意外伤害保险属于给付性的保险合同，不适用于损失补偿原则；而费用型医疗保险属于补偿性保险合同，适用于损失补偿原则。

二、损失补偿原则的含义

损失补偿原则是指保险合同生效后，如果发生保险责任范围内的损失，被保险人有权按照合同的约定，获得全面、充分的赔偿，但不能因为保险赔偿而获得额外的利益。损失补偿原则包括两层含义。

第一，损失补偿以保险责任范围内的损失发生为前提，即有损失则补偿，无损失无补偿。

第二，损失补偿以被保险人的实际损失为限，而不能使其获得额外的利益，即通过补偿使被保险人的经济状态恰好恢复到损前状态，即损失多少，补偿多少。② 这里的实际损失包括保险标的的实际损失，也包括被保险人为防止或减少保险标的损失所支付的必要的合理的施救费和仲裁、诉

---

① 关于“什么是补偿性保险合同？哪些合同属于补偿性保险合同？什么是给付性保险合同？哪些合同属于给付性保险合同？”可以参看本书第三章关于保险合同分类部分。

② 损失多少，补偿多少，仅限足额保险。

讼费①等费用。

三、损失补偿原则的补偿限制

（一）损失补偿以被保险人的实际损失为限

以实际损失为限是保险补偿最基本的限制条件。

【以案说险 10 –4】

某运输公司承运电力局一台大型变压器，该变压器价值 20 万元，并以此作为保险金额投保国内货物运输保险。不料在运输中发生意外事故，该变压器滑落地面变形受损，被保险人提出全额赔偿，而保险公司聘请有关技术专家认定该变压器虽然严重受损，但还可以修复至技术指标的可靠标准，修复价为 10 万元。保险公司应该如何赔偿?

案例分析：根据损失补偿原则，损失补偿以被保险人的实际损失为限，保险公司应该以修复价 10 万元给予电力局赔偿。

（二）损失补偿以投保人投保的保险金额为限

【以案说险 10 –5】

张三以自住房屋作为保险标的，投保火灾险，按投保时房屋的实际价值约定保险金额 100 万元，后因发生火灾全部毁损。由于房价上涨，受损时的房屋价格已达到 120 万元，保险公司应该如何赔偿?

案例分析：根据损失补偿原则，损失补偿以保险金额为限。保险公司仅赔偿张三 100 万元。

（三）损失补偿以投保人对保险标的所具有的保险利益为限

【以案说险 10 –6】

张三为自己的某项财产投保足额保险，保单列明的保险金额为 100 万

---

① 《中华人民共和国保险法》第六十六条规定：“责任保险的被保险人因给第三者造成损害的保险事故而被提起仲裁或者诉讼的，被保险人支付的仲裁或者诉讼费用以及其他必要的、合理的费用，除合同另有约定外，由保险人承担。”

元，保险期限内保险标的发生了保险责任范围内的保险事故，全部损失。张三持保单向保险公司索赔。保险公司经调查发现，在保险期限内，张三已将价值100万元的财产的60%出让给李四，事故发生时，张三对保险标的仅具有40%的保险利益。保险公司应该如何对张三进行理赔？

案例分析：根据损失补偿原则，损失补偿以投保人对保险标的所具有的保险利益为限。保险事故发生时，张三对保险标的仅具有40%的保险利益，即在本次事故中，张三实际损失的经济利益为40万元，因此，保险公司仅向张三支付40万元赔款。

● 思考与启示

如果实际损失、保险金额和保险利益三个限额在同一理赔案中出现，其中金额最少的限额为保险赔偿的最高额。

四、损失补偿原则的派生原则

重复保险损失分摊原则和代位原则都属于损失补偿原则的派生原则，因为二者一方面都能保障被保险人获得充分的补偿，另一方面也都能防止被保险人因同一损失获得超额赔偿，从而确保损失补偿原则的实现。

重复保险的损失分摊原则

（一）重复保险的损失分摊原则

1. 什么是重复保险？

重复保险是指投保人以同一保险标的、同一保险利益、同一保险期间[①]、同一保险事故分别与两个以上保险人订立两份以上[②]保险合同，且保险金额总和超过保险价值的保险。[③]

2. 什么是重复保险的损失分摊原则？

当保险标的发生损失时，各份保险合同如何进行赔偿呢？这就涉及重复保险的损失分摊原则，即在重复保险的情况下，当保险事故发生时，各

① 同一保险期间是指不同保险合同的保险期间完全重叠或部分重叠。

② 包括两份及两份以上。

③ 重复保险原则上是不允许的，但实践中却是存在的！（恶意、善意）

保险人应采取“适当的分摊方法”分配赔偿责任，使被保险人既能得到充分的补偿，又不会超过其实际损失而获得额外的利益。

重复保险的损失分摊方法

3. 重复保险的损失分摊方法有哪些？

那么“适当的分摊方法”具体有哪些方法呢？即重复保险的各保险人可以采用哪些分摊方法来分摊赔款？以保证损失补偿原则的实现。

（1）比例责任分摊方式。

比例责任分摊方式是指各保险人按其所承保的保险金额与总保险金额的比例分摊赔偿责任。计算公式为：

$$\text{每个保险人分摊的赔偿额}=\text{实际损失额}\times\frac{\text{该保险人承保的保险金额}}{\text{各保险人承保的保险金额之和}}$$

比例责任分摊方式在实务中应用较多，《中华人民共和国保险法》第五十六条规定：“重复保险的投保人应当将重复保险的有关情况通知各保险人。重复保险的各保险人赔偿保险金的总和不得超过保险价值。除合同另有约定外，各保险人按照其保险金额与保险金额总和的比例承担赔偿保险金的责任。重复保险的投保人可以就保险金额总和超过保险价值的部分，请求各保险人按比例返还保险费。”可见，在我国，重复保险的损失分摊方式为比例责任分摊方式。

【以案说险 10－7】

张三为某食品厂的职工，2019 年 3 月 2 日，食品厂为全体职工在甲保险公司投保了家庭财产保险，每人保额 15 万元。张三的妻子李四所在的纺织厂在 2019 年 4 月 1 日向乙保险公司为每一职工投保了保险金额为 10 万元的家庭财产保险。两份保险的保险期限均为 1 年。2019 年 12 月 2 日张三家着火，造成损失 12.5 万元，出险时保险标的的完好市价为 20 万元，各保险公司分摊赔款分别为多少？（注：采用比例责任分摊方式）

案例分析：根据题意，两份家庭财产保险是针对同一保险标的，同一保险利益、同一保险期间、同一保险事故，且保险金额之和为 25 万元，大于保险价值 20 万元，属于重复保险。采用比例责任分摊方式，根据赔偿额的计算公式：

$$\text{每个保险人分摊的赔偿额}=\text{实际损失额}\times\frac{\text{该保险人承保的保险金额}}{\text{各保险人承保的保险金额之和}}$$

$$甲分摊的赔偿额 = 12.5 \times \frac{15}{15+10} = 7.5\ （万元）$$

$$乙分摊的赔偿额 = 12.5 \times \frac{10}{15+10} = 5\ （万元）$$

经计算可得：甲保险公司应赔偿 7.5 万元，乙保险公司应赔偿 5 万元。赔偿额共计 12.5 万元，一方面，张三和李四的财产损失获得了充分的补偿；另一方面，张三和李四没有因为本次赔偿而获得额外的收益，从而保证了损失补偿原则的实现。

（2）限额责任分摊方式。

限额责任分摊方式，又称独立责任制，是指以在没有重复保险的情况下，各保险人依其承保的保险金额应负的赔偿限额与各保险人应负赔偿限额总和的比例承担损失赔偿责任。其计算公式为：

$$每个保险人分摊的赔偿额 = 实际损失额 \times \frac{该保险人的赔偿限额}{各保险人的赔偿限额之和}$$

针对【以案说险 10－7】，如果采用限额责任分摊方式，每个保险人分摊赔偿额的计算过程如下：

① 根据损失补偿原则，如果实际损失、保险金额和保险利益三个限额在同一理赔案中出现，其中金额最少的限额为保险赔偿的最高额。

经分析可得，甲保险公司的赔偿限额为 12.5 万元；乙保险公司的赔偿限额为 10 万元。

② 根据计算公式：

$$每个保险人分摊的赔偿额 = 实际损失额 \times \frac{该保险人的赔偿限额}{各保险人的赔偿限额之和}$$

$$甲分摊的赔偿额 = 12.5 \times \frac{12.5}{12.5+10} \approx 6.94\ （万元）$$

$$乙分摊的赔偿额 = 12.5 \times \frac{10}{12.5+10} \approx 5.56\ （万元）$$

经计算可得：甲保险公司应赔偿款 6.94 万元，乙保险公司应赔偿 5.56 万元。一方面，张三和李四的财产损失获得了充分的补偿；另一方面，张三和李四没有因为本次赔偿而获得额外的收益，从而保证了损失补偿原则的实现。

（3）顺序责任分摊方式。

顺序责任分摊方式是指先出单的保险人首先在其承保的保险金额限度内负责赔偿，后出单的保险人只有在保险标的的损失超过前一保险人承担的保险金额时，才在自身承保的保险金额限度内赔偿超出的部分。

针对【以案说险 10－7】，如果采用顺序责任分摊方式，每个保险人分摊赔偿额的计算过程如下：

经分析可得，甲保险公司首先在其承保保险金额 15 万元限度内负责赔偿，赔偿额为 12.5 万元；因为乙保险公司只有在保险标的的损失超过甲保险公司承保的保险金额时，才在自身承保保险金额限度内赔偿超出的部分，因此，乙保险公司应分摊的赔款为 0。

（二）代位原则

代位原则

代位原则的主要内容包括权利代位和物上代位。

1. 权利代位

权利代位，即追偿权的代位，又称代位追偿权，是指因第三者对保险标的损害而造成保险事故的，保险人自向被保险人赔偿保险金之日起，在赔偿金额范围，取得代替被保险人向第三者追偿的权利。

关于代位追偿权，需要注意以下几点：

（1）代位追偿权仅适用于以财产保险为代表的补偿性保险。不适用于以人寿保险为代表的给付性保险。《中华人民共和国保险法》第四十六条规定：“被保险人因第三者的行为而发生死亡、伤残或者疾病等保险事故的，保险人向被保险人或者受益人给付保险金后，不享有向第三者追偿的权利，但被保险人或者受益人仍有权向第三者请求赔偿。”

（2）保险人在赔偿金额范围内取得代位追偿权。

如果保险人向第三者追偿的金额大于其对被保险人的赔偿，则超出的部分应归被保险人所有。①

① 这是由于代位追偿的目的在于防止被保险人取得双重赔款而获得额外的利益，从而保障保险人的利益。但同样，保险人也不能通过行使代位追偿权而获得额外的利益，损害被保险人的利益。

（3）保险事故发生后，被保险人已经从第三者取得损害赔偿的，保险人赔偿保险金时，可以相应扣减被保险人从第三者已取得的赔偿金额。

（4）保险事故发生后，保险人未赔偿保险金之前，被保险人放弃对第三者请求赔偿的权利的，保险人不承担赔偿保险金的责任；保险人向被保险人赔偿保险金后，被保险人未经保险人同意放弃对第三者请求赔偿的权利的，该行为无效。

（5）被保险人故意或者因重大过失致使保险人不能行使代位请求赔偿权的，保险人可以扣减或者要求返还相应的保险金。

（6）当第三者造成的损失大于保险人支付的赔偿金额时，被保险人有权就未取得赔偿部分对第三者请求赔偿。《中华人民共和国保险法》第六十条第三款规定："保险人依照本条第一款规定行使代位请求赔偿的权利，不影响被保险人就未取得赔偿的部分向第三者请求赔偿的权利。"

权利代位一方面可以保证被保险人的实际损失得到充分补偿，另一方面可以防止被保险人从保险人和第三方获得双重赔偿而额外获利。因此，权利代位可以保证损失补偿原则的实现。

【以案说险 10－8】

张三买了一辆新车，投保了车险。该车在某健身场所停放期间，由于正在施工中的一座塔吊倒塌，致使车辆被毁。对于该项损失，一方面属于保险责任，可以从保险人那里获得赔偿；另一方面由于施工队在塔吊的安装过程中存在过失，也应承担车辆的损失责任。那么，张三应该如何索赔？

案例分析：根据代位追偿原则，张三有权选择是向保险人索赔，抑或向施工队索赔。如果张三先向保险人索赔，保险人在支付赔款之后在赔偿金额内取得向施工队代位追偿的权利，张三就丧失了就已获保险赔偿部分的损失向施工队索赔的权利，只能请求未获保险赔偿部分；如果张三先向施工队索赔，再向保险人索赔，保险人将在保险赔款中扣除张三已经从施工队获得的赔偿。总之，张三获得的赔偿不能超过其遭受的实际损失。

2. 物上代位

物上代位，即代位取得保险标的的物权，是指保险标的遭受保险事故，发生实际全损或推定全损，保险人按照保险金额全数赔付后，依法取得该项保险标的全部或部分所有权。关于物上代位需要注意以下几点：

（1）如果保险标的实际全损，保险人按保险金额全数赔偿后，对保险标的享有的物权多数情况下没有实际意义，但当保险标的重新出现时（如被盗的标的），保险人享有其物权。

（2）物上代位通常产生于对保险标的作推定全损的处理。推定全损（constructive total loss）是指保险标的遭受保险事故后尚未完全损毁或灭失，但实际全损已不可避免；或者修复和施救费用超过保险价值；或者失踪超过一定时间，保险人按照全部损失处理的一种推定性的损失。

（3）保险人物上代位权的取得主要是通过委付，委付是一种特殊的物上代位。委付是指在发生保险事故造成保险标的推定全损时，被保险人将保险标的的一切权益转移给保险人，而请求保险人按照保险金额全数赔偿的法律行为。或保险人按保险金额全数赔付后，依法取得该项标的的所有权。委付主要适用于海上保险。

（4）委付的构成要件①。

① 委付应以推定全损为条件；

② 被保险人提出委付必须有明确的意思表示；

③ 委付及于保险标的全部，而不能是部分；

④ 被保险人提出委付，不能附带条件；

⑤ 委付需经保险人同意才有效。

（5）物上代位如何保证损失补偿原则的实现？

物上代位以保险标的全损赔偿为条件，可以保证被保险人得到充分补偿；同时，保险人按照保险金额全数赔偿后，取得保险标的相应的所有权，可以避免被保险人在获得全部赔偿金后继续保留对受损标的残值的所有权，获得额外利益。因此，物上代位可以保证损失补偿原则的实现。

---

① 《中华人民共和国海商法》第二百四十九条规定："保险标的发生推定全损，被保险人要求保险人按照全部损失赔偿的，应当向保险人委付保险标的。保险人可以接受委付，也可以不接受委付，但是应当在合理的时间内将接受委付或者不接受委付的决定通知被保险人。委付不得附带任何条件。委付一经保险人接受，不得撤回。"《中华人民共和国海商法》第二百五十条规定："保险人接受委付的，被保险人对委付财产的全部权利和义务转移给保险人。"

3. 委付与物上代位的联系与区别

（1）联系。① 付和物上代位都是由损失补偿原则派生出来的保险理赔规则；②委付和物上代位都是以保险标的全损赔偿为条件；③委付是一种特殊的物上代位。

（2）区别。①物上代位适用于所有物质财产损失保险，而委付仅适用于海上保险；②物上代位以保险标的全损为条件，包括推定全损和实际全损，而委付只能以推定全损为条件；③保险人获得物上代位权所取得的通常只是保险标的的所有权，而保险人接受委付不仅获得保险标的的所有权，还要承担此后可能因保险标的而新发生的义务。④物上代位可以撤销，而委付一经保险同意不得撤回。

4. 委付与权利代位的区别

（1）代位追偿只是一种纯粹的追偿权，保险人无须承担其他义务；而保险人通过委付不仅获得保险财产的权利，而且承担相应的义务，如船舶触礁沉没，经委付后沉船为保险人所有，但同时，保险人要履行打捞沉船和清理航道的义务。

（2）保险人通过委付取得保险标的后，处理标的所得利益超过赔偿的部分归保险人所有；而代位求偿中，保险人最多取得赔偿金额范围内的权利，超出赔偿金额范围的部分，归被保险人所有。

近因原则

第四节 由近因原则解说“理赔难”

引导案例

张三在游泳池内被从高处跳水的李四撞昏，溺死于水池底。由于张三生前投保了一份重大疾病保险，保额5万元，而游泳馆也为每位游客在同一保险公司投保了一份意外伤害保险，保额2万元，两份保单都在有效期内，因未指定受益人，张三的家人拿着两份保单向保险公司索赔。保险公司查看保单后，仅依据意外伤害保险单向张三家人给付2万元保险金，而针对重大疾病保险单，保险公司拒赔。这里张三的家人也遭遇了理赔难的问题。那么，保险公司的赔付合理吗？它拒赔的依据是什么呢？这里涉及保险基本原则中的近因原则。那么什么是近因？什么是近因原则？如何应用近因原则进行理赔？本节将围绕以上问题，解说理赔难的真相。

一、什么是近因？

近因是指引起保险标的损失的最直接的、最有效的、起决定作用的因素，但在时间上和空间上，它不一定是最接近损失结果的原因。

【以案说险10－9】

雷击折断大树，大树压塌了房屋，房屋倒塌砸坏了屋中的电器，那么，电器损失的近因是什么？

案例分析：在本案例中，房屋倒塌是在时间和空间上最接近电器损坏的原因，但并不是造成电器损坏最直接、最有效、起决定作用的因素，因此，房屋倒塌不是电器损坏的近因。电器损害的近因是雷击。

二、什么是近因原则？

近因原则是指若引起保险事故发生，造成保险标的损失的近因属于保险责任，保险人承担损失赔偿责任；若近因属于除外责任，保险人不负赔偿责任。

三、如何应用近因原则处理理赔案？

应用近因原则处理理赔案的关键在于“找出保险损失的近因”。找出保险损失近因的方法主要有以下几种。

（一）损失由单一原因造成。

造成保险标的损失的原因只有一个，则该原因即为近因，若该近因属于保险责任范围，则赔付，否则，不赔付。

在【引导案例】中，张三在游泳池内被从高处跳水的李四撞昏，溺死于水池底。张三死亡的原因只有一个，即被李四意外撞昏，该原因即为张三死亡的近因。意外撞昏属于意外伤害保险的保险责任范围，所以，保险公司依据意外伤害保险向张三家人给付 2 万元身故保险金。而意外撞昏不属于重大疾病保险的保险责任，因此，保险公司依据重大疾病保险单拒赔。根据近因原则，保险公司针对张三家人的赔付是合理的。

（二）损失由多种原因造成。

1. 多种原因连续发生的情形

如果多种原因连续发生导致损失，并且，前因和后因之间存在未中断的因果关系，则最先发生并造成了一连串事故的原因就是近因。

【以案说险 10 -9】中，雷击、大树折断、房屋倒塌、电器损坏，前因和后因之间存在未中断的因果关系，则最先发生并造成了一连串事故的原因为“雷击”，则“雷击”为电器损坏的近因。

2. 多种原因的发生存在因果关系，但形成的因果链被新的、相对独立的原因插入而中断。则新插入的、致使因果链中断的原因是近因

【以案说险 10 -10】

2024 年 3 月 6 日，张三乘坐单位班车上班途中，发生车祸。张三被撞断了胳膊，送往医院急救，在急救中因心肌梗死，于第二天死亡。之前，张三所在单位已为其员工购买了人身意外伤害保险，保险金额 10 万元，意外发生后，该单位立即向保险公司报案并提出索赔。保险公司经调查了解到：张三 45 岁，患心脏病多年。据此，保险公司拒付死亡保险金，仅赔付意外伤残保险金 5 万元给张三家人。保险公司的赔付是否合理？为什么？

案例分析：在本案例中，“车祸—撞断胳膊—死亡”，这个因果链因为“心肌梗死”这一原因的插入而中断，则“心肌梗死”为张三死亡的近因，而“心肌梗死”不属于人身意外伤害保险的保险责任范围，因此，保险公司拒付死亡保险金是合理的。而撞断胳膊的唯一原因是车祸，车祸是张三撞断胳膊的近因，车祸属于人身意外伤害保险的保险责任，因此，保险公司按照合同约定向张三家人赔付伤残保险金 5 万元。根据近因原则，保险公司的赔付是合理的。

3. 多种原因同时发生或先后发生，但都是相互独立的

当导致损失的多种原因中，既有保险责任又有除外责任的，则应分析损失结果是否易于分解。如果损失结果可以分解，则保险人只对承保风险所导致的损失承担赔偿责任；如果损失的结果不能分解，保险人有时倾向于不承担任何损失赔偿责任，有时倾向于同被保险人协商解决。

【以案说险 10－11】

汽车轮胎爆裂，同时遭遇冰雹袭击，后因及时救助，未全损。该车辆投保了车损险，轮胎爆裂为除外责任，冰雹属于保险责任。轮胎爆裂和冰雹砸伤易于分解，则保险公司只承担冰雹砸伤造成的损失。

【第十章　内容梳理、思维拓展】

一、内容梳理

本章在阐述保险四大基本原则，即保险利益原则、最大诚信原则、损失补偿原则和近因原则的基础上，依据保险四大基本原则解说保险理赔难的真相。在【以案说险】过程中发现：保险理赔难在很多时候并不是真的“难”。如果在保险合同订立、履行过程中，保险交易各方遵循保险的基本原则，保险理赔就能成为风雨之后的一把伞，而不是变成伤口上的一把盐。因此，保险交易双方应以保险基本原则为准绳，享有权利的同时，履行各自义务，对于解决保险纠纷，完善保险市场，建立和谐保险关系具有重要意义。

二、思维拓展

依据保险的四大基本原则解读“理赔难”真相的过程中，可以发现四大基本原则贯穿于保险经营活动的各个环节，包括保险产品开发、保险营销、承保、理赔等，而承保的关键环节是核保，高质量的核保能在一定程度上规避理赔环节的纠纷。核保和理赔也是与保险四大基本原则联系更紧密的两个环节，具体如图 10－1 所示。在此，拓展介绍保险经营中的两个核心环节——核保与理赔。

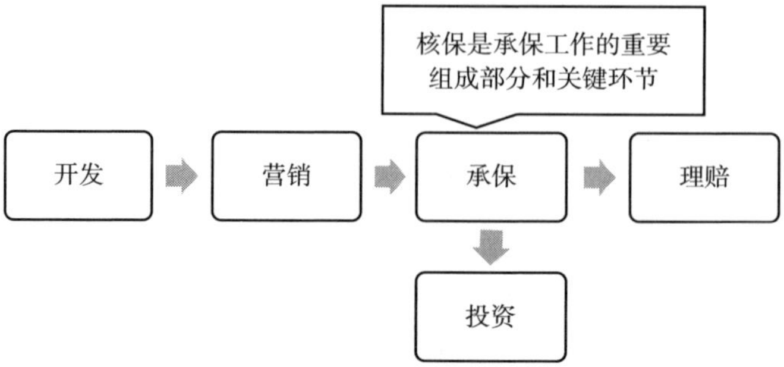

图 10－1　保险经营的各个环节

（一）核保

1. 核保的定义

核保从广义上可以理解为保险人对投保人提出的投保申请进行审核，决定是否承保的过程。从狭义上讲，核保具体是指保险人对保险标的的风险进行评判与分类，进而决定是否承保，以什么条件承保的分析过程。

核保包含两个要素，即选择与分类。选择是保险公司评估每件投保申请并确定准被保险人风险程度的过程；分类是将准被保险人分配到期望损失概率与其最接近的被保险人一组，然后给予该组被保险人相同的承保条件，比如给予相同的保险费率。可见，核保的过程就是先进行风险选择，然后进行风险分类的过程。经过选择决定是否承保；经过分类，决定以什么样的条件进行承保。核保也可以理解为寻求与保险标的风险水平相适应的承保条件的过程。

2. 核保的流程

（1）制定核保方针、编制核保手册。核保手册向核保人员传达保险人的核保方针，规定不同等级核保人员的权限。

（2）核保信息的收集和整理。核保信息的搜集途径主要有下面三种：其一，根据投保人填写的投保单获取信息；其二，核保人员向保险展业人员和投保人直接了解情况，收集信息，直接检查保险标的，对被保险人进行调查，收集各种与保险标的有关的单据、资料等；其三，通过社会公共部门的渠道来收集信息并加以整理，例如，通过医院了解被保险人病史，如果被保险人的身体健康出现过问题，会去医院就医，就会留有相关的就医痕迹，如病例、住院记录等。如果被保险人在医院进行过体检，就会有体检报告等。

（3）风险的识别与分析。风险识别与分析是指识别保险标的所面临的各种有形或无形的风险因素，并分析这类风险因素引发风险事故，导致风险损失的可能性大小。除了识别分析保险标的本身面临的风险之外，保险人还会关注承保某类风险需要承担的来自监管当局和法院的法律风险和政策风险。另外，在本环节，核保人员会考虑投保人在风险防范方面的做法而给予相应的承保条件。比如，投保人针对保险标的面临的某种风险，采取防损和减损措施，可以降低风险发生的可能性和严重性，核保人员对该风险进行分析后，会给予相应优惠的承保条件。

（4）核保的抉择与实施。经过风险识别和分析之后，核保人员要做出核保抉择，一般分三种：其一，接受投保；其二，拒绝投保；其三，进行一些条件变动后，接受投保。这三种抉择的实施分两种情况，一种情况是核保员有权利直接作出抉择并实施抉择，那么核保员直接做出承保、拒保或者有条件承保的抉择之后，把单子转到下一个部门继续进行处理；另一种情况是核保员没有作出抉择并实施的权限，核保员会向上级主管部门提出建议，即建议承保、拒保或者有条件承保，由上级主管部门进行最终的抉择和实施（见图 10－2）。

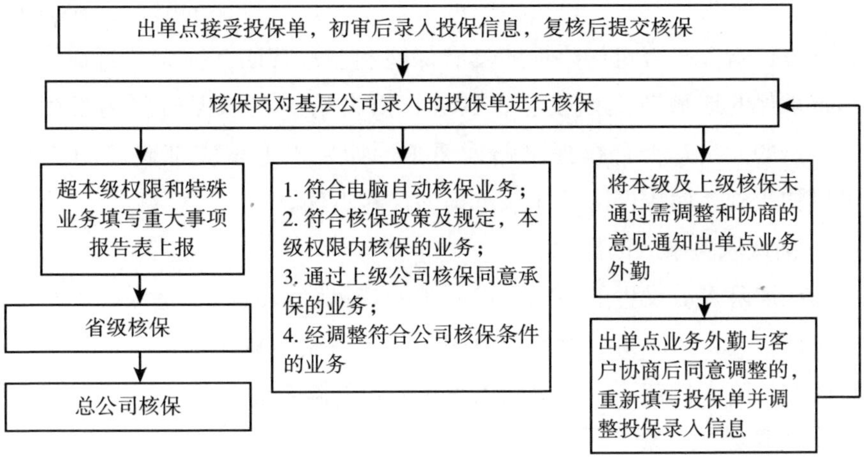

图 10－2　保险核保流程

（二）理赔

理赔是指保险事故发生后，被保险人（或投保人、受益人）向保险人提出索赔，保险人进行调查、审核、确定保险责任和损失金额，并根据保险合同的规定，履行赔偿或给付保险金义务的行为。理赔是保险经营活动的最后一个环节，也是保险人履行赔付保险金责任的环节。整个保险理赔的流程一般包括以下六个步骤，如图 10－3 所示。

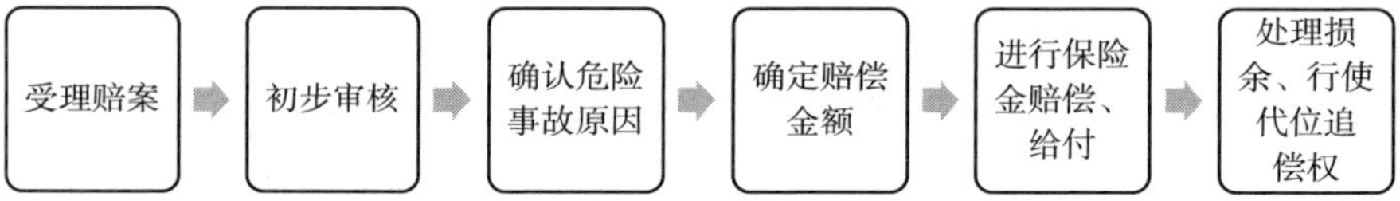

图 10－3　保险理赔流程

1. 受理赔案

受理赔案阶段涉及的主要事项包括：第一，接到索赔申请后，进行基本信息登记，如保险客户名称、地址、保险单号码、出险时间、地点、自述的原因和自述的损害情况；第二，查抄留存公司的保险底单；第三，核对索赔申请与保险底单；第四，核对无误的索赔申请，立案编号登记。

2. 初步审核

初步审核的目的是要初步确认保险人是否承担保险责任，本阶段需要认定以下事实。其一，保险合同是否仍有效力，是否有暂停保险或保险合同已被解除的情况；其二，损失是否由所承保的风险引起，是否属于保险合同承保的损失；其三，已遭损毁的财产是否是所投保的财产，在损失发生时，被保险人是否对保险标的具有保险利益；其四，损失是否在保险合同约定承保的地域范围内发生；其五，损失是否在承保时间内发生；其六，索赔的人员是否有权提出赔偿要求。如果以上事实都确认为“是”，就可以初步确认属于保险人应该承担的保险责任。

3. 确认风险事故的原因

确认风险事故发生的原因是进一步确定风险事故是不是保险人承保的保险责任。确认风险事故发生的原因实际上就是确认风险发生的近因，如果近因在保险责任范围内，保险人承担赔付保险金的责任。

4. 确定赔偿金额

确定赔偿金额就是确定保险人承担保险责任的大小。可以运用本书第三章介绍的财产保险和人身保险赔偿额的计算方法确定保险人应赔付的赔偿金额。

5. 保险金的赔付

保险金赔付就是保险人按照上一步确定的赔偿金额向被保险人或受益人赔付保险金。保险人赔付保险金的方式主要有以下几种。第一，货币赔付。比如，医疗保险直接赔偿医疗费，人身保险直接用货币给付保险金等。第二，修复原物。比如，被保险机动车被撞坏，需要送到专业维修点去修复，修复车辆产生的费用，由保险人直接支付给维修点。第三，更换部件。比如，被保险机动车的车窗玻璃撞碎了，没办法修复，直接更换一块新的车窗玻璃。第四，重置。比如，被保险机动车在约定的时间内发生车辆损失，保险人直接为被保险人更换一辆同样的机动车。重置方式用得比较少，一般需要在签订的保险合同中特别约定采用重置方式进行保险金的赔付。

6. 处理损余，行使代位追偿权

保险人对被保险人的损失进行全额赔偿之后，如果保险标的还有残值，残值应该归保险公司所有。因为如果被保险人既得到了全额赔偿，还拥有残值，就会出现超额赔付的问题，违背了损失补偿原则，可能会出现道德风险，所以需要处理损余。针对财产保险，如果保险标的损失是由第三方的责任造成的，应该由第三方负责赔偿，而保险人按照合同约定先向被保险人赔付保险金之后，保险人就取得了代替被保险人向第三方行使代位追偿权。当然，如果不存在残值和第三方责任，就不需要处理损余和行使代位追偿权，可见处理损余和行使代位追偿权并非保险理赔必须的环节。

【第十章课后习题】

专题项目四　沉浸式保险案例分析

【项目目标】

知识目标：在项目推进过程中，进一步巩固强化学生对前十章内容涉及专业知识点的记忆理解，比如，保险合同、保险种类、保险的基本原则等。熟悉相关的保险法律法规。

能力目标：能够应用前十章所学专业知识和方法以及相关的保险法律法规，对指定的保险案例进行分析，并做出专业判断。

素养目标：学生分别扮演“投保人”“保险人”“法官”角色沉浸式参与到保险案例分析中，亲身践行领悟诚信法治在保险中的重要意义。

【重点】对指定保险案例进行分析，并作出专业判断。

【难点】学生能以特定的角色沉浸式参与到保险案例分析的过程中，强化记忆、理解专业知识的同时，持续提升自身的应用、分析、评价能力，领悟诚信法治在保险交易中的重要意义。

【教学方式】小组项目（项目撰写、汇报、答辩、评价、反思）

在前面的章节已经学习了风险、风险管理、保险合同、保险产品、社会保险与商业保险以及保险的四大基本原则，如何将前期学习的专业知识点融会贯通，针对特定的综合保险案例进行分析，并做出专业的判断是本次小组项目设计的重点。各组学生以特定的角色沉浸式参与其中，提升自身的应用、分析、评价能力，领悟诚信法治的重要意义是本次小组项目设计要达到的素养目标。

【小组项目具体操作流程】

一、学生分组

学生按照每4～5人分为一组，指定其中1人为小组组长。组长负责组织成员讨论项目推进中的疑难问题，并与指导教师保持沟通，协调组员分工完成项目，准备项目的汇报答辩，最终项目成果提交等工作。每位组员在组长的协调下参与项目的推进过程，完成各自负责的子项目。组长要明确列示每个组员在项目推进中的具体分工，并告知指导教师。

二、为每个小组分配基于不同知识点的保险案例

指导教师提前设计基于不同专业知识点的综合保险案例，比如，基于最大诚信原则的综合保险案例、基于保险利益原则的综合保险案例、基于损失补偿原则的综合保险案例、基于近因原则的综合保险案例、基于被保险人与受益人的综合保险案例等。然后，为每个小组分配基于不同知识点的保险案例。如表专 4－1 所示。

表专 4－1　　各小组负责分析的保险案例

小组	负责的保险案例
1 组	综合保险案例 1
2 组	综合保险案例 2
3 组	综合保险案例 3
4 组	……

三、每个小组针对本组负责的保险案例，在组长的协调下，分工查阅相关资料，并组织组内讨论，最终在本组内达成一致意见

四、每个小组针对本组负责的保险案例，以“法官”的角色撰写保险案例分析报告

在撰写分析报告的过程中，对于每一个判断都要有明确的依据，比如依据我国现行《中华人民共和国保险法》的某条某款或者《关于适用〈保险法〉若干问题的解释》等。

五、分组进行项目汇报答辩

每组派出代表进行本小组负责的“综合案例分析”项目汇报。在项目汇报时，汇报人的角色定位是一个专业的“法官”，听众为投保人、被保险人、受益人和保险人。“法官”首先陈述案例梗概，并给出判决结果；作为投保人、被保险人、受益人或保险人角色的其他小组成员和老师可以提出质疑，或者相互辩论，针对质疑和辩论焦点，“法官”或本组其他成

员负责解释，并给出具体的判断依据，指导教师适时进行引导点拨。质疑辩论结束后，“法官”负责对整个案例进行梳理，给出明确判决结果，并列示判决的具体依据。通过投保人、被保险人或受益人、保险人以及“法官”的思想碰撞，让保险双方当事人意识到坚守诚信底线，以及学法、懂法、守法、用法在保险交易中的重要意义，从而亲身践行诚信、法治、公正等社会主义核心价值观。

六、小组答辩成绩打分

指导教师和其他小组组长根据本小组项目汇报答辩情况，依据答辩成绩评定标准，给本小组进行打分，所有打分的平均分为本小组的“小组答辩成绩”，参与提问、讨论互动的学生可获得互动分，成绩计入其本人的小组成绩。答辩成绩评分标准如表专 4－2 所示。

表专 4－2　“保险案例分析”汇报答辩成绩评分标准

小组	案例判决结果正确，依据明确、充分（40）	针对质疑的答辩情况（30 分）	能否启迪听众的诚信法治意识?（20 分）	优秀职业素养的感染力（专业度、语言、表情等）（10 分）	总分
1 组					
2 组					
3 组					
4 组					
……					

七、指导教师根据项目汇报答辩情况进行总结、点评

进一步强调案例分析中的关键知识点以及诚信法治在保险交易中重要性。

八、每个案例的“法官组”根据讨论、辩论、总结点评，重新梳理本组负责保险案例的分析报告，并以作业形式上交。指导老师根据案例分析报告质量给出“小组作业成绩”

九、建议以小组答辩成绩和小组作业成绩的加权平均成绩作为小组最终成绩

例如，小组成绩 = 小组答辩成绩（40%）+ 小组作业成绩（60%）。小组成绩即为本组所有成员的成绩。

【小组项目成果展示台】

基于最大诚信原则的综合保险案例分析

本组以“法官”的角色主持本次综合保险案例分析。此前，针对此案例，本组已经在组内进行充分讨论，并形成统一的判决结果。

本次案例分析的流程为：由本组抛出案例梗概，并给出判决结果；听众自愿扮演投保人和保险人角色，可以提出质疑，也可相互辩论，本组负责解释；质疑辩论结束后，本组负责总结，并明确判决结果以及判决依据。

第一步，陈述案例梗概。

王女士于 2016 年 3 月生育了儿子小明，出生时小明患有先天性疾病。王女士于 2020 年 1 月 5 日以儿子小明为被保险人向甲保险公司投保了住院医疗保险，保额为 5 万元，保险期限为 1 年，等待期 30 天，投保时王女士未向保险公司告知儿子小明患有先天性疾病。2020 年 3 月，小明因为疾病住院花费医疗费用 1000 元，王女士向经办该保单的代理人小张，咨询是否能够报销该笔医疗费，同时，王女士将其儿子小明患有先天疾病的情况告诉了小张。小张称因之前未告知先天性疾病，本次医疗费用不能报销。王女士就没有向保险公司索赔。保险公司也没有以此与王女士解除保险合同，或者提出增加保险费的要求。2020 年 10 月，小明因先天性疾病住院做手术，花费医疗费用 2 万元。于是，王女士向该保险公司索赔。但此时，保险公司仍以王女士未履行如实告知义务为由拒赔。而王女士认为自己在 2020 年 3 月已经向代理人告知了儿子小明患有先天性疾病，因此要求保险公司针对本次医疗费用 2 万元，按照合同约定予以赔付。

本组针对王女士的诉求予以支持，即保险公司应该按照合同约定向王女士赔付医疗费用 2 万元。

第二步：质疑、辩论阶段。

“保险人”代表×××认为投保人王女士违背了最大诚信原则中的“如实告知”。因为在订立保险合同时，投保人王女士故意不履行如实告知的义务，所以保险公司有权解除保险合同，并不承担赔付保险金的责任。

“投保人”代表×××认为王女士已在2020年3月将女儿患有先天性疾病的情况告知了保险公司的代理人，即在2020年3月保险公司已经知道投保人未如实告知的事由，但30日内并未行使解除合同的权利，根据最大诚信原则中的弃权与禁止反言的规定，到2020年10月，发生了合同约定的保险事故，保险公司应当承担赔付保险金的责任。

“保险人”代表×××认为投保人王女士虽然在2020年3月已将女儿患有先天性疾病的情况告知了保险公司的代理人小张，但代理人小张并未上报到保险公司。因此，保险公司不承担责任。

“投保人”代表×××认为代理人小张是在保险公司授权范围内从事保险代理业务的，代理人已知，即为保险公司已知。代理人小张行为的法律后果应由保险公司承担。

本组针对双方的辩论，依法做出判决如下：

法官给出的判决为：保险公司针对本次医疗费用2万元，应该按照合同约定向王女士赔付保险金。理由：王女士在2020年3月已将女儿患有先天性疾病的情况告知了保险公司的代理人，但保险公司在30日内并未行使解除合同的权利，因此，根据最大诚信原则中的弃权与禁止反言的规定，到2020年10月，发生了合同约定的保险事故，保险公司应当按照合同约定承担赔付保险金的责任。

法律依据：

法律依据为《中华人民共和国保险法》第十六条　订立保险合同，保险人就保险标的或者被保险人的有关情况提出询问的，投保人应当如实告知。

投保人故意或者因重大过失未履行前款规定的如实告知义务，足以影响保险人决定是否同意承保或者提高保险费率的，保险人有权解除合同。

投保人故意不履行如实告知义务的，保险人对于合同解除前发生的保险事故，不承担赔偿或者给付保险金的责任，并不退还保险费。

前款规定的合同解除权，自保险人知道有解除事由之日起，超过三十日不行使而消灭。自合同成立之日起超过二年的，保险人不得解除合同；发生保险事故的，保险人应当承担赔偿或者给付保险金的责任。

《中华人民共和国保险法》第一百二十七条　保险代理人根据保险人的授权代为办理保险业务的行为，由保险人承担责任。

指导老师总结点评：

本组判决结果正确、依据充分。通过本次案例分析，我们应该意识到无论是投保人还是保险人，在保险市场中都要遵循最大诚信原则。如果王女士在签订合同时就遵循最大诚信原则，进行如实告知，就不会出现所谓的“理赔难”。虽然最终获得赔付，但这个过程比较烦琐。如果甲保险公司遵循最大诚信原则，也可以规避后来的理赔纠纷，为公司声誉加分，提升公司竞争力。所以说，诚信是保险双方当事人必须具备的基本品质。

作为投保人，知法懂法守法非常重要。如果在投保前，王女士就熟悉保险法，并遵守保险法，就不会出现后来在投保时故意隐瞒被保险人健康信息，存在侥幸心理。而且第一次的医疗费用也能获得赔付，让保险真正起到转移风险的作用。同时，也是因为王女士在遭到拒赔后，知道了《中华人民共和国保险法》，并用法律武器维护了自己的正当权益。

可见，有两点在保险交易中至关重要。一是诚信，二是知法懂法守法。因此，我国要推进保险市场的健康持续发展，就要加强诚信、法治建设。诚信和法治也是社会主义核心价值观的重要组成部分。

诚实守信不仅是保险交易中必须遵循的基本原则，而且是现代社会所有公民应当具备的基本品质和遵循的行为准则，失信将寸步难行。当前，我们每个人都有自己的征信报告，在现代社会相当于个人的经济身份证。失信行为，如贷款逾期不还、信用卡透支、欠费、欠税等将会记录其中，这些失信记录将影响到我们的经济行为。比如办理个人房贷时，银行都需要看征信报告，如果信用状况好的可能得到优惠利率，而有过逾期记录的甚至无法获得贷款。

另外，不仅在保险交易中，只有学法、懂法、守法、用法才能维护自身利益，在所有的社会经济关系中，法治都是实现自由平等、公平正义的制度保证。

以上为本案例的整个讨论分析过程。

第十一章 11

谁来监管保险业？

思维导图

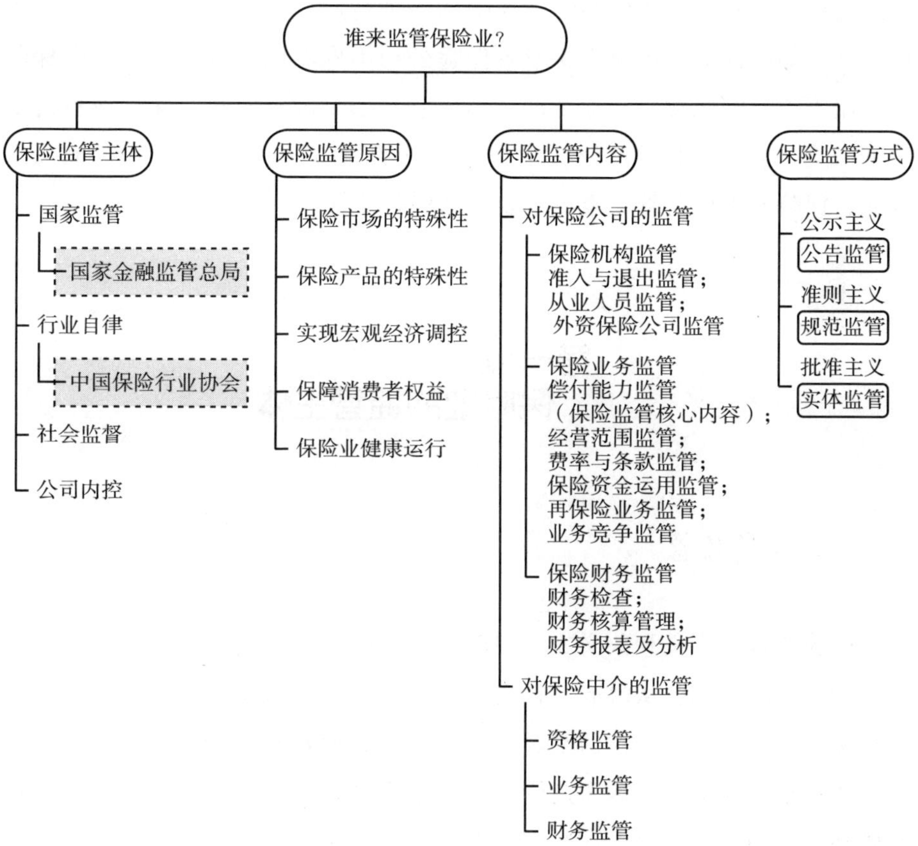

章节目标

知识目标：掌握我国保险业的监管主体、监管内容和监管形式，理解保险监管的原因。

能力目标：针对某些保险消费者对保险的迷惑和误解，能够利用我国保险监管的相关知识做出解释，让保险消费者认识到保险业运营的规范性和严肃性。

素养目标：形成正确的保险意识，提升自身的金融素养。

保险业与其他行业相比，它是一个特殊的行业，其特殊性表现在它是一个经营风险的行业，其他行业都是尽可能的去规避风险，而保险业是主动的去经营风险。那么作为经营风险的一个行业，如果保险业自身发生了风险，比如，保险公司破产，或者保险公司承保的风险事故发生了，保险公司赔不了，不愿意赔，那么谁来监管它？如果没有监管，保险业自身发生了风险，会影响非常广泛，因为它经营的风险涉及到社会的各个方面，因此，保险业需要监管。本章主要探讨保险监管。

谁来监管保险业?

第一节 保险业的监管主体

一、保险监管

保险监管有广义和狭义之分，广义的保险监管是指在一个国家范围内为达到一定的目标，从政府、社会、保险行业、保险企业自身等各个层次上对保险企业、保险经营活动及保险市场进行监督和管理。广义的保险监管体系包括宏观层次的国家监管、中观层次的行业自律监管和社会监督以及微观层次的公司内控。如图 11－1 所示。狭义的保险监管是指政府（或国家）通过法律和行政手段对保险主体、保险经营活动和保险市场进行监督和管理。

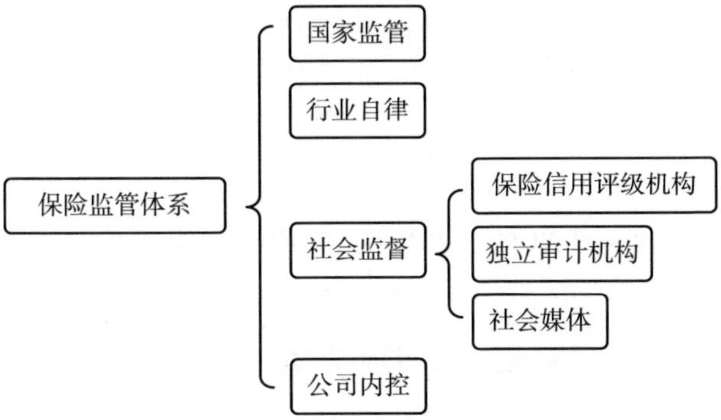

图 11－1　保险监管体系

二、我国的保险监管体系

目前我国的保险监管体系包括四个层次，即国家监管、行业自律监管、社会监督、公司内控。

（一）国家监管

国家监管是指一国的保险监督执行机关依据现行法律对保险人和保险市场实行监督与管理，以确保保险人的经营安全，同时维护被保险人的合法权利，保障保险市场的正常秩序并促进保险业的健康有序发展。国家监管实际上就是狭义的保险监管。本章后面内容中涉及的保险监管主要是国家监管。关于国家监管，需注意以下几点。第一，保险监管主体与监管对象。监管的主体是一国的保险监督执行机关，目前我国的保险监督执行机关是国家金融监管总局；监管的对象是保险人和保险市场。第二，保险监管制度的构成包括两部分，其一是国家通过制定有关保险法规，对本国保险业进行宏观指导与管理；其二是保险监管机构依法对保险业进行行政管理，以保证保险法规的贯彻执行。第三，保险监管的目标。保险监管的目标包括：确保保险人的经营安全；维护被保险人的合法权利；保障保险市场的正常秩序并促进保险业的健康有序发展。

在我国，国家对保险业的监管经历了一系列的演变历程，可以分成三个阶段，第一个阶段是1979～1997年，这一阶段是保险业监管的起步阶段，由中国人民银行来对我国的保险业进行监管。但中国人民银行并非专职监管保险业，还同时监管其他的金融行业。第二个阶段是1998～2018年，称为专业监管阶段。1998年，国务院批准设立中国保险监督管理委员会（以下简称保监会），属于国务院直属事业单位，专司保险监管职能。第三个阶段为2018～2023年，2018年3月中国银行保险监督管理委员会（以下简称银保监会）成立，将银监会和保监会的职责整合，依照法律法规统一监管银行业和保险业。第四阶段为2023年至今，2023年3月，在银保监会基础上组建国家金融监督管理总局，依法依规对全国银行业和保险业实行统一监督管理，维护银行业和保险业合法、稳健运行，对派出机构实行垂直领导。目前，我国保险行业是由国家金融监督管理总局进行行政监管。

（二）行业自律监管

我国的保险行业自律监管机构是中国保险行业协会，于2001年3月12日成立，是经原保监会审查同意并在国家民政部登记注册的中国保险行业的全国性自律组织，是自愿结成的非营利性社会团体法人。根据《中华人民共和国保险法》第一百八十条规定：“保险公司应当加入保险行业协会。保险代理人、保险经纪人、保险公估机构可以加入保险行业协会。”当前我国保险行业协会的会员主要包括各家保险公司、保险中介机构以及地方性的保险行业协会等。

（三）社会监管

社会监管主要是来自于保险信用评级机构、独立审计机构、社会媒体的监管。保险信用评级机构属于独立的第三方信用评级机构，对各家保险公司的信用水平进行评级，然后公布评级结果供大众来参考，从而形成对保险业的监管；社会媒体向社会公众报道保险公司的负面的或正面的信息形成对保险业的监管。

（四）公司内控

公司内控属于保险公司自身的内部监管，通过内部控制，防范风险发生。

第二节 为什么需要保险监管？

为什么需要保险监管

一、保险市场存在信息不对称

这里的信息不对称中指的是保险人是信息优势方，而投保人、被保险人或受益人是信息劣势方，主要表现在两个方面。

第一，保险合同一般由保险人事先拟定，投保人只能选择接受或者拒绝，就具体的条款没有太大的协商余地；而保险合同条款的设计、费率厘定、承保范围的规定都以专业的精算技术为数理基础的，大多数投保人没有这方面的专业知识，无法就保险合同的内容拥有充分的信息，不能充分理解依据保险合同能够获得的保障以及需要履行的义务。而保险人对其拟定条款的理解要更全面，保险市场双方当事人存在信息不对称，这种信息不对称会可能导致保险消费者的利益无法得到保障。

第二，保险交易之后，投保人不能对保险产品进行取样或试用，而是先付费，能否获得保险金不确定；而且无法对保险公司的偿付能力进行跟踪监视。投保人交付保险费之后，如果发生了合同约定的保险事故，能不能拿到保险金呢？这在一定程度上取决于保险公司有没有足够的偿付能力，而投保人、被保险人或受益人在购买保险之后，对于保险公司有没有偿付能力是没有办法进行跟踪监视的。

正是因为保险市场中存在着这种交易之前以及交易之后的信息不对称，所以需要专门的机构对保险市场进行监管，来保障保险消费者的利益不受侵害。在交易前，由专门的监管机构对保险人拟定的条款进行监管审核，确定是否合理；在交易之后，由保险监管机构对保险公司的偿付能力及其他方面进行跟踪监视，针对保险经营中出现的问题提前进行预警，保证保险人有足够的偿付能力。

二、保险产品具有特殊性

第一，保险产品是一种技术性很强的产品，技术性很强表现为拟定保险合同的条款需要专业的、技术性很强的保险精算技术，而对于这种技术，保险消费者一般不具备相关的专业知识，无法对其科学性、合理性做出判断，需要专业的保险监管机构对于保险公司拟定的条款进行监管。

第二，保险业以风险作为经营对象，而风险涉及千家万户，一旦保险人偿付能力不足，造成的负面社会影响广泛，需要监管。

三、保险监管有利于实现宏观经济调控

第一，保险资金是金融市场的主体之一，对其进行监控，有利于金融市场平稳运行。第二，通过规定保险资金流向及相应的政策倾斜，来实现政府支持或限制某一产业发展的目的。

四、保险监管可以保障消费者利益

首先，在某种保险产品进入市场之前，由监管机构对相应保险条款的科学性、合理性进行把关，保证保险消费者可以获得质高价优的保险产品。其次，通过对保险人偿付能力的监管，保证保险消费者在保险事故发生时按合同约定获得保险金的赔付。

五、保险监管有利于保险业健康运行

首先，保险业社会影响面广，保险公司频繁进入退出保险市场会影响

金融市场稳定，损害公众对保险业的信心；其次，保险监管可以防止过度竞争和不当竞争，维护保险市场稳定，提高行业公众信任度。

第三节 保险监管方式与监管的内容

保险监管方式

一、保险监管的方式

根据监管的严格程度不同，保险监管方式分为三种：公示主义、准则主义、批准主义。

（一）公示主义

公示主义，又称公告监管，它是最为宽松的一种监管模式，具体是指政府不直接监管保险业经营，仅规定保险人必须按政府规定的格式及内容定期将营业结果呈报政府主管机关并予以公告。保险人经营好坏由被保险人及一般大众进行评判。公示主义有利于保险人在较为宽松的市场环境中自由发展，但不利于切实有效地保证被保险人的利益。

（二）准则主义

准则主义，又称为规范监管，是国家制定出一系列有关保险经营的基本准则，如最低资本金的要求、资产负债表的审核、资本金的运用、违反法律的处罚等，并监督执行。但对保险人的业务经营、财务管理及人事等方面，则不加干预。相较于公示主义，准则主义相对严格，但仍未触及保险业经营管理的实体。

（三）批准主义

批准主义，亦称实体监管，是国家订立有完善的保险监督管理规划，政府的保险监督管理机关根据法律赋予的权力，对保险市场尤其是对保险公司进行全方位的、全过程的有效监督和管理。较之前述两种管理方式最为严格、具体。批准主义通过立法明确规定保险人从设立到经营直至清算所应遵循的批准和审查制度。它是由瑞士创立的，我国目前实行的保险监管就是实体管理方式。

保险监管的内容

二、保险监管的内容

保险监管主要包括对保险公司的监管和对保险中介的监管，如图 11－2 所示。保险监管的内容源自于一系列保险监管的规章制度，比如，我国保险行业的基本法《保险法》，以及在基本法基础上颁发的《保险公司管理规定》[①]《保险资金运用管理办法》《保险保障基金管理办法》《保险公司偿付能力管理规定》[②]《保险中介行政许可及备案实施办法》[③] 等。

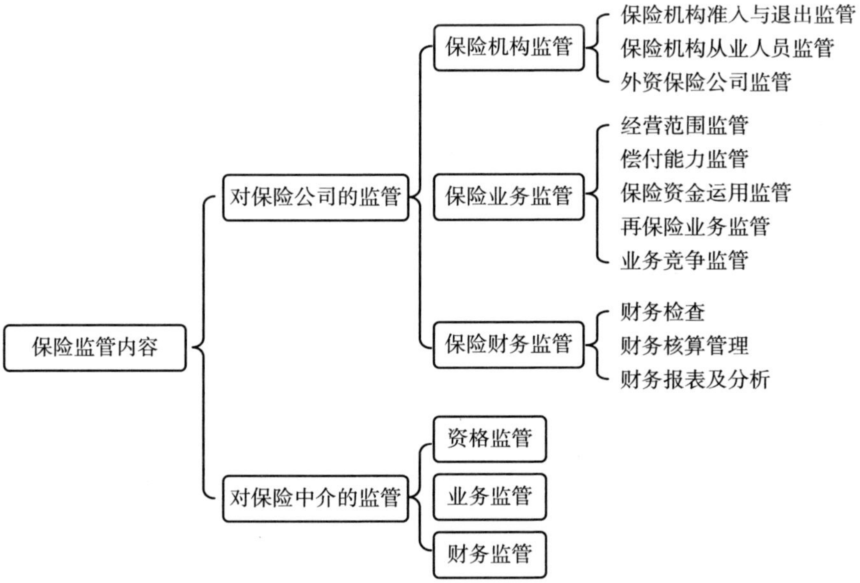

图 11－2　保险监管的内容

① 由原中国保监会 2009 年发布，2009 年 10 月 1 日起施行，根据 2015 年 10 月 19 日原中国保监会令 2015 年第 3 号修订。

② 由原中国银保监会修订公布，自 2021 年 3 月 1 日起施行。

③ 由原中国银保监会公布，自 2022 年 2 月 1 日起施行。

（一）对保险公司的监管

针对保险公司的监管具体又可分为对保险机构的监管、对保险业务的监管以及对保险财务的监管。

对保险机构的监管是针对保险机构本身的监督和管理，包括对保险机构的准入和退出的监管；对保险机构从业人员的监管，比如，对保险机构管理层的管理人员，保险机构的代理人员等的监管；对外资保险公司监管。

对保险业务的监管包括经营范围监管、偿付能力监管、费率和条款监管、保险资金运用监管、再保险业务监管以及业务竞争监管等。其中，偿付能力监管是保险监管的核心内容，因为保障保险人的偿付能力是保险监管最根本的目标。

对保险财务的监管包括财务检查、财务核算管理以及财务报表及分析。通过保险财务监管对保险人经营风险进行监督和预警。

（二）对保险中介的监管

在保险市场上，除了保险公司，还有保险中介机构。比如，保险代理人、保险经纪人、保险公估人等，对这些保险中介机构的监管主要包括资格监管、业务监管以及财务监管。

【第十一章　内容梳理、思维拓展】

一、内容梳理

保险业作为一个主动经营风险的行业，其业务涉及社会的各个方面，如果缺少有效的监管，一旦保险业本身发生风险将会带来巨大的社会影响。本章首先介绍了保险行业的监管主体，从广义上讲，保险监管的主体包括国家监管、行业自律监管、社会监督以及公司内控；从狭义上讲，保险监管仅指国家监管，本章的保险监管主要从狭义上来阐述。目前，我国的保险监管主体为国家金融监管总局。在厘清“谁来监管保险业”的基础上，本章从“为什么需要保险监管”“保险监管的内容”“保险监管的方式”等三个维度来认识保险监管。针对“为什么需要保险监管?”，本章从保险市场和保险产品的特殊性以及保险监管的社会功能等方面进行解释。保险监管的内容包括针对保险公司的监管以及针对保险中介的监管，对保险公司的监管包括保险机构监管、保险业务监管以及保险财务监管，其中，保险业务监管中的偿付能力监管是保险监管的核心内容。保险监管的方式有公告监管、规范监管和实体监管三种，我国目前实行的是实体监管方式，也是最严格的一种监管方式。

二、思维拓展——我国保险公司偿付能力监管制度的发展历程

保证保险人的偿付能力是保险监管最根本的目标，因此，偿付能力监管是保险监管的核心内容，我国保险公司偿付能力监管制度的发展历程可以分成三个阶段。

（一）萌芽阶段（1980~1995 年）

1985 年我国颁布的《保险企业管理暂行条例》中首次出现偿付能力的概念，但并未将偿付能力监管的具体规则细化，使得其对偿付能力的监管缺乏可操作性。

1995 年《中华人民共和国保险法》正式颁布，在偿付能力监管方面，基本沿袭了 1985 年《保险企业管理暂行规定》中的说明。但强调偿付能力监管的基本思路得到进一步明确和加强。[①]

（二）确立阶段（1996~2002 年）

1996 年我国颁布《保险管理暂行规定》，给出了实际资产和实际负债具体的计算方法，增强了偿付能力监管的操作性。

1998 年原保监会成立，保险监管开始走向专业化、规范化和法制化。

2000 年我国出台《保险公司管理规定》，正式引入“偿付能力额度”这一概念。

2001 年，原保监会颁布《保险公司最低偿付能力及监管指标管理规定》，这是我国第一部比较系统全面的专门针对保险偿付能力监管而颁布的正式部门规章，对偿付能力额度的计算、认可资产的评估标准、偿付能

---

① 赵靖．我国保险公司偿付能力监管制度之发展历程［D］．西南财经大学学术论文，2012．

力报告制度等细节进行了说明，具有一定的科学性和可操作性。

（三）完善阶段（2003 年至今）

1. 第一代偿付能力监管制度体系（以下简称偿一代）建设（2003 ~ 2012 年）

“偿一代”始建于 2003 年左右，主要借鉴了欧盟偿付能力 I 和美国基于风险的偿付能力资本要求（RBC），并在应用中不断更新和发展，直到 2008 年左右，真正建立一套较为完整的偿付能力监管制度体系。主要内容包括保险公司内部风险管理制度、偿付能力评估标准和报告制度、财务分析和检查制度、监管干预制度、破产救济制度五个部分。2009 年设立“偿付能力监管委员会”。

2. 第二代偿付能力监管制度体系（以下简称偿二代）建设（2012 年至今）

2012 年我国根据新形势启动以风险为导向的第二代偿付能力监管制度体系建设。2012 年 4 月 28 日，保监会公布《中国第二代偿付能力监管制度体系建设规划》；2013 年出台《中国第二代偿付能力监管制度体系整体框架》（保监发〔2013〕42 号）（以下简称《整体框架》）；2015 年 2 月原保监会发布中国风险导向的偿付能力体系，即“偿二代”，保险业进入偿二代过渡期。2016 年 1 月 1 日，“偿二代”正式实施，“偿二代”一期工程收官。其间出台的《整体框架》和《保险公司偿付能力监管规则（1—17 号）》等一系列政策文件共同构成了我国“偿二代”监管制度体系的主要内容。2017 年 9 月，原保监会发布了《偿二代二期工程建设方案》。启动“偿二代”二期工程，即进一步完善“偿二代”制度体系，增强“偿二代”执行力。

2021 年 1 月 25 日原银保监会修订发布《保险公司偿付能力管理规定》（以下简称《管理规定》），《管理规定》吸收了偿二代建设实施的成果，将偿二代监管规则中原则性、框架性要求上升为部门规章，并进一步完善了监管措施，以提高其针对性和有效性，更好地督促和引导保险公司恢复偿付能力。《管理规定》自 2021 年 3 月 1 日实施。

2021 年 12 月原银保监会发布《保险公司偿付能力监管规则（Ⅱ）》，标志着偿二代二期工程建设顺利完成。偿二代二期工程是原银保监会贯彻落实第五次全国金融工作会议精神和打好防范化解重大金融风险攻坚战决策部署，补齐监管制度短板的重要举措，对于防范和化解保险业风险、维护保险市场安全稳定运行、推动保险业高质量发展、保护保险消费者利益都具有重要意义。

2023 年 9 月 10 日国家金融监督管理总局发布《关于优化保险公司偿付能力监管标准的通知》，目的是完善保险公司偿付能力监管标准，促进保险公司回归本源和稳健运行，更好服务实体经济。通知包括实施差异化资本监管；优化资本计量标准，引导保险公司回归保障本源；优化风险因子，引导保险公司服务实体经济和科技创新等三项内容。

总体来看，中国保险公司偿付能力监管制度经历了从无到有、从初步建立到不断完善的过程。随着保险市场的不断发展和变化，偿付能力监管制度也在不断地进行调整和优化，以适应市场的发展需求和国际监管趋势，确保保险业的健康稳定发展。

【第十一章课后习题】

参考文献

[1] 孙祁祥. 保险学（第七版）[M]. 北京：北京大学出版社，2021.

[2] 张洪涛，张俊岩. 保险学（第四版）[M]. 北京：中国人民大学出版社，2014.

[3] 池晶. 保险学教程（第二版）[M]. 北京：科学出版社，2013.

[4] 庹国柱. 保险学（第十版）[M]. 北京：首都经济贸易大学出版社，2021.

[5] 魏华林，林宝清. 保险学（第三版）[M]. 北京：高等教育出版社，2011.

[6] 张代军，保险学（第二版）[M]. 杭州：浙江大学出版社，2016.

[7] 中国平安保险（集团）股份有限公司法律合规部. 保险合同法案例解说 [M]. 北京：清华大学出版社，2006.

[8] 奚道同，董玉凤. 保险学 [M]. 哈尔滨：哈尔滨工业大学出版社，2011.

[9] 池小萍. 保险学案例 [M]. 北京：中国财政经济出版社，2007.

[10] 孙阿凡，等. 保险学案例分析 [M]. 北京：中国社会科学出版社，2016.

[11] 李春荣. 保险学 [M]. 北京：北京大学出版社，2014.

[12] 林瑞全，刘标胜，许德翔. 保险学基础 [M]. 北京：中国人民大学出版社，2016.

[13] 李永刚. 保险学案例分析 [M]. 北京：中国财政经济出版社，2016.

[14] 马宇. 新兴经济体跨境资本流量合意区间测算研究 [M]. 北京：中国社会科学出版社，2023.

[15] 晋颖，强晓楠. 智慧交通发展背景下现代保险业的发展机遇和

挑战［J］. 中国保险，2022（5）.

［16］张瑞纲，吴叶莹. 数字经济背景下现代保险业发展研究［J］. 西南金融，2022（7）.

［17］孙祁祥，贲奔. 中国保险产业发展的供需规模分析［J］. 经济研究，1997（3）.

［18］中国保险行业协会. 2020年中国保险业社会责任报告［R/OL］. 2020.

［22］《中华人民共和国保险法》，2015年版。

［23］最高人民法院，关于适用《中华人民共和国保险法》若干问题的解释（三），2015年11月27日。

［24］最高人民法院，关于适用《中华人民共和国保险法》若干问题的解释（二），2013年5月6日。

［25］最高人民法院，关于适用《中华人民共和国保险法》若干问题的解释（一），2010年12月24日。

［26］《中华人民共和国民法典》，自2021年1月1日起施行。

［27］《中华人民共和国海商法》，1993年版。

［28］《中华人民共和国社会保险法》，2018年版。

［29］《中国保险行业协会机动车商业保险示范条款》，2020年版。

［30］《工伤保险条例》，2010年版。

［31］中国银保监会，《关于实施车险综合改革的指导意见》，自2020年9月19日起开始施行。

［32］《中华人民共和国民事诉讼法》，2023年版。

［33］《企业年金办法》，自2018年2月1日起施行。

［34］《机关事业单位职业年金办法》，自2014年10月1日起实施。

［35］王小霞. 二三支柱再发力　擘画长寿时代的养老蓝图［EB/OL］. 中国经济新闻网，2024－03－15.

附 录

《中华人民共和国保险法》

（1995年6月30日第八届全国人民代表大会常务委员会第十四次会议通过，1995年10月1日起施行；根据2002年10月28日第九届全国人民代表大会常务委员会第三十次会议《关于修改〈中华人民共和国保险法〉的决定》第一次修正[①]；根据2009年2月28日第十一届全国人民代表大会常务委员会第七次会议修订，2009年2月28日中华人民共和国主席令（十一届）第十一号公布，自2009年10月1日起施行[②]；根据2014年8月31日第十二届全国人民代表大会常务委员会第十次会议《关于修改〈中华人民共和国保险法〉等五部法律的决定》第二次修正[③]；根据2015年4月24日第十二届全国人民代表大会常务委员会第十四次会议《关于修改〈中华人民共和国计量法〉等五部法律的决定》第三次修正[④]）

第一章　总则

第一条　为了规范保险活动，保护保险活动当事人的合法权益，加强对保险业的监督管理，维护社会经济秩序和社会公共利益，促进保险事业的健康发展，制定本法。

第二条　本法所称保险，是指投保人根据合同约定，向保险人支付保险费，保险人对于合同约定的可能发生的事故因其发生所造成的财产损失承担赔偿保险金责任，或者当被保险人死亡、伤残、疾病或者达到合同约

① 第一次修正主要涉及保险业法部分。
② 本次修订涉及保险合同法和保险业法。
③ 第二次修正主要涉及保险业法部分的第八十二条和第八十五条。
④ 第三次修正主要涉及保险业法部分。

定的年龄、期限等条件时承担给付保险金责任的商业保险行为。

第三条 在中华人民共和国境内从事保险活动，适用本法。

第四条 从事保险活动必须遵守法律、行政法规，尊重社会公德，不得损害社会公共利益。

第五条 保险活动当事人行使权利、履行义务应当遵循诚实信用原则。

第六条 保险业务由依照本法设立的保险公司以及法律、行政法规规定的其他保险组织经营，其他单位和个人不得经营保险业务。

第七条 在中华人民共和国境内的法人和其他组织需要办理境内保险的，应当向中华人民共和国境内的保险公司投保。

第八条 保险业和银行业、证券业、信托业实行分业经营、分业管理，保险公司与银行、证券、信托业务机构分别设立。国家另有规定的除外。

第九条 国务院保险监督管理机构依法对保险业实施监督管理。

国务院保险监督管理机构根据履行职责的需要设立派出机构。派出机构按照国务院保险监督管理机构的授权履行监督管理职责。

第二章 保险合同

第一节 一般规定

第十条 保险合同是投保人与保险人约定保险权利义务关系的协议。

投保人是指与保险人订立保险合同，并按照合同约定负有支付保险费义务的人。

保险人是指与投保人订立保险合同，并按照合同约定承担赔偿或者给付保险金责任的保险公司。

第十一条 订立保险合同，应当协商一致，遵循公平原则确定各方的权利和义务。

除法律、行政法规规定必须保险的外，保险合同自愿订立。

第十二条 人身保险的投保人在保险合同订立时，对被保险人应当具有保险利益。

财产保险的被保险人在保险事故发生时，对保险标的应当具有保险利益。

人身保险是以人的寿命和身体为保险标的的保险。

财产保险是以财产及其有关利益为保险标的的保险。

被保险人是指其财产或者人身受保险合同保障，享有保险金请求权的人。投保人可以为被保险人。

保险利益是指投保人或者被保险人对保险标的具有的法律上承认的利益。

第十三条 投保人提出保险要求，经保险人同意承保，保险合同成立。保险人应当及时向投保人签发保险单或者其他保险凭证。

保险单或者其他保险凭证应当载明当事人双方约定的合同内容。当事人也可以约定采用其他书面形式载明合同内容。

依法成立的保险合同，自成立时生效。投保人和保险人可以对合同的效力约定附条件或者附期限。

第十四条 保险合同成立后，投保人按照约定交付保险费，保险人按照约定的时间开始承担保险责任。

第十五条 除本法另有规定或者保险合同另有约定外，保险合同成立后，投保人可以解除合同，保险人不得解除合同。

第十六条 订立保险合同，保险人就保险标的或者被保险人的有关情况提出询问的，投保人应当如实告知。

投保人故意或者因重大过失未履行前款规定的如实告知义务，足以影响保险人决定是否同意承保或者提高保险费率的，保险人有权解除合同。

前款规定的合同解除权，自保险人知道有解除事由之日起，超过三十日不行使而消灭。自合同成立之日起超过二年的，保险人不得解除合同；发生保险事故的，保险人应当承担赔偿或者给付保险金的责任。

投保人故意不履行如实告知义务的，保险人对于合同解除前发生的保险事故，不承担赔偿或者给付保险金的责任，并不退还保险费。

投保人因重大过失未履行如实告知义务，对保险事故的发生有严重影响的，保险人对于合同解除前发生的保险事故，不承担赔偿或者给付保险金的责任，但应当退还保险费。

保险人在合同订立时已经知道投保人未如实告知的情况的，保险人不得解除合同；发生保险事故的，保险人应当承担赔偿或者给付保险金的责任。

保险事故是指保险合同约定的保险责任范围内的事故。

第十七条 订立保险合同，采用保险人提供的格式条款的，保险人向投保人提供的投保单应当附格式条款，保险人应当向投保人说明合同的内容。

对保险合同中免除保险人责任的条款，保险人在订立合同时应当在投保单、保险单或者其他保险凭证上作出足以引起投保人注意的提示，并对该条款的内容以书面或者口头形式向投保人作出明确说明；未作提示或者明确说明的，该条款不产生效力。

第十八条 保险合同应当包括下列事项：

（一）保险人的名称和住所；

（二）投保人、被保险人的姓名或者名称、住所，以及人身保险的受益人的姓名或者名称、住所；

（三）保险标的；

（四）保险责任和责任免除；

（五）保险期间和保险责任开始时间；

（六）保险金额；

（七）保险费以及支付办法；

（八）保险金赔偿或者给付办法；

（九）违约责任和争议处理；

（十）订立合同的年、月、日。

投保人和保险人可以约定与保险有关的其他事项。

受益人是指人身保险合同中由被保险人或者投保人指定的享有保险金请求权的人。投保人、被保险人可以为受益人。

保险金额是指保险人承担赔偿或者给付保险金责任的最高限额。

第十九条 采用保险人提供的格式条款订立的保险合同中的下列条款无效：

（一）免除保险人依法应承担的义务或者加重投保人、被保险人责任的；

（二）排除投保人、被保险人或者受益人依法享有的权利的。

第二十条 投保人和保险人可以协商变更合同内容。

变更保险合同的，应当由保险人在保险单或者其他保险凭证上批注或者附贴批单，或者由投保人和保险人订立变更的书面协议。

第二十一条 投保人、被保险人或者受益人知道保险事故发生后，应当及时通知保险人。故意或者因重大过失未及时通知，致使保险事故的性质、原因、损失程度等难以确定的，保险人对无法确定的部分，不承担赔偿或者给付保险金的责任，但保险人通过其他途径已经及时知道或者应当及时知道保险事故发生的除外。

第二十二条 保险事故发生后，按照保险合同请求保险人赔偿或者给付保险金时，投保人、被保险人或者受益人应当向保险人提供其所能提供的与确认保险事故的性质、原因、损失程度等有关的证明和资料。

保险人按照合同的约定，认为有关的证明和资料不完整的，应当及时一次性通知投保人、被保险人或者受益人补充提供。

第二十三条 保险人收到被保险人或者受益人的赔偿或者给付保险金的请求后，应当及时作出核定；情形复杂的，应当在三十日内作出核定，但合同另有约定的除外。保险人应当将核定结果通知被保险人或者受益人；对属于保险责任的，在与被保险人或者受益人达成赔偿或者给付保险金的协议后十日内，履行赔偿或者给付保险金义务。保险合同对赔偿或者给付保险金的期限有约定的，保险人应当按照约定履行赔偿或者给付保险金义务。

保险人未及时履行前款规定义务的，除支付保险金外，应当赔偿被保险人或者受益人因此受到的损失。

任何单位和个人不得非法干预保险人履行赔偿或者给付保险金的义务，也不得限制被保险人或者受益人取得保险金的权利。

第二十四条 保险人依照本法第二十三条的规定作出核定后，对不属于保险责任的，应当自作出核定之日起三日内向被保险人或者受益人发出拒绝赔偿或者拒绝给付保险金通知书，并说明理由。

第二十五条 保险人自收到赔偿或者给付保险金的请求和有关证明、资料之日起六十日内，对其赔偿或者给付保险金的数额不能确定的，应当根据已有证明和资料可以确定的数额先予支付；保险人最终确定赔偿或者给付保险金的数额后，应当支付相应的差额。

第二十六条 人寿保险以外的其他保险的被保险人或者受益人，向保险人请求赔偿或者给付保险金的诉讼时效期间为二年，自其知道或者应当知道保险事故发生之日起计算。

人寿保险的被保险人或者受益人向保险人请求给付保险金的诉讼时效期间为五年，自其知道或者应当知道保险事故发生之日起计算。

第二十七条 未发生保险事故，被保险人或者受益人谎称发生了保险事故，向保险人提出赔偿或者给付保险金请求的，保险人有权解除合同，并不退还保险费。

投保人、被保险人故意制造保险事故的，保险人有权解除合同，不承担赔偿或者给付保险金的责任；除本法第四十三条规定外，不退还保险费。

保险事故发生后，投保人、被保险人或者受益人以伪造、变造的有关证明、资料或者其他证据，编造虚假的事故原因或者夸大损失程度的，保险人对其虚报的部分不承担赔偿或者给付保险金的责任。

投保人、被保险人或者受益人有前三款规定行为之一，致使保险人支付保险金或者支出费用的，应当退回或者赔偿。

第二十八条 保险人将其承担的保险业务，以分保形式部分转移给其他保险人的，为再保险。

应再保险接受人的要求，再保险分出人应当将其自负责任及原保险的有关情况书面告知再保险接受人。

第二十九条 再保险接受人不得向原保险的投保人要求支付保险费。

原保险的被保险人或者受益人不得向再保险接受人提出赔偿或者给付保险金的请求。

再保险分出人不得以再保险接受人未履行再保险责任为由，拒绝履行或者迟延履行其原保险责任。

第三十条 采用保险人提供的格式条款订立的保险合同，保险人与投保人、被保险人或者受益人对合同条款有争议的，应当按照通常理解予以解释。对合同条款有两种以上解释的，人民法院或者仲裁机构应当作出有利于被保险人和受益人的解释。

第二节 人身保险合同

第三十一条 投保人对下列人员具有保险利益：

（一）本人；

（二）配偶、子女、父母；

（三）前项以外与投保人有抚养、赡养或者扶养关系的家庭其他成员、近亲属；

（四）与投保人有劳动关系的劳动者。

除前款规定外，被保险人同意投保人为其订立合同的，视为投保人对被保险人具有保险利益。

订立合同时，投保人对被保险人不具有保险利益的，合同无效。

第三十二条 投保人申报的被保险人年龄不真实，并且其真实年龄不符合合同约定的年龄限制的，保险人可以解除合同，并按照合同约定退还保险单的现金价值。保险人行使合同解除权，适用本法第十六条第三款、第六款的规定。

投保人申报的被保险人年龄不真实，致使投保人支付的保险费少于应付保险费的，保险人有权更正并要求投保人补交保险费，或者在给付保险金时按照实付保险费与应付保险费的比例支付。

投保人申报的被保险人年龄不真实，致使投保人支付的保险费多于应付保险费的，保险人应当将多收的保险费退还投保人。

第三十三条 投保人不得为无民事行为能力人投保以死亡为给付保险金条件的人身保险，保险人也不得承保。

父母为其未成年子女投保的人身保险，不受前款规定限制。但是，因被保险人死亡给付的保险金总和不得超过国务院保险监督管理机构规定的限额。

第三十四条 以死亡为给付保险金条件的合同，未经被保险人同意并认可保险金额的，合同无效。

按照以死亡为给付保险金条件的合同所签发的保险单，未经被保险人书面同意，不得转让或者质押。

父母为其未成年子女投保的人身保险，不受本条第一款规定限制。

第三十五条 投保人可以按照合同约定向保险人一次支付全部保险费或者分期支付保险费。

第三十六条 合同约定分期支付保险费，投保人支付首期保险费后，除合同另有约定外，投保人自保险人催告之日起超过三十日未支付当期保险费，或者超过约定的期限六十日未支付当期保险费的，合同效力中止，或者由保险人按照合同约定的条件减少保险金额。

被保险人在前款规定期限内发生保险事故的，保险人应当按照合同约定给付保险金，但可以扣减欠交的保险费。

第三十七条 合同效力依照本法第三十六条规定中止的，经保险人与投保人协商并达成协议，在投保人补交保险费后，合同效力恢复。但是，自合同效力中止之日起满二年双方未达成协议的，保险人有权解除合同。

保险人依照前款规定解除合同的，应当按照合同约定退还保险单的现金价值。

第三十八条 保险人对人寿保险的保险费，不得用诉讼方式要求投保人支付。

第三十九条 人身保险的受益人由被保险人或者投保人指定。

投保人指定受益人时须经被保险人同意。投保人为与其有劳动关系的劳动者投保人身保险，不得指定被保险人及其近亲属以外的人为受益人。

被保险人为无民事行为能力人或者限制民事行为能力人的，可以由其监护人指定受益人。

第四十条 被保险人或者投保人可以指定一人或者数人为受益人。

受益人为数人的，被保险人或者投保人可以确定受益顺序和受益份额；未确定受益份额的，受益人按照相等份额享有受益权。

第四十一条 被保险人或者投保人可以变更受益人并书面通知保险人。保险人收到变更受益人的书面通知后，应当在保险单或者其他保险凭证上批注或者附贴批单。

投保人变更受益人时须经被保险人同意。

第四十二条 被保险人死亡后，有下列情形之一的，保险金作为被保险人的遗产，由保险人依照《中华人民共和国继承法》的规定履行给付保险金的义务：

（一）没有指定受益人，或者受益人指定不明无法确定的；

（二）受益人先于被保险人死亡，没有其他受益人的；

（三）受益人依法丧失受益权或者放弃受益权，没有其他受益人的。

受益人与被保险人在同一事件中死亡，且不能确定死亡先后顺序的，推定受益人死亡在先。

第四十三条 投保人故意造成被保险人死亡、伤残或者疾病的，保险人不承担给付保险金的责任。投保人已交足二年以上保险费的，保险人应当按照合同约定向其他权利人退还保险单的现金价值。

受益人故意造成被保险人死亡、伤残、疾病的，或者故意杀害被保险人未遂的，该受益人丧失受益权。

第四十四条 以被保险人死亡为给付保险金条件的合同，自合同成立或者合同效力恢复之日起二年内，被保险人自杀的，保险人不承担给付保险金的责任，但被保险人自杀时为无民事行为能力人的除外。

保险人依照前款规定不承担给付保险金责任的，应当按照合同约定退还保险单的现金价值。

第四十五条 因被保险人故意犯罪或者抗拒依法采取的刑事强制措施导致其伤残或者死亡的，保险人不承担给付保险金的责任。投保人已交足二年以上保险费的，保险人应当按照合同约定退还保险单的现金价值。

第四十六条 被保险人因第三者的行为而发生死亡、伤残或者疾病等保险事故的，保险人向被保险人或者受益人给付保险金后，不享有向第三者追偿的权利，但被保险人或者受益人仍有权向第三者请求赔偿。

第四十七条 投保人解除合同的，保险人应当自收到解除合同通知之日起三十日内，按照合同约定退还保险单的现金价值。

第三节 财产保险合同

第四十八条 保险事故发生时，被保险人对保险标的不具有保险利益的，不得向保险人请求赔偿保险金。

第四十九条 保险标的转让的，保险标的的受让人承继被保险人的权利和义务。

保险标的转让的，被保险人或者受让人应当及时通知保险人，但货物运输保险合同和另有约定的合同除外。

因保险标的转让导致危险程度显著增加的，保险人自收到前款规定的通知之日起三十日内，可以按照合同约定增加保险费或者解除合同。保险人解除合同的，应当将已收取的保险费，按照合同约定扣除自保险责任开始之日起至合同解除之日止应收的部分后，退还投保人。

被保险人、受让人未履行本条第二款规定的通知义务的，因转让导致保险标的危险程度显著增加而发生的保险事故，保险人不承担赔偿保险金的责任。

第五十条 货物运输保险合同和运输工具航程保险合同，保险责任开始后，合同当事人不得解除合同。

第五十一条 被保险人应当遵守国家有关消防、安全、生产操作、劳动保护等方面的规定，维护保险标的的安全。

保险人可以按照合同约定对保险标的的安全状况进行检查，及时向投保人、被保险人提出消除不安全因素和隐患的书面建议。

投保人、被保险人未按照约定履行其对保险标的的安全应尽责任的，保险人有权要求增加保险费或者解除合同。

保险人为维护保险标的的安全，经被保险人同意，可以采取安全预防措施。

第五十二条 在合同有效期内，保险标的的危险程度显著增加的，被保险人应当按照合同约定及时通知保险人，保险人可以按照合同约定增加保险费或者解除合同。保险人解除合同的，应当将已收取的保险费，按照合同约定扣除自保险责任开始之日起至合同解除之日止应收的部分后，退还投保人。

被保险人未履行前款规定的通知义务的，因保险标的的危险程度显著增加而发生的保险事故，保险人不承担赔偿保险金的责任。

第五十三条 有下列情形之一的，除合同另有约定外，保险人应当降低保险费，并按日计算退还相应的保险费：

（一）据已确定保险费率的有关情况发生变化，保险标的的危险程度明显减少的；

（二）保险标的的保险价值明显减少的。

第五十四条 保险责任开始前，投保人要求解除合同的，应当按照合同约定向保险人支付手续费，保险人应当退还保险费。保险责任开始后，投保人要求解除合同的，保险人应当将已收取的保险费，按照合同约定扣除自保险责任开始之日起至合同解除之日止应收的部分后，退还投保人。

第五十五条 投保人和保险人约定保险标的的保险价值并在合同中载明的，保险标的发生损失时，以约定的保险价值为赔偿计算标准。

投保人和保险人未约定保险标的的保险价值的，保险标的发生损失时，以保险事故发生时保险标的的实际价值为赔偿计算标准。

保险金额不得超过保险价值。超过保险价值的，超过部分无效，保险人应当退还相应的保险费。

保险金额低于保险价值的，除合同另有约定外，保险人按照保险金额与保险价值的比例承担赔偿保险金的责任。

第五十六条 重复保险的投保人应当将重复保险的有关情况通知各保险人。

重复保险的各保险人赔偿保险金的总和不得超过保险价值。除合同另有约定外，各保险人按照其保险金额与保险金额总和的比例承担赔偿保险金的责任。

重复保险的投保人可以就保险金额总和超过保险价值的部分，请求各保险人按比例返还保险费。

重复保险是指投保人对同一保险标的、同一保险利益、同一保险事故分别与两个以上保险人订立保险合同，且保险金额总和超过保险价值的保险。

第五十七条 保险事故发生时，被保险人应当尽力采取必要的措施，防止或者减少损失。

保险事故发生后，被保险人为防止或者减少保险标的的损失所支付的必要的、合理的费用，由保险人承担；保险人所承担的费用数额在保险标的损失赔偿金额以外另行计算，最高不超过保险金额的数额。

第五十八条 保险标的发生部分损失的，自保险人赔偿之日起三十日内，投保人可以解除合同；除合同另有约定外，保险人也可以解除合同，但应当提前十五日通知投保人。

合同解除的，保险人应当将保险标的未受损失部分的保险费，按照合同约定扣除自保险责任开始之日起至合同解除之日止应收的部分后，退还投保人。

第五十九条 保险事故发生后，保险人已支付了全部保险金额，并且保险金额等于保险价值的，受损保险标的的全部权利归于保险人；保险金额低于保险价值的，保险人按照保险金额与保险价值的比例取得受损保险标的的部分权利。

第六十条 因第三者对保险标的的损害而造成保险事故的，保险人自向被保险人赔偿保险金之日起，在赔偿金额范围内代位行使被保险人对第三者请求赔偿的权利。

前款规定的保险事故发生后，被保险人已经从第三者取得损害赔偿的，保险人赔偿保险金时，可以相应扣减被保险人从第三者已取得的赔偿金额。

保险人依照本条第一款规定行使代位请求赔偿的权利，不影响被保险人就未取得赔偿的部分向第三者请求赔偿的权利。

第六十一条 保险事故发生后，保险人未赔偿保险金之前，被保险人放弃对第三者请求赔偿的权利的，保险人不承担赔偿保险金的责任。

保险人向被保险人赔偿保险金后，被保险人未经保险人同意放弃对第三者请求赔偿的权利的，该行为无效。

被保险人故意或者因重大过失致使保险人不能行使代位请求赔偿的权利的，保险人可以扣减或者要求返还相应的保险金。

第六十二条 除被保险人的家庭成员或者其组成人员故意造成本法第六十条第一款规定的保险事故外，保险人不得对被保险人的家庭成员或者其组成人员行使代位请求赔偿的权利。

第六十三条 保险人向第三者行使代位请求赔偿的权利时，被保险人应当向保险人提供必要的文件和所知道的有关情况。

第六十四条 保险人、被保险人为查明和确定保险事故的性质、原因和保险标的的损失程度所支付的必要的、合理的费用，由保险人承担。

第六十五条 保险人对责任保险的被保险人给第三者造成的损害，可以依照法律的规定或者合同的约定，直接向该第三者赔偿保险金。

责任保险的被保险人给第三者造成损害，被保险人对第三者应负的赔偿责任确定的，根据被保险人的请求，保险人应当直接向该第三者赔偿保险金。被保险人怠于请求的，第三者有权就其应获赔偿部分直接向保险人请求赔偿保险金。

责任保险的被保险人给第三者造成损害，被保险人未向该第三者赔偿的，保险人不得向被保险人赔偿保险金。

责任保险是指以被保险人对第三者依法应负的赔偿责任为保险标的的保险。

第六十六条 责任保险的被保险人因给第三者造成损害的保险事故而被提起仲裁或者诉讼的，被保险人支付的仲裁或者诉讼费用以及其他必要的、合理的费用，除合同另有约定外，由保险人承担。

第三章 保险公司

第六十七条 设立保险公司应当经国务院保险监督管理机构批准。

国务院保险监督管理机构审查保险公司的设立申请时，应当考虑保险业的发展和公平竞争的需要。

第六十八条 设立保险公司应当具备下列条件：

（一）主要股东具有持续盈利能力，信誉良好，最近三年内无重大违法违规记录，净资产不低于人民币二亿元；

（二）有符合本法和《中华人民共和国公司法》规定的章程；

（三）有符合本法规定的注册资本；

（四）有具备任职专业知识和业务工作经验的董事、监事和高级管理人员；

（五）有健全的组织机构和管理制度；

（六）有符合要求的营业场所和与经营业务有关的其他设施；

（七）法律、行政法规和国务院保险监督管理机构规定的其他条件。

第六十九条 设立保险公司，其注册资本的最低限额为人民币二亿元。

国务院保险监督管理机构根据保险公司的业务范围、经营规模，可以调整其注册资本的最低限额，但不得低于本条第一款规定的限额。

保险公司的注册资本必须为实缴货币资本。

第七十条 申请设立保险公司，应当向国务院保险监督管理机构提出书面申请，并提交下列材料：

（一）设立申请书，申请书应当载明拟设立的保险公司的名称、注册资本、业务范围等；

（二）可行性研究报告；

（三）筹建方案；

（四）投资人的营业执照或者其他背景资料，经会计师事务所审计的上一年度财务会计报告；

（五）投资人认可的筹备组负责人和拟任董事长、经理名单及本人认可证明；

（六）国务院保险监督管理机构规定的其他材料。

第七十一条 国务院保险监督管理机构应当对设立保险公司的申请进行审查，自受理之日起六个月内作出批准或者不批准筹建的决定，并书面通知申请人。决定不批准的，应当书面说明理由。

第七十二条 申请人应当自收到批准筹建通知之日起一年内完成筹建工作；筹建期间不得从事保险经营活动。

第七十三条 筹建工作完成后，申请人具备本法第六十八条规定的设立条件的，可以向国务院保险监督管理机构提出开业申请。

国务院保险监督管理机构应当自受理开业申请之日起六十日内，作出批准或者不批准开业的决定。决定批准的，颁发经营保险业务许可证；决定不批准的，应当书面通知申请人并说明理由。

第七十四条 保险公司在中华人民共和国境内设立分支机构，应当经保险监督管理机构批准。

保险公司分支机构不具有法人资格，其民事责任由保险公司承担。

第七十五条 保险公司申请设立分支机构，应当向保险监督管理机构提出书面申请，并提交下列材料：

（一）设立申请书；

（二）拟设机构三年业务发展规划和市场分析材料；

（三）拟任高级管理人员的简历及相关证明材料；

（四）国务院保险监督管理机构规定的其他材料。

第七十六条 保险监督管理机构应当对保险公司设立分支机构的申请进行审查，自受理之日起六十日内作出批准或者不批准的决定。决定批准的，颁发分支机构经营保险业务许可证；决定不批准的，应当书面通知申请人并说明理由。

第七十七条 经批准设立的保险公司及其分支机构，凭经营保险业务许可证向工商行政管理机关办理登记，领取营业执照。

第七十八条 保险公司及其分支机构自取得经营保险业务许可证之日起六个月内，无正当理由未向工商行政管理机关办理登记的，其经营保险业务许可证失效。

第七十九条 保险公司在中华人民共和国境外设立子公司、分支机构，应当经国务院保险监督管理机构批准。

第八十条 外国保险机构在中华人民共和国境内设立代表机构，应当经国务院保险监督管理机构批准。代表机构不得从事保险经营活动。

第八十一条 保险公司的董事、监事和高级管理人员，应当品行良好，熟悉与保险相关的法律、行政法规，具有履行职责所需的经营管理能力，并在任职前取得保险监督管理机构核准的任职资格。

保险公司高级管理人员的范围由国务院保险监督管理机构规定。

第八十二条 有《中华人民共和国公司法》第一百四十六条规定的情形或者下列情形之一的，不得担任保险公司的董事、监事、高级管理人员：

（一）因违法行为或者违纪行为被金融监督管理机构取消任职资格的金融机构的董事、监事、高级管理人员，自被取消任职资格之日起未逾五年的；

（二）因违法行为或者违纪行为被吊销执业资格的律师、注册会计师或者资产评估机构、验证机构等机构的专业人员，自被吊销执业资格之日起未逾五年的。

第八十三条 保险公司的董事、监事、高级管理人员执行公司职务时违反法律、行政法规或者公司章程的规定，给公司造成损失的，应当承担赔偿责任。

第八十四条 保险公司有下列情形之一的，应当经保险监督管理机构批准：

（一）变更名称；

（二）变更注册资本；

（三）变更公司或者分支机构的营业场所；

（四）撤销分支机构；

（五）公司分立或者合并；

（六）修改公司章程；

（七）变更出资额占有限责任公司资本总额百分之五以上的股东，或者变更持有股份有限公司股份百分之五以上的股东；

（八）国务院保险监督管理机构规定的其他情形。

第八十五条 保险公司应当聘用专业人员，建立精算报告制度和合规报告制度。

第八十六条 保险公司应当按照保险监督管理机构的规定，报送有关报告、报表、文件和资料。

保险公司的偿付能力报告、财务会计报告、精算报告、合规报告及其他有关报告、报表、文件和资料必须如实记录保险业务事项，不得有虚假记载、误导性陈述和重大遗漏。

第八十七条 保险公司应当按照国务院保险监督管理机构的规定妥善保管业务经营活动的完整账簿、原始凭证和有关资料。

前款规定的账簿、原始凭证和有关资料的保管期限，自保险合同终止之日起计算，保险期间在一年以下的不得少于五年，保险期间超过一年的不得少于十年。

第八十八条 保险公司聘请或者解聘会计师事务所、资产评估机构、资信评级机构等中介服务机构，应当向保险监督管理机构报告；解聘会计师事务所、资产评估机构、资信评级机构等中介服务机构，应当说明理由。

第八十九条 保险公司因分立、合并需要解散，或者股东会、股东大会决议解散，或者公司章程规定的解散事由出现，经国务院保险监督管理机构批准后解散。

经营有人寿保险业务的保险公司，除因分立、合并或者被依法撤销外，不得解散。

保险公司解散，应当依法成立清算组进行清算。

第九十条 保险公司有《中华人民共和国企业破产法》第二条规定情形的，经国务院保险监督管理机构同意，保险公司或者其债权人可以依法向人民法院申请重整、和解或者破产清算；国务院保险监督管理机构也可以依法向人民法院申请对该保险公司进行重整或者破产清算。

第九十一条 破产财产在优先清偿破产费用和共益债务后，按照下列顺序清偿：

（一）所欠职工工资和医疗、伤残补助、抚恤费用，所欠应当划入职工个人账户的基本养老保险、基本医疗保险费用，以及法律、行政法规规定应当支付给职工的补偿金；

（二）赔偿或者给付保险金；

（三）保险公司欠缴的除第（一）项规定以外的社会保险费用和所欠税款；

（四）普通破产债权。

破产财产不足以清偿同一顺序的清偿要求的，按照比例分配。

破产保险公司的董事、监事和高级管理人员的工资，按照该公司职工的平均工资计算。

第九十二条 经营有人寿保险业务的保险公司被依法撤销或者被依法宣告破产的，其持有的人寿保险合同及责任准备金，必须转让给其他经营有人寿保险业务的保险公司；不能同其他保险公司达成转让协议的，由国务院保险监督管理机构指定经营有人寿保险业务的保险公司接受转让。

转让或者由国务院保险监督管理机构指定接受转让前款规定的人寿保险合同及责任准备金的，应当维护被保险人、受益人的合法权益。

第九十三条 保险公司依法终止其业务活动，应当注销其经营保险业务许可证。

第九十四条 保险公司，除本法另有规定外，适用《中华人民共和国公司法》的规定。

第四章 保险经营规则

第九十五条 保险公司的业务范围：

（一）人身保险业务，包括人寿保险、健康保险、意外伤害保险等保险业务；

（二）财产保险业务，包括财产损失保险、责任保险、信用保险、保证保险等保险业务；

（三）国务院保险监督管理机构批准的与保险有关的其他业务。

保险人不得兼营人身保险业务和财产保险业务。但是，经营财产保险业务的保险公司经国务院保险监督管理机构批准，可以经营短期健康保险业务和意外伤害保险业务。

保险公司应当在国务院保险监督管理机构依法批准的业务范围内从事保险经营活动。

第九十六条 经国务院保险监督管理机构批准，保险公司可以经营本法第九十五条规定的保险业务的下列再保险业务：

（一）分出保险；

（二）分入保险。

第九十七条 保险公司应当按照其注册资本总额的百分之二十提取保证金，存入国务院保险监督管理机构指定的银行，除公司清算时用于清偿债务外，不得动用。

第九十八条 保险公司应当根据保障被保险人利益、保证偿付能力的原则，提取各项责任准备金。

保险公司提取和结转责任准备金的具体办法，由国务院保险监督管理机构制定。

第九十九条 保险公司应当依法提取公积金。

第一百条 保险公司应当缴纳保险保障基金。

保险保障基金应当集中管理，并在下列情形下统筹使用：

（一）在保险公司被撤销或者被宣告破产时，向投保人、被保险人或者受益人提供救济；

（二）在保险公司被撤销或者被宣告破产时，向依法接受其人寿保险合同的保险公司提供救济；

（三）国务院规定的其他情形。

保险保障基金筹集、管理和使用的具体办法，由国务院制定。

第一百零一条 保险公司应当具有与其业务规模和风险程度相适应的最低偿付能力。保险公司的认可资产减去认可负债的差额不得低于国务院保险监督管理机构规定的数额；低于规定数额的，应当按照国务院保险监督管理机构的要求采取相应措施达到规定的数额。

第一百零二条 经营财产保险业务的保险公司当年自留保险费，不得超过其实有资本金加公积金总和的四倍。

第一百零三条 保险公司对每一危险单位，即对一次保险事故可能造成的最大损失范围所承担的责任，不得超过其实有资本金加公积金总和的百分之十；超过的部分应当办理再保险。

保险公司对危险单位的划分应当符合国务院保险监督管理机构的规定。

第一百零四条 保险公司对危险单位的划分方法和巨灾风险安排方案，应当报国务院保险监督管理机构备案。

第一百零五条 保险公司应当按照国务院保险监督管理机构的规定办理再保险，并审慎选择再保险接受人。

第一百零六条 保险公司的资金运用必须稳健，遵循安全性原则。

保险公司的资金运用限于下列形式：

（一）银行存款；

（二）买卖债券、股票、证券投资基金份额等有价证券；

（三）投资不动产；

（四）国务院规定的其他资金运用形式。

保险公司资金运用的具体管理办法，由国务院保险监督管理机构依照前两款的规定制定。

第一百零七条 经国务院保险监督管理机构会同国务院证券监督管理机构批准，保险公司可以设立保险资产管理公司。

保险资产管理公司从事证券投资活动，应当遵守《中华人民共和国证券法》等法律、行政法规的规定。

保险资产管理公司的管理办法，由国务院保险监督管理机构会同国务院有关部门制定。

第一百零八条 保险公司应当按照国务院保险监督管理机构的规定，建立对关联交易的管理和信息披露制度。

第一百零九条 保险公司的控股股东、实际控制人、董事、监事、高级管理人员不得利用关联交易损害公司的利益。

第一百一十条 保险公司应当按照国务院保险监督管理机构的规定，真实、准确、完整地披露财务会计报告、风险管理状况、保险产品经营情况等重大事项。

第一百一十一条 保险公司从事保险销售的人员应当品行良好，具有保险销售所需的专业能力。保险销售人员的行为规范和管理办法，由国务院保险监督管理机构规定。

第一百一十二条 保险公司应当建立保险代理人登记管理制度，加强对保险代理人的培训和管理，不得唆使、诱导保险代理人进行违背诚信义务的活动。

第一百一十三条 保险公司及其分支机构应当依法使用经营保险业务许可证，不得转让、出租、出借经营保险业务许可证。

第一百一十四条 保险公司应当按照国务院保险监督管理机构的规定，公平、合理拟订保险条款和保险费率，不得损害投保人、被保险人和受益人的合法权益。

保险公司应当按照合同约定和本法规定，及时履行赔偿或者给付保险金义务。

第一百一十五条 保险公司开展业务，应当遵循公平竞争的原则，不得从事不正当竞争。

第一百一十六条 保险公司及其工作人员在保险业务活动中不得有下列行为：

（一）欺骗投保人、被保险人或者受益人；

（二）对投保人隐瞒与保险合同有关的重要情况；

（三）阻碍投保人履行本法规定的如实告知义务，或者诱导其不履行本法规定的如实告知义务；

（四）给予或者承诺给予投保人、被保险人、受益人保险合同约定以外的保险费回扣或者其他利益；

（五）拒不依法履行保险合同约定的赔偿或者给付保险金义务；

（六）故意编造未曾发生的保险事故、虚构保险合同或者故意夸大已经发生的保险事故的损失程度进行虚假理赔，骗取保险金或者牟取其他不正当利益；

（七）挪用、截留、侵占保险费；

（八）委托未取得合法资格的机构从事保险销售活动；

（九）利用开展保险业务为其他机构或者个人牟取不正当利益；

（十）利用保险代理人、保险经纪人或者保险评估机构，从事以虚构保险中介业务或者编造退保等方式套取费用等违法活动；

（十一）以捏造、散布虚假事实等方式损害竞争对手的商业信誉，或者以其他不正当竞争行为扰乱保险市场秩序；

（十二）泄露在业务活动中知悉的投保人、被保险人的商业秘密；

（十三）违反法律、行政法规和国务院保险监督管理机构规定的其他行为。

第五章 保险代理人和保险经纪人

第一百一十七条 保险代理人是根据保险人的委托，向保险人收取佣金，并在保险人授权的范围内代为办理保险业务的机构或者个人。

保险代理机构包括专门从事保险代理业务的保险专业代理机构和兼营保险代理业务的保险兼业代理机构。

第一百一十八条 保险经纪人是基于投保人的利益，为投保人与保险人订立保险合同提供中介服务，并依法收取佣金的机构。

第一百一十九条 保险代理机构、保险经纪人应当具备国务院保险监督管理机构规定的条件，取得保险监督管理机构颁发的经营保险代理业务许可证、保险经纪业务许可证。

第一百二十条 以公司形式设立保险专业代理机构、保险经纪人，其注册资本最低限额适用《中华人民共和国公司法》的规定。

国务院保险监督管理机构根据保险专业代理机构、保险经纪人的业务范围和经营规模，可以调整其注册资本的最低限额，但不得低于《中华人民共和国公司法》规定的限额。

保险专业代理机构、保险经纪人的注册资本或者出资额必须为实缴货币资本。

第一百二十一条 保险专业代理机构、保险经纪人的高级管理人员，应当品行良好，熟悉保险法律、行政法规，具有履行职责所需的经营管理能力，并在任职前取得保险监督管理机构核准的任职资格。

第一百二十二条 个人保险代理人、保险代理机构的代理从业人员、保险经纪人的经纪从业人员，应当品行良好，具有从事保险代理业务或者保险经纪业务所需的专业能力。

第一百二十三条 保险代理机构、保险经纪人应当有自己的经营场所，设立专门账簿记载保险代理业务、经纪业务的收支情况。

第一百二十四条 保险代理机构、保险经纪人应当按照国务院保险监督管理机构的规定缴存保证金或者投保职业责任保险。

第一百二十五条 个人保险代理人在代为办理人寿保险业务时，不得同时接受两个以上保险人的委托。

第一百二十六条 保险人委托保险代理人代为办理保险业务，应当与保险代理人签订委托代理协议，依法约定双方的权利和义务。

第一百二十七条 保险代理人根据保险人的授权代为办理保险业务的行为，由保险人承担责任。

保险代理人没有代理权、超越代理权或者代理权终止后以保险人名义订立合同，使投保人有理由相信其有代理权的，该代理行为有效。保险人可以依法追究越权的保险代理人的责任。

第一百二十八条 保险经纪人因过错给投保人、被保险人造成损失的，依法承担赔偿责任。

第一百二十九条 保险活动当事人可以委托保险公估机构等依法设立的独立评估机构或者具有相关专业知识的人员，对保险事故进行评估和鉴定。

接受委托对保险事故进行评估和鉴定的机构和人员，应当依法、独立、客观、公正地进行评估和鉴定，任何单位和个人不得干涉。

前款规定的机构和人员，因故意或者过失给保险人或者被保险人造成损失的，依法承担赔偿责任。

第一百三十条 保险佣金只限于向保险代理人、保险经纪人支付，不得向其他人支付。

第一百三十一条 保险代理人、保险经纪人及其从业人员在办理保险业务活动中不得有下列行为：

（一）欺骗保险人、投保人、被保险人或者受益人；

（二）隐瞒与保险合同有关的重要情况；

（三）阻碍投保人履行本法规定的如实告知义务，或者诱导其不履行本法规定的如实告知义务；

（四）给予或者承诺给予投保人、被保险人或者受益人保险合同约定以外的利益；

（五）利用行政权力、职务或者职业便利以及其他不正当手段强迫、引诱或者限制投保人订立保险合同；

（六）伪造、擅自变更保险合同，或者为保险合同当事人提供虚假证明材料；

（七）挪用、截留、侵占保险费或者保险金；

（八）利用业务便利为其他机构或者个人牟取不正当利益；

（九）串通投保人、被保险人或者受益人，骗取保险金；

（十）泄露在业务活动中知悉的保险人、投保人、被保险人的商业秘密。

第一百三十二条 本法第八十六条第一款、第一百一十三条的规定，适用于保险代理机构和保险经纪人。

第六章 保险业监督管理

第一百三十三条 保险监督管理机构依照本法和国务院规定的职责，遵循依法、公开、公正的原则，对保险业实施监督管理，维护保险市场秩序，保护投保人、被保险人和受益人的合法权益。

第一百三十四条 国务院保险监督管理机构依照法律、行政法规制定并发布有关保险业监督管理的规章。

第一百三十五条 关系社会公众利益的保险险种、依法实行强制保险的险种和新开发的人寿保险险种等的保险条款和保险费率，应当报国务院保险监督管理机构批准。国务院保险监督管理机构审批时，应当遵循保护社会公众利益和防止不正当竞争的原则。其他保险险种的保险条款和保险费率，应当报保险监督管理机构备案。

保险条款和保险费率审批、备案的具体办法，由国务院保险监督管理机构依照前款规定制定。

第一百三十六条 保险公司使用的保险条款和保险费率违反法律、行政法规或者国务院保险监督管理机构的有关规定的，由保险监督管理机构责令停止使用，限期修改；情节严重的，可以在一定期限内禁止申报新的保险条款和保险费率。

第一百三十七条 国务院保险监督管理机构应当建立健全保险公司偿付能力监管体系，对保险公司的偿付能力实施监控。

第一百三十八条 对偿付能力不足的保险公司，国务院保险监督管理机构应当将其列为重点监管对象，并可以根据具体情况采取下列措施：

（一）责令增加资本金、办理再保险；

（二）限制业务范围；

（三）限制向股东分红；

（四）限制固定资产购置或者经营费用规模；

（五）限制资金运用的形式、比例；

（六）限制增设分支机构；

（七）责令拍卖不良资产、转让保险业务；

（八）限制董事、监事、高级管理人员的薪酬水平；

（九）限制商业性广告；

（十）责令停止接受新业务。

第一百三十九条 保险公司未依照本法规定提取或者结转各项责任准备金，或者未依照本法规定办理再保险，或者严重违反本法关于资金运用的规定的，由保险监督管理机构责令限期改正，并可以责令调整负责人及有关管理人员。

第一百四十条 保险监督管理机构依照本法第一百四十条的规定作出限期改正的决定后，保险公司逾期未改正的，国务院保险监督管理机构可以决定选派保险专业人员和指定该保险公司的有关人员组成整顿组，对公司进行整顿。

整顿决定应当载明被整顿公司的名称、整顿理由、整顿组成员和整顿期限，并予以公告。

第一百四十一条 整顿组有权监督被整顿保险公司的日常业务。被整顿公司的负责人及有关管理人员应当在整顿组的监督下行使职权。

第一百四十二条 整顿过程中，被整顿保险公司的原有业务继续进行。但是，国务院保险监督管理机构可以责令被整顿公司停止部分原有业务、停止接受新业务，调整资金运用。

第一百四十三条 被整顿保险公司经整顿已纠正其违反本法规定的行为，恢复正常经营状况的，由整顿组提出报告，经国务院保险监督管理机构批准，结束整顿，并由国务院保险监督管理机构予以公告。

第一百四十四条 保险公司有下列情形之一的，国务院保险监督管理机构可以对其实行接管：

（一）公司的偿付能力严重不足的；

（二）违反本法规定，损害社会公共利益，可能严重危及或者已经严重危及公司的偿付能力的。

被接管的保险公司的债权债务关系不因接管而变化。

第一百四十五条 接管组的组成和接管的实施办法，由国务院保险监督管理机构决定，并予以公告。

第一百四十六条 接管期限届满，国务院保险监督管理机构可以决定延长接管期限，但接管期限最长不得超过二年。

第一百四十七条 接管期限届满，被接管的保险公司已恢复正常经营能力的，由国务院保险监督管理机构决定终止接管，并予以公告。

第一百四十八条 被整顿、被接管的保险公司有《中华人民共和国企业破产法》第二条规定情形的，国务院保险监督管理机构可以依法向人民法院申请对该保险公司进行重整或者破产清算。

第一百四十九条 保险公司因违法经营被依法吊销经营保险业务许可证的，或者偿付能力低于国务院保险监督管理机构规定标准，不予撤销将严重危害保险市场秩序、损害公共利益的，由国务院保险监督管理机构予以撤销并公告，依法及时组织清算组进行清算。

第一百五十条 国务院保险监督管理机构有权要求保险公司股东、实际控制人在指定的期限内提供有关信息和资料。

第一百五十一条 保险公司的股东利用关联交易严重损害公司利益，危及公司偿付能力的，由国务院保险监督管理机构责令改正。在按照要求改正前，国务院保险监督管理机构可以限制其股东权利；拒不改正的，可以责令其转让所持的保险公司股权。

第一百五十二条 保险监督管理机构根据履行监督管理职责的需要，可以与保险公司董事、监事和高级管理人员进行监督管理谈话，要求其就公司的业务活动和风险管理的重大事项作出说明。

第一百五十三条 保险公司在整顿、接管、撤销清算期间，或者出现重大风险时，国务院保险监督管理机构可以对该公司直接负责的董事、监事、高级管理人员和其他直接责任人员采取以下措施：

（一）通知出境管理机关依法阻止其出境；

（二）申请司法机关禁止其转移、转让或者以其他方式处分财产，或者在财产上设定其他权利。

第一百五十四条 保险监督管理机构依法履行职责，可以采取下列措施：

（一）对保险公司、保险代理人、保险经纪人、保险资产管理公司、外国保险机构的代表机构进行现场检查；

（二）进入涉嫌违法行为发生场所调查取证；

（三）询问当事人及与被调查事件有关的单位和个人，要求其对与被调查事件有关的事项作出说明；

（四）查阅、复制与被调查事件有关的财产权登记等资料；

（五）查阅、复制保险公司、保险代理人、保险经纪人、保险资产管理公司、外国保险机构的代表机构以及与被调查事件有关的单位和个人的财务会计资料及其他相关文件和资料；对可能被转移、隐匿或者毁损的文件和资料予以封存；

（六）查询涉嫌违法经营的保险公司、保险代理人、保险经纪人、保险资产管理公司、外国保险机构的代表机构以及与涉嫌违法事项有关的单位和个人的银行账户；

（七）对有证据证明已经或者可能转移、隐匿违法资金等涉案财产或者隐匿、伪造、毁损重要证据的，经保险监督管理机构主要负责人批准，申请人民法院予以冻结或者查封。

保险监督管理机构采取前款第（一）项、第（二）项、第（五）项措施的，应当经保险监督管理机构负责人批准；采取第（六）项措施的，应当经国务院保险监督管理机构负责人批准。

保险监督管理机构依法进行监督检查或者调查，其监督检查、调查的人员不得少于二人，并应当出示合法证件和监督检查、调查通知书；监督检查、调查的人员少于二人或者未出示合法证件和监督检查、调查通知书的，被检查、调查的单位和个人有权拒绝。

第一百五十五条 保险监督管理机构依法履行职责，被检查、调查的单位和个人应当配合。

第一百五十六条 保险监督管理机构工作人员应当忠于职守，依法办事，公正廉洁，不得利用职务便利牟取不正当利益，不得泄露所知悉的有关单位和个人的商业秘密。

第一百五十七条 国务院保险监督管理机构应当与中国人民银行、国务院其他金融监督管理机构建立监督管理信息共享机制。

保险监督管理机构依法履行职责，进行监督检查、调查时，有关部门应当予以配合。

第七章 法律责任

第一百五十八条 违反本法规定，擅自设立保险公司、保险资产管理公司或者非法经营商业保险业务的，由保险监督管理机构予以取缔，没收违法所得，并处违法所得一倍以上五倍以下的罚款；没有违法所得或者违法所得不足二十万元的，处二十万元以上一百万元以下的罚款。

第一百五十九条 违反本法规定，擅自设立保险专业代理机构、保险经纪人，或者未取得经营保险代理业务许可证、保险经纪业务许可证从事保险代理业务、保险经纪业务的，由保险监督管理机构予以取缔，没收违法所得，并处违法所得一倍以上五倍以下的罚款；没有违法所得或者违法所得不足五万元的，处五万元以上三十万元以下的罚款。

第一百六十条 保险公司违反本法规定，超出批准的业务范围经营的，由保险监督管理机构责令限期改正，没收违法所得，并处违法所得一倍以上五倍以下的罚款；没有违法所得或者违法所得不足十万元的，处十万元以上五十万元以下的罚款。逾期不改正或者造成严重后果的，责令停业整顿或者吊销业务许可证。

第一百六十一条 保险公司有本法第一百一十六条规定行为之一的，由保险监督管理机构责令改正，处五万元以上三十万元以下的罚款；情节严重的，限制其业务范围、责令停止接受新业务或者吊销业务许可证。

第一百六十二条 保险公司违反本法第八十四条规定的，由保险监督管理机构责令改正，处一万元以上十万元以下的罚款。

第一百六十三条 保险公司违反本法规定，有下列行为之一的，由保险监督管理机构责令改正，处五万元以上三十万元以下的罚款：

（一）超额承保，情节严重的；

（二）为无民事行为能力人承保以死亡为给付保险金条件的保险的。

第一百六十四条 违反本法规定，有下列行为之一的，由保险监督管理机构责令改正，处五万元以上三十万元以下的罚款；情节严重的，可以限制其业务范围、责令停止接受新业务或者吊销业务许可证：

（一）未按照规定提存保证金或者违反规定动用保证金的；

（二）未按照规定提取或者结转各项责任准备金的；

（三）未按照规定缴纳保险保障基金或者提取公积金的；

（四）未按照规定办理再保险的；

（五）未按照规定运用保险公司资金的；

（六）未经批准设立分支机构；

（七）未按照规定申请批准保险条款、保险费率的。

第一百六十五条 保险代理机构、保险经纪人有本法第一百三十一条规定行为之一的，由保险监督管理机构责令改正，处五万元以上三十万元以下的罚款；情节严重的，吊销业务许可证。

第一百六十六条 保险代理机构、保险经纪人违反本法规定，有下列行为之一的，由保险监督管理机构责令改正，处二万元以上十万元以下的罚款；情节严重的，责令停业整顿或者吊销业务许可证：

（一）未按照规定缴存保证金或者投保职业责任保险的；

（二）未按照规定设立专门账簿记载业务收支情况的。

第一百六十七条 违反本法规定，聘任不具有任职资格的人员的，由保险监督管理机构责令改正，处二万元以上十万元以下的罚款。

第一百六十八条 违反本法规定，转让、出租、出借业务许可证的，由保险监督管理机构处一万元以上十万元以下的罚款；情节严重的，责令停业整顿或者吊销业务许可证。

第一百六十九条 违反本法规定，有下列行为之一的，由保险监督管理机构责令限期改正；逾期不改正的，处一万元以上十万元以下的罚款：

（一）未按照规定报送或者保管报告、报表、文件、资料的，或者未按照规定提供有关信息、资料的；

（二）未按照规定报送保险条款、保险费率备案的；

（三）未按照规定披露信息的。

第一百七十条 违反本法规定，有下列行为之一的，由保险监督管理机构责令改正，处十万元以上五十万元以下的罚款；情节严重的，可以限制其业务范围、责令停止接受新业务或者吊销业务许可证：

（一）编制或者提供虚假的报告、报表、文件、资料的；

（二）拒绝或者妨碍依法监督检查的；

（三）未按照规定使用经批准或者备案的保险条款、保险费率的。

第一百七十一条 保险公司、保险资产管理公司、保险专业代理机构、保险经纪人违反本法规定的，保险监督管理机构除分别依照本法第一百六十条至第一百七十条的规定对该单位给予处罚外，对其直接负责的主管人员和其他直接责任人员给予警告，并处一万元以上十万元以下的罚款；情节严重的，撤销任职资格。

第一百七十二条 个人保险代理人违反本法规定的，由保险监督管理机构给予警告，可以并处二万元以下的罚款；情节严重的，处二万元以上十万元以下的罚款。

第一百七十三条 外国保险机构未经国务院保险监督管理机构批准，擅自在中华人民共和国境内设立代表机构的，由国务院保险监督管理机构予以取缔，处五万元以上三十万元以下的罚款。

外国保险机构在中华人民共和国境内设立的代表机构从事保险经营活动的，由保险监督管理机构责令改正，没收违法所得，并处违法所得一倍以上五倍以下的罚款；没有违法所得或者违法所得不足二十万元的，处二十万元以上一百万元以下的罚款；对其首席代表可以责令撤换；情节严重的，撤销其代表机构。

第一百七十四条 投保人、被保险人或者受益人有下列行为之一，进行保险诈骗活动，尚不构成犯罪的，依法给予行政处罚：

（一）投保人故意虚构保险标的，骗取保险金的；

（二）编造未曾发生的保险事故，或者编造虚假的事故原因或者夸大损失程度，骗取保险金的；

（三）故意造成保险事故，骗取保险金的。

保险事故的鉴定人、评估人、证明人故意提供虚假的证明文件，为投保人、被保险人或者受益人进行保险诈骗提供条件的，依照前款规定给予处罚。

第一百七十五条 违反本法规定，给他人造成损害的，依法承担民事责任。

第一百七十六条 拒绝、阻碍保险监督管理机构及其工作人员依法行使监督检查、调查职权，未使用暴力、威胁方法的，依法给予治安管理处罚。

第一百七十七条 违反法律、行政法规的规定，情节严重的，国务院保险监督管理机构可以禁止有关责任人员一定期限直至终身进入保险业。

第一百七十八条 保险监督管理机构从事监督管理工作的人员有下列情形之一的，依法给予处分：

（一）违反规定批准机构的设立的；

（二）违反规定进行保险条款、保险费率审批的；

（三）违反规定进行现场检查的；

（四）违反规定查询账户或者冻结资金的；

（五）泄露其知悉的有关单位和个人的商业秘密的；

（六）违反规定实施行政处罚的；

（七）滥用职权、玩忽职守的其他行为。

第一百七十九条 违反本法规定，构成犯罪的，依法追究刑事责任。

第八章 附则

第一百八十条 保险公司应当加入保险行业协会。保险代理人、保险经纪人、保险公估机构可以加入保险行业协会。

保险行业协会是保险业的自律性组织，是社会团体法人。

第一百八十一条 保险公司以外的其他依法设立的保险组织经营的商业保险业务，适用本法。

第一百八十二条 海上保险适用《中华人民共和国海商法》的有关规定；《中华人民共和国海商法》未规定的，适用本法的有关规定。

第一百八十三条 中外合资保险公司、外资独资保险公司、外国保险公司分公司适用本法规定；法律、行政法规另有规定的，适用其规定。

第一百八十四条 国家支持发展为农业生产服务的保险事业。农业保险由法律、行政法规另行规定。

强制保险，法律、行政法规另有规定的，适用其规定。

第一百八十五条 本法自2009年10月1日起施行。

在线测试

注：在线测试为一书一账号，如有需要请联系出版社。